'좋아요'는 어떻게 지구를 파괴하는가

디지털 인프라를 둘러싼
국가, 기업, 환경문제 간의 지정학

기욤 피트롱 지음

양영란 옮김

'좋아요'는 어떻게 지구를 파괴하는가

기욤 피트롱 지음

양영란 옮김

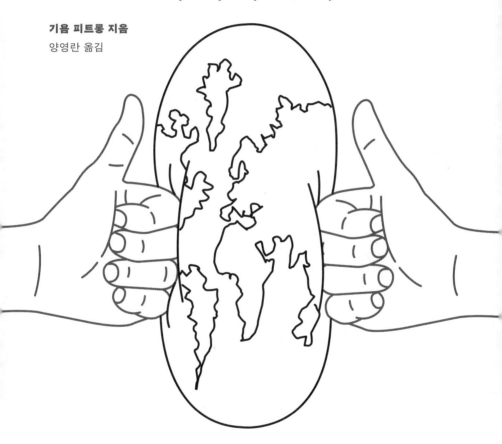

**디지털 인프라를 둘러싼
국가, 기업, 환경문제 간의 지정학**

갈라파고스

카미유, 빅토르, 아나이스에게.
롤란드 보만과 사라진 그의 강에게.

"우리의 미래는 날로 커져만 가는 기술의 힘과
그 기술을 사용하는 우리의 지혜 사이에서의 줄타기가 될 것이다."

스티븐 호킹

차례

10 ― 디지털 인프라의 지정학

일러두기

* 저자의 주는 미주로, 원서의 편집자 주와 옮긴이 주는 각주로 정리했다.
* 외래어는 국립국어원 외래어표기법을 따랐으나, 일반적으로 통용되는 표기가 있을 경우 이를 참조했다.
* 외국어 인명이나 단체명 등의 경우 미주에 원어를 병기하여 찾아볼 수 있도록 했으며, 본문에는 이해하는 데 꼭 필요한 경우에만 병기했다.
* 저자가 이해를 돕기 위해 추가한 내용은 〔 〕로 표시했다.
* 단행본은 『 』, 보고서와 논문은 「 」, 신문과 잡지 등 정기간행물은 ≪ ≫, 영화와 TV 프로그램은 〈 〉로 표시했다.

책머리에

더 늦기 전에 미친 듯이 널뛰는 시간의 고삐를 바짝 죄어야 한다. 시계의 운행을 거꾸로 돌려보자. 그리고 19세기까지 우리와 다를 바 없는 평범한 사람들이 일상을 어떻게 흘려보냈을지 상상해보자. 밭에서 조를 경작하든 군대를 일으키든 혹은 피라미드를 쌓든 우리가 벌이는 크고 작은 모든 행위는 노예들의 발걸음 속도나 강물의 흐름, 대양에서 불어오는 변덕스러운 바람 등에 좌우되었다. 그 세계가 남긴 눈에 보이는 통신망은 오늘날에도 여전히 건재한다. 로마 시대에 만들어진 도로며 식민지의 상관商館 또는 미국 서부에서 조랑말 속달우편 배달부들이 지은 오래된 축사 같은 것들이 여기에 해당한다.

그런데 수천 년을 이어져 내려온 이러한 일상이 1829년 10월 6일에 대전환을 맞는다. 그날, 영국 출신 기술자 조지 스티븐슨이 설계한 일종의 로켓, 그러니까 증기기관차가 맨체스터와 리버풀을 이어주는 철로 위를 시속 40킬로미터의 속도로 달림으로써 우편 마차와 중소형 쾌속 범선들을 사라지게 한 것이다. 기차는 전신기, 비행체 등과 결합하면서 우리가 시간과 맺는 관계를 완전히 바꿔놓기 시작했다. 인간과 상품은 물론, 아이디어조차도 항구와 공항, 송신탑 등을 연결해주는 전 지구적인 운송망을 타고 이제까지 알지 못했던 속도로 세계에 퍼져나가게 되었다.

그러다가 1971년 10월 2일, 미국 출신 공학도 레이 톰린슨이 과학자들과 미국 군인들 사이에서 애용되던 정보통신망 아르파넷Arpanet[1]을

13

통해 최초의 이메일을 보낸다. 이로써 인류는 급작스럽게 즉시성의 시대로 들어선다. 오늘날 모든 것은 (거의) 빛의 속도로 교환되고 달라진다. 우리는 고대의 포석 깔린 도로, 산업화 시대의 철도를 지나 이젠 또 어떤 기초 설비가 우리의 일상적인 디지털 행위를 가능하게 해줄지 궁금해하지 않을 수 없다. 그런데 당신이 한 통의 이메일을 보내거나 소셜네트워크서비스SNS에서 '엄지 척'(그 유명한 '좋아요')을 누를 때 정확히 무슨 일이 일어나는 걸까? 수십억 번의 클릭은 어떤 지리적 분포 양상을 보이며, 그것들의 물질적 영향력은 어느 정도일까? 우리가 모르는 사이에 그것들은 어떤 생태적·지정학적 위협을 가하는 걸까?

이 책은 바로 그런 질문들을 주제로 삼고 있다.

아르파넷은 이제 디지털 선사시대의 유물에 속하며, 그것을 탄생시킨 설계자들, 즉 정보과학계의 선구자들은 우리의 머나먼 조상인 오스트랄로피테쿠스의 한 족속처럼 여겨진다. 1969년에 설계된 이 통신망은 원래 캘리포니아주와 유타주에 설치된 몇몇 컴퓨터들을 접속시키는 데 사용되다가 그 후 십여 년 동안엔 미국과 유럽의 기계들을 이어주는 요긴한 역할을 했다. 1983년에 인터넷 표준 프로토콜TCP/IP[2]이 제정되면서 전 세계 컴퓨터들 간의 통신이 가능해졌는데, 이것이 오늘날 우리가 애용하는 인터넷의 출현이다.

그 후, 이 인터넷에 힘입어 디지털 기술은 지구의 구석구석을 알뜰하게 잠식해나가고 있다. 우리의 아주 작은 행동까지도 집요하게 정보로 변환시키다 보니 오늘날 우리가 행하는 모든 것이 디지털적인 요소를 품고 있다고 해도 과언이 아니다. 예를 들어, 자신의 휴대폰에 수면 주기를 측정하는 애플리케이션을 깔아놓은 사람에게는 잠을 자는

'좋아요'는 어떻게 지구를 파괴하는가

것이 디지털 행위가 되며, 웹사이트에서 어떤 종교 공동체가 제공하는 명상 애플리케이션을 다운로드받은 사람에게라면 기도 또한 디지털 행위가 된다. 시리아에서 전사로 싸우고 있는 다에시Daech° 소속 전투원도 디지털 세계에서 활동한다고 볼 수 있는데, 그의 휴대폰에 깔린 위치 추적 자료들이 언젠가 그를 법정에 세워 심판받게 하려는 '갤런트 피닉스Gallant Phoenix' 프로그램°° 에 의거하여 미국에 보관되기 때문이다.[3] 자신이 기르는 고양이를 쓰다듬는 것도, 그때마다 고양이가 가르랑거리는 소리를 포착해 SNS에 올린다면, 당연히 디지털 행위가 되는 것이다.

간단히 말해서, 이제는 우리가 실재 세계에서 시도하는 모든 것이 가상 세계에 고스란히 복제되고 있다. 여기에 더해서 코로나19는 이러한 디지털화를 한층 가속화시켰다. 코로나19 팬데믹 때문에 우리는, 가령 재택근무를 한다거나 전자 상거래를 통해서 도서를 구입한다거나 친구들 여럿이 화상 채팅을 통해서 함께 어울리거나 하는 식으로, 디지털 도구에 더욱더 의존할 수밖에 없는 처지에 놓이게 되었다는 말이다. 디지털 세계의 팽창이 너무도 급속하게 이루어지기 때문에 때로는 그 세계의 주역들조차 그 엄청난 속도를 제대로 따라잡기 힘들어한다. 그 때문에 2020년엔 몇몇 통신 사업자들이 '네트워크의 포화 상태'를 미리 방지하기 위해 온라인상에서의 영상 전송 서비스의 품질 저하

○ 수니파 이슬람 극단주의 무장 단체 IS를 여러 서방 국가에서 폄하해 가리키는 말.
○○ 이라크와 시리아를 드나드는 외국인 테러 전사들의 동향을 수집하기 위해 2013년에 시작된 프로그램으로 현재는 상당수 국가들과 국제기구들이 참여하여 각종 정보를 공유하는 플랫폼으로 확대되었다.

라는 극약 처방까지 감수하기도 했다.[4] 같은 맥락에서, 컴퓨터 기기와 플레이스테이션의 판매가 폭등하고 있는 가운데, 인터넷 접속이 가능한 커넥티드카connected car°의 제조업체들은 전례 없는 반도체 수급난에 직면하여 고군분투 중이다.[5]

이렇듯 감각 세계에 만연한 가상현실화 현상은 아직 시작 단계에 불과하다. 2030년이면 인터넷 업계의 거인들이 온 인류를 월드와이드웹World Wide Web[6]에 접속시키게 될 것이다. '감각 인터넷Internet sensoriel', '융합현실', '녹색 인공지능'과 같은 용어들이 우리의 일상 언어가 되어[7] 여러 다양한 생각과 문화의 혼합을 부추기게 될 것이다. 사이버 공간을 틀어쥐고 통제하게 될 미국과 중국, 두 나라가 이 세계를 지배하게 될 것이다. 상황이 이렇게 돌아가는데도 우리 대다수는 우리의 컴퓨터를 태블릿 PC나 스마트폰에 연결하기 위해 어떤 장치들이 사용되는지 설명조차 할 수 없는 형편이다.

그 이유인즉, 우선 디지털 기술이 상당한 오해를 야기하기 때문이다. 디지털 기술 신봉자들이 하는 말을 들으면, 디지털 세계는 사실상 구름, 즉 우리가 문서와 사진들을 저장해놓는 그 유명한 '클라우드 cloud'보다 더 구체적이랄 것이 없다. 기껏해야 일종의 '블랍blob',°° 그러니까 혈관들로 이루어진 무정형의 점액질 단세포와 비슷하다고나 할까.[8] 까딱하다간 디지털 세계가 '공백', '무無'와 동의어가 될 수도 있을 판이다. 디지털 세계는 우리에게 온라인에서 물건을 사고팔라고 권

○ 인터넷, 모바일 기기 등 IT 기술과 융합하여 사용자에게 안전성과 편리함을 제공하는 차.

○○ 큰 용량의 음성, 애니메이션과 영상 등을 속성으로 저장할 수 있는 자료 유형을 말한다.

유하고, 가상으로 게임을 즐기라고 하고, 트위터를 통해서 속내를 털어놓으라고도 부추기는데, 그렇게 하는 데에는 얼핏 보기에 물질이라고는 전혀 동원되지 않는다. 하다못해 무한히 작은 전자나 물 한 방울도 필요로 하지 않는 것 같아 보인다는 말이다. 요컨대, 디지털 세상은 흔히 물질적 결과라고는 전혀 발생시키지 않는 것으로 알려져 있다. "방에 불을 켜둘 때 얼마만큼의 전기를 소비하는지 정도는 알면서 그런 말을 하라!"고, 보다 환경에 책임을 지는 디지털 기술을 추구하고자 하는 기구의 대표직을 맡고 있는 이네스 레오나르두치가 귀띔해준다.[9] 그렇다면 고작 방 하나가 아니라 정보통신망 전체가 소비하는 전력이란….

모든 물리적 제한으로부터 해방되었다고 전제할 경우, 디지털 자본주의는 무한히 퍼져나갈 수 있다. 뒤에서 더 자세히 살펴보겠지만, 심지어 디지털 산업이 우리의 농업, 제조업, 서비스업 방식을 놀라울 정도로 최적화해줄 수 있음을 고려할 때, 지구를 보존하는 데 긍정적인 기여를 할 수 있다고 자랑할 수도 있을 것이다. 달리 말하자면, 우리는 디지털 기술의 전폭적인 도움이 없다면 지구를 구할 수 없을 것이라는 뜻이다. 솔직히 우리가 '블랍' 따위를 그려보기란 매우 어려운 게 사실이다! 디지털 산업의 성장은 아닌 게 아니라 세쿼이아 숲의 성장 혹은 대양의 산성화에 비견할 만하다. 분명 실제로 존재하지만 육안을 통해서는 도저히 파악할 수 없으니까. 지각되지 않는 것은 그만큼 이해하기도 어렵다.

그렇긴 해도, 아주 중요한 몇 가지 의문은 남는다. 이러한 도구는 공간에(우주에) 어떤 영향을 끼치는가? 이 새로운 통신망은 '녹색 전환'과 양립 가능할 것인가? 보병 연대와 항공모함들이 나서서 우리가 앞으로도 줄곧 인터넷상에서 오락을 즐길 수 있도록 이 통신 설비를 철통 방어해야 할 것인가? 내일은 어떠한 행정 단위가 '탈물질화'되었을 것으로 추정되는 우리 삶의 물리적 구축물을 제어해가며 이 세계를 지배하게 될 것인가?

지난 2년 동안 우리는 네 개 대륙을 누비면서 우리의 이메일, 우리의 '좋아요', 그리고 우리의 휴가 사진들의 여정을 추적했다. 우리가 쓰는 스마트폰을 작동시키는 금속을 따라 중국 북부 초원 지대를 가로지르고, 북극권의 거대한 벌판(우리의 페이스북 계정들이 그곳에서 냉동되고 있으므로)을 헤매는가 하면, 지구상에서 가장 거대한 데이터센터 가운데 하나인 미국 국가안전보장국NSA: National Security Agency의 데이터센터(미국에서 가장 건조한 주들 가운데 한 곳에 자리 잡고 있다)의 물 사용량을 조사하기도 했다. 우리는 왜 발트해에 면한 에스토니아가 지구상에서 가장 디지털화한 국가가 되었는지 알고 싶었으며, 탄화수소에 종속된 금융 알고리즘이라는 은밀한 세계에 대해서도 탐문 조사를 벌였고, 프랑스의 대서양 연안에서 진행된 해저케이블 가설 현장에도 입회했다.

우리는 돈에 색깔이 있듯이 인터넷에도 색깔(녹색)과 냄새(상한 버터 냄새), 심지어 맛(씁쓸한 바닷물 맛)이 있음을 발견했다. 인터넷은 또한 거대한 벌집에 비견할 만한 새된 소리를 낸다는 사실도 알았다. 요컨대, 우리는 디지털 세계를 감각적으로 체험했으며, 이 체험을 통해서 그 세계의 과도함의 정도를 가늠해보게 되었다. 그도 그럴 것이, 단순히 한 번의 '좋아요'를 보내기 위해서는 지금까지 인간이 세운 것들 가운데 아마도 가장 거대한 규모일 것으로 여겨지는 엄청난 하부구조를 설치하고 가동시켜야 한다. 우리는 말하자면 콘크리트와 광섬유, 강철로 이루어진 왕국, 항상 대기 중이며 지시가 떨어지면 백만 분의 일 초 만에 복종하는 굉장한 왕국을 건설한 것이다. 이름하여 데이터 센터, 수력발전용 댐, 화력발전소, 전략 금속 광산 등으로 형성된 '인프라 월드'. 이 모든 요소들이 막강한 출력, 속도 그리고 냉가, 이렇게 세 가지 효과를 위해 결합한다.

이 왕국은 또한 사업가들과 어부, 광부, 컴퓨터 과학자, 석공, 전기 기술자, 청소부, 수차 운송업자들을 태운 해저케이블 부설선과 초대형 유조선들을 이끌고 다니는 수륙양용 왕국이기도 하다. 매력 만점의 생태적, 경제적, 전략戰略 지정학적 도전의 제일선에 선 용감한 역군들. 디지털을 향한 대탈출의 역군들은 수십억 네티즌들이 마침내 자유로워졌다는 환상을 갖도록 물리학의 법칙마저 애써 무시한다.

이보다 나중에 십여 개국을 방문하고 난 후 깨닫게 된 현실은 씁쓸하다. 디지털로 인한 오염은 방대할 뿐 아니라 다른 무엇보다도 빠른 속도로 확대되고 있다. "이러한 오염을 숫자로 확인했을 때, 난 '어떻게 이럴 수 있지?'라고 자문했어요." 컴퓨터 공학 연구원 프랑수아즈 베르투의 말이다.[10] 베르투가 말하는 오염은 우선 태블릿 PC, 컴퓨터, 스마트폰 등 인터넷으로 들어가는 관문 역할을 하는 수십억 개의 인터페이스가 주원인이다. 또한 이 오염은 우리가 매 순간 만들어내는 데이터들 때문에도 발생한다. 엄청난 자원과 에너지를 먹어대는 거대한 설비들 속에서 이리저리 이송되고 저장되며 처리되는 그 데이터들은 새로운 디지털 콘텐츠로 만들어지며, 그러기 위해서는 더 많은 인터페이스가 필요하게 된다! 이런 식으로 이 두 가지 오염원은 서로를 보완

하고 서로에게서 자양분을 얻어 성장을 거듭한다.

이와 관련된 숫자들은 그야말로 압도적이다. 세계 디지털 산업은 너무도 많은 물과 자재, 에너지를 소비하기 때문에 이것이 남기는 생태발자국은 프랑스나 영국 같은 나라가 남기는 생태발자국의 세 배에 이른다. 오늘날 디지털 기술은 전 세계에서 생산되는 전기의 10퍼센트를 끌어다 쓰며, 이산화탄소 총배출량의 거의 4퍼센트를 차지하는데, 이는 세계 민간 항공업 분야 배출량의 두 배에 약간 못 미치는 양이다.[11] "디지털 기업들이 그들을 규제하는 공권력보다 더 힘이 세질 경우, 그들이 생태에 끼치는 영향을 우리가 더는 통제하지 못할 위험이 있다"고, 스카이프 공동 창업자이자, 기술의 윤리 문제를 연구하는 생명의미래연구소Future of Life Institute 창립자인 얀 탈린은 경고한다.[12] 우리는 확신한다. 디지털 오염은 녹색 전환을 위험으로 몰아가고 있으며, 향후 30년을 뜨겁게 달굴 도전들 가운데 하나가 될 것이다.

이미 경주는 시작되었다. 한편으로, 디지털 기업들은 인터넷을 비롯하여 스마트폰, 심지어 본사 건물을 에워싼 잔디밭마저도 '녹색'으로 만들기 위해 그들이 가진 막강한 재무 역량과 혁신 기량을 총동원할 것이다. '친환경적'이면서 '책임감 있는' 기업이 되어야 한다는 디지털 산업의 목표가 오늘닐 업계의 최대 관심사인데, 이는 그렇게 되어야만 우리가 클릭하기를 계속하고 마음껏 '좋아요'를 보낼 수 있기 때문이다. 디지털 업계의 선두를 달리는 GAFAM[13]은 더 나아가 그들이 바친 기막힌 물질적 조공에 대한 우리의 무지를 어떻게 해서든 유지하고자 기를 쓴다. 우리가 상시적으로 들여다보는 화면 안 어디에나 깔려 있으나 우리를 둘러싼 대지에서는 좀처럼 실체를 파악하기 어려운 이 거인들은, 스칸디나비아반도에서 곧 만나보게 되겠지만, 문자 그대로 '물리적 변제 불능 상태'를 조직화했다. 일차적 의미에서의 '범접할 수 없는' 존재인 이들은 그런 방식을 통해서 도저히 공격할 수 없는 존재가 되어가고 있다. GAFAM은 어느 누구의 간섭도 받지 않는데, 그건 그들이 존재하지 않기 때문이다! 이렇게 본다면, '행복해지기 위해서는 탈물질화해야 한다'가 그들의 구호가 되어야 마땅할 정도다. 탈물질화, 다시 말해서 증발해야 한다는 말이다.

다른 한편으로, 보다 검소하고 책임감 있으며 환경을 존중하는 다른 방식의 디지털화가 가능하다고 생각하는 '개간자들défricheurs'[14]의 네트워크와 공동체도 존재한다. 우리는 그들도 만나보았다. 아프리카로부터 수만 대의 휴대폰을 모아 유럽으로 보내는 네덜란드 출신 기업가, 세계 최초로 디지털 데이터 청소의 날을 제정한 에스토니아 출신 활동가, 깊은 바닷속에서 낡은 케이블을 거둬들이는 네덜란드 선원, 세상에서 제일 친환경적인 스마트폰을 설계한 다양한 분야 엔지니어 군단 등. 이들 모두는 진정으로 지속 가능한 디지털을 위해 협업하고 검박함과 함께 나누어 쓰는 정신을 공유한다.

강력한 언론 쓰나미를 몰고 온 '기후세대'가 등장하는 것도 이런 문맥 때문이다. 시드니, 베를린, 마닐라 등지에서는 2018년부터 '금요일 파업'이 꾸준히 수백만 명의 젊은 활동가들을 결집시키고 있다.[15] 이들은 환경 위기에 직면하여 설득력 있는 대책을 내놓지 못하는 정치 지도자들과 기업가들을 맹비난한다. 이는 무엇보다도 디지털적 현상으로, 대대적인 해시태그 물결을 일으키고, 유튜브 영상으로까지 확대되어 나가고 있다. 이 움직임은 2018년 개학일을 맞아 최초의 기후 파업을 선언한 그레타 툰베리에 의해 시작되었다. 스웨덴에서 태어난 이 용감한 소녀 활동가는 스웨덴 국회 앞에서 피켓을 들고 앉아 있는 한 장의 사진이 두 시간 만에 바이러스처럼 퍼져나감으로써 단숨에 시대의 아이콘이 되어버렸다. 전설은 여기까지다. 사람들이 잘 모르는 사실이 있는데, 문제의 그 사진이 환경문제에 뛰어든 스웨덴의 한 벤처기업[16]이 바이럴 마케팅 효과를 노리고 파견한 전문 사진가의 작품이었다는 점이다. 전문 사진가가 찍은 그레타의 사진을 받아든 뛰어난 커뮤니티 매니저들은 강력하고 효과적인 메시지를 곁들여 이 사진을 SNS에 올렸고, 이렇게 해서 스타가 탄생한 것이다.[17]

물론 이러한 뒷이야기가 그레타 툰베리가 벌이는 투쟁의 진정성을 갉아먹는 건 아니다. 하지만 한 가지만은 잊지 말자. 오늘날 1600만 명의 트위터와 인스타그램 가입자들에게 영향을 미친 이 천재적인 마케팅 사례에서 보듯이, '기후세대'는 무엇보다도 디지털 도구에 중독된 젊은 소비자들로 형성되어 있다. 미국의 경우, 청소년은 하루 여가 시간 가운데 7시간 22분을 각종 화면 앞에서 보내는데,[18] 이 중 세 시간가량을 넷플릭스나 오렌지시네마시리즈가 내보내는 영상을 보며, 한 시간 정도를 틱톡, 스냅챗, 트위치, 하우스파티,° 또는 디스코드 같은 SNS에서 보낸다. 프랑스에서는 18세가 된 성인 한 명이 그때까지 평균 다섯 대의 휴대폰을 소유했던 것으로 집계되었다! 나이가 어릴수록 더 자주 새로운 기기를 장만하는 경향을 보이는데, 이 기기들이 디지털 오염의 전체 발생량 중 거의 절반을 차지한다.[19]

° 화상 채팅을 기반으로 하는 소셜네트워크서비스 플랫폼으로, 2015년에 출시되어 2021년 운영 종료되었다.

'좋아요'는 어떻게 지구를 파괴하는가

역사상 처음으로 한 세대 전체가 지구를 '구원'하겠다고 나서고, 기후 위기를 막기 위해 아무 일도 하지 않는다고 국가들을 상대로 소송을 벌이며 나무 심기 운동을 벌이고 있다.[20] 부모들은 집에 "세 명의 그레타 툰베리가 있다"고, 이들이 고기 소비와 플라스틱 사용, 비행기 여행이라면 입에 게거품을 물고 맹비난한다고 한숨짓는다.[21] 그런데 이와 동시에 이들 기후세대야말로 전자 상거래며 가상현실, 게임을 가장 적극적으로 즐기는 사용자들이다. 이들은 또한 온라인을 통해 TV 프로그램을 시청하는데 뒤에서 보게 될 테지만 이는 친환경 면에서 보자면 완전히 난센스에 해당된다. 영국에서 진행된 한 연구는 디지털 네이티브digital native, 그러니까 인터넷과 더불어 태어난 세대가 디지털 업계의 거인들이 제안하게 될 새로운 서비스와 인터페이스를 받아들이는 최초의 세대가 될 것임을 확인시켜준다.[22] '기후세대'는 2025년에 이르러 디지털 업계의 전력 소비량(전 세계 전기 생산량의 20퍼센트)과 온실가스 배출량(전 세계 배출량의 7.5퍼센트)을 두 배 증가시키는 주요 요인으로 지목될 것이다. 2020년, 우리가 참석한 한 토론장에서 이러한 역설에 직면하게 된 한 나이 어린 성인은, 이 같은 문제들의 전문가임에도 "우리는 그저 사람들이 디지털 제품을 소비하라고 만들어내기 때문에 소비할 뿐"이라는 하나 마나 한 답변을 제시하는 것으로 위기를 모면했다.

어찌되었든, '기후세대'가 어마어마한 디지털 설비를 물려받아 그것을 가장 유용한 방식으로, 혹은 반대로 가장 참담한 방식으로 사용하게 되리라는 건 사실이다. 이 책에 수록된 우리의 탐사는 그들에게 묻는다. 당신은 머지않아 손에 넣게 될 이 엄청난 권능으로 무엇을 할 것인가? 당신은 이러한 기술이 당신 안에서 일깨우는 휴브리스hubris °를 길들일 수 있는가? 아니면 이카루스처럼 이 합성 태양열의 방사에 속절없이 타버릴 것인가? 점점 커져만 가는 기술의 힘과 그것을 적절한 사용으로 이끄는 지혜 사이의 위태로운 줄타기에서 당신은 어느 쪽에 설 작정인가? 유럽통계청Eurostat에 따르면, 지금 당신은 GAFAM이 끊임없이 투하하는 콘텐츠 폭탄에 직면하여 '포화 상태'에 다가가고 있다.[23] 당신은 디지털을 해방의 도구로 삼음으로써 스스로 이 새로운 독재자들의 품에 뛰어들고 있다는 사실을 깨닫지 못하고 있다. 당신이 새로이 갖게 된 비건 취향, 로컬푸드 취향이 가져오는 환경 차원의 이득은 당신이 남기는 디지털 발자국의 폭발적인 증가와 그 디지털 거인이 발생시키게 될 리바운드 효과로 상쇄되어버릴 위험을 안고 있다.

"상황이 이렇다 보니 1968년을 떠올리게 되는군요. 그때도 젊은 세대가 거리로 뛰어나왔잖습니까." 어느 디지털 전문가가 한 말이다. 당시엔 카를 마르크스의 부름에 따라 모든 나라의 프롤레타리아는 단결해야 한다고들 했다. 하지만 그런 일은 일어나지 않았고, 자본주의자들만 세계화를 도모하기 위해 힘을 합쳤다. "시위에 나선 사람들 가운데 더러는 사회주의자들이었으며, 이들은 후에 대형 석유회사의 경영자가 되었죠." 디지털 전문가의 회상은 계속된다. 그들이 짱돌을 들고 거리에서 외쳐대던 이상향 따위는 보기 좋게 배신당한 셈이다. 50년이

○   그리스에서 유래한 개념으로 일반적으로 '과도함'으로 해석되며 절제, 즉 자신에 대한 또는 자신의 한계에 대한 인식과 상반된다. 현대에 와서 영국의 역사학자 토인비가 과거에 성공을 거듭해온 사람이 자신의 능력과 방법을 우상화함으로써 오류에 빠지게 된다는 의미로 사용한 이후 지나친 오만, 자기 과신 등을 뜻하는 말로 자주 사용된다.

'좋아요'는 어떻게 지구를 파괴하는가

라는 세월이 흐른 지금, "역사가 반복된다는 느낌이 든다"고 그는 털어놓는다.

당신은 이 사람이 틀렸다고 감히 말할 수 있는가?

역사는 우리에게 새로운 발명품의 출현이 야기하는 두려움을 경계하라고 가르친다. 신문부터 영화, 소설, 전화까지 "새로운 미디어는 항상 패닉 효과를 낳기 마련이었다"고, 캐나다 출신 심리학자 스티븐 핑커가 상기시킨다.[24] 15세기에 인쇄술은 '정신에 대한 위험'으로 간주되었고, 라디오는 바람직한 관습과 민주주의를 해치는 원흉으로 지탄받았다. 1960년대에 들어오면, 텔레비전이 우리의 정신과 몸의 건강을 망가뜨린다는 주장이 지지를 받았다.[25] 요즘엔 컴퓨터와 디지털에 그러한 비판이 집중되고 있으며, 예전에 없던 한 가지가 여기에 더해졌으니, 바로 환경에 해가 된다는 의견이다. 디지털 기술은 명백하게 우리 시대의 불안, 겁에 질린 우리의 새로운 생태계를 비추는 거울이다.

하지만 디지털 기술은 인류의 가공할 만한 진보 가능성을 보여준다. 그 기술과 더불어 우리는 인간의 수명을 연장할 수 있고, 우주의 기원을 탐사할 수 있으며, 누구에게나 교육의 문호를 열어줄 수 있고, 앞으로 닥쳐올 대규모 전염병들을 통제할 수 있을 것이다. 심지어 디지털 기술과 더불어 생태계와 관련한 근사한 구상을 제안하는 일도 가능할 것이다. 그러나 이제 막 태동하고 있는 세기의 전투 현장에 뛰어드는 순간에는 절대 지나치게 순진해서는 안 된다. 현재 우리 눈앞에 펼쳐지고 있는 디지털 세계는 대부분 지구를 구하거나 기후 위기를 타개하는 데 전혀 도움이 되지 않는다는 사실을 기억해야 한다. 가장 탈물질화한 산업처럼 여겨지는 디지털 산업은 역설적으로 우리를, 우리 모두의 삶의 터전인 지구를 물리학적, 생물학적 한계 속으로 떠미는 장본인이기도 하다.

　그런 까닭에 우리는 그 본질을 도무지 파악하기 힘든 디지털 세계를 탐사하기 위해 나섰다. 그 산업의 어두운 면, 환한 조명이라면 기를 쓰고 피하려 하는 면을 파헤쳐서, 이른바 추상적인 것의 지형을 파악하고, 탈물질화라는 거의 신비에 가까운 이상을 내걸고서 놀랍도록 물질적인 현대성을 만들어내는 기술을 해부하고자 한다. 그리하여 한 통의 이메일을 보내거나 한 번의 '좋아요'를 누르는 일 뒤에 얼마나 현기증 나는 기만이 우리의 감각이 닿지 않는 곳에 감춰져 있는지를 명명백백하게 드러내 보일 것이다.

1
디지털 산업과 생태계:
환상에 지나지 않는 관계

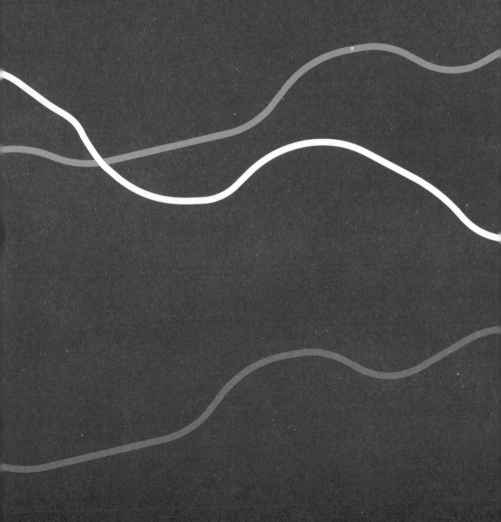

아랍에미리트의 북적거리는 도시 아부다비에서 자동차로 30분 정도 달리면 마스다르시티에 도착한다. 마스다르시티는 이글이글 타오르는 사막에 세워진 면적 640만 제곱미터의 인공도시로, 알루미늄과 유리, 붉은 빛깔 시멘트 등을 이용해서 마치 보석 상자 같은 모양으로 지어진 이곳에서 페르시아만을 끼고 이어지는 고속도로를 달리면 사우디아라비아에 닿는다. 도시 내부로 들어서면 좁은 도로를 따라가며 제법 그늘이 이어진다. 한쪽은 종려나무 아래로 디시다시(긴 셔츠 형태로 만들어진 남성용 전통 의상)로 감싼 듯한 실루엣이 촘촘하게 들어서 있는가 하면, 다른 쪽은 무샤라비에, 즉 빛의 투과 정도를 조절해주는 격벽들로 장식된 건물의 파사드가 눈길을 끈다. 작은 광장에 세워진 윈드타워는, 고대 페르시아 도시들에서 그랬던 것처럼 바람을 가두었다가 마스다르시티로 보내 도시의 열기를 식혀준다.

모래언덕에 뜬금없이 내려앉은 우주선[1] 모양의 이 도시에 그토록 많은 관심이 쏠리는 건 머지않은 미래에 이곳에서 대단한 기술적 야심

                          '좋아요'는 어떻게 지구를 파괴하는가

이 현실로 구체화될 예정이기 때문이다. 요컨대 아랍에미리트 당국은 마스다르(아랍어로 '샘'을 뜻한다)를 세계에서 가장 지속 가능한 도시,[2] 이제까지 개발된 가장 현대적인 디지털 기술로 관리되는 도시로 만들겠다는 포부를 천명했다. 2030년까지 170억 유로가 투자될 예정인 마스다르시티는 이 지역의, 아니 세계 전체의 스마트시티 개발 모델이 되고자 한다.[3] 앞으로 이곳에 살게 될 5만 명의 주민들은 "환경에 영향을 가장 적게 미치면서 가장 품격 높은 생활"을 누리게 될 것이라고, 도시의 공익광고가 열정적으로 강조한다.[4] 한마디로 마스다르시티는 깨어서 꾸는 꿈이라고나 할까. 지구상에서 가장 살기 좋은 도시들 가운데 하나가 되는 꿈 말이다.

지구의 머리맡을 지키는 스마트시티

마스다르는 오늘날 스마트시티에 대해 우리가 품은 희망을 상징한다. 지능도시라고도 불리는 스마트시티는 디지털 기술이 우리에게 제공할 수 있는 것의 정수이다. 그 이유라면 끝도 없다! 전 세계 인구의 절반 이상이 대도시에 밀집되어 있다. 이 대도시들은 지구 전체 면적의 고작 2퍼센트를 차지할 뿐이면서 전 세계 전력의 75퍼센트를 소비하며, 전체 이산화탄소 발생량의 80퍼센트를 배출한다! 물이며 식량 자원과 관련된 압력도 두말할 필요 없이 높은 데다, 전력 계통réseaux électriques°

° 전기를 공급하기 위해 전력 생산자와 전력 소비자 상호 간을 연결하는 네트워크.

의 규모 또한 엄청나다. 따라서 내일의 도시를 보다 살기 좋고 친환경적인 곳으로 만들기 위해 인적자원과 재산, 에너지 등의 흐름을 유기적으로 연결하는 일은 대단히 중요한 도전이라고 할 수 있다. 사거리에서 자동차와 트럭, 오토바이의 흐름을 원활히 하기 위해 호루라기로 무장한 경찰들을 대대적으로 배치하는 일은 이제 그만! 과거에는 상하기 쉬운 생산물 재고를 두고 적절한 시기에 적합한 구매자를 찾기 위해 입소문에만 의존했다면, 스마트시티에서는 데이터의 수집과 처리가 정보통신기술ICT: Information Communication Technology과 센서, 위치 추적 장치들에 힘입어 신속하게 이루어지는 데다 때로는 인공지능까지 동원하여 도시 주민들이 협력하고 반응하도록 도우며, 결과적으로 이는 지구에 이득이 된다. 친환경적인 세계란 무엇보다도 특별히 매끄럽게 조직된 세계인 것이다.

마스다르는 실물 크기 모델이 되어준다. 이 도시는 완전히 재생 가능한 에너지로 작동되며 이산화탄소도 쓰레기도 배출하지 않는다. 그게 어떻게 가능하냐고? 움직임을 포착하는 센서, 전기와 물의 사용량을 절반 이상 줄여주는 소프트웨어에 연결된 계량기들 덕분에 가능하다. 또한 PRTPersonal Rapid Transit(개인 맞춤형 고속 수송 시스템)라고 불리는 1800대의 자율주행 자동차 교통 네트워크 덕분이기도 하다. 여기에 더해, 거주지 내부에 실내에 머무는 사람의 수에 따라 냉방기 작동을 조절해주는 홈오토메이션 장치를 설치하여 전력 소모량을 72퍼센트까지 낮춤으로써 가능하다. "아랍에미리트 당국은 도시가 당면한 모든 문제의 해결책은 기술이라는 결론을 내렸다"고, 마스다르시티를 장기간에 걸쳐서 연구한 이탈리아 학자 페데리코 쿠구룰로는 진단한다.[5]

'좋아요'는 어떻게 지구를 파괴하는가

2007년부터 이미 사막에서 마스다르를 솟아나게 하라는 임무를 부여받은 영국의 건축설계 사무소 '포스터＋파트너스'[6]는 상식에 입각하되 검증된 효율성을 보장하는 방식의 도시계획에 중점을 두었다. 마스다르는 햇빛으로의 노출을 줄이기 위해 북동향으로 설계되었으며, 골목길들은 공기의 원활한 흐름을 위해 바람의 방향에 따라 이어지도록 설계되었다. 계단을 엘리베이터보다 전면에 배치함으로써 신체 활동을 독려하려는 의도도 분명하게 드러냈다. 그러나 아랍에미리트 당국은 기술혁신에 의존하는 것을 선호했으므로 설계자의 의도대로 진행된 것이라고는 하나도 없다. 기술적인 장애가 누적되자 아랍에미리트 정부 관료들은 도시를 운영하는 데 필요한 재생에너지의 몫을 50퍼센트 선으로, 다시 말해서 원래 계획보다 절반을 줄이는 수준에서 타협했다. PRT는 기술의 수렁임이 드러나면서 그보다 훨씬 소박한 자율주행 셔틀버스로 대체되었다.[7] 빌딩 매니지먼트 시스템Building Management System, 그러니까 홈오토메이션 설비로 말하자면, 마스다르 주민들의 에너지 소비를 관리하고 줄여주는 획기적인 계획으로 기대를 모았으나, 아무도 그 설비를 제대로 작동시키는 법을 알지 못해 실행이 훨씬 뒤로 미루어지고 말았다.[8]

스마트시티가 지불해야 하는 진정한 환경적 대가

현재, 마스다르시티는 본래 에코시티 계획의 10퍼센트 정도만이 실제로 실행되었으며, 이 도시에 거주하는 주민은 2000명이 채 안 된다. 마스다르는 국제 언론의 우려처럼 "최초의 유령 녹색 도시"로 전락하고 마는 걸까?[9] 아니 그보다도, 마스다르는 개발업자들이 줄곧 외쳐댔듯이 실제로 환경을 존중하는 도시일까? 사실 이런 질문은 모든 것을 보다 더 스마트하게 만들겠다는 것이 친환경주의가 추구하는 새로운 지평임을 모르지 않는 사람이 제기하기엔 지나치게 도발적으로 보인다. 더구나 유럽의회도 스마트시티는 "효율적이고 지속 가능하면서도 경제적 번영과 사회복지"를 가능하게 한다고 천명하지 않았던가?[10] 이는 또한 전 세계 286개의 도시에서 443개의 스마트시티 계획이 출현하게 된 이유이기도 하다.[11]

그런데, 모름지기 "하나의 도시란 한 명의 개인과 마찬가지다. 도시도 제대로 기량을 발휘하기 위해서는 식량과 물, 공간을 필요로 한다"고 페데리코 쿠구룰로는 말한다. 대도시가 지닌 '도시 신진대사'를 연구하면서 도시계획가들은 생태적 역량을 평가하기 위해 그곳을 드나드는 각종 물질, 에너지, 폐기물의 목록을 작성하게 되어 있다. 그런데 마스다르 같은 스마트시티의 신진대사는 과연 어떤 모습일까? "마땅히 제기되어야 할 좋은 질문입니다. 스마트한 기술도 자재를 필요로 하므로 그 각각의 영향력을 반드시 계산해야 할 테니까요." 실제로 페데리고 쿠구룰로는 개발업자들에게 숫자로 표시된 보고서를 요구했으나 받아보지 못했다고 털어놓았다. 어쨌거나 "아부다비에서는 그런 종류의 서류는 얻을 수 없을 것"이라고 튀르키예 출신 학자로 마스다르 시티에 관한 책을 쓴 괵체 구넬이 말한다. 이 정도면 아랍에미리트 정부에 대한 거의 노골적인 비판이 아닐까.[12]

제일 기가 막힌 건 아주 최근까지도 전 세계를 통틀어 스마트시티

'좋아요'는 어떻게 지구를 파괴하는가

의 전반적인 영향에 대한 연구가 전혀 진행되지 않았다는 사실이다.[13] 2016년 들어 키크키 람브레히트 이프젠이 지휘하는 덴마크 연구진이 학술지에 이론적 분석 틀의 윤곽 정도를 게재한 게 전부였는데,[14] 6개월 동안 일곱 개 범주의 스마트 기술(지능형 창문, 인터넷에 연계된 수도계량기, 전산화된 전력망 등 수백만 가지 장치 …)을 대상으로 각각의 비용과 이득을 조사할 것이라는 내용이었다.[15] 한편으로는 이러한 장치들이 분명 대도시의 전력 소비량을 줄이는 것이 사실이다. 하지만 그와 같은 이득을 보기 위해서는 이 장치들을 산업화하여 대량으로 생산하고 운송해야 한다. 다시 말해서 엄청난 양의 자재와 에너지가 투입되어야 한다는 말이다. 그런데 키크키 람브레히트 이프젠이 2019년에 발표한 비용-이득 분석 결과는 황망하기 그지없다. "스마트시티 솔루션 개발이 일반적으로 도시 시스템의 환경 역량에 부정적인 영향을 끼친다"는 것이다.[16]

이 점은 분명히 해두자. 스마트시티들은 살기 좋은 대도시가 될 수도 있고, 수십억 명의 주민들을 위한 깨끗한 장소가 될 수도 있다. 게다가 기술의 진보는 스마트시티들을 한층 더 효율적으로 만들어줄 것이며 십중팔구 환경에 끼치는 부정적 효과를 줄여줄 수 있을 것이다. 따라서 공무원들이 그들의 정치적 역량을 거기에 집중적으로 투입하는 것도 꼭 무분별하다고만 할 수는 없다. 하지만 이 도시들의 진정한 구획선(이 도시들이 스마트 기술이 생산되는 곳으로부터 수천 킬로미터 떨어진 곳에 위치할 경우)을 고려한다면, 그 부정적인 영향력은 현재 더욱 악화되고 있는 것으로 보인다. "우리 연구의 결론이 지구 전체로 일반화될 수는 없다"고 키크키 람브레히트 이프젠은 경고한다. "그렇지만 스마트시티 문제가 거론될 경우, 우리는 경계심을 늦추지 말아야 할 것이다." 페데리코 쿠구룰로는 "마스다르시티가 지불하는 환경비용도〔역시〕예상된 이득보다 클 것"이라고, 자신의 말을 입증하지는 못하지만, 직관적으로 말한다. 이어 그는 "해결책이라고 제시되는 것이 바로 문제를 촉발하는 원인"이라고 장담하면서, "지리학자들이나 도시계획가들과 대화를 나눠보면, 그들 중 95퍼센트 정도가 스마트시티에 대해서 회의적임을 알 수 있을 것"이라는 말도 덧붙인다.

도대체 어떻게 이처럼 무분별한 상황이 가능했던 걸까?

자연이라는 명분을 내세운 수학

이 질문에 대답하기 위해서는 상당히 긴 수학의 역사를 살펴보아야 할 필요가 있다. 수천 년 전부터 우리 인간들은 끊임없이 자신들을 둘러싼 세상을 수와 숫자로 변환시키고 계산해왔다. 먼저 5000년 전 유프라테스강 유역 메소포타미아 지역에서 꽃을 피운 농업 사회로 시간 이동을 해보자. 가축 떼를 세기 위하여 목동은 진흙으로 가축의 수만큼 토큰을 만들어 용기 안에 넣어두고는 그것을 셌다.[17] 그 후 다양한 수학의 갈래들(대수, 통계, 기하 등)이 생겨나서 이와 같은 세계의 개념화 작업을 이어갔으며, 그에 따라 세계에 대한 인간의 지배력도 확장되어갔다.

고대 로마에서는 가령 수로가 세워졌는데, 이는 무엇보다도 건축물의 모서리를 측정하는 위상 측정 도구인 조준의照準儀를 활용한 덕분이었다. 중세에 들어오면 삼각법 덕분에 아랍 측량사들이 자신들의 발걸음을 지리적 거리로 환산할 수 있게 되었으며, 이는 최초의 토지대장의 출현으로 이어졌다. 르네상스 태동기의 경우, 컴퍼스와 분도기를 비롯한 각종 기하학적 계산 도구가 없었다면 그 어떤 대양 항해도 가능하지 않았을 것이다. 또, 18세기에 인구 변화 추이와 세금 수입을 예측 가능하게 해준, 그럼으로써 프랑스라는 국가의 통치를 한층 원활하게 만들어준 통계와 확률에 대해서도 무슨 말이 필요하겠는가? 줄곧 수학은 역사를 통해 세계를 이해하고 조직하고 정복하기 위한 강력한 학문임을 입증해왔다.

그런데 지난 3세기 동안 수학은 이와는 다른 목적도 키워온 것이 사실이다. 모든 것은 18세기 초로 거슬러 올라간다. 숲 경영을 합리화(물론 그렇게 함으로써 이익을 증대시키는 것까지 포함)하기 위해 독일의 삼림 관리원들은 벌채 윤번제를 제도화하였으며, 치밀한 계산을 통해 자원 재생을 가속화했다. 제2차 세계대전 후엔, 동일한 목표를 어업 분야에도 적용해 지속적인 최대 수익성,[18] 즉 종의 멸종 위험 없이 잡을 수 있는 물고기의 최대치 보장 원칙을 세웠다. "물질과 에너지 소비를 제한하고, 대상 지역 동식물 전체의 진화 추이를 연구하며, 아울러 이동을 최적화하기 위해 수학의 도움을 받은 역사는 길고도 길다"고 한 전문가는 인정한다.[19] 이 말은 인간 사회가 아주 오래전부터 자연을 지배하기 위해, 그리고 보호하기 위해 이를 측정해왔다는 뜻이다.

그런데 이제 디지털 산업, 그러니까 우리를 둘러싸고 있는 것을 수와 숫자, 문자와 신호 등으로 환원하는 데 가장 높은 완성도를 보이는 산업이 개입한다. 무시무시한 힘을 가진 현대의 정보산업 도구들과 결

합한 디지털 산업은 결과적으로 20세기에 벌써 우리의 인식욕과 머나
먼 은하 세계 구석구석까지도 차지하고 싶어 하는 정복욕을 증대시켰
을 뿐만 아니라, 독일 삼림관리원들의 소박한 삼림 보존 활동을 훨씬
더 큰 규모로 확대시켰다.

- 우선, 디지털은 지구의 건강 상태에 대해서 지금까지 볼 수 없었
던 지식을 얻게 해준다. 어마어마하게 많은 양의 이미지들, 그 이미
지들과 결합된 데이터는 우리를 위협하는 오염에 대해 심도 있는
이해를 가능하게 한다. 최근의 한 일화가 이를 보여준다. 몇 년 전
부터 과학자들은 대기 중에 CFC-11[20]이 끈질기게 남아 있음을 확
인했다. CFC-11은 오존층에 구멍을 만드는 기체로 1987년 몬트리
올의정서에 따라 사용이 금지되었다.[21] 기체의 존재를 확인한 후에
도 과학자들은 그것이 어느 나라에서 배출된 것인지는 설명하지 못
했다. 위성사진들[22]과 이 가스를 확산시키는 바람의 모델화에 의거
해 국제 연구진은 2019년에 마침내 가스 배출의 진원지(중국 동부
에 위치한 몇몇 공장)를 확인했으며,[23] 이에 따라 CFC-11의 불법적인
배출을 중지시킬 수 있었다. 디지털 기술이 아니라면 그 어떤 기술
이 그토록 짧은 시간에 이처럼 빛나는 환경 관련 성과를 낼 수 있었
겠는가?

게다가 우리는 현재 시점에서 환경과 관련된 지렛대효과라고
는 이제 막 맛만 보았을 뿐이다. 당신은 아마도 조지 오웰의 소설
『1984』[24]의 주인공 윈스턴 스미스가 오세아니아에서 빅브라더의
감시로부터 벗어날 수 있었던 유일한 장소라고는 바로 물푸레나무

'좋아요'는 어떻게 지구를 파괴하는가

수풀, 히아신스들이 군데군데 자라고 있는 숲속 빈터, 실개천 같은 자연 속뿐이었음을 기억할 것이다. 조지 오웰은 자연을 TV 스크린과 마이크에서 벗어날 수 있는 곳으로 예상했다. 그런데 인간이 우주에 쏘아 올린 수천 개의 인공위성으로 이루어진 '위성인터넷 별자리megaconstellations'가 실시간으로 대양의 플라스틱 오염도를 관찰하고, 농토의 산성화 정도를 측정하며, 그레이트배리어리프의 폭발 추이 또는 킬리만자로산 정상의 눈 녹는 속도를 감시하기 시작함으로써 현실은 픽션을 추월했다. 과거에 우리가 지상에 관한 이해도를 높이기 위해 하늘을 바라보던 시절이 있었다면 오늘날엔 완전히 반대의 현상이 일어나고 있다. 수천 개의 전자 별들이 쉬지 않고 우리는 물론 우리의 친구인 지중해의 참치들이며 아프리카펭귄 또는 브라질의 파라나소나무를 지켜보고 있다는 말이다. 지금까지 자연이 이토록 촘촘한 감시망에 놓였던 적은 없었다!

• 그다음으로, 디지털은 우리의 생활 방식을 최적화하는 데 도움을 준다. "디지털 기술은 가령 주민들의 실제적인 필요에 따라 공공 조명을 조절할 수 있으며, 수도관의 누수 위치도 잡아낼 수 있고, … 실시간으로 교통 체증 관련 해결책을 사용자들에게 제공할 수도 있다. 디지털은 또한 에너지 네트워크의 기능을 향상시킨다. … 쓰레기 수거를 최적화할 수 있고, 농업에 투입되는 요소들의 효율적인 관리도 용이하게 해준다"고, 이 주제에 관한 한 권위를 인정받고 있는 한 보고서는 열거하고 있다.[25] 가령 중국에서는 당국이 공기 오염을 제한하기 위해 교통 흐름에 관련한 데이터를 많이

활용하는데, 이것이 바로 알리바바가 항저우시[26]를 위해 수십만 대의 카메라를 동원하여 개발한 시티브레인city brain 프로그램의 콘셉트이다! 알리바바에 따르면, 수집된 정보들은 신호등 체계를 자동차들의 흐름에 맞춰 변동시킬 수 있고, 따라서 병목현상을 15퍼센트 줄일 수 있으며, 이에 따라 이산화탄소 배출량 또한 줄어든다는 것이다![27] 사물인터넷을 사용하는 가정의 경우, 센서가 우리의 정확한 에너지 소비량을 예측하고, 집 안에 사람이 없을 땐 냉방장치 작동을 줄이며 기온이 높을 땐 자동으로 블라인드를 내려준다. 이렇게 되면 30퍼센트가량의 에너지가 절약될 수 있다.[28] 이러한 장치를 지구 전체로 확대해 설치할 경우 그 효과는 비할 수 없을 정도로 커질 것이다.

• 마지막으로, 디지털은 우리의 소비 방식을 녹색화하도록 부추긴다. 미국의 크롭스왑CropSwap[29]과 팜매치FarmMatch[30]라는 플랫폼은 소비자와 지역 농부들을 연결해줌으로써 식품 유통 과정을 단순하게 만들어가고 있다. 현재 14개국에 진출한 덴마크의 벤처기업 투굿투고Too Good to Go[31]는 폐기 처분 직전의 신선 식품 생산자들과 그 식품들을 구입하고자 하는 구매자들을 연결한다. 이 기업 측에 의하면, 2016년 이후 전 세계에서 이런 식으로 거의 5000만 명분의 식사가 버려지지 않고 '구출'되었다고 한다. 이는 지구상에서 생산된 식품의 3분의 1(전체 이산화탄소 배출량의 8퍼센트에 해당)이 버려진다는 사실을 고려할 때, 엄청난 환경적 이득이다. 게다가 이게 전부가 아니다. 디지털 기술은 "각종 물품들을 공유 시스템[개인 간의 기부

'좋아요'는 어떻게 지구를 파괴하는가

나 임대 거래] 속으로 빨아들이는 기능까지 하고 있으므로 재생에너지 또는 친환경 농업의 크라우드 펀딩도 활성화시킨다 …." 또한 한 보고서에 따르면 디지털 기술은, 자동차 수리 기술자들의 커뮤니티와 부품 판매의 장을 결합한 플랫폼인 스페어카Spareka의 예에서 볼 수 있듯이 부품 수명 연장 투쟁도 제안한다.[32]

가짜뉴스와 대안적 사실들이 판을 치는 세상에서 우리는 세계에 대한 우리의 이해도를 향상시키기 위해 이보다 더 명확한 정보를 손에 넣었던 적이 없다. 디지털 기계 공학은 문명의 진일보였다. 오늘날 한 대의 스마트폰은 과거 인간을 달에 보냈을 때 활용된 시스템 전체만큼이나 강력한 위력을 지닌다![33] 지구상에 살고 있는 인간의 수에 디지털 기기 수를 곱해보라. 1초당 수십억 개의 연산을 거뜬히 해치우는 슈퍼컴퓨터 부대를 상상해보라. 이미 새로운 복음서는 'IT for Green', 즉 녹색을 위한 정보 기술이라는 제목을 머리에 이고서 사용자를 기다리고 있다. 암튼, "사람들은 대대적인 디지털 기술의 도움 없이는 기후변화를 제어하기가 점점 더 불가능해질 거라고 생각한다"고 싱크탱크 더 시프트프로젝트는 강조한다.[34] 그렇다면, 뒤에서 보게 되겠지만, '녹색 인공지능' 하나만으로도 향후 200년 정도를 관통할 환경 정책을 계획하는 것도 가능하지 않을까? 몇몇 예언자적 기술자들이 그려 보이는 미래에, 인간들은 어쩌면 지구의 건강을 위한다는 명분을 내세워 알고리즘을 자연의 주인이자 소유주 자리에 앉히는 임명장을 주게 될지도 모른다.

디지털 산업이 미래를 다시 쓸 때

여론과의 전쟁에서 승리한다는 것은 반박할 수 없는 수치를 제시하는 것으로 시작한다. 2003년부터 은밀하게 유통되던 보고서에서 이미 최초의 언급을 발견할 수 있다.[35] 그리고 2015년엔 정부 간 기구들 사이에서 오가는 메시지의 강도가 높아진다. "ICT(정보통신기술)의 탄소발자국은 2020년까지 1.27기가톤 이산화탄소 상당량[36]에 도달할 터인데, ICT〔덕분에 얻게 될 발자국의〕 감소 잠재력은 7배나 된다"고 유엔교육과학문화기구UNESCO는 자신했다.[37] 그로부터 얼마 후, 유엔무역개발협의회UNCTAD는 "ICT의 효과적인 활용에 따른 이산화탄소 절감량은 … 세계 총발생량의 15퍼센트나 된다"고 덧붙인다.[38]

　이 분야에서 다른 모든 기구들보다 강력한 영향력을 갖는 단체가 있다면 그건 바로 GeSI Global e-Sustainability Initiative(글로벌 전자 지속 가능성 이니셔티브)이다. 디지털 업계에서 활동하는 민간 기업들과 국제기구 담당자들의 모임인 이 단체는 브뤼셀에 자리 잡고 있다.[39] GeSI는 "ICT 도구 활용을 통한 사회 환경의 지속성 보장을 위해 치우침 없는 … 정보들의 주요 원천"이 되고자 한다. 명시적으로 단언하지는 않지만, GeSI는 사실 구성원들의 이익을 옹호하는 로비 단체이자 강력한 홍보 기제라고도 할 수 있다. 한 예로, 이 단체는 2012년에 최초의 보고서 SMARTer2020을 내놓았는데, 그 안에는 2020년 무렵엔 ICT 덕분에 온실가스 배출량을 16.5퍼센트 줄일 수 있으리라는 내용을 담았다.[40] 그로부터 3년 후에 출간된 새로운 보고서 SMARTer2030은 이보다 훨씬 더 웅대한 추정치를 내세웠다. "ICT 활용으로 줄어들 배출량이 ICT 기술 확산으로 인해 야기될 배출량에 비해 열 배 가까이 많다"
는 것이었다.[41]

디지털 산업은 그것이 환경에 미치는 영향이 제한적이라고 말하지
는 않는다. 그런 말 대신 디지털 산업의 발전이 기후에 긍정적인 효과
를 낼 것이라고 장담한다. 실제로 디지털 산업의 역량은 디지털 전환
을 꾀하는 모든 경제 분야 활동에 단비가 되어줄 것이다. 소규모 농가
들은 위성사진을 통해서 농업에 필요한 요소를 조절할 수 있게 될 것
이고, 자동차 제조업체들은 연료 소비를 최적화할 수 있는 친환경 장
치를 개발할 수 있을 것이며, 대규모 광산업자들은 센서를 통해서 채
굴 중이지 않은 갱도의 통풍 장치 사용을 중지함으로써 전력 소비를
줄일 수 있을 것이다. 이 흥미로운 예시들은 2010년부터 2016년까지
유엔기후변화협약UNFCCC[42] 사무총장을 역임한 크리스티아나 피게레
스가 어째서 SMARTer2030 보고서에 서문을 쓰게 되었는지를 확실
히 설명해준다. 이 협약의 최고 기구가 매년 지구의 미래에 관한 토론
을 벌이기로 유명한 당사국 총회COP: Conférence des parties이기 때문이다.
크리스티아나 피게레스는 기후변화를 막으려는 목표를 달성하기 위해
얼마나 "이 보고서가 ICT의 본질적인 역할을 강조하고" 있는지를 역
설한다.

한편, 유엔과 국제전기통신연합ITU: International Telecommunication Union
은 GeSI의 결론을 고유의 홍보 매체를 통해 배포하는가 하면, 세계은
행은 공개 간행물에 이를 그대로 베껴 썼다.[43] 맥킨지앤드컴퍼니, 보
스턴컨설팅그룹, 딜로이트, 오랑주 같은 막강 기업들도 마찬가지였다.
그 결과, GeSI가 작성하는 보고서는 성서가 되었으며, 브뤼셀의 이 로

비 단체는 오늘날 자신들이 '녹색 디지털'과 관련하여 세계 정보의 원천이라며 으스댄다.

하지만 얼마 지나지 않아 몇몇 전문가들이 이러한 연구 조사의 신뢰성에 대해 의문을 제기하기 시작했다. 프랑스 국립과학연구원의 프랑수아즈 베르투는 "활용된 데이터의 신뢰성을 판단할 수 있는 기준이 때로 경솔한 건 아닌지, 가설의 토대가 된 원천 정보들이 모호하지는 않은지" 우려를 표명했다.[44] 나아가서, "이 두 개의 보고서는 이산화탄소 배출량에만 집중하고 있다. 가령 커넥티드카처럼 많은 전자폐기물이 나오는 기기들이 본래 모습대로 측정되지 않았다. … 그 어떤 독립 기구도 이 서류의 신빙성을 담보하지 않았다"고도 덧붙였다.[45]

SMARTer2030 보고서가 나오게 된 경위를 안다면 이 서류의 신뢰도를 좀 더 명확하게 판단할 수 있을까? 우리는 몇 주에 걸쳐서 보고서의 공동 저자들을 만나가면서(이들에게는 익명성을 보장하겠노라 맹세했다) 조사에 들어갔다. 패널 구성을 살피면서 첫 번째로 놀랐다. 전문가를 파견한 17개 기관 가운데 13곳이 민간 기업이었다.[46] 이럴 경우 비상업 분야 전문가의 의견을 들어 압도적으로 치우친 비율에 균형을 맞추는 수고가 필요했을 터였다. CSCP Collaboration Centre on Sustainable Consumption and Production(지속 가능한 소비와 생산 협업 센터)의 경우가 거기에 해당되는 것 같았다. WWF World Wildlife Fund(세계자연기금)를 비롯하여 몇몇 비정부단체들 쪽에도 섭외가 갔으나 보고서 집필에 참가하려면 돈을 내야 한다는 요구[47]에 이 단체들의 참여는 성사되지 않은 모양이었다.

"패널 구성을 보고서 내 머릿속에 제일 먼저 떠오른 생각은 이 단체가 경험이 없다는 점"이었다고 한 참가자는 우리에게 고백했다. "나는 거기 모인 전문가들이라고는 단 한 사람도 알지 못했어요. 학계의 권위자가 없었다는 말입니다." 어쨌든 작업은 시작되었고, 그것이 진행되는 동안 우리가 만난 참가자는 여러 차례에 걸쳐서 작업의 편파성 때문에 불안감을 느꼈다고 했다. 실제로 보고서에 담긴 주장들 가운데 상당 부분이 근거를 "확인할 수 없었다. 전문가라는 사람들이 자신의 주장을 증명하지 못했다. 디지털 활용으로 얻게 된다는 놀라운 전력 절약 문제에 있어서 특히 그랬는데 내가 보기에 보고서에 실려 있는 숫자들은 GeSI의 신용도를 떨어뜨릴 뿐"이라고 그는 말했다.

그 뒤로 이어진 작업은 참가자들 사이에 긴장감을 고조시킨 것으로 보였다. 일부 연구원들은 동료들에게 5년 후에 다시 와서 지나치게 낙관적으로 보이는 그들의 기본 가설이 과연 실제로 이루어졌는지 따져보아야 한다고 주장하기도 했다. 스웨덴의 통신 장비 기업 에릭슨 측의 참가자 두 명은 학문적 엄정함의 결여를 안타깝게 생각하며 문을 박차고 나가버렸다. 그런데 곰곰이 생각해보면, 그게 과연 놀랄 일인가? "처음부터 모두가 보고서의 결론은 긍정적일 수밖에 없음을 알고 있었다"고 우리의 취재원은 냉정하게 인정했다. "어차피 사업은 사업이니까! 이 모든 건 무엇보다도 마케팅의 문제였어요. 항상 긍정적이고 고무적인 숫자들을 앞세우는 '녹색 마케팅'을 해야 하니까요." 또 다른 한 명은 "보고서에 등장하는 모든 긍정적 주장들에 대해서 매우 회의적"이었다고 고백했다. 자신의 "이름이 그 연구 보고서에 올라간다는 사실이 영 찜찜했다"면서 "지금이었다면 모든 걸 다른 식으로 했을 것"이라고 말을 맺었다.

우리가 만난 변절자들 가운데 한 명은 심지어 "GeSI의 보고서가 공공 정책 수립을 위한 용도로 사용되는 건 매우 위험하다!"고까지 말할 정도였다. 그런데 이를 어쩌나, 하필이면 그런 일이 일어났으니. 책임감 있는 디지털 기술을 지향하는 한 전문가는 그 이유가 "디지털 기술이 경제성장을 가져올 뿐 아니라 친환경적이라고 믿는 건 정말이지 굉장히 기분 좋고 매혹적이었을 것이기 때문이라는 데 있다"고 분석했다.[48] GeSI 보고서에 맞불을 놓고자 하는 독립적인 연구들은 거의 찾아보기 힘들다. 시간도 돈도 없으니까. "다윗과 골리앗의 대결이랄까. 디지털 산업계가 인터넷의 환경에 대한 이득 담론을 독점해버리고는 모든 수단을 동원해서 그 담론을 여기저기 팔려고 기를 썼고, 지금도 그렇게 하고 있다"고 이 전문가는 단언했다.[49]

전쟁으로 점철된 수천 년의 역사를 통해 우리는 승자가 얼마나 자기식으로 역사를 다시 쓰려는 집착을 보이는지 학습했다. 21세기의 디지털 기업들은 이러한 기법을 한층 세련되게 가다듬어 아예 미래를 새로 쓸 것을 제안한다! 그럴 수밖에 없는 것이, 알고 보면 디지털은 세상을 오염시키니까. 그것도 아주 엄청나게. 특히 물과 에너지 소비량, 광물 자원 고갈에의 기여 등을 고려한다면, 디지털 산업이라는 분야는 앞에서 이미 언급했듯이 영국이나 프랑스 같은 나라의 두세 배에 해당하는 생태발자국을 발생시킨다.[50] 다른 것들보다도 특히 지구상에서 유통되고 있는 340억 개의 디지털 장비들이 주요 원인이다. 이것들은 전부 더할 경우 무게가 2억 2400만 톤에 이르는데, 이는 세단 1억 7900만 대의 무게와 맞먹는다.[51] 에너지 관점에서 보자면, ICT는 세계 전기의 10퍼센트가량을 소비하는데,[52] 이것은 원자로 100대가 생산해

'좋아요'는 어떻게 지구를 파괴하는가

내는 전기량에 해당된다.[53] 디지털 산업계가 하나의 나라라면, 이 나라는 전기 소비 면에서 미국과 중국의 뒤를 이어 세계 3위를 차지할 것이다. 그런데 오늘날 전기의 35퍼센트가량은 여전히 석탄을 통해서 생산된다.[54] 사정이 이러니, 지구의 전체 온실가스 배출량 가운데 약 4퍼센트는 디지털 산업에서 발생하는 형편이다.[55]

이것이 현재 우리가 마주한 상황이다. 디지털 오염에 관해서는 영화 전체를 보아야지 사진 한 장 한 장을 떼어놓고 보아서는 안 된다. 이와 같은 생각이 이 책의 마지막까지 우리를 이끌어줄 것이다. 우리는 인터넷에서 비롯되는 생태발자국이 놀랍게 증폭되어가는 와중에 이를 멈출 수 없게 만드는 기제를 집요하게 탐사해나갈 작정이다. 실제로 디지털 산업의 전력 소비량은 해마다 5~7퍼센트씩 증가하고 있으며,[56] 이러한 추세라면 디지털 산업은 2025년 세계 전력 총생산량의 20퍼센트를 소비하게 될 것이다.[57] 한편, ICT가 세계 이산화탄소 총배출량에서 차지하는 비율은 같은 무렵 두 배 증가할 것으로 추정된다.[58] "우리는 디지털의 영향력이 얼마나 거대한지 제대로 가늠하지 못하고 있다. 그건 한마디로 엄청나기 때문에 상황은 매우 심각하다!"고, GreenIT.fr의 창시자 프레데릭 보르다주는 목소리를 높인다.[59] 아마도 "이로 인한 오염은 무색무취이기 때문에, 공장 굴뚝에서 나오는 검은 연기 따위와는 다르기 때문에 그럴 것"이라고, 자문회사 디지털포더플래닛을 설립한 이네스 레오나르두치는 분석한다.[60] 출현한 지 아직 얼마 되지 않은 이 기술이 어떻게 기능하는지 우리가 잘 이해하지 못하기 때문일 수도 있다. 그러니 잠시 돌아가는 셈 치고 인터넷을 구성하는 배관을 살펴보자.

'좋아요'의 지리학

조금 더 정확하게 말해서, 우리는 2020년에 몬트리올 쪽의 우회로를 택했다. 퀘벡주의 수도에 막 눈보라가 몰아치기 시작한 날이었다. 인도를 덮어버릴 정도로 펑펑 쏟아지는 차갑고 새하얀 눈송이들은 길 가던 시민들의 발걸음을 늦추고 거리의 소음마저 잠재웠다. 우리는 마치 추위가 중력을 한층 강화하기라도 하는 것처럼 잔뜩 웅크린 채 걸었다. 이런 날씨에 몬트리올 구시가지의 한 호화 호텔에서는 디지털 업계의 선도적인 학회인 디지털 인프라 몬트리올이 개최되었다. '초대형 데이터센터', '디지털 인프라의 에너지 효율성', '원거리용 광섬유 네트워크', '에지 컴퓨팅' 또는 '클라우드 플랫폼' 같은 주제들이 논의되는 자리였다. 솔직히 고백하건대, 그런 것들은 우리들 대다수에게 아무 의미도 없는 말이었다. 그렇지만 그것들 없이는 지구에 사는 수십억 명의 일상이 제대로 돌아가지 않을 것이다. 우리가 페이스북이나 유튜브, 링크드인 등에서 매일 누르는 수십억 개의 '좋아요'(그 유명한 엄지 척)가 없어질 테니 말이다.

최근 들어 당신은 그걸 누르고 싶어 죽겠을 때마다 눌러왔다. 가령 사랑스러운 직장 동료의 마음을 사기 위해 당신은 그 동료가 페이스북에 올린 한 사진에 '좋아요'를 눌렀다. 사랑하는 이의 휴대폰에 도달하기까지 이 '좋아요'는 인터넷의 일곱 개 층을 거치는데, 그중 일곱 번째, 그러니까 제일 꼭대기에 있는 층이 당신이 작동시키는 디지털 기기(가령 컴퓨터)이다. 당신의 애정 어린 '좋아요'는 이제 중간층들(전송층과 네트워크 층 등. 여기에 관해서는 부록 1을 보라) 속을 파 내려가며, 마

'좋아요'는 어떻게 지구를 파괴하는가

침내 인터넷의 가장 첫 번째 층인 물리적 층, 즉 해저케이블로 이루어진 층에 닿는다. 다시 말해, 꼭대기 층과 바다 층 사이에서 '좋아요'는 이동통신 사업자나 인터넷 모뎀의 4G 안테나를 거쳐 건물의 공유기를 따라가다 당신이 밟고 다니는 인도 표면에서 약 80센티미터 아래 묻혀 있는 구리 관에 닿는다. 그런 다음 대규모 이동 경로(고속도로, 하천, 선박 예인曳引로, 철도 …)를 따라가며 설치된 전선을 타고서 통신 사업자의 여러 기술적 공간 속에 쌓여 있는 다른 '좋아요'들과 합류한다. 여기서 모인 '좋아요'들은 바다를 가로질러 다른 데이터센터로 운반된다. 그러다 마침내 인터넷의 가장 깊은 층에 도달한 당신의 '좋아요'는 이제 가장 위층인 일곱 번째 층, 그러니까 당신이 연모하는 동료의 휴대폰을 향해 지금까지의 여정을 거꾸로 거슬러 올라간다. 이 동료가 당신과 고작 10미터 떨어진 곳에 있더라도 당신의 '좋아요'는 수천 킬로미터를 여행하는 것이다.[61] 그러니 '좋아요'의 지리학이란 말이 나오는 게 괜한 호들갑은 아니다.

G메일을 통해서 한 통의 전자메일을 보내거나 왓츠앱을 통해 메시지 한 줄을 보내거나 페이스북으로 이모티콘 하나를 게시하거나 틱톡에서 동영상 한 편을 저장하거나 스냅챗에서 새끼 고양이 사진 몇 장을 보내는 것처럼 손으로는 만져볼 수 없는 행위들을 하기 위해 우리는, 그린피스의 표현을 빌리자면, "십중팔구 인간이라는 종에 의해서 건설된 가장 광대한 것이랄 수 있는 것",[62] 분명 물질로 구성되었으며 엄청난 양의 에너지를 소모하는 하부구조를 구축한 것이다. 앞에서 보았듯이, 지금까지 발표된 연구들은 그럼에도 디지털 산업의 혜택이 부정적인 편견들을 능가한다는 점을 입증하려는 경향을 보인다. 적어도

2018년에 더시프트프로젝트라고 하는 한 싱크탱크가 풍부한 자료를 담아 보고서를 출간하기 전까지는 그랬다. 이 보고서의 저자들은 "현재 진행되고 있는 방식대로의 디지털 전환은 기후 위기를 미연에 방지하는 것을 돕는다기보다는 오히려 가속화한다"고 거침없이 주장한다.[63] 이들은 "디지털 기술이 디지털화된 분야의 생태발자국을 확실하게 증가시킬 위험이 분명 실재한다"고도 말한다.[64]

자, 그렇다면 누구 말을 믿어야 할까? 한쪽에서는 학계와 시민단체는 업계가 진행한 연구들의 편파성을 강조한다. 업계 측에서는 이에 맞서서 학계와 시민단체 측의 접근이 지나치게 이론적이라면서 반발한다. 아닌 게 아니라 한 디지털 문제 연구원은 "우리에게는 디지털 기술과 관련하여 〔업계가〕 진행한 연구 결과를 검증할 시간도 돈도 자료도 없다"고 인정한다.[65] "많은 사람들이 자신의 의견을 제시하지만 실제로 진행된 연구는 터무니없이 적다. 그 결과, 여기에 대해서는 그 누구도 아무것도 알지 못한다"고 데이터센터 전문가 마크 액튼은 결론짓는다.[66] 그래도 한 가지만은 확실하다고 「디지털과 환경 백서*Livre blanc Numérique et Environnement*」를 집필한 연구원들은 말한다. "우리 사회의 디지털화가 계속될 향후 수십 년 동안은 생태발자국이 가장 맹렬하게 증가하게 될 것이다."[67]

디지털 기술로 인한 오염: 심각성에 대한 자각

스웨덴은 디지털 기술로 인한 오염에 대해 최초로 투쟁을 선언한 나라이다. 1990년대 초 TCO 디벨롭먼트[68]라는 기구가 처음으로 책임감 있는 디지털 장비라는 인증 라벨을 도입한 것으로 알려져 있다. 그때 까지만 해도 컴퓨터 관련 업무는 비서들의 영역으로, 비서들은 컴퓨터 모니터 화면 앞에서 두 눈이 빠져라 일하면서 자기장의 영향을 고스란 히 온몸으로 받아들여야 했다. "이들의 건강을 보호하기 위해 우리는 컴퓨터에 일정 수준의 제조 기준을 요구했다"고, 스톡홀름에서 만난 TCO 회장 쇠렌 엔흘름은 회상했다. "처음엔 ICT 업계에서 이 라벨을 장애물로 간주했습니다. 하지만 이에 맞서서 수십만 명의 근로자들이 인증 라벨이 준수되도록 하라고 자신들의 고용주들에게 압력을 가했 죠." 그 후 TCO 측은 책임 범위를 그들 협회 회원사들이 전자 제품을 제조할 때 발생하는 오염으로 확대했다. 이에 따라 인증 라벨 획득을 위해서는 몇몇 중금속 사용 금지, '갈등을 조장하는 광물' 사용 금지, 생산 과정에서의 근로 조건 엄수 등의 내용들이 첨부되었다.

스웨덴을 제외한 다른 지역에서는 이 문제에 대한 의식화가 훨씬 더뎠다. 더뎠을 뿐 아니라 몇몇 개인들의 돌출 행동 수준에 국한되었 다. 2000년대 초 에릭 윌리엄스 교수는 ICT와 오염에 관한 저서를 발 표했는데, 덕분에 그는 미국 연구원들 가운데에서는 이 분야에서 가장 발 빠르게 행동한 인물들 가운데 하나로 여겨진다.[69] "인텔 그룹°은 내 저작에 대해 불평이 많았으나 결국 이 업체는 나에 관한 비난을 접 었다"고 그는 회상했다.[70] 유럽에서는, 자문이자 에디터이며 연구원이 기도 한 마이클 오기아가 2017년에 처음으로 이 주제에 관한 국제 학

°   미국의 반도체 생산 업체들 가운데 하나.

회[71]를 개최했다. 디지털 기술로 인한 오염에 관한 보고서에서부터 각종 시민단체 활동가들이 GAFAM 본사 앞에서 벌인 시위 활동을 지나 지속 가능한 전자 산업 관련 학회에 이르기까지 분위기는 점차 무르익었다. 이러한 추이 속에서 특히 그린피스 같은 시민단체의 활동이 눈에 띈다. 학계 쪽에서는 아스타 폰데라우가 "오늘날 점점 더 많은 연구원들이 이 주제를 파고들고 있으며 점점 더 많은 논문들이 언론에 소개되고 있다"고 확인해준다.[72]

그럼에도 이 주제는 제도적 차원에서는 거의 다루어지지 않고 있다. "디지털 기술로 인한 오염은 유럽 차원에서의 정치적 사고의 사각지대"라고 스트라스부르 유럽의회의 한 보좌관은 개탄한다.[73] 유럽연합 집행위원회로 말하자면, 디지털 기술이 친환경적 전환에 도움을 줄 것이라고 철석같이 믿고 지지한다. "그린딜°은 디지털 기술이 위기를 모면하게 해줄 것이라는 생각에 기초하고 있다"고 이 의회 보좌관은 말한다. "디지털 기술로 인한 오염은 브뤼셀에서 보자면 걱정거리 축에도 끼지 않는다"는 것이다.

결국, 아마도 민간 부분이 전면에 나서야 할 것으로 사료된다. "디지털 생태학은 기업들 내부에서 부상하는 주제"라고 유럽의 한 은행에서 기업의 사회적 책임을 담당하는 직원은 동의한다. 이 직원은 대기업 그룹들마저도 이 주제에 대해서는 "아직 청소년기를 벗어나지 못한 상태"라고도 덧붙인다. 그런가 하면 유럽의 한 보험회사 정보화 서비스 담당자는 자신이 몸담고 있는 회사가 배출하는 탄소 총량의 30퍼

○   지속 가능한 유럽을 위해 2019년 유럽연합의 우르줄라 폰 데어 라이엔 집행위원장이 제안한 일종의 계획서.

센트가 ICT 부문에서 비롯된다고 고백한다. 이 같은 숫자들은 어쩔 수 없이 경제 분야 주역들의 친환경적이라는 명성(이 비물질 자산은 얼마나 높이 평가되었던가!)에 흠집을 낼 수밖에 없다. 몇몇 기업들은 벌써 구글을 본보기 삼아서 행동에 나설 것을 재촉받고 있다. 2019년, 구글 직원 2000명은 회사 경영진에게 2030년까지 이산화탄소 배출 제로를 구현할 것을 요구하는 공개서한을 보냈다.[74] 기업들은 또한 소소한 이미지 손상이 인재 유치 전략에도 누가 될 수 있음을 충분히 이해하고 있다. "오늘날엔 많은 학생들이 비윤리적 기업에서는 일하고 싶어 하지 않는다"고, 한 디지털 기업가는 설명한다.[75] 거기에 더해서 경제 논리까지 고려하지 않을 수 없는데, 3차 산업 분야의 경우, 해마다 직원 한 명에게 컴퓨터 장비를 지급하고 이를 유지, 관리하는 데 드는 경비가 2만 유로까지 올라갈 수 있기 때문이다.

이렇듯, 디지털 기술의 홍보에 '녹색', '지속 가능', '친환경' 같은 어휘들이 동원되는 것은 자칫 위험한 환상을 심어줄 수 있다는 우려를 갖게 만든다. 때문에 불과 얼마 전까지만 해도 황당하다고 손가락질 받았을 법한 질문을 던지는 활동가, 기업가, 정치인들이 요즘 들어 점점 늘어나고 있다. 그들은 디지털 산업 자체가 녹색(Green IT)이 아닌데 어떻게 녹색 환경 구현에 도움이 되는 디지털 기술(IT for Green)이 가능한지 묻는다. 우리가 일상에서 사용하는 사물인터넷IOT: Internet of Things을 구현하는 데 필요한 자재들이 어떤 환경에서 어떤 방식으로 생산되는지를 안다면, 아마도 당신은 이 질문이 굉장히 통찰력 있고 똑똑한 질문임을 인정할 것이다.

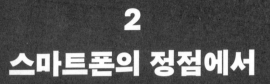

2
스마트폰의 정점에서

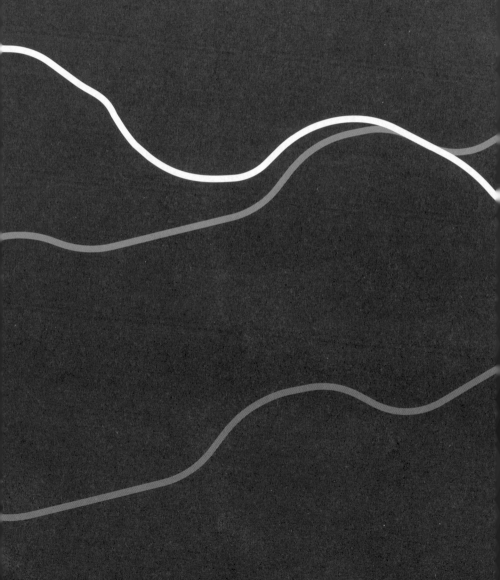

"방금 경찰이 나한테 전화했어요! 우리가 지금 여기서 뭐 하는지 알고 싶어 해요!" 시안[1]은 숨을 헐떡거리며 완만하게 경사진 들판을 달려왔다. 멀리서 들려오는 윙윙거리는 기계음 소리는 헉헉 몰아쉬는 그의 가쁜 숨소리에 묻혔다. 그 기계음이란 우리가 인근 흑연 공장에서 불법적으로 마구 버린 폐기물을 촬영하기 위해 날린 드론이 내는 소리였다. 촬영을 시작한 지 한 시간쯤 되었을 무렵, 언덕을 기어 올라오는 트럭의 행렬이 우리 눈에 들어왔다. 언덕 꼭대기에 올라온 트럭들은 싣고 온 거무죽죽한 폐기물들을 쏟아 아래쪽으로 흘려보냈다. 해가 거듭되면서 노천 폐기물 더미가 주변 풍경에 더해놓은 인공적인 울퉁불퉁한 굴곡은 마치 대지가 고통 속에서 온몸을 비트는 것 같은 느낌을 자아냈다.

우리의 현지 요원[2]은 걱정스러운 눈으로 우리를 뚫어지게 바라본다. 시안의 표정이며 일거수일투족은 당장 자리를 떠나야 한다는 경고와 다르지 않다. "그 사람들이 우리를 찾아내는 데에는 30분이면 충분해요." 시안이 재촉한다. 경찰들은 손쉽게 그녀의 연락처를 알아냈다. 근처 지시ᵢ Jixi 시에 에어비앤비 숙소를 예약하면서 시안이 전화번호를 남겨두었으니까. 의심 많은 숙소 동네 사람들이 자기네 건물에 외국인들이 들락거린다는 사실을 파출소에 알린 모양이었다. 경찰이 우리가 지금 와 있는 마산현에 들이닥치는 건 시간문제다. 그렇게 되면 탐사는 위태로워진다. 맡은 일에 열심인 경찰들이라면 우리에게서 한시도 눈을 떼지 않을 것이고, 그러면 우리로서는 중국에서 추방당할 가능성까지 심각하게 고려해보지 않을 수 없게 된다.

그래도 이틀 전 시작할 때까지는 모든 게 완벽했다! 우리는 2019년 봄, 다큐멘터리 촬영을 위해서 헤이룽장성에 도착했다.[3] 헤이룽장성은 중국의 최북단에 위치해 있으며, 이웃한 러시아 극동 지역 프리모리에와는 200킬로미터가량 떨어져 있다. 혹독한 기후에 경제 발전 혜택에서 소외되어 있는 곳인지라 여유로움이라고는 전혀 느껴지지 않았다. 흑토[4]에서는 거대한 소나무들과 자작나무들이 무리 지어 자라고, 옥수수와 밀, 아마亞麻 경작도 활발하다. 하지만 헤이룽장성의 명성은 그 땅의 지하에서 비롯된다. 엄청난 양의 석탄은 물론 흑연이 매장되어 있기 때문이다. 흑연은 우리의 '접속' 사회가 유지되기 위해서 없어서는 안 되는 광물이다. 흑연이 없으면 대부분의 스마트폰과 컴퓨터는 작동하지 못한다.

드론은 땅에 내려앉았고, 카메라도 잘 챙겼다. 우리는 자동차로 달려간다. 압수 수색에 대비해서 동영상 촬영분을 암호화된 하드디스크에 저장하는 일이 급선무다. 우리는 이제 회전 경보등을 켜고서 달려올 경찰차와 마주하게 되는 순간을 기다린다. 아니, 우리가 조금이라도 그들의 시선을 덜 끌기 위해 운송 수단을 바꾸는 방법도 있다. 마침 이웃 마을의 큼지막한 광장에 빈 택시 한 대가 눈에 띈다. 목적지는 지시 공항. 거기서 우리는 제일 먼저 출발하는 비행기에 올라탈 것이다. 여기서 멀어져야 하니까. 몇 시간 후, 프로펠러를 장착한 구형 비행기는 지시에서 서쪽으로 400킬로미터 떨어진 하얼빈 공항 활주로에 착륙한다. 공항에서 우리를 저지하는 치안 요원은 한 명도 없다.

흑연 광산 심장부로의 여행

만일 중국 당국이 우리가 촬영한 필름을 압수했더라면, 그들은 분명 흑연 광산 개발로 인한 오염 증거들을 삭제해버렸을 것이다. 중국은 흑연의 세계 총생산량 중 70퍼센트 정도를 생산하는데, 이 광물의 분진은 현미경으로 들여다보면 눈송이 형태를 하고 있다. 짙은 빛깔의 반짝이는 이 분진은 눈송이처럼 하늘에서 떨어지는 것이 아니라 지구의 중심으로부터 끌어 올려지는 것이다. 류마오 지역(헤이룽장성의 한 마을로 감시카메라로 뒤덮여 있다)은 중국 내 흑연 생산의 중심지이다. 골짜기 깊숙한 곳에서는 주변 산들의 틈마다 흑연 광산이 숨어 있다는 사실이 전혀 드러나지 않는다. 흑연 광산에 접근하기 위해서는 소나무 숲들을 가로질러 꼬불꼬불 난 흙길을 헤쳐 나가야 한다. 그런 후에 관목 숲으로 들어서서 돌담을 기어올라가 고원에 이르러야 한다. 고원에 서면 여러 개의 광산 가운데 하나가 눈에 들어온다.

광대한 모래사장으로 둘러싸여 먼지 안개로 뒤덮여 있는 작업 기

'좋아요'는 어떻게 지구를 파괴하는가

계들은 글자 그대로 난링산을 깎아 들어가고 있다. 희뿌연 돌덩어리들은 계곡 깊숙한 곳에 자리 잡은 낙후한 공장들로 향한다. 잘게 부서진 돌조각들은 산성 용액 속에 들어갔다가 엄청나게 높은 온도로 데워진 용광로를 채운다.[5] 모든 공정을 마친 결과물은 상한 버터 냄새가 나는 회색 가루 형태로, 이 가루들은 허름한 창고에서 25킬로그램씩 포장되어 저장된다. 파란색 작업복 차림에 꾀죄죄한 얼굴의 노동자들(더러는 천 조각 하나로 얼굴을 보호하기도 한다)은 남들의 시선을 피해가며 묵묵히 잰걸음으로 돌아다닌다. 그들은 고작 우리에게 무연탄 그을음처럼 끈적거리는 분진으로 뒤덮인 손만 들여다보도록 허락한다. 근로 환경은 열악하기 그지없으나 그들은 불평하지 않는다. 이 사람들은 흑연 가루에 불화수소산이 포함되어 있다는 사실을 알기나 할까? 불화수소산은 극단적으로 유독하고 강력한 부식제로, 노출된 뒤 일정 기간이 지나면 치명적일 수 있다.

우리는 류마오에서 차로 한 시간쯤 달려 마산현에 도착한다. 중국 흑연 생산의 또 다른 중심지이다. 목적지로 향하는 좁은 도로 옆으로는 차다찬 흰빛으로 덮인 농지가 펼쳐진다. 우리가 탄 차는 잠시 주행을 멈춘다. 도로 아래쪽으로 차량의 행렬이 눈길을 잡아끄는데, 앞에서 묘사했던 폐기물 불법 투기 현장이다. 시안은 우리에게 한 시간 정도 여유를 준다. 그 정도면 충분하고도 남는다. 폐기물 언덕이 빤히 보이는 곳에 집을 가진 농부 웨이[6]가 삽의 손잡이에 팔꿈치를 괴며 시키지도 않았는데 대뜸 입을 연다. "흑연 말고는 살아갈 방도가 없다니까요! 이 지역 전체가 그 자원 하나로 살아갑니다. 구멍이 자꾸만 생겨난다니까요!" 한 번 입을 열자 그는 계속 말을 이어간다. "제조업자들이 그걸 가지고 성능 좋은 배터리를 만들죠, 안 그렇습니까?" 우리도 흔쾌히 동의한다. 전 세계에서 사용되는 수십억 대의 스마트폰 각각에 들어가는 흑연은 사실 2그램이 넘지 않으나, 그 2그램이 전기 전도율을 보장해준다. 하지만 흑연 산업이 인간과 환경에 미치는 영향은 유난히 심각할 수 있다. 주변에 쌓인 광산과 공장 폐기물 때문이다. "이것들은 반경 수십 킬로미터 거리로도 퍼져나갑니다." 웨이가 설명을 이어간다. "마산현엔 더 이상 녹색 잎들도 맑은 물도 없어요. 모든 게 다 오염되었거든요. 안타깝게도 사업가들은 그런 걸 방지하기 위해서는 아무것도 하지 않죠."

원칙적으로 중국엔 환경에 관한 엄격한 규제가 있어서 산업 활동을 제한한다. 하지만 그건 흑연이 헤이룽장성의 전략 산업임을 잊었을 때나 하는 소리다. 해마다 검은 눈꽃 송이가 헤이룽장성에 12억 유로를 내려준다. 관계 당국은 전자 설비에 대한 전 세계적인 열광을 고려할 때 2030년까지 이 숫자를 10배로 키울 수 있으리라는 기대를 품고 있다![7] 이처럼 반+강제적인 성장이 중국을 '녹색과 청색' 세상, 다시 말해 친환경적인 나라로 만들겠다는, 시진핑 주석이 때마다 강조하는 약속과 어떻게 양립할 수 있을까? 급한 대로 일단 체면은 차려가는 식으로 몇몇 시범 공장들은 공식적인 방문이 있을 경우 기준에 맞출 수 있을 테지만, 고위급 인사들이 베이징으로 돌아가고 나면 공장들은 언제 그랬던가 싶을 정도로 순식간에 평소 관행으로 돌아갈 것이다. 요컨대, 중앙 권력은 지역에서 일어나는 일에 대해서는 전혀 영향력을 행사하기 어려울 터였다. 웨이가 맞장구를 친다. "우리 나라엔 '산은 높고 황제는 멀리 있다!'는 말도 있다니까요. 공장주들은 엄청난 이익

'좋아요'는 어떻게 지구를 파괴하는가

을 챙길 수 있으므로 그저 자나 깨나 돈 생각만 할 뿐, 우리가 겪는 오염 따위는 안중에도 없죠. 그이들은 힘이 세고 우리는 약하기만 하니, 우리로선 도저히 그들에게 닿을 수가 없습니다. 우리 같은 서민들은 그저 눈물이나 쏟을 수밖에요." 웨이가 말을 맺는다.

우리가 헤이룽장성에서 만난 것은 대도시의 호화로움과는 거리가 먼, 보이지 않고 들리지 않던 중국이었다. 우리는 무엇보다도 이번 답사에서 디지털 산업으로 인한 오염의 주요 원인을 가려주던 장막의 한 귀퉁이, 즉 현재 전 세계에서 통용 중인 340억 대의 스마트폰과 태블릿 PC, 그 외 다른 컴퓨터들을 제조하기 위해서 필요한 원자재를 일부나마 확인했다. 사람들이 '인터페이스' 혹은 '단말기'라고 부르기도 하는 이러한 전자 기기들은 말하자면 46억 명의 사용자들이 세계적인 정보 네트워크(그리고 그 네트워크가 제공하는 모든 서비스)로 들어오는 출입문이다. 피자 한 판을 주문하고, 항공권을 예약하고, TV 드라마를 시청하고, 만남 주선 사이트에서 마음에 드는 사람을 찾는 등, 인터넷과 디지털은 오늘날 우리 각자를 현대의 주군으로, 손가락 하나로 몇 세기 전에나 존재했던 수십 명의 노예들에 맞먹는 노동력을 제공하는 보좌관 대대를 지휘하는 사령관으로 만들어준다.

게다가 이건 이제 시작에 불과한 것이, 2025년이면 우리 각자가 하루에 (거의) 5000번의 디지털 상호작용을 하게 될 것이기 때문이다.[8] 이 같은 디지털 사용 인플레이션 현상에 대처하기 위해 전자 기기 제조업체들은 점점 더 많은 인터페이스를 상용화해야 하는 도전에 직면하게 된다. 그들이 제안하는 인터페이스는 점점 더 사용하기 편하고, 고성능을 지향하며, 다기능적이어야 하고, 세련된 외관을 갖추어야 할 것이다. 우선 당신 자신부터 살펴보라. 요즘 전형적인 스마트폰이라면 카메라 두 개, 마이크 세 개, 적외선 센서 한 개, 근접성 탐지기 한 개, 자기계[9] 한 개는 기본으로 갖추고 있다. 수많은 GPS, WiFi, 4G, 블루투스 안테나들은 두말할 필요도 없다. 이 경이로운 장치들을 제작하는 데 드는 경비는 얼마나 될까? 그 답을 알기 위해서는 우선 동네 벼룩시장 같은 곳을 돌아다녀 보라. 분명 1960년대에 만들어진 원형 다이얼 판이 장착된 구형 전화기를 발견하게 될 것이다. 당시 그런 전화기를 만들기 위해서는 알루미늄, 아연 등 적어도 10가지 재료가 필요했다. 1990년대에 등장한 두께가 아주 두꺼운 휴대폰도 당신 눈에 띌 것이다. 다이얼 전화기보다 좀 더 진화한 형태의 이 휴대폰에는 구리, 코발트, 납을 비롯해 19가지 원자재가 추가로 들어간다.

이제 그것들을 요즘 사용되는 휴대폰과 비교해보자. 작은 크기는 어디까지나 겉모습일 뿐, 내용물까지 단출하리라 생각하면 큰 오산이다. 실제로 요즘 휴대폰은 금, 리튬, 마그네슘, 규소, 브로민 등 다 합해서 50가지 이상의 원자재(완전한 목록은 부록 2에서 확인하라)로 이루어졌다! 이 많은 재료들이 배터리와 몸체, 화면을 비롯하여 전화기의 전자 부문 전체를 이루고, 나아가서 그것들이 보다 간편한 조작을 통해서 보다 큰 소통의 즐거움을 제공할 수 있도록 요소요소에 투입되는 것이다. 네오디뮴을 예로 들어보자. 이 낯선 금속은 적절하게 설정될 경우 당신의 휴대폰을 진동하게 만든다. 액정 화면엔 소량의 인듐도 들어가는데, 이 금속의 산화물(분말) 덕분에 터치 화면의 출현이 가능해졌다. 한마디로, 우리는 각각 1그램이 채 안 되는 다양한 재료들을 매일 들고 다니면서 그것들의 존재도, 정확한 용도도 제대로 알지 못

'좋아요'는 어떻게 지구를 파괴하는가

한다. 그럼에도 우리의 삶을 송두리째 바꿔놓는 데에는 그 각각의 1그램만으로도 충분했다.

우리가 보통 인터넷이라고 할 땐 통신망의 모든 것(케이블, 라우터,° 와이파이 접속단자 등)은 물론 데이터를 저장함으로써 사물인터넷이 서로 통신 가능하도록 해주는 데이터센터까지 모두 포함된다. 이 거대한 하부구조가 독식하는 지구 자원의 양은 점점 늘어만 가는데, 가령 세계 구리 생산량 가운데 12.5퍼센트, 알루미늄의 경우는 7퍼센트[10](이 두 금속은 매장량이 풍부한 편에 속한다)를 ICT 분야가 소비한다. 마찬가지로, 이러한 자원들은 매우 특수한 화학적 특성을 가진 소량의 금속들이 얇은 평면 화면, 축전지, 하드디스크, 집적회로, 광섬유 또는 반도체 등에 들어가야만 제대로 기능할 수 있다. 디지털 산업은 이러한 금속들의 세계 생산량 가운데 상당 부분을 집어삼킨다. 예를 들어 팔라듐 15퍼센트, 은 23퍼센트, 탄탈럼 40퍼센트, 안티모니 41퍼센트, 베릴륨 42퍼센트, 루테늄 66퍼센트, 갈륨 70퍼센트, 저마늄 87퍼센트, 터븀은 심지어 88퍼센트를 소비한다(부록 3 참조).

이러한 자원들을 손안에 쏙 들어가는 스마트폰 안에 모두 욱여넣는 일은 이제 너무도 복잡하게 되었고, 따라서 이 작업은 '에너지 먹는 하마' 격이 되고 말았다. 결과적으로 스마트폰은 제조 과정에서만 이미 제품의 생애 주기 전체가 만들어내는 생태발자국의 절반,[11] 소비 에너지의 80퍼센트[12]를 잡아먹는 원흉이 되었다. 때문에 보다 더 인터넷에 연결된 세상을 만드는 데 필요한 이러한 자원들을 생산하는 지구

° 서로 다른 네트워크를 연결해주는 장치.

상의 수십 개국(칠레, 볼리비아, 콩고민주공화국, 카자흐스탄, 러시아, 오스트레일리아 등)을 돌아다니면서 그 뱃속을 탐사하지 않고서 디지털 혁명을 논한다는 건 한마디로 어불성설일 수밖에 없다. "디지털은 매우 구체적!"이라고, 우리가 만난 한 엔지니어는 이토록 자명한 것을 일부러 언급한다는 사실에 대해 거의 사과라도 하는 투로 말한다.[13] 우리도 짐작하지 못하는 바는 아니다. 가상현실이 실제 세계에서 그토록 엄청난 효과를 내고 있는데, 우리 경제의 '탈물질화'라니, 이건 말도 안 된다는 찜찜한 마음이 어찌 없겠는가 말이다.

더 많이 벌기 위해 덜 생산한다?

그런데 디지털 업계 지도자들의 말이라면 곧이곧대로 믿는 수십억 명의 지구촌 주민들에게 우리 경제와 생활 방식의 '탈물질화'가 물질 없이 불가능하다는 주장은 거의 이단에 해당된다. '가상'일 수밖에 없는 디지털 기술의 부상으로 우리의 자원 소비가 줄어들고, 심지어 우리가 사용해오던 몇몇 가지는 아예 없어도 실 수 있게 된다고 하더니? 이 메시지는 무역의 세계화로 인해 원자재 거래에 대해 극강의 압력이 가해지고 있음을 잘 아는 사람들에게는 엄청 매혹적으로 들린다. 2008년 《뉴욕 타임스》에 실린 한 칼럼에서 미국 출신 인류학자 재레드 다이아몬드[14]는 "인도와 중국이 서구의 생활 방식을 택할 경우, 세계의 천연자원 소비는 세 배로 늘어날 것"[15]이라고 예측했는데, 이는 그가 참기 힘든 전망이었다. 한편, 2019년엔 경제협력개발기구OECD가 2060년에

즈음한 지구의 자원 소비에 관해 작성한 흥미진진한 연구 보고서가 이와 같은 그의 전망을 확인시켜주었다. 보고서 공동 저자들에 따르면, 지구의 자원 소비 현황은 2011년과 비교할 때 2.5배 증가할 것이며, 이는 1년에 79기가톤에서 167기가톤으로 늘어난다는 뜻이다.[16]

　　이러한 시나리오를 잠재우기 위해서 '순환경제', '기술 효율화' 또는 '자원 생산성 증대'[17] 같은 귀가 솔깃한 표현들이 난무했다. 문제는 자원 소비와 부의 생산 간 연결 고리를 끊는 것이다. '동네 스포츠팬들'이라면 이 문제에 대해 승률을 높이려면 시합을 뛰는 횟수를 줄이면 된다는, 즉 더 많이 벌기 위해 덜 생산하자는 식의 해결책을 제시할 것이다. 이와 같은 길은 '생태근대주의자들écomodernistes'○로부터 환영받았다. 2015년에 발표된 기술 낙관주의적 선언문에서 여러 나라에서 모인 연구진은 "농업 분야의 기술 발전 덕분에 농부 1인당 평균 농토 사용 면적은 5000년 전에 비해 오늘날 훨씬 적다"고 강조했다. 참고로, 1960년대에 비하면 두 배가량 적다고 한다.[18]

　　인터넷은 게임의 규칙을 바꾸고 있다. 통신망은 제조 과정을 향상시키고 물질의 선속을 줄이기만 하는 게 아니다. 심지어 자원의 과소비 문제까지도 해결하겠다고 제안한다. 자원 고갈의 위협에서 해방된 유토피아적 세계는 기업이나 관공서에서 세금이며 급여명세서, 우편물 청구서 등의 물리적인 정보를 디지털 파일로 대체하는 '탈물질화 경영'을, 대면회의 대신 화상회의나 이메일, 메신저 등을 통한 '가상의

○　생태근대주의란 환경을 보호하기 위해서는 과학기술을 발전시켜 인간이 사용하는 자원과 공간을 절약함으로써 인간이 자연 세계에 미치는 영향을 최소화해야 한다고 믿는 철학이다.

인간 상호작용'을 이야기하기 시작하면서 이미 현실이 되었다. 우리는 유럽 북부, 발트해에 면한 한 작은 나라에서 이처럼 막강한 현상을 가늠해보고자 한다.

완전한 디지털화에 도전하는 에스토니아

우리가 에스토니아의 수도이자 요새 도시로 유명한 탈린의 구도심을 바라볼 때만 해도 이른바 긱geek,[19] 그러니까 IT광들의 왕국에 입성했다는 뿌듯한 마음 따위는 전혀 없었다. 빨간 지붕을 얹은 고딕식 건축물들과 포석 깔린 골목길들은 어디로 보나 3D 프로그램을 돌려서 빚어낸 것 같은 느낌은 아니었으니까. 뿐만 아니라 도시를 에워싸고 있는 중세식 방책을 따라 발걸음을 옮기는 동안 우리는 사이버 공격보다는 오히려 화살 비가 쏟아지지 않을까 상상했으니까. 어쨌거나 우리는 2020년 여름 동안, 지구상에서 가장 디지털화되고 '탈물질화된' 인구 130만 명의 이 작은 공화국에서 탐사 취재를 진행했다.

이 나라에서는 행정 업무의 99퍼센트가 온라인으로 진행된다. 혼인, 이혼, 상당한 규모의 은행 거래 정도를 제외하고는 거의 모든 것이 원거리에서 처리된다. 전자 신분증만 있으면 '디지털 시민들'은 세금 내기, 벤처기업 창업, 시립도서관 등록, 대중교통 이용, 심지어 투표까지 전부 다 할 수 있다. '엑스 로드X-Road'라는 정보화 플랫폼이 국가의 공공서비스 통괄 관리 시스템으로 기능한다. 이 시스템은 통치를 받는 주민들 입장에서는, 태어나는 순간부터 영면에 들어가는 순간까지의

'좋아요'는 어떻게 지구를 파괴하는가

간편화를 뜻한다! 실제로 '전자 사망E-Death'이라는 프로그램을 개발하여 고인의 마지막 청구서까지 자동으로 처리해주는 서비스를 제공할 계획이라고 한다. '전자 에스토니아'라는 명성은 이제, 이 나라의 엔지니어들이 디지털 전환을 꿈꾸는 다른 많은 나라들에 조언을 해줄 정도로 높고 견고하다.

수십 년 동안 소련의 통치를 받으면서 민주주의에 대한 갈증을 키워온 역사 때문에 이 나라가 투명성으로 세계에 이름을 떨칠 수 있는 디지털 국가를 택하게 되었다는 설명도 부분적으로 가능해 보인다. 그 외에, 많은 공학도들을 길러내고 있다는 점(1957년 스푸트니크 위성의 전자 시스템은 탈린에서 설계되었다)도 작용했을 것이다. 다시 말해서 이 나라는 문화적으로 디지털 기술에 유달리 개방적이라는 특성을 지니고 있다고 볼 수 있다. 농업에만 의존하고 살았던 조상들의 땅에 대한 예속 상태를 깨겠다는 결연한 의지가 디지털 만능을 지향하는 태도를 낳은 게 아니라면 말이다. "전자 행정까지 포함하여 우리의 철학은 항상 사용하기 간편한 시스템과 하부구조를 갖추는 겁니다. 지금까지 에스토니아 농부들에게 삶은 간단했던 적이 없었으니까요!" 탈린의 한 고위 공무원이 귀띔해준다.[20] 에스토니아 국기에 그려진 검은 줄이 그들의 땅과 고통스러운 이 나라의 과거를 상징한다는 사실을 안다면, 그 같은 설명은 상당히 설득력 있게 들린다.

암튼 결과적으로 오늘날 에스토니아는 '지구에서 최고로 디지털화된 사회'임을 자랑스러워한다.[21] "때가 되면 우리는 가능한 모든 것을 자동화하는 방향으로 나아갈 것"이라고 공공서비스 '전자 주거e-Residency' 책임자는 말한다.[22] 한 대학교수는 데이터에 의해 조종되는 국가, 즉 시민들의 필요를 미리 예측하고 이에 따라 몇몇 정책을 예정보다 일찍 도입하여 실행에 옮기는 국가가 도래할 것이라고 말한다.[23] 이 같은 디지털 전환에 의해 얻게 되는 이득엔 이견이 있을 수 없다. 에스토니아의 국내총생산GDP은 이웃한 두 개의 발트해 연안 국가들보다 훨씬 높다. 행정 또한 훨씬 효율적이고 이를 원활하게 작동시키는 데 드는 비용은 다른 나라들에 비해서 크지 않다. 거기에 환경 관련 이득까지 더해보라! 디지털 국가 에스토니아는 매달 에펠탑 몇 개를 쌓은 높이만큼의 종이 문서를 절약할 수 있을 테고, 주행거리를 어마어마하게 단축할 수 있을 것이며, 그런 만큼 당연히 에너지도 절약할 수 있을 것이다. 그 결과, "우리 나라는 해마다 GDP의 2퍼센트를 절약한다"고 에스토니아의 토마스 헨드리크 일베스 전前 대통령은 자신 있게 말한다.[24]

　에스토니아에서 모든 것은 간편함으로 통한다. 이 나라에서 디지털 생활은 매끄럽고 유유자적한 것처럼 보인다. 이 모든 기제를 받쳐주는 물리적 하부구조와 에너지 공급, 그 외 다른 소프트웨어 등으로 말하자면, 그런 것들은 눈에 보이지도 않고 언급되지도 않는다. 이 점에 대해 우리가 묻자, 마치 그런 질문은 경우에 어긋난 것이라는 듯한 애매한 대답만 메아리가 되어 돌아올 뿐이다. 추구하는 목표가 그 목표에 도달하기 위해 동원된 수단을 가려버린다고나 할까. 이를테면 그림의 재료가 무엇인지, 작품을 그릴 수 있도록 화가들에게 물감을 판상인이 누구인지 따위는 전혀 모른 채 공간의 균형이라거나 빛의 유희, 극사실주의적인 혹은 구상적인 스타일 등에 경탄을 보내며 대가들의 그림을 감상하는 것과 같은 이치라 하겠다.[25] 디지털과 관련해서 우리는 사실 아주 중요하고 기본적인 질문인 '어떻게?'를 등한시하고 있다. 하지만 '어떻게?'는 어쩌면 '왜?'라는 질문보다도 더 중요한, 가장 고귀한 질문이다. 온갖 아이디어들이나 개념에 도취하기 전에 일단 물질을 생산해내야 하기 때문이다. 그리고 이 질문은, 그들이 차라리 모르는 편을 선호할지라도, 태블릿 PC나 스마트폰 소비자들이 끊임없이, 반복적으로 제기해야만 하는 질문이기도 하다.

굳이 소비자들을 변호하자면, 최근 수십 년 동안 세 부류의 전문가들, 그러니까 이론가들과 광고업자들, 그리고 디자이너들이 소비자들을 현실로부터 떼어놓는 데 기여했다고 말할 수 있다.

• 제일 먼저 이론가들. 절대자유주의적 이상향에 고취된 이 인터넷 개척자들은 네트워크를 완전히 자유로운 표현의 공간으로 인식한다. 이 공간에서는 절대자유주의자들libertaires과 무정부주의적 자유주의자들libertariens, 그러니까 존 페리 발로를 본받아 국가의 소멸을 주장하는 급진적 자유주의자들이 어깨를 맞댄다. 존 페리 발로는 인터넷에 대한 국가의 통제에 맞서서 1996년에 유명한 사이버스페이스 독립선언문을 발표했다. 선언문에서 그는 "사유재산, 표현, 정체성, 이동, 문맥 등에 관한 당신들의 법적 개념은 우리에게 적용되지 않는다"고 주장한다. "그것들은 물질에 토대를 두고 있는데, 여기에 물질이라고는 없다." 존 페리 발로에 따르면, 정치적 해방 계획의 만개는 골치 아픈 물리적 장애에서 벗어난 전자 세계 속에서만 가능하다. 더구나 "우리의 정체성은 몸을 지니고 있지 않으므로, 우리에게 신체적 제약을 동반하는 질서란 있을 수 없다"고

그는 선언한다.[26]

　이처럼 물질을 벗어난 유토피아에 사업 세계가 호응한다. 지식 경제(또는 비물질적 경제)[27]란 자원보다 지식과 창의성, 상상력 등에 기초한다. 이런 것들은 무한하고 지속적인 성장의 동의어가 될 수 있다.[28] 이러한 논거는 마침 역사의 진행 방향과도 일치한다. 가령 1980년대 초 미국에서 자산 기준 100위까지의 기업들은 "땅을 파거나 천연자원(석유나 철광석 등)을 변형시켜 손으로 만질 수 있는 무엇인가를 만들어냈다"고, 미국 출신 경영 전략계의 황제 세스 고딘은 회상한다.[29] 오늘날엔 "(위에서 언급한 100개 기업 가운데) 오직 32개 기업만이 여전히 손으로 만질 수 있는 무엇인가(비행기, 자동차, 식품 등)를 제조하고 있다. 나머지 68개는 주로 아이디어를 취급한다." 이는 건강 관련 서비스나 "제품의 물리적인 생산 비용이 발명 비용에 비하면 가벼운 편"인 상품들을 제조한다는 뜻이라고 물리학자였다가 기자로 변신한 크리스 앤더슨이 설명한다.[30]

인지자본주의 또는 지식 경제에서는, '서비스' 경제 같은 새로운 경제모델들이 부상했다. 이러한 경제에서는 물건의 판매가 서비스의 판매나 체험의 제공 뒤로 사라져버린다. 스포티파이나 디저° 같은 음악 스트리밍 플랫폼의 천재성도 여기에 해당된다. 이 두 플랫폼은 음반이 아니라 음악을 판다. 이런 논리를 일반화해보라. 그러면 당신에게 전구 대신 빛을, 자동차 대신 이동의 편리함을, 복사기 대신 인쇄 서비스를 제공하는 수많은 상인들이 눈에 들어올 것이다. 이렇듯, 우리는 점점 더 물건을 그것이 지닌 내재적 가치와 분리시

○　2007년 프랑스 파리에서 설립된 음악 스트리밍 플랫폼.

　　　　　　　　　'좋아요'는 어떻게 지구를 파괴하는가

키는 경향을 보인다. 플라톤이 말하는 이원론도 따지고 보면 크게 다르지 않다. 플라톤은 『파이돈』에서 육체는 물질로 이루어져 있어서 진리 탐구에 장애가 된다고 설명한다. 그렇기 때문에 이 그리스 철학자는 비천한 육체보다 고귀한 정신을 선호한다. 다시 21세기로 돌아오면, 물건이 지닌 물질적 가치보다 지적 가치를 지나치게 높이 평가하고, 손으로 만질 수 있는 매개체 부분으로부터 상표나 알고리즘, 디자인이나 조직 모델 등을 따로 떼어내어 특허권을 인정함으로써, 수많은 공학도들과 사업가들은 하루가 멀다 하고 엑셀 수식과 파워포인트 프리젠테이션 프로그램을 돌려가며 플라톤의 가르침을 시장 경제에 옮겨놓는다.

• 이제 광고업자들을 보자. 이들은 디지털 산업을 가상성과 연결 짓는 마케팅 어휘들을 우리에게 주입했다. 덕분에 우리는 정확하게 무엇을 지칭하는지 가늠조차 하지 못하는 상태에서 항공권을 '탈물질화' 한다거나, 오락을 위해서 '가상현실'이니 '증강현실' 놀이를 한다는 등의 단어를 사용한다. 그런데 그중에서도 제일 모호한 용어는 이론의 여지 없이 우리가 파일들을 저장해놓는 이른바 '탈물질화된' 공간을 뜻하는 '클라우드'가 아닐까 싶다.[31] "클라우드는 가볍고 솜같이 몽실몽실한 것"이라고 책임감 있는 디지털 산업을 지향하는 한 전문가가 말한다.[32] 어떻게 해야 가장 적확한 단어를 찾아낼 수 있을까? "애플 같은 기업의 증시 시가총액만 들여다볼 경우, 당신은 그것이 상징하는 마케팅 압력만 가늠하게 된다"고 프레데릭 보르다주는 경고한다.[33]

• 마지막으로, 전자 제품의 디자이너들을 보자. 이들은 디지털 기술의 물질성을 지워버리기 위해 자신들이 지닌 보석 같은 창의력을 아낌없이 투자한다. 소비자와 디지털 산업과의 최초(최초일 뿐 아니라 대부분의 경우 유일한)의 만남은 스마트폰 자체일 것이다. 알다시피 스마트폰은 순수함이라는 개념을 전파하는 아름다운 물건이다. 그렇다면 이토록 아름다운 것이 어떻게 더러울 수 있단 말인가? 물건이 지닌 미학적 완벽함은 직관적으로 오염이라고 하는 것을 밀어낸다.

애플이 판매하는 기기들이 지닌 간결한 디자인이 이러한 모호함을 낳는 데 크게 기여했다. 애플사의 공동 창업자인 스티브 잡스가 추구했던 간결함은 극도의 단순함과 절제를 미덕으로 삼는 불교의 선禪사상에 그 뿌리를 두고 있다.[34] 선에 입각한 미학은 필연적으로 장식이나 군더더기라고는 찾아볼 수 없는 형태의 사원과 연관된다. "스티브 잡스는 불교 신자는 아니었으나, 선이 추구하는 단순함에서 큰 영감을 얻었으며, 애플의 디자인도 그와 무관하지 않다"고, 명상을 실천하는 투자 전문가 에릭 린너는 평가한다.[35] 잡스자신도 기회 있을 때마다 선불교가 "미학적으로 경이롭다"고 인정하곤 했다.[36] 1977년, 애플사가 내놓은 최초의 마케팅 브로슈어에서 이미 "간결함이야말로 궁극의 세련됨"이라고 선언하지 않았던가? 스티브 잡스의 영향으로 "점점 더 복잡해져가는 기술의 세계를 단순 소박하게 만드는 것이 유행처럼 번져나갔다"고 린너는 말을 이어간다. "디지털 세계에서는 모든 것이 좋고, 완벽하며, 고정되어 있습니다. 부정적인 감각이라고는 찾아볼 수 없는데, 사실 이런

'좋아요'는 어떻게 지구를 파괴하는가

방식은 상당히 위험해요. 실제 우리의 삶은 그렇지 않으니까요!"[37] 요컨대, 기술적 정밀화와 미학적 조화에 대한 스티브 잡스의 추구가 수십억 소비자들에게 지구에 전혀 무해한 디지털이라는 환상을 심어주는 데 기여했다는 말이다.[38]

그건 그렇고, 지난 5000년 동안 이어져 온 탈물질화는 또 다른 이야기이다. 우리는 문자의 유용성에 대해서라면 이런 식으로 생각하지 않지만, 메소포타미아 사람들이 개별적인 인간의 탈물질화를 위한 최초의 도구를 발명한 건 사실이다! "문자는 요청이 있을 때면 어떤 순간에도 읽어볼 수 있다는 특성을 지닌다. 문자 덕분에 인간은 물리적인 현존이 없이도 자신의 명령을 정확하게 전달할 수 있게 되었다"고 한 기술 문제 전문가는 분석한다.[39] 고대사회가 점차 복잡해져 가면서 화폐가 판매 가능한 생산품의 가치를 나타내는 지표 역할을 하게 되는 것도 같은 이치다. "이렇게 되자, 물건이 되었든 곡물이 되었든, 재산이라고 할만한 것은 이제 그 자체로서가 아니라 오직 은으로 환산한 가치로서 존재하게 되었다. 그리고 이러한 현상이 확산되어가면서 '상거래 협상'은 협상의 대상이 되는 것이 물리적으로 눈앞에 있지 않은 상태에서도 진행되는 지경에 이른다."[40] 어음의 등장으로 "이제 은마저 탈물질화되면서 무역은 한층 더 활발해진다. 어음은 15세기에 벌써 국제무역의 기본 도구로 자리 잡으며, 이로써 경제계 최초의 탈물질화가 중요한 한 단계를 넘어서게 된다."[41] 그리고 마침내 현대 기술들과 더불어 "인간이 자신을 대신해서 성찰하는 임무를 기계에 맡김으로써 어떤 의미에서 이제 사고까지도 탈물질화 단계를 밟게 되었다고 할 수 있다(계산기라는 도구를 생각해보라)."[42] 사고뿐만 아니라 말(전화기)이며 이미지(시각 매체)도 같은 경로를 밟는다.

이처럼 탈물질화 현상은 그 기원이 정보화 이전 시대로 거슬러 올라간다. 금속으로 가축들을 대체하고, 종이로 금속을 대체하다가 디지털 매체로 종이마저 대체하기에 이른 것이다. 이러한 변동이 이루어질 때마다 기존의 도구는 완전히 제거되지 않고 보다 월등한 특성을 지닌 다른 도구가 추가되었다. 현대적인 전자 설비를 기획하는 데 필요한 막대한 양의 자재들을 고려할 때, 오늘날의 정보화는 이러한 역사적인 메커니즘을 다시 한번 확인시켜줄 뿐이다. 실제로, 책임감 있는 디지털 산업을 지향하는 한 전문가가 말했듯이, "탈물질화란 다른 식으로 물질화하는 것"에 불과하다.[43]

전자 숙청 시대

인터페이스의 구성을 넘어서, 2019년 말 중국이 택한 놀랄만한 결정을 뒤따라 우리는 디지털 산업의 물질적 부담을 꾸준히 증가시키고 있다. 미국과의 무역 전쟁이 한창이었던 그 당시, 베이징 정부는 스스로의 정보 보안 능력에 도취하여 중국의 모든 행정 부서와 기업이 3년 안에 미국 기업인 델, HP 또는 마이크로소프트사의 컴퓨터나 소프트웨어를 모조리 중국 제품으로 대체해야 한다고 발표했다.[44] 이 사건은 두 대국 사이에서 진행 중이던 '디지털 결별'을 생생하게 보여준다. 중국은 더는 외국 기술에 의존하지 않고 정보화 자급자족에 도달한다는 목표를 천명한 것이다. 그렇다면 아직 멀쩡하게 작동하지만 고위직 관리가 내린 결정으로 순식간에 쓸모없어진 2000만~3000만 개에 달하는 전자 제품은 어떻게 될 것인가? 당시 아무도 이 기초적인 질문을 제기하지 않았다. 그 제품들은 새로운 정책에 맞춰 재포장될 것인가? 아니면 민감한 정보들로 가득 찬 서버들이 절단기로 난자당하게 될 것인가? 그것도 아니라면 중국 남부 광둥성 구이위에 마련되어 있는 전자폐기물 매립장으로 보내질 것인가?

그 문제에 대해서 소상하게 알기란 매우 어려운 일이지만, 적어도 한 가지는 확실하다. 이 결정으로 인하여, 매우 급진적이고 급작스러운 방식으로 정보화 도구의 한 세대 전체가 제거되리라는 점이다. 역사는 이미 집권자의 생각과는 다른 생각을 가진 정적들을 숙청한 이야기로 차고 넘친다. 그런데 이제 우리는 전자 숙청 시대까지 맞이하게 되었다. 출생지가 바람직하지 못하다는 이유로 수백만 대의 컴퓨터가 졸지에 가동을 멈추게 되었으니 하는 말이다. 이 현상은 중국에만 국한되지 않는다. 첩보 활동을 우려한 미국은 2020년 말, 미국 영토 내에 설치된 중국 기업의 통신, 감시카메라 설비들을 폐기하거나 대체하기 위해 거의 20억 달러의 예산을 풀었다.[45] 같은 이유로 유럽의 여러 나라들도 그들의 영토에서 중국 화웨이 그룹이 제조한 5G 안테나 수천 대를 폐기하겠다고 선언했다.[46]

이러한 전자 숙청은 '구식화 프로그래밍', 즉 한 제품의 수명 단축을 가속화하는 전략으로 잘 알려진 현상의 가장 극단적인 변이이다. 구식화는 우선 '물질적' 차원에서 일어날 수 있다. 가령 스마트폰의 특정 구성 요소(배터리일 경우가 가장 흔하다)가 작동을 멈추었는데, 부품이 기기에서 분리 불가능한 탓에 새 부품으로 갈아 끼울 수 없게 되는 경우다. 이렇게 되면 부품 하나 때문에 스마트폰 전체를 버리게 된다. 구식화는 또한 '문화적' 차원에서 일어날 수도 있다. 신기술 출현으로 예전 기술의 매력이 줄어들면서 결국 이를 쓸모없게 만들어버리는 방식이 여기에 해당된다. 2025년이면 기업의 80퍼센트가 자기들의 자체 데이터센터를 폐쇄하게 될 것이다. 기업들이 클라우드 서비스를 제공하는 외부 기업을 아웃소싱해서 그들이 운영하는 데이터센터에 자기들의 데이터를 저장해두는 편을 선호하기 때문이다. 이러한 변화는 논리적으로 전 세계에서 작동 중인 수백만 대의 서버를 폐기 처분하도록 이끈다.[47] 마지막으로, 구식화는 '소프트웨어' 차원에서도 가능하다. 하나의 전자 제품은 최신 소프트웨어와 양립할 수 없을 때 작동을 멈춘다. 가령 2020년, 소노스는 2011년부터 2015년 사이에 판매된 인터넷 연결 스피커에는 더 이상 소프트웨어 업데이트를 지원하지 않을 것이므로 쓸 수 없게 될 것이라고 발표했다.[48] "멀쩡히 잘 작동하는 스피커를 쓰레기로 전락시키겠다는 거죠. 정말 구역질 나는 일이라고요!" 구식화 프로그래밍 방지를 요구하는 시민단체 HOP에서 활동하는 한 회원이 목소리를 높인다.[49]

소프트웨이 개발자들은 이런 일에 무거운 책임을 느껴야 마땅하다. 실제로 인터페이스에 설치된 각종 애플리케이션이나 프로그램은 점점 더 육중해져 가는 게 사실이다. 때문에 몇몇 사람들은 그러한 프로그램들을 가리켜 복잡하고 에너지만 많이 잡아먹는 여러 기능들을 과도하게 한곳에 모아놓았다는 의미에서 '비만 프로그램'이라고 빈정댄다. 이 같은 추세는 시민단체인 그린IT에 의해서 밝혀졌는데 이들은

"1995년부터 2015년까지, 웹사이트 한 페이지의 무게가 115배 증가했다"고 보고한다.[50] 약간의 변주도 가능하다. 텍스트 하나를 작성하는 데 필요한 출력은 2~3년마다 두 배로 늘어난다.[51] 점점 더 복잡해지는 명령행°을 점점 더 많이 소화하느라 컴퓨터들은 쉼 없이 고군분투해야 하며, 사용자들은 기기를 좀 더 나은 성능을 갖춘 것으로 교체하게 된다.

이러한 요인들은 왜 컴퓨터의 수명이 지난 30년 동안 11년에서 고작 4년으로 확 줄어들었는지 그 이유를 설명해준다.[52] 논리적인 결과로, 호모사피엔스Homo Sapiens는 호모데트리투스Homo detritus,°° 그러니까 해마다 에펠탑 5000개의 무게에 맞먹는 전자폐기물을 생산하는 존재가 되어버렸다.[53] 인류세의 낙인은 단순히 기후 온난화와 대양의 산성화에서만 읽히는 게 아니라는 말이다. 2017년, 연구자들은 믿기 어려운 발견에 직면했다. 인간의 활동이 208가지 새로운 광물을 탄생시킨 지질학적 힘이라는 것이 밝혀진 것이다. 이 새로운 광물들 대부분은 매장된 광업쓰레기 또는 전자폐기물(집적회로나 배터리 등)의 변조로 빛을 보게 된 것들이다.[54] 그러니까 우리의 소비 습관, 그중에서도 특히 디지털 기기와 관련한 습관은 지구 표피의 구성마저 변화시킨다. 고고학 유적지에서 닐라이트néalite, 데블라인devilline, 하이드로마그네사이트hydromagnésite 같은 이국적인 금속들을 파냄으로써 30세기의 지질학자들은 아마도, 우리가 오늘날 로마와 이집트 폐허를 파헤쳐가며 과거의 생활을 이해하는 것과 마찬가지로, 우리의 생활 방식을 재구성할 수

○   프로그래밍 언어에서 프로그램을 구성하는 코드의 한 행을 가리킨다.
○○ '폐기하는 인간'을 의미한다.

있을 것이다.

사실 그 정도는 시작에 불과한데, 폐기물의 본성과 관련하여 우리는 매우 심각하고 역사적인 변이를 확인하는 중이기 때문이다. '모든 것의 인터넷Internet de tout'(이 주제에 대해서는 7장에서 본격적으로 다룰 예정이다)이 활짝 꽃핀 세계에서, 집부터 야생동물, 솔숲에서 자동차에 이르기까지 각각의 물건과 각각의 신체는 실제로 '연결'될 것이고 '지능화'될 것이다. 이 말은 수명이 다해가는 수천억 개의 물건이며 생명체들이 온갖 센서들을 장착한 채 전자폐기물로 변하게 될 것이라는 뜻이다. 전자 칩이 부착된 달마티안 강아지는 찬 고깃덩어리를 먹다가 소화불량으로 죽게 된 후 전자폐기물로 분류될 것이다. 전자 식별표를 단 채 제재소에서 절단되는 참나무 목재, 마이크로칩을 단 채 도축되는 소들 또한 전자폐기물에 속할 것이다. 이런 말을 해도 좋을지 모르겠으나, 다소 거친 표현을 독자들이 양해해주기 바라며 감히 한마디 덧붙이자면, 인공장기를 달거나 뇌 임플란트° 시술을 받은 채 사망한 우리의 사랑하는 친지들 역시 전자폐기물 신세를 피할 수 없을 것이다. 전자폐기물의 처리를 위해서는 수거를 전담하는 기구는 물론 효율적인 재활용 과정, 역량 있는 순환경제 구조 등이 요구된다. 동물계, 식물계, 광물계의 쓰레기가 제멋대로 혼합된 이질적인 폐기물의 축적은 반드시 다음과 같은 네 단계를 거쳐서 처리해야 할 것이다. 회수할 수 있는 것은 최대한 회수하라, 수선 가능한 것은 수선하라, 수선한 것은 다시 쓰라, 새로운 것으로 재생산하라. 미래 세대에게 주어진 창의

° 뇌 속에 전극을 삽입해 뇌의 전기 신호를 분석·해석하는 뇌-컴퓨터 인터페이스 기술 중 하나로 의료와 IT 분야에서 각광받고 있다.

력의 상당 부분은 혁명적인 상품을 탄생시키는 일보다는 이미 존재하고 있는 모든 것을 영속시키는 데 투입될 것으로 예상된다.

우리의 자손들에게는 이러한 물건들을 대충 고치거나 기워 쓸 권리나마 부여될 것인가? 이 같은 의문이 말도 안 되는 헛소리로 들릴 수도 있겠으나, 안타깝게도 매우 통찰력 있는 질문이라 하지 않을 수 없다. 점점 더 많은 제조업체들이 벌써 여러 해 전부터 실제로 전자 제품 소유주들에게 어쩌면 가장 기본적이랄 수도 있는 수리의 자유를 거부하고 있기 때문이다. 가령 스마트폰 한 대를 팔 때, 기업은 확연하게 구분되는 두 가지 권리를 양도하는데, 첫째, 판매하는 기기의 소유권, 둘째, 그 기기가 작동되도록 해주는 시스템(예를 들어 안드로이드) 이용 허가권이다. 소비자는 돈 주고 구입한 물건의 주인이긴 하나, 그 기기 내부에 깔린 프로그램과 관련해서는 소유권을 가진 게 아닌 사용 허가를 받은 것에 불과하다는 말이다. 문제의 프로그램에 대해서 소비자는 소유권을 운운할 자격이 없다. 미국 기업 존디어는 이러한 논리에 따라 고객들에게 그들이 구입한 트랙터를 수리할 권리를 금지했다. 고객이 수리를 할 경우, 기업이 가진 프로그램 소유권에 저촉이 된다는 것이 그들의 논리였다![55] 2020년, 애플사는 지정 수리점에만 아이폰 12의 카메라 부품 교체 권한을 부여함으로써 이러한 전략의 응용 버전을 보여주었다.[56] 어떤 상품이 되었든 거기에 깔려 있는 프로그램은 "그러므로 판매자에게 누가, 언제, 얼마의 비용으로 수리를 맡기게 될지를 통제할 수 있는 권한을 부여해주는 셈이며, 요즘 물건들은 수리 자체가 불가능할 경우가 비일비재하므로, 소비자는 할 수 없이 새 물건을 살 수밖에 없다"고 아이픽스잇iFixit(전자 제품 수리에 도움을 주는 서비

스를 제공하는 캘리포니아 기업)의 창립자 카일 윈스는 분개한다.[57]

구매자들을 상대로 펼치는 논리는 몬산토사에 의해서 오랜 기간에 걸쳐 정교하게 다듬어진 논리와 비슷하다. 미국의 거대 화학 기업 몬산토는 인디언 농부들에게 강력한 살충제인 라운드업에 견디는 종자를 파종하도록 허가해주었다. 이들은 말 그대로 파종을 허가했을 뿐 종자를 판매하지는 않았다. 따라서 종자의 소유자가 될 수 없는 농부들은, 자신들이 수확한 곡물을 이듬해 파종하는 것이 아니라, 해마다 몬산토사에서 종자를 새로 구입해야 한다.[58] 온갖 종류의 특허들로 인하여 실제로 그 전자 제품을 마음대로 사용할 수 있는 우리의 소유권이 제한받게 된다면 우리 모두는 인디언 농부와 같은 신세로 전락할 수 있다.

다른 식의 정보화가 가능하다

이쯤 되면 스마트폰의 단단한 외형이나 인터넷 접속이 가능한 자동차의 보닛, 컴퓨터 키보드 안에 감춰진 내용물들이 어째서 앞으로 몇십 년 안에 불꽃 튀는 격전장이 될 것인지 충분히 이해했을 것이다. 한편에서는 기업들이 우리를 그들이 생산한 제품에 의존하도록 온갖 선략을 동원할 것이고, 다른 한편에서는 지금보다 효율적으로 조직된 소비자들의 네트워크가 그들을 둘러싼 물건들에 대한 통제권을 되찾기 위해 투쟁에 나설 것이기 때문이다. 사실 이와 같은 힘겨루기는 '메이커 Maker'라는 현상을 중심으로 이미 구조화되기 시작했다. 독일과 미국에서 25년 전에 생겨난 이 운동은 '하나의 물건이 어떻게 작동하는지 알고 싶다면 당신 스스로 만들어보라!'는 외침에 화답하기 위해 전 세계에 산재한 수천 개의 '파브랩fablab'[59]으로 확산·이전되고 있다. 선구자적인 이 같은 공동체 공간에 최근엔 수천 개의 '리페어 카페'들이 가세하고 있다. 리페어 카페에서는 원하는 사람은 누구나 자원봉사자들에게 자기가 가진 전자 제품을 수리받을 수 있다. 이는 2009년, 마르티너 포스트마의 주동으로 암스테르담에서 처음으로 생겨나 이제는 가히 세계적인 현상이 되었다. 우리는 마르티너 포스트마를 2020년에 만났다. 리페어 카페 덕분에 해마다 전 세계에서 350톤의 전자폐기물 발생이 억제되고 있다고 자랑하는 이 전직 기자는 "소비자들이 수리된 상품이 좋은 것임을 깨닫기 시작하는 전환점이 가까워지고 있음을 느낀다. 자신들이 사용하는 커피메이커나 휴대폰의 노예가 되고 싶지 않다고 생각하는 소비자들이 점점 더 많아지고 있다"고 장담한다.[60]

전자 기기들의 생태발자국 제한을 목표로 삼는 해결책들은 제법 많고, 잘 알려져 있는 데다, 온라인 안내를 통해서도 열람할 수 있다.[61] 우리는 전자 제품들을 스와파Swappa나 백마켓Back Market 같은 중고 거래 플랫폼을 통해서 사거나 팔아야 하고, 가전제품에 들어가는 부품들을 판매하고 수리 관련 멘토링도 제안해주는 스페어카 사이트에 접속해야 하며, 스마트폰은 새로 사기보다 컴마운Commown 협동조합 측을 통해 장기 임대하고, 개인적 용도로든 업무용으로든 휴대폰은 한 대만 사용해야 한다. 이러한 구체적인 행동 지침들은 소비자들이 하이테크 기업과 더불어 디지털 산업으로 인한 오염의 공동 책임자이며 따라서 이를 줄이기 위해 함께 행동에 나설 수 있음을 보여준다. 공권력으로 말하자면, 각종 설비들을 고쳐 쓰고 다시 쓰는 경제를 독려하고, 법적 품질보증 기간을 연장하고, 새로운 프로그램은 출시 이후 10년 동안 기존 프로그램과 호환 가능해야 한다는 규정을 제정하며, 기업가들로 하여금 자신들이 시장에 내놓는 기기들의 부속품을 반드시 제공하도록 강제할 수 있을 것이다.[62] 프랑스가 2021년에 전자 기기와 가전제품들의 수리 가능성 지수,[63] 즉 소비자들에게 자신들이 구입하는 제품의 내구성을 보다 일목요연하게 알려주는 기준치를 의무적으로 기재하도록 법을 만든 것은 의미 있는 진일보라 할 수 있다.

앞으로 전자폐기물 수거는 거대한 도전이 될 전망인데, 현재 이것들이 회수되어 재활용되는 비율이 고작 20퍼센트 수준에 머물고 있기 때문이다.[64] 2020년, 우리는 취재를 위해 암스테르담으로 가서 요스트 더 클라위버르를 만났다. 2012년부터 클로징더루프[65]라는 시민단체를 이끌고 있는 40대의 요스트는 한마디로 미쳤다고 할 수 있는 프로젝트를 진행 중이다. 바로 "우리가 아프리카의 전자폐기물 하치장으로 보낸 고물 휴대폰과 똑같은 양의 구닥다리 휴대폰을 유럽으로 재수입"하여 이를 재활용한다는 프로젝트이다. 달리 말하면, 낡은 휴대폰의 경로를 전복시켜 이제까지와는 정반대의 전자폐기물 이동을 시도하겠다는 것이다. 요스트 더 클라위버르는 이 어마어마한 잠재력을 가진 프로젝트를 통해 궁극적으로 해마다 200만 대의 휴대폰을 유럽으로 보낼 수 있으리라고 예상한다. 하긴 르완다, 잠비아, 나이지리아 등지에서 그만큼의 고물 휴대폰을 모을 수 있어야 가능할 테지만 말이다. 그마저도 이미 잘 짜인 조직망을 가진 인도와 중국의 면전에서, 지옥이나 다름없는 아프리카 행정 기관을 상대해가면서, "휴대폰의 내용물 가운데 금속류는 싹 빼버리고 그 자리에 시멘트나 비누 조각 등을 채워 넣는" 사기꾼 중개자들에게 걸리지 않는 행운이 따라줘야 하는 데다. 항구적으로 지속될 수 있는 경제모델까지 정립을 하려면…. 요스트 더 클라위버르는 보상 체제를 정착시킴으로써 새로운 모델을 찾아냈다고 생각한다. 이를테면, "삼성 같은 기업이 스마트폰을 팔 때, 아프리카로부터 휴대폰을 재수입하는 비용을 지불하기로 약속하는" 것이다. 이러한 제안은 벌써 KPMG인터내셔널, ING은행, 액센츄어 같은 기업들과 네덜란드 행정 기관들(암스테르담시, 위트레흐트시, 흐로닝언시)로 확대되었는데, 이들은 직원들의 업무용으로 수천 대의 휴대폰을 구입했다. 이러한 성과는 이들 기업들과 행정 기관들에게는 책임감 있는 주역이라는 명성을 가져다주고 요스트 더 클라위버르에게는 중고 휴대폰 역수입 활동의 수익을 가져다준다.[66]

마지막으로, 우리는 대대적으로 페어폰 상표의 전화기를 구입해야 할 것이다. 페어폰은 2013년부터 최초로 이른바 '윤리적' 스마트폰을 상용화했다. 네덜란드 국적의 페어폰은 암스테르담의 에이하번 항만 지역에 둥지를 틀었다. 우리는 2020년 겨울에 그곳을 찾았다. 저마다 다른 언어를 구사하는 수십 명의 엔지니어들과 영업 사원들이 여유가 느껴지는 분위기 속에서 역동적으로 움직이는 거대한 무대 같은 곳이었다. 이곳에서 만들어진 전화기들이 전 세계에서 가장 친환경적이라면, 그건 우선 기업이 전화기에 들어가는 금속이 '윤리적인' 방식으로 채굴되도록 최선을 다하기 때문이다. 다음으로는 휴대폰을 최대한 오래 쓸 수 있도록 기획 단계부터 신경을 쓴다. "우리는 우리 전화기 사용자들이 자신들의 기기를 적어도 7년에서 8년가량 쓸 수 있기를 바란다"고, 한 직원이 설명해준다.[67] 그러기 위해서는 '모듈' 방식 전화기를 제조해야 한다. 다시 말해서 구성 요소들 각각이 조립 가능하면서 해체 가능해야 한다. 이 말은 곧 부속품을 따로 따로 대체할 수 있어야 한다는 뜻이다. "특히 배터리와 화면에 있어서 이 점이 중요하다"고 이 엔지니어는 강조한다. "스피커와 정면 카메라, 후면 카메라 등도 교체할 수 있어야 한다. 손님들 앞이라도 거짓말은 하지 않겠다. 솔직히 '모듈' 방식은 한마디로 죽음이다"라고, 그녀는 한숨짓는다.

게다가 그게 다가 아니다. 휴대폰 수리 센터를 더 개설해야 하고, 안드로이드의 새로운 버전이 예전 전화기에 들어 있는 이전 반도체 칩과 호환될 수 있도록 투쟁을 벌여야 하기 때문이다.[68] "좌절의 순간은 날이면 날마다 찾아온다"면서도 이 엔지니어는 장담한다. "그럼에도, 홈오토메이션 회사에선 일할 수 없을 것 같아요. 몬산토에서 일하는 것 같을 테니까!" 다른 한계도 물론 있다. 이 회사가 출시하려는 수십만 대의 3세대 휴대폰은 해마다 세계시장에서 판매되는 휴대폰 15억 대에 비해 그야말로 새 발의 피에 지나지 않는다. 그래도 상관없다. 우리가 다시금 우리 물건의 주인, 나아가서 우리 미래의 주인이 될 수 있도록 애쓰는 기업가, 동조자, 급진적 운동가들이 점점 늘어나고 있다! 이러한 시도들은 마침 디지털의 물질적인 영향이 우리가 지금까지 상상해왔던 것보다 훨씬 더 심각하다는 사실을 우리에게 넌지시 알려주는 지수가 백일하에 드러나기 직전인 만큼 없어서는 안 될 꼭 필요한 것이라 하겠다.

'좋아요'는 어떻게 지구를 파괴하는가

3

비물질적인 것을
만드는 암흑물질

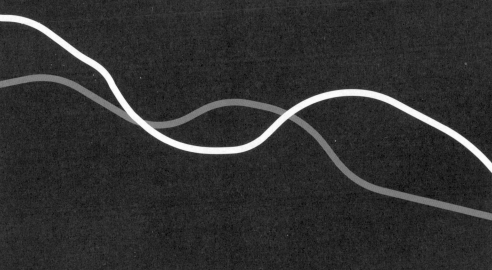

우리는 단말장치의 근원을 탐사했다. 하지만 실제로는 지구의 껍질에 한 꺼풀 입혀놓은 니스 칠만 슬쩍 건드렸다고나 할까. 인터넷의 발자국은 시간과 공간 속에 훨씬 넓게 확산되어 있다. 그 발자국을 찾아내기 위해서는 우리들 가운데 대다수가 상상조차 하지 못하는 다차원적인 세계 속으로 몸을 던져야 한다.

천체물리학자들은 잘 알고 있는 사실인데, 우리의 육안으로는 우주의 극히 작은 일부분, 그러니까 약 3000개의 별 정도만 파악할 수 있다. 그런데 은하수만 놓고 보더라도 그 안에 1000억 개의 별들이 있고, 우주엔 1000억 개의 은하수가 있는데, 이는 우주 전체 질량의 20퍼센트에 불과하다. 나머지는 십중팔구 수상한 물질, 우리가 서의 아무것도 알지 못하는 암흑물질로 이루어져 있을 것이다. 그렇기에 감마선, 자외선, 적외선 등을 이용한 분석 기술이 등장하고, 심지어 중력파까지 동원해서 관찰 스펙트럼을 조금이라도 넓혀보려고 안간힘을 쓰는 것이다. 자, 우리도 이 책에서 똑같은 방식으로 작업해보려 한다. 디지

'좋아요'는 어떻게 지구를 파괴하는가

털 산업에 의해 발생하지만 육안으로는 거의 볼 수 없는 오염의 정도와 범위를 조금이라도 더 정확하게 파악하기 위해서 흔히 잘 알려지지 않은 도구들을 활용할 예정이다.

비물질적인 것의 암흑물질에 관한 탐사에 나설 때가 왔다.

MIPS 또는 생각지도 않았던 물질의 요소

독일 베스트팔렌 지역 부퍼탈 연구소[1]의 옌스 토이블러 연구원은 오늘날까지도 도저히 믿을 수 없다. 몇 년 전 이 독일 학자는 자신이 몸담고 있는 연구소에서 열린 학회에 참석했다. 그때 그는 결혼반지를 들고 양어깨에는 엄청나게 큰 배낭을 짊어진 어떤 남자가 그려진 그림을 보고 그 자리에 우뚝 서버렸다. 그 배낭의 크기는 남자가 들고 있는 결혼반지의 실제 생태발자국과 일치하는 것이었다. 옌스 토이블러는 "이 이미지는 나의 뇌리에 깊숙하게 각인되었다"고 회상한다.[2] 이처럼 부퍼탈 연구소는 우리의 소비 방식이 함축하는 물질적 파급효과를 계산하는 독창적인 방식(1990년대에 소속 연구원들이 개발한 방식이다)을 제시했다. 이름하여, 서비스 단위당 투입된 물질MIPS: Material Input Per Service unit, 즉 하나의 제품 또는 서비스를 제조하는 데 필요한 자원의 총량을 가리킨다.[3]

업계에서는 그들이 환경에 미치는 영향을 측정하기 위해 이산화탄소 배출량에 특별히 신경을 곤두세운다. 이는 사실 기후 온난화를 막기 위한 투쟁이 우리의 생태 관련 우선순위 목록 제일 위에 올라가 있음을 고려한다면 지극히 논리적이고 합리적인 태도가 아닐 수 없다. 2019년에 발표된 유럽식 '그린딜'을 예로 들어보자. 그린딜은 무엇보다도 먼저 2050년이면 온실가스 배출량이 제로가 될 것으로 예상한다. 중국으로 말하자면, 2060년에 탄소 제로를 실현할 것이라고 최근 발표했다. 그러니까 2060년이 생태적 대전환의 기준점이 될 것이라는 말이다. 그런데 이러한 측정 방식은 자주 다른 종류의 오염, 가령 화학제품 폐기물이 수질에 미치는 영향 같은 건 간과한다는 약점을 지니고 있다. 또한, 소비 제품의 이산화탄소 발생량에만 집중하는 것은 "매우 축소적인 접근"이라고, 경영학 교수이자 사물인터넷 전문가인 카린 사뮈엘이 확인해준다.[4] 그러므로 1990년부터 벌써 MIPS는 다른 접근법을 택해야 했다. 어떤 한 사물로부터 배출되는 물질에 의해 발생하는 환경 훼손에 관심을 갖는 대신 그 사물의 제조 과정에 투입되는 물질들의 영향에 초점을 맞추기로 한 것이다. 사물로부터 나오는 것보다 사물 제조 과정에 들어가는 것을 보자. 관점의 완전한 전복이었다.

구체적으로, MIPS는 한 벌의 의류, 오렌지 주스 병, 카펫, 스마트폰 등의 제조와 사용, 재활용 등의 과정에서 동원되고 이동하게 되는 자원의 총체를 평가한다. 그러니 모든 것이 다 검토의 대상이 된다. 재생이 가능하거나(식물류) 불가능한(광물) 자원, 농업 활동으로 발생하게 되는 토양의 변화, 끌어다 쓴 물, 소비된 화학제품 등등.[5] 가령 티셔츠 한 장을 놓고 보자면, 인도의 한 봉제 공장에서 티셔츠를 만들 땐 전기를 필요로 한다. 그런데 이 전기로 말하자면 석탄 덕분에 만들어지는데, 그 석탄을 캐내기 위해서는 소나무 숲을 몽땅 베어버려야 한다. 티셔츠 한 장의 MIPS는 그러므로 사용된 면뿐만 아니라 봉제 공장을 지을 때 사용된 벽돌과 작업대를 비추는 텅스텐 필라멘트, 약간의 석탄, 약간의 나무 등을 모두 포함해야 한다. 아닌 게 아니라 이 방식에 따르면, "마치 당신이 엔진의 기어 손잡이를 작동시키면 당신이 앉아 있는 좌석 아래에서 여러 개의 톱니바퀴들이 맞물려 돌아가는 것 같다"고 옌스 토이블러가 설명한다.

이 톱니바퀴 이미지를 머릿속에 살 새기고 나면 '물질의 나비효과'라는 표현이 적절해 보인다. 나비의 날갯짓이 세상의 반대편 끝에 태풍을 몰아올 수 있는 것과 마찬가지로, 단순한 옷 생산이 세계 방방곡곡에 분산되어 있는 제조의 각 단계에 특정한 효과를 야기할 수 있다. MIPS는 그러므로 전 지구적인 인과성 사슬의 베일을 벗겨주는 셈이다. 이러한 접근은 '생태 배낭'으로 수치화 된다. 즉 우리의 소비 행위 각각에 따라 증가하는 지수로 만들어진다. 물론 MIPS가 완벽한 체계로 이루어진 것은 아니다. "MIPS 계산을 위해 활용된 자료들 대부분은 전문가들의 의견이나 추정치에서 비롯되는데, 이 경우 부정확한 것이 당연하다"고 옌스 토이블러는 시인한다. 그렇다 해도 우리는 그것이 담고 있는 끔찍한 진실 앞에서 아연실색하지 않을 수 없다. 티셔츠 제작엔 자원 226킬로그램, 오렌지 주스 1리터엔 각종 물질 100킬로그램이 소요되었다.[6] 신문 제작의 MIPS는 틀림없이 10킬로그램 정도일 것이다.[7] 금이 몇 그램쯤 들어간 반지 한 개로 말하자면, 왜 그것의 MIPS 때문에 옌스 토이블러가 기절초풍할 뻔 했는지, 쉽게 이해할 수 있을 것이다. 무려 3톤이나 되니까! 요컨대, 우리를 둘러싸고 있는 물건들은 우리가 생각하는 것보다 훨씬 크고 훨씬 무게가 나간다. 평균 잡아 30배 정도![8]

서비스나 소비 행위의 MIPS도 측정할 수 있다. 자동차로 1킬로미터 주행, TV 1시간 시청은 각각 1킬로그램과 2킬로그램의 자원을 필요로 하며, 전화 통화 1분엔 200그램의 자원이 필요하다. 한 통의 문자 메시지는 0.632킬로그램이라는 무게가 나간다.[9] 압권은 당신이 향유하는 일상생활 전반의 MIPS까지도 부퍼탈 연구소가 제공하는 웹사이트에서 측정 가능하다는 사실이다. 약 15분쯤 소요되는 검사[10]에서 당신은 거주하는 국가, 사는 집의 면적, 소비하는 전력 유형, 휴가를 보내는 장소 등을 답하도록 요청받을 것이다. 우리가 해보았는데, 미리 고백하지만 상당히 불쾌한 경험이었다. 검사 결과 우리의 생태 배낭은 1년에 약 38톤인 것으로 나왔다.[11] 그리고 이에 대해 부퍼탈 연구소는 우리에게 고통스러운 '다이어트'가 필요하다는 진단을 내렸으니, 이 숫자를 2030년까지 해마다 17톤으로 줄여야 한다는 것이었다.

디지털 기술의 현기증 나는 계수

많은 제품들의 MIPS 비율은 의외로 높지 않아 보인다. 가령 강철 봉 하나를 제작하는 데에는 봉의 최종 무게의 10배 정도 되는 자원이 필요하다. 그런데 "일단 기술이라고 하는 것이 개입되면 MIPS는 훨씬 높아진다"고 옌스 토이블러가 설명한다. 디지털 기술이 이를 확실하게 입증해준다. 디지털 기술에 개입하는 무수히 많은 금속들, 특히 '채굴하기 어려운 지하의 희귀금속들'을 고려해야 하기 때문에 그렇다고 그는 설명을 이어간다. 무게가 2킬로그램 정도 되는 컴퓨터 한 대에는 화

'좋아요'는 어떻게 지구를 파괴하는가

학제품 22킬로그램, 연료 240킬로그램, 담수 1.5톤이 들어간다.[12] TV 수상기의 MIPS는 1대 200에서 1000까지 다양한 데[13] 비해서 스마트폰의 경우는 1대 1200(150그램짜리 완성품을 만드는 데 원자재 183킬로그램이 소요된다)까지 올라간다.[14] 그런데 MIPS의 모든 기록을 압도하는 것은 단연 전자 칩이다. 2그램짜리 집적회로를 위해 32킬로그램의 원자재가 소요되므로, 1대 16000이라는 기가 막힌 비율이 나온다.[15]

"사람들은 종종 어떤 소비재를 구매할 것인지에 대한 그들의 결정과 관련하여 예상했던 결과와 실제 결과 사이의 괴리 때문에 많이 놀라곤 한다"고 옌스 토이블러는 지적한다. 이 두 결과가 큰 괴리를 보이는 데에는 다 그럴만한 이유가 있다. 제조의 여러 과정 가운데에서 제일 선행하는 단계가 판매를 위해 상점에 진열되는 후반부 단계보다 많은 물질을 필요로 하기 때문이다. 선한 의도를 가진 도시 주민들이 병아리콩 가루로 만든 국수가 환경적으로도 영양적으로도 좋다고 추켜세우고, 비크람 요가 수업에 갈 때 공유 자전거를 이용하라고 권하면서 휴대폰은 18개월마다 새것으로 바꾸는 이유도 다 그 때문일 것이다. 물론 마음이 짠해지고 얼마든지 이해도 되는 일이긴 하나, 그럼에도 이는 매우 위험한 태도가 아닐 수 없는 것이, 디지털 산업은 (우리가 전혀 모르는 사이에) 우리의 생태발자국을 폭발적으로 증가시킨다. 이제 현재 작동 중인 수십억 개의 서버, 안테나, 라우터, 와이파이 접속단자 등에 이 물품들 각각의 MIPS를 곱해보자. 100, 1000, 아니 10000 … 을 곱하다 보면, 당신은 '탈물질화' 기술이라고 하는 것이 이름과 달리 물질을 엄청나게 많이 소비할 뿐 아니라, 지금까지 존재했던 그 어떤 산업들보다도 거대한 물질 기반 산업 가운데 하나가 되어가고 있다는 결론에 도달하게 될 것이다.

유리, 섬유, 자동차, 컴퓨터 소프트웨어 업계에서는 오늘날 제각기 산업별 MIPS 측정을 의뢰하고 있다. 그러나 그다지 자랑할 만하지 못한 측정치 때문에 의뢰를 주문한 업주들은 이를 공개하지 못하고 있는 실정이며, 따라서 소비자들은 제대로 된 정보를 얻지 못하고 깜깜한 상태로 지내야 한다. "MIPS가 독일에서는 이제 잘 알려진 계수인 것이 확실하나, 현시점까지 유럽과 미국에서 이 계수를 대중화하는 데에는 사실상 실패했다"고 옌스 토이블러는 시인한다. 특히 "일단 오염 측정 요구가 줄곧 탄소 배출량에만 집중되기 때문"이라는 것이다.[16] 우리는 "신기술의 생태적 현실"[17]을 제대로 알지 못하므로, 날이면 날마다 우리가 맞닥뜨리는 거대한 물리학적 도전을 미래 세대에게 떠넘기고 있는 형편이다.

그러나 우리는 MIPS가 우리 모두를 실천으로 이끄는 뛰어난 지렛대임을 인식해야 한다. 이 지렛대 덕분에 부퍼탈 연구소는 '4인수' 이론을 탄생시킬 수 있었다. 온실가스 배출량을 현재의 4분의 1로 줄이자는 취지의 '4인수' 이론은 요컨대 에너지 소비와 물질 생산에 따른 온실가스 배출은 줄이고, 생산의 효율성은 높임으로써 재화의 생산은 늘이되 자원의 소비는 줄이자는 내용을 담고 있다.[18] 이러한 전망은 달성 가능하다. "부퍼탈 연구소의 목표치는 2050년까지 〔1인당 한 해 자원 소비를〕 8톤까지 내리는 것"이라고 옌스 토이블러는 단호하게 말한다. 이를 위해 스마트폰 제조업체들은 자기들이 생산하는 제품에 MIPS를 의무적으로 명시해야만 할 것이다. 그렇게 하지 않으면 현재 우리 눈앞에서 일어나고 있는 모든 일들이 계속되어 언젠가 완전히 우리 머리

'좋아요'는 어떻게 지구를 파괴하는가

위를 훌쩍 뛰어넘게 될 것이다.

이쯤에서 당신도 이해할 것이다. '저탄소'로 만족하는 것으로는 친환경주의자가 되기에 충분하지 않다는 사실을 말이다. '저탄소'에 '저자원'이 더해져야 한다. 약간 이상하게 들릴지 모르겠으나, 우리를 에워싼 기술이 드러나지 않고, 휴대하기 간편하며, 가벼울수록 우리 실존이 남기는 물질적 부담은 어마어마해질 것이다. 하지만 우리는 단지 소형화된 세계의 영향을 탐사하는 것만으로는 만족할 수 없다! 우리에게는 작고 육안으로는 잘 보이지도 않는 것들을 살펴볼 의무도 있다. 페어폰에서 일하는 엔지니어 아녜스 크레페는 "사람들은 입만 열면 애플에 대해서 이야기할 뿐, 반도체 칩 제조업체들에 대해서는 전혀 언급하지 않는다"면서 안타까워한다.[19] 사실 반도체 칩이야말로 환경적으로나 사회적으로 거대한 난맥상의 한 중심에 있음을 기억해야 한다.

나노 세계가 환경에 지고 있는 빚

"이 갑문을 통과한 다음에는 정전기 방지 전신 작업복[20]을 입어야 합니다." 프랑수아 마르탱이 지시한다. "수첩은 들고 들어갈 수 없습니다. 먼지가 나거든요." 우리는 깜짝 놀란 눈으로 그를 바라본다. "종이는 섬유를 퍼뜨립니다. 여러분들이 있는 곳은 무진無塵 클린룸이고, 반도체 칩에 먼지는 치명적인 적이니까요." 엔지니어의 설명이 이어진다. 2019년 9월의 어느 아침에 우리는 CEA[21] 부설 정보화 전자기술연구소LETI: Laboratoire d'Électronique et de Technologie de l'Information에 들어가려는 참이었다. 그르노블시 외곽, 베르코르와 샤르트뢰즈 중간쯤 되는 곳에 위치한 이 연구소는 유럽에서는 찾아보기 힘든 독보적인 산업시설이다. 그 이유는 이곳에서 전자 산업계를 위한 차세대 반도체(집적회로)를 개발하기 때문이다. 1958년 미국 출신 엔지니어 잭 킬비에 의해 처음으로 세상에 나온 이후 이 자그마한 규소 판은 우리의 삶을 송두리째 바꿔놓았다.[22] 반도체 칩은 다양한 물품들을 작동시키는 데 필요한 정보들을 받아들이고 이를 처리한다. 간단히 말해서 이 칩들이야말로 전자 제품의 두뇌라고 할 수 있다. 한국의 삼성, 미국의 인텔과 퀄컴, 대만의 TSMC[23] 등 한 손에 꼽을만한 몇몇 기업들만이 해마다 1조 개의 반도체 칩을 생산하며,[24] 이것들은 컴퓨터, 세탁기, 로켓 등의 제조에 사용된다. 물론 휴대폰 제조에도 빠져서는 안 된다.

LETI 방문은 쉬운 일이 아니었다. 그곳에 집약되어 있는 지적재산권을 고려할 때, 기자로서 우리가 과거에 보인 행적들까지도 예외 없이 세세하게 검토되었을 터였다. 갑문을 하나 더 지나자 비로소 우리는 클린룸에 들어섰다! 첫인상은 국제 우주정거장에 도착한 느낌이라고나 할까. 흰색 정전기 방지복 차림에 마스크와 머릿수건까지 착용한 엔지니어들 수백 명이 각종 배관들로 이루어진 최첨단 미로 속에서 하루 24시간, 일주일에 7일을 내내 바쁘게 움직이는 곳. 이 희한한 연구소가 만들어내는 최종 제품은 '웨이퍼wafer'[25]라고 불리며, 일종의 작은 부화기 같은 곳에 보관된다. 웨이퍼는 동그스름한 와플처럼 생긴 것으로 지름은 LP판 정도이며, 여러 개의 작은 사각형들로 구성되어 있는데, 이 각각의 사각형이 하나의 칩이다. LETI는 '백색 방'이라는 별명이 썩 잘 어울리는 곳으로, 병원 수술실보다도 훨씬 더 엄격하게 청

'좋아요'는 어떻게 지구를 파괴하는가

결이 유지되는 곳이었다. 축구장 4분의 1만 한 넓이의 판 위에서는 급작스러운 동작을 해서도 안 되고 뛰어도 안 되며 악수를 해도 안 된다. "약간의 화장은 용납되나 향수는 금지된다"고 실험실 직원이 설명하는데, 과연 그 모습이 전자 업계의 고행승 같다고 할까.

왜 이렇게까지 조심스러워야 할까? 왜냐하면 우리가 나노 세계를 제조하는 곳에 들어왔기 때문이다. 실제로, 휴대폰이 사진도 찍고, 동영상도 촬영하고, 녹음도 하고, 위치도 알려주고, 전파도 포착하려면 (그리고 부차적으로 전화 통화도 물론 할 수 있으려면), 반도체 칩의 용량을 증대시키되 크기는 확대시키지 말아야 했다. 1평방센티미터짜리 판 위에 더 많은 트랜지스터를 새기기 위해서 업계는 마이크로미터(1밀리미터의 1000분의 1, 즉 머리카락 한 올의 두께)라는 단위를 포기하고 나노미터, 그러니까 마이크로미터의 1000분의 1에 해당되는 단위를 사용하기 시작했다. 그러한 환경이니 먼지 한 알갱이가 제품 전체에 중대한 영향을 끼칠 수 있다는 것이 쉽게 이해된다. "반도체 칩이 제대로 작동하기를 원한다면, 군대 같은 조직이 필요합니다. 매 순간 극도의 집중을 요구하는 거죠." 프랑수아 마르탱이 강조한다. "이 백색 방은 공기마저도 6초마다 한 번씩 새롭게 바뀝니다."[26]

그처럼 총체적으로 세심하게 관리한 결과는 그야말로 경이롭다. "오늘날 스마트폰마다 들어 있는 컴퓨터는 지금으로부터 30년 전에 제작된 최고 컴퓨터보다 그 성능이 100배는 향상되었다"고, 장-피에르 콜랭주가 설명한다. TSMC에서 일했던 이 전직 엔지니어는 "그토록 고성능인 컴퓨터가 고작 셀카 찍는 데에나 사용되고 있으니 약간 씁쓸한 건 사실"이라고도 덧붙인다.[27] 그건 그렇고 하던 이야기로 돌아오

자. 반도체 칩은 가장 복잡한 전자 부품들 가운데 하나로 손꼽힌다. 이 칩을 생산하기 위해서는 규소, 붕소, 비소, 텅스텐, 구리 등을 비롯하여 60여 가지의 자원이 필요하며, 그 자원들은 모두 99.9999999퍼센트의 순도로 정제되어야 한다. 트랜지스터를 새기는 공정으로 말하자면, 절대 쉬운 일이 아니다. "일부 칩들엔 200억 개의 트랜지스터가 새겨져 있죠. 가령 손목시계 속에 200억 개의 작은 흐름이 있다고 상상해보십시오. 굉장하지 않습니까." 장-피에르 콜랭주가 설명을 계속한다. 이 경우, 하나의 '웨이퍼'가 50개의 칩으로 이루어졌다면, 1조 개의 트랜지스터가 작동하는 셈이다. "이는 LP판만 한 표면에 은하수를 구성하는 별보다 네 배 많은 별이 박혀 있는 것에 해당됩니다."[28]

집적회로 제작을 위해 500가지 단계를 거치려면 전 세계에 흩어져 있는 하청 업체들(많을 땐 최대 1만 6000개)이 개입하게 된다. 한마디로 세계화를 단 하나의 물품으로 요약해보라고 한다면 의심할 여지없이 반도체 칩이 대표로 뽑힐 것이다. 이렇게 상상하면 이해하기 쉽다. "수정 광산은 십중팔구 남아프리카공화국에 있을 것이고, 규소 판은 일본에서 생산될 겁니다. 사진석판 기구는 네덜란드가 담당하고, 세계 최대 진공펌프 제조업체는 오스트리아에 있으며, 볼베어링은 독일에서 제조됩니다. 원가 절감을 위해서 반도체 칩은 분명 베트남에서 메인보드[29]에 조립될 테고요. 조립이 끝나면 중국의 폭스콘 그룹으로 보내져 아이폰에 탑재됩니다. 이 모든 과정을 최적화하기 위해서 TSMC 그룹은 과거에 이탈리아와 스코틀랜드 대학들에서 개발한 프로그램을 사용했죠."[30] 이런 식의 물자 보급은 "두말할 필요도 없이 어마어마한 에너지 소비를 야기한다"고, 카린 사뮈엘이 탄식한다.[31]

에너지 정책 밀어붙이기

규소의 채굴과 정제, 섭씨 1400도에서의 용해, 극자외선[32]을 만들어 내는 기계에 사용되는 빛에너지와 수십 차례에 걸쳐서 진행되는 판 세척 등 '웨이퍼'의 공정은 에너지를 무지막지하게 잡아먹는다. 그러니 산업 과정에서의 에너지 강도를 최소화하려는 것이, 너도 덜도 아니고 적어도 비용 때문에라도, 논리적인 것이 아닐까? "실제로 반도체 칩 제조업체는 에너지를 덜 쓸수록 더 큰 이득을 본다"고 장-피에르 콜랭주도 동의한다. 그렇지만 이 업체들은 애플 또는 화웨이 같은 그룹 어느 한 곳과의 계약을 따내야만 일 년의 수익이 보장되는 극단적인 경쟁 환경 속에서 작업한다. 그런데 휴대폰 제조업자들이 원하는 건 뭘까? 그들은 항상 더 빠르고 더 많은 기능을 가진 휴대폰을 원한다. "전자 제품 광고만 봐도 그건 자명합니다. 항상 더 나은 기능을 갖췄다고 자랑하잖습니까." 장-피에르 콜랭주의 이 지적은 백번 옳다.

고객들의 요구 사항에 맞출 수밖에 없는 TSMC 같은 회사들은 기록적으로 짧은 시일에 괄목할 만한 기술적 도약을 거듭하지 않을 수 없다. 5~7나노미터 크기의 트랜지스터를 새기는 것만으로는 오래도록 경주에서 살아남는 데 충분하지 않을 것이므로, 이 회사는 크기를 2~3으로, 아니 1나노미터로 줄이겠다고 약속했으며, 그렇게만 된다면 "그룹의 에너지 소비량 따위가 제일 심각한 관심사가 되는 일은 없을 것"이라고 전직 TSMC 엔지니어는 결론짓는다.[33] 사정이 이러하니 전체 연료 소비량이 제조된 집적회로의 최종 무게보다 몇백 배나 더 무거워도 그리 놀랄 일은 아니다. 요컨대, 아녜스 크레페에 따르면, 집적회로 제조업체의 절대다수는 "어찌해도 환경 관련 성적표를 향상시킬 수 없다."[34] 업계의 잘못만도 아닌 것이 소비자들이라고 해서 환경에 대한 책임이 없는 건 아니기 때문이다. "사람들이 이런 걸 만들기위해 필요한 에너지 따위에 우려를 표하거나 하던가요?" 장-피에르 콜랭주가 묻는다. "아니, 그들은 그런 거라면 상관도 하지 않습니다. 하루빨리 최신상 아이폰을 구입하고 2년 전부터 쓰던 구형은 얼른 처분해버리는 것만이 그들의 유일한 관심사이니까요. 그 모든 과학적 지식과 기술이 쓰레기통으로 들어가는 걸 보면 정말 가슴이 아픕니다."[35]

환경과 위생 문제 관련 반향은 국민 1인당 전자 부품 제조량에서 세계 기록을 보유한 나라인 대만에서 두드러진다.[36] 중국 해안에서 180킬로미터 떨어진 이 섬나라에 TSMC 그룹의 본사가 자리 잡고 있는데, 이 그룹은 전 세계 집적회로 생산량의 절반 이상을 공급한다. 그런데 TSMC는 최근 몇 년 사이에 각종 오염과 관련해서 비난을 받아야 했다. "마이크로프로세서 산업은 생태계에 기체, 액체, 고체 형태의 폐기물을 발생시킨다는 것이 그 이유였다"고, 대만의 한 화학자가 설명한다.[37] 문제의 오염을 정확한 숫자로 입증하기는 어렵지만 몇몇 사람들은 정제 규소 1킬로그램을 생산할 때마다 적어도 280킬로그램의 화학 물질이 발생한다고 장담한다.[38] 폐기물이 모두 적법하게 처리된 것은 아니었고, 2013년 이후 TSMC의 몇몇 하청 업체들(ASE Korea Inc., Nerca 같은 전자 회사들)은 주변 하천에 유독성 물질들을 불법으로 흘려보낸 후 활동을 중단해야 했다.[39]

그뿐만 아니라 "집적회로는 제조 단계마다 탈이온수°로 세척해

○　용해되어 있는 이온을 모두 제거한, 순수純水에 가까운 물.

야 하므로, 반도체 칩을 만드는 데에는 엄청난 양의 물이 소요된다"고 장-피에르 콜랭주는 설명한다. 때문에 TSMC의 1일 물 소모량은 무려 15만 6000톤에 이를 것으로 추정된다. 이 중에서 86퍼센트는 재활용된다지만, 장-피에르 콜랭주는 자신의 옛 고용주가 개입된 최근의 한 사건을 떠올린다.[40] "2017년 대만에 지독한 가뭄이 닥쳤기 때문에, TSMC는 트럭으로 필요한 물을 가까운 하천에서 공장까지 퍼 날라야 했습니다. 그러자니 신주 과학단지° 부근 도로는 자동차의 통행이 불가능했습니다. 도로는 온통 물 운반 트럭들 차지였으니까요."[41] 물론 가장 충격적인 것은 TSMC의 에너지 소비량인데, 콜랭주에 따르면, "작은 크기의 제품을 정교하게 만들수록 그 물건들을 만들기 위해서는 에너지를 엄청 잡아먹는 대형 기계들이 필요해지기 때문"이다. 대만에서 TSMC 그룹의 공장 설비는 원자로 두세 대가 생산하는 전력량, 즉 정점에 도달했을 때 대만 국내 소비량의 3퍼센트를 필요로 한다. 게다가 이 숫자는 향후 10년 안에 두 배로 증가할 것이다.[42] 대만의 국내 전기 생산량의 43퍼센트가 석탄과 석유를 이용하는 화력 발전에서 나온다는 사실을 고려한다면, "대만 전자 산업의 탄소발자국은 국내 총배출량의 10퍼센트를 차지한다"며 콜랭주는 한숨짓는다.[43]

이로 인한 대기오염에 석유화학 산업으로 인한 대기오염까지 더해지면서 벌써 수천 명의 시위대가 가오슝과 타이중의 거리를 가득 메운 바 있다.[44] 대만의 환경운동가 한린 리에 따르면, "이곳의 폐암 발생률은 타이베이에 비해 열다섯 배나 높다"고 한다.[45] 그러므로 기업들(TSMC를 필두로)의 이사회에서는 재생 가능한 에너지 공급이 절박

○   대만의 북서쪽에 자리 잡은 총면적 1400만 제곱미터의 산업단지.

한 화두로 부상했다. 그런데 왜 오랫동안 가만히 있다가 이제 와서 행동에 나서는 걸까? "마이크로전자 산업은 진보의 첨병으로서 높은 명성을 누려왔으며, 어쩌면 그랬기 때문에 그것이 환경과 건강에 해를 끼치는 주요인이 될 수 있다는 사실을 우리가 깨닫지 못했을 수도 있다"고 한린 리도 시인한다.[46] 혹시 이 전략적인 산업 분야가 갖는 우월한 경제적 역량이 모든 견제 세력의 싹을 아예 잘라버린 건 아닐까? "TSMC는 대만에서 너무도 중요한 그룹이기 때문에 정부도 이들의 요구 사항이라면 무엇이든 다 들어준다"고 한린 리는 말을 이어간다. "실제로 대만 제조업체들에게 변해야 한다고 설득하는 건 외국 거래처들이다. … TSMC와 마찬가지로, 다른 기업들도 애플 같은 기업들로부터 강한 압력을 받고 있다. 이들은 대만 제조업체들에게 녹색 전기 사용을 요구하고 있다"고 한린 리는 귀띔해준다. 하지만 기뻐하기엔 아직 너무 이르다. 대만의 전자 칩 제조업체들의 에너지 소비 증가가 너무도 가파른 나머지 이들은 아직 석탄을 끊을 준비가 되어 있지 않다. 이들은 또한 모두의 무관심 속에서 또 다른 오염까지 발생시키고 있다. 바로 쉽게 눈에 띄지도 않는 불소화가스 배출로 인한 오염이다.

디지털의 수증기 속에서

2019년 봄. 베이징에서 서쪽으로 300킬로미터 떨어진 인구 340만의 다퉁시 한 호텔 18층에서 우리의 시선은 영화 〈블레이드 러너〉의 한 장면 같은 광경에 머문다. 마치 유령이 나오는 성들처럼, 고층 타워들

'좋아요'는 어떻게 지구를 파괴하는가

이 음울한 하늘을 향해 을씨년스러운 위용을 드러내고 있다. 사흘 내 내 이 대도시는 밤인지 낮인지조차 구분되지 않는 자욱한 안개 속에 갇혀 있다. 중국의 대도시 주거 밀집 지역에서 첫째가는 공공의 적은 단연 이산화탄소이며, 바람이 석탄을 때는 화력발전소의 연기를 도심 쪽으로 실어 보낼 땐 외출하지 말고 집에 머무는 게 상책이다. 그런데 인류를 위협하는 가스로 말하자면 이산화탄소만 있는 것이 아니다. 디지털 산업과 마이크로전자 산업에서 사용되는, 색깔도 냄새도 없으며 불에 타지도 않는 다른 기체들[47] 또한 기후 온난화에 한몫을 한다. 그중에서도 특히 우리가 그 정체를 거의 아무것도 알지 못하는 50여 가지가 있는데, 바로 불소화가스들이다.

HFC, SF_6, PFC, NF_3, CF_4 ···.[48] 이런 약어들은 불소 원자 하나 또는 여러 개로 구성되어 있는 기체들을 가리키며, 이들은 냉방기나 냉동·냉장 기기 등의 생산 공정에 활용된다. 이 기체들은 주로 자동차와 건물의 냉방을 가능하게 해주며, 데이터센터의 열기를 식히는 데에도 (HFC의 경우가 그러하다)[49] 유용하다. "마이크로전자 산업으로 말하자면, 가스 천지!"라고 카린 사뮈엘 교수는 몇 번이고 강조한다. 이 기체들은 화학적 특성[50] 때문에 반도체나 집적회로 생산에 사용되며, 심지어 평면 화면 제작에도 쓰인다. 불소화가스는 지극히 낮은 비율로 발생하므로, 양으로 볼 때 전체적인 온실가스 배출량의 2퍼센트에 지나지 않는다. 이 기체들 가운데 제일 중심이 되는 건 HFC 계열의 기체들로, 이들은 CFC(염화불화탄소, 프레온가스) 계열 기체들과는 달리 오존층을 파괴하지 않는 대단한 장점을 가지고 있기에 차츰 CFC를 대체하고 있다. 이런 맥락에서, HFC는 확실히 환경 관점에서의 진일보라고 할 수 있다. 하지만 현실은 그렇게 단순하지 않다.

　바스 에이코우트의 집무실은 브뤼셀에 밤이 내려앉는 광경을 지켜보기엔 더할 나위 없이 명당이다. 이 네덜란드 유럽의회 의원은 벌써 여러 해 전부터 이 유리로 된 망루에 앉아서 치열한 전투를 벌이고 있다. 유럽에서 불소화가스 사용을 제한, 아니 아예 금지해야 한다는 것이 그의 주장이다. 그 이유는 "이런 유형의 기체 분자 하나가 이산화탄소보다 훨씬 강력하기 때문"이다. 이 기체들이 기온을 올리는 힘은 굉장하다. 그 위력이 평균 잡아 이산화탄소보다 2000배는 더 클 것이라고 그는 단언한다. 예를 들어 NF_3의 경우, 이 기체는 이산화탄소에 비해 대기 중에 열을 잡아두는 힘이 1만 7000배나 세다. SF_6는 그 비율이 무려 2만 3500배나 되므로, 지구상에서 만들어진 가장 강력한 온실가스로 손꼽힌다. "SF_6 1킬로그램은 24명이 런던에서 뉴욕을 비행할 때만큼이나 지구의 온도를 올린다"고, 영국 출신 맷 맥그래스 기자는 정확한 숫자를 인용한다.[51] 그러니 기후 온난화 방지를 위해서는 이러한 기체들의 사용을 제한해야 한다는 논리가 설득력을 갖는다. 그런데도 이 기체들의 사용은 뚜렷한 증가세를 보이는데, 그건 우리가 머무는 건물이나 자동차에 냉방장치가 갖추어지기를 원하며, 5G 휴대폰이 복잡한 연산과 데이터의 축적을 필요로 하기 때문이다. 전 세계적으로 이 기체들의 사용을 제한하는 규정이 늘어나고는 있으나, 네덜란드 국립 보건환경연구소의 거스 벨더스 연구원은 "현재의 추세를 바꿀 수 있는 획기적인 다른 무엇이 없다면, 2050년에 이러한 기체들은 전체 온실가스 발생량의 10퍼센트를 차지하게 될 것"이라고 경고한다.[52]

　불소화가스는 인공적인 합성물이므로 자연은 이것들을 분해시키

　　　　　　　　'좋아요'는 어떻게 지구를 파괴하는가

지 못하며, 따라서 이 기체들이 대기 중에 머무는 시간은 굉장히 길다. NF_3는 740년, SF_6의 경우는 장장 3200년, 그리고 CF_4의 경우는 무려 5만 년 동안 남아 있으니, 단연 현재까지 우리의 지식으로는 가장 수명이 긴 온실가스라 하지 않을 수 없다.[53] 자, 요약해보자. 탄소발자국 없애기의 진수처럼 여겨져 왔던 우리의 디지털 생활 방식이 실상 세상에서 제일 기온을 높이 올리고 제일 오래도록 변하지 않고 남아 있는 무서운 힘을 지닌 물질들을 마구 토해내는 하마라니⋯.[54] 더구나 불소화가스를 회수해서 제거하는 해결책은 몇몇 선진국에만 존재한다. 한마디로, 이러한 기체들은 생태계를 망치는 폭탄이며 그린피스가 어느 날 그것들을 "여러분이 들어본 것들 가운데 최악의 온실가스"[55]라고 낙인찍었다 해도 전혀 놀라운 일이 아니다.

그런데 이 같은 영향은 사실 상당히 일찍부터 알려졌다. 1975년에 벌써 인도 출신 기후학자 비라바드란 라마나단은 불소화가스 중 특히 HFC가 기온을 높일 잠재적 가능성에 대해 경고했다.[56] 그의 경고는 왜 묵살되었을까? HFC의 영향이 그 기체를 대체할 만한 기체, 즉 오존층에 구멍을 내는 것으로 알려진 그 유명한 CFC의 해악에 비해서 덜 유해했기 때문이다. 하지만, 워싱턴의 '거버넌스와 지속 가능한 개발' 연구소의 더우드 자엘케 소장은 무엇보다도 "1975년엔 아무도 기후변화에 대해 관심을 갖지도, 염려하지도 않았기 때문!"임을 상기시킨다. 이렇듯 불소화가스의 대량 사용으로 가는 문은 활짝 열렸고, 2016년, 국제사회는 결국 르완다의 수도 키갈리에 모여서 그 기체를 몰아낼 방안을 토의하기에 이르렀다. "기후변화를 막기 위한 투쟁의 시급성을 고려할 때, 우리가 힘을 합쳐 행동에 옮길 수 있는 일이 있다면, 그건 바로 불소화가스 처리 문제일 것"이라고 환경문제 활동가로서 키갈리 회합 기간 내내 중요한 역할을 했던 더우드 자엘케는 설명한다.[57] 에두를 것 없이 대놓고 말하자면, 뻔히 그 결과를 예측하면서도 지구를 보호한다는 명분으로 이뤄진 몇십 년 전 결정이 야기한 고약한 결과를 이제라도 바로잡아야 한다는 것이다! 그러나 합의를 도출하기란 쉬운 일이 아니다. 국제 규정이 바뀌면 불소화가스를 생산하는 업자들에게는 아무런 이득이 없을 테니 말이다. 키갈리 회합에 참석한 197개국은 점진적으로 HFC를 금지하자는 데 어렵게 동의했다. 키갈리 협약은 그러므로 의미 있는 성공작으로 간주되어야 마땅할 터였다. 비록 합의에 도달하기 위해 몇몇 나라들에는 유예 기간을 허용해야 했지만 말이다. 예를 들어 세계 1위 HFC 생산국인 중국은 2029년에야 HFC를 완전히 금지할 것이고, 인도는 그보다 3년 늦은 2032년까지 유예 상태를 적용받는다.

허니웰, 기후변화 방지를 위한 도움의 손길인가, 장애물인가

이론적으로 보자면 HFC를 지구상에서 몰아내기 위해 오래 기다려야 할 까닭이 없다. 이미 HFO(수소불화올레핀)라고 하는 대체물도 찾아놓았으니 말이다. HFO는 미국의 화학 기업 허니웰이 생산하는 솔스티스 상표 제품들로 더 잘 알려진 가스이다.[58] HFO(이 계열의 몇몇 가스는 데이터센터 냉각을 위해 사용된다[59])는 확실히 HFC보다 지구 온도를 덜 높인다. 하지만 이 기적 같은 가스의 도움을 청하기에 앞서 관련법을 준수해야 한다. 허니웰은 솔스티스 제품들을 생산하기 위해 수백만 달러를 투입했다.[60] 그러니 투자한 돈을 회수하기 위해 이 회사는 해당 제품들에 대해서 2030년까지 여러 개의 특허를 걸어놓았으며, HFO를 HFC에 비해 많게는 20배까지 비싸게 판매한다.[61] 들인 돈을 생각하면 정당한 가격이랄 수 있으나, 개발도상국들로서는 도저히 접근하기 어려운 비싼 가격인 것이다. 사정이 그러하니, "인도는 너무 가난해서 HFC 사용을 당장 금지할 수 없다"고 더우드 자엘케도 인정한다. 그는 몇 번씩이나 허니웰의 대표와 이 문제에 대해서 상의한 바 있다. "난 그들에게 [HFO의] 가격이 내려갈 수 있다면 우리는 기후 온난화와의 투쟁을 가속화할 수 있을 것이라고 말했죠. 그랬더니 그들은 이 가스를 상용화하는 데 돈이 너무 많이 들어서 그 투자금을 회수해야 한다고 대답하더군요. 하긴, 어떤 투자자라도 그렇게 말할 겁니다. 사람들은 그저 돈을 벌고 싶어할 뿐이죠."[62]

더우드 자엘케는 인도와 중국(이 두 나라의 인구만 합해도 인류 전체의 3분의 1에 해당된다)에 허락된 유예 기간과 허니웰사에 의해 지나치게 높게 책정된 HFO의 가격 사이에 직접적으로 인과관계가 성립할 수 있음을 지적한다. 허니웰이 기후 온난화를 방지하려는 투쟁에 있어서 소중한 도움이 되는 동시에 장애물이 되고 있다는 것이다! "허니웰이 기후 온난화를 조금 더 효율적으로 방지하려는 우리의 역량에 빗장을 걸어버렸다"는 더우드 자엘케의 비난에 더해, 그린피스의 캠페인 기획자인 파울라 테전 또한 "개발도상국들이 향후 수십 년 동안 [HFC와 더불어] 발이 묶이게 되었음"을 개탄한다.[63] 허니웰이 워싱턴 정부의 지원에 기댈 수 있는 한 상황은 아주 느리게 변화할 것이다. 더우드 자엘케가 덧붙인다. "이들 업자들은 어찌나 힘이 막강한지 미국 정부의 정책까지 마음대로 쥐고 흔들죠." 예를 들어 이른바 '천연' 냉각제,[64] 기후 관련 폐해도 훨씬 적고 지적재산권의 적용도 받지 않는 물질의 사용은 금지하는 정책을 고수하게 하는 식이다. "그러한 대체물은 미국 화학 기업 측에서 보자면 이익 감소와 동의어이며, 따라서 미국에서 천연 냉각제는 사용이 금지된다"고 파울라 테전은 설명한다. 덧붙여 그는 "관계 당국은 그러한 물질의 사용이 너무 위험하다는 이유를 내세우지만, 현실은 자국 산업을 보호하는 것"이라고 분석한다.

미국은 아직까지는 HFC 사용을 금지하지 않았으나,[65] 유럽은 그에 비해 빠르게 나아가는 편이다. 2006년부터 유럽에서는 불소화가스의 사용이 점차적으로 감소하고 있다.[66] 그렇긴 해도, 유럽 인구라고 해봐야 고작 지구 전체 인구의 15분의 1에 불과하니…. 유럽의회 바스 에이코우트 의원은 그럼에도 긍정적으로 생각하려 한다. 그는 브뤼셀에서 결정된 규제 사항들로 인해 중국 불소화가스 생산자들은 결국 유럽 시장 기준에 맞는 제품을 만들 수밖에 없게 될 것이라고, 따라서 그들 역시 기후에 덜 해로운 물질을 생산하는 새로운 세대로 편입하게 될 것이라고 내다본다. 그래도 대형 장애물이 남아 있으니, 바로 키갈리 협약이 현실에서 엄격하게 적용되고 있는지 어떻게 알아내느냐의 문제다. "현재 불소화가스 배출량을 계산하는 가장 효과적인 방법에 대해서는 명확한 지침이 없는 상태"라고 거스 벨더스는 한숨짓는다.[67] 유럽에서는 해마다 자체적으로 계산 방법을 재조정한다고 해도, 전 세계의 나머지 지역에서는 사정이 같지 않기 때문이다. 디지털 업계의 많은 기업들이 협조적으로 나오지 않을 가능성은 얼마든지 있다.

더우드 자엘케의 동료인 크리스텐 타도니오가 보기에, 가령 아마존 그룹의 온실가스 배출 명세서는 너무도 모호해서 자동차에서 배출된 냉각 가스의 비율과 데이터센터에서 배출된 냉각 가스의 비율을 도무지 알아보기 힘들다.[68] 이러한 결함 때문에 결국 학자들 스스로가 대기 측정 수단을 통해 배출량을 평가하는 수밖에 없다는 것이다. 그런데 언제나 그랬듯이, 기후 온난화와 관련해서 우리에게는 시간이 없다. 더우드 자엘케는 우리에게 불소화가스를 포함한 온실가스 전반에 대비할 시간이라고는 고작 10년 정도 남았을 것이라고 예상한다. 그는 "우리가 지금보다 훨씬 적극적인 방식으로 이 문제를 공략하지 않는다면, 지구는 기온 상승 상한선인 1.5도를 곧 넘어설 것이며, 그렇게 되면 상황을 바로잡기가 한층 더 어려워질 것"이라고 경고한다.

전화기며 태블릿 PC, 컴퓨터 등에는 분명 감춰진 비용이 존재한다. 이는 계산에 포함되지 않았거나 우리의 감각에서 벗어나는 것이라는 이유로 무시되어온 빙산의 아랫부분이다. 일상에서 인터넷에 연결 가능한 수십억 개의 사물들로 말하자면, 그것들은 폭포 같은 데이터를 만들어낸다. 디지털 업계는 최근 몇 년 사이 이러한 데이터들끼리의 교류를 가능하게 하기 위해 놀랄만한 인프라를 구축했으니, 그것은 바로 데이터센터다.

4

클라우드 탐사

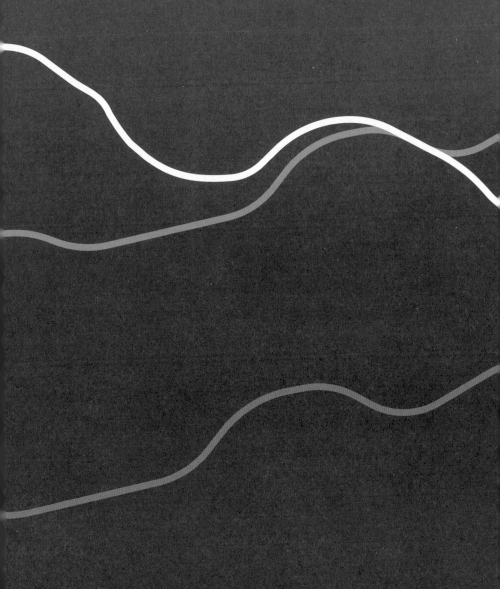

"이 건물은 정말이지 수수께끼라니까요!" 커다란 숄로 몸을 감싼 여성 행인이 한마디 던진다. 그러더니 이 여성은 가까이 있는 십여 층쯤 되어 보이는 한 건물을 가리킨다. 도랑과 철책으로 둘러싸인 건물이다. "언제나, 낮이든 밤이든 통창을 통해서 때로는 보라색, 때로는 빨간색 빛무리가 어리거든요. 난 언젠가 이 안에 꼭 들어가 보고 싶어요!" 문제의 건물은 주소가 암스테르담 서쪽 교외 사이언스파크 610으로 되어 있다. 2020년 겨울의 뿌연 하늘 아래로 돌풍이 휘휘 소리를 내면서 '빨간 건물'(인접한 가건물에 거주 중인 시리아 난민들이 이 건물에 붙여준 별명이다)의 검은색과 회색 홈 사이로 빨려 들어간다. 어쩌면 그 검은색과 회색 홈이 겉으로 드러난 이 건물의 유일한 특징일 수도 있다. 창문도 없고 그 흔한 로고 같은 것도 없어서 건물 안에서 무슨 일이 벌어지는지 도무지 짐작조차 하기 어렵다. 중앙 경비실 뒤로 그림자 하나가 길게 드리워져 있을 뿐이다. "그다지 호감이 가는 곳은 아니죠. 괜히 좀 무섭기도 하잖아요!" 근처에서 상점을 하는 위흐니위스 림사의 말

'좋아요'는 어떻게 지구를 파괴하는가

이다. "도대체 어떤 회사들이 이곳에 데이터를 저장하고 있는지 당연히 궁금하죠." 2017년에 가동을 시작한 데이터센터 에퀴닉스 AM4는 50밀리세컨드라는 단시간에 유럽 대륙의 80퍼센트에 해당하는 곳과 데이터를 교류한다. 무섭기도 하면서 멋지기도 한 이 금속성 건물이 바로 에퀴닉스 AM4로, 우리가 흔히 '클라우드'라고 부르는 것의 한 부분이다. 겨울 아침 무렵 나지막하게 내려앉은 하늘 아래서 '클라우드'는 제 몸집보다 훨씬 큰 구름들 속으로 슬그머니 모습을 감춘다.

데이터센터, 디지털 시대의 공장

우리가 어떤 방식으로 스마트폰을 사용하든, 스마트폰은 일단 데이터센터와 연결되어 있다. 가령 비행기 표를 예약하거나, 피자 한 판을 주문하거나 친구에게 전화를 할 경우, 우리의 인터페이스는 이지젯이나 피자헛, 또는 친구 피에르와 직접 소통하는 것이 아니다. 이 두 터미널 사이엔 교차점, 즉 통과, 저장, 정보처리가 일어나는 지점이 있으며, 정보는 그 지점에서 즉각적으로 다시 출발(전화 통화의 경우)하거나, 거기에 비교적 오랜 시간 보존되고 분석된다(페퍼로니 피자 한 판을 주문할 때). 우리가 인스타그램과 페이스북에 올린 동영상, 왓츠앱에 실어 보낸 메시지 한 줄은 그러니까 우리의 전화기에만 남아 있는 것이 아니다. 그것들은 이 교차점, 조금 더 정확하게 말하자면 우리가 인터넷 서핑을 할 때 우리와 통신하는 '서버(컴퓨터)' 속에 저장되어 있다. 마찬가지로, 이웃끼리 물건을 거래하는 플랫폼이나 온라인 만남 사이트,

스마트 계량기, 인터넷 접속이 가능한 자동차 등 끊임없이 정보를 주고받는 것들은 이와 같은 인프라 없이는 존재할 수 없다.

오랫동안 모든 기업은 그들이 수집한 자료들을 '기술적인 공간', 다시 말해서 청소도구들을 보관하는 벽장 안이나 화장실 같은 곳에 영구히 저장해두었다. 오늘날에도 여전히 세계에서 가장 큰 기업들(구글, 페이스북, 애플)은 그들 고유의 사적 공간에 설치되어 있는 서버들을 관리한다. 하지만 비용과 안전을 이유로 점점 더 많은 기업들이 그들의 서버 운영을 에퀴닉스, 인터시온, 에지커넥스, 사이러스원, 알리바바 클라우드 또는 아마존웹서비스 등 전문화된 그룹에 맡기는 편을 선호한다. 이 전문 기업들은 믿을만한 '숙소 제공자'로서 고객들의 데이터를 '공동 임대용' 데이터센터, 다시 말해서 인터넷에 연결된 '서버들의 호텔'에 맡아준다. 이러한 설비의 총체가 '클라우드'를 구성한다. 클라우드는 그러니까 외부에 마련해둔 데이터 저장 서비스로, 아무 인터페이스에서도 접속 가능하며, 너무도 인기가 많아서 오늘날 전 세계에서 만들어지는 데이터의 3분의 1이 이곳을 통과할 정도이다. "당신 삶의 매일매일, 당신의 가장 사소한 필요를 충족시키기 위해서, 당신은 세계 10여 개국에 산재해 있는 100여 개의 데이터센터를 호출하기 마련"이라고, 데이터센터 하이드로66의 데이터 호스팅 영업 책임자인 프레드리크 칼리오니에미는 설명한다.[1] "데이터센터가 없다면, 아무것도 없습니다!"《데이터센터 매거진》의 편집장 이브 그랑몽타뉴는 한술 더 뜬다. "데이터센터는 우리의 정보화 인생의 심장에 해당됩니다."[2]

그렇지만 우리는 그런 것들의 존재에 대해서는 거의 아무런 생각이 없다. "이 업계에서는 솔직히 '오픈 도어 데이'° 같은 행사가 자주 열리진 않죠!" 카르노컴퓨팅의 공동 설립자이자 대표인 폴 브누아가 시인한다.³ 급부상하고 있는 이 신산업은 확실히 매우 은밀하며, 영업용 전단지에조차 이해하기 어려운 약자들만 가득 새겨놓는다. 게다가 데이터센터라고 하는 것이 보통의 건물이나 공장, 창고 등과 다른 점이라고는 전혀 눈에 띄지 않으니, 당신은 아마도 데이터센터 앞을 여남은 번쯤 지나치면서도 특별히 눈길 한 번 주지 않았을 가능성이 매우 높다. 파리 도심의 상티에 구역에도 예전의 제조업 건물들을 개조한 데이터센터들이 여럿 들어섰다. 거기서 불과 몇백 미터 떨어진 볼테르대로 137번지, 면적 7000제곱미터의 붉은 벽돌 건물 내부엔 통신사업자 텔레하우스의 데이터 처리 센터가 자리 잡고 있다. 대도시 한가운데에서, 그러니까 예전의 호텔이나 핵 방공호, 지상 벙커, 옛 우편물 분류 센터, 폐기된 자동차 공장 등이 이렇듯 서버들의 집합소로 속속 바뀌고 있다.⁴ 뉴욕에서는 허드슨가 60번지에 자리 잡은 24층짜리 옛 웨스턴 유니온 전보국 건물이 데이터 창고로 탈바꿈했다. 또, 런던에서는 도크랜즈 지역 이스트런던대학의 캠퍼스 하나에만도 20여 개의 디지털 공장들이 들어섰다. 데이터센터들은 그 규모를 고려해 점점 더 도시 외곽으로, 아무런 개성도 영혼도 없는 가건물 창고들로 밀려나는 추세를 보인다. 그렇다고 건축학적으로 도시와 어울리려는 노력을 완전히 포기한 것은 아니다. 페이스북이 미국 오리건주 프라인빌에

° 학교나 기관, 기업, 단체 등에서 방문객에게 시설을 자유롭게 둘러볼 수 있는 기회를 제공하는 행사를 일컫는다. 조직 내부의 투명성을 증진하고 지역사회와의 상생을 도모하고자 하는 취지에서 개최된다.

세운 우아한 데이터센터나 코어사이트가 캘리포니아주 산타클라라에 세운 미래지향적 자매 건물 등이 좋은 사례이다.[5] 심지어 세계에서 가장 아름다운 데이터센터 경연대회도 있어서, 바르셀로나의 마레노스트룸MareNostrum이 수상작으로 선정되기도 했다. 예전에 성당으로 쓰이던 곳에 놓인, 거대한 유리로 된 상자 속 44.5톤짜리 슈퍼컴퓨터라니![6]

이처럼 클라우드가 전 세계의 주요 통신 거점(워싱턴, 홍콩, 요하네스버그, 상파울루 …)에서, 특히 주요 주식거래소들이 자리 잡은 도시(런던, 프랑크푸르트, 뉴욕, 암스테르담 …)에 뿌리를 내리기 위해서는 십수 년이라는 세월만으로 충분했다. 그 결과 오늘날 전 세계의 데이터센터는 면적이 500제곱미터에 미치지 못하는 규모가 거의 300만 개가량, 그보다는 큰 중간 규모가 8만 5000개, 그리고 에퀴닉스 AM4에 버금가는 규모가 수만 개 정도 분포해 있을 것으로 추정된다.[7] 그리고 이렇게 거미줄처럼 촘촘히 이어지는 콘크리트와 강철 망의 중심부에는 대개 축구장 정도로 큰 500개의 '하이퍼 스케일' 센터가 존재한다(데이터센터의 분포에 대해서는 부록 4를 보라). 폴 브누아는 이를 "대형 여객선급의 기술 괴물들"이라고 묘사한다.[8] 이 센터들은 케이블과 안전장치, 정보 설비, 전기 설비들의 집약체이다.[9] 여기서 발생하는 희한한 역설 한 가지. 사람들이 우리 경제의 3차 산업화, 즉 서비스화를 축하할수록 디지털 시대의 데이터 '농장'이니 '공장'이니 '거점', 정보의 '도로', '고속도로' 같은 어휘들의 사용이 빈번해진다. 이런 단어들은 서비스업 분야가 대체를 약속하는 농업과 제조업의 잔재가 아니었던가….

그렇다면 왜 만져볼 수도 없는 고양이 동영상이나 이메일, 위치 정보 등을 쌓아두기 위해 그토록 많은 콘크리트 믹서를 돌리고 그로 인해서 야기되는 환경에 대한 돌이킬 수 없는 영향(이 점에 대해서는 뒤에서 상세하게 다룰 것이다)과 함께해야 한단 말인가? 인류는 이미 상상하기 어려울 정도로 극심한 데이터의 홍수 속에서 살고 있다. 하루에 5엑사바이트,[10] 그러니까 정보화 산업이 시작된 시기부터 2003년까지 생산된 모든 정보의 양에 해당되는 만큼의 데이터가 생산된다. 그 정도면 블루레이 디스크 1000만 개의 기억 용량을 다 채울 수 있으며, 이 디스크들을 한 줄로 쌓아 올릴 경우 에펠탑만 한 탑 네 개가 세워진다. 거기다가 머지않아 전 세계에 쏟아질 5G에 연결될 수조 개의 사물들까지 고려하면, 데이터의 양은 "가히 지수함수적으로 증가할 것이고, 우리로서는 이 추세를 막을 길이 없다"고 프레드리크 칼리오니에미가 경고한다.[11] 더구나 이 같은 인프라의 세계시장은 현재 연간 매출이 1240억 유로 정도인데, 해마다 거의 7퍼센트 수준으로 성장하고 있다.

이러한 정보의 쓰나미를 우리가 과연 어떻게 구체적으로 상상할 수 있단 말인가? 우리는 흔히 웹을 액체 성질을 띤 것으로 표현한다. 가령 인터넷에서 '파도'처럼 밀려오는 데이터를 '서핑'한다고 하고, 동영상을 재생할 때는 그것이 물줄기가 흐르는 것처럼 이어진다는 의미에서 스트리밍streaming한다고 말한다. 이 비유를 글자 그대로 받아들여서 세면대로 가보자. 수도꼭지에서 흘러내리는 물을 잔에 받자(우리가 한 이 실험은 부록 5에 정리되어 있다). 물 한 방울이 1바이트(정보를 세는 단위)에 해당한다고 하자. 1000방울(1킬로바이트. 이 정도면 짧은 이메일 한 통에 해당된다)이면 물 100밀리리터가량 될 테니 잔의 절반 정도가 채워진다. 같은 동작을 1000번 반복하면 1메가바이트가 되고, 이는 MP3 형태의 음성 파일 1분 정도에 해당되며, 무엇보다도 물은 이제 100리터가 모였다. 1기가바이트(1메가바이트보다 약 1000배 크다)는 두 시간짜리 영화 한 편, 대형 빗물 저장 탱크를 꽉 채울 만큼의 물에 해당된다. 1테라바이트는 프랑스 국립도서관 장서의 절반을 저장할 수 있는 용량이며, 물로는 올림픽 규격 수영장 27개를 채우는 양과 맞먹는다. 이제 전 세계에서 매일 생산된다는 5엑사바이트 크기의 데이터를 보자. 이는 레만호° 다섯 개 이상의 분량이다. 마지막으로 해마다 생산되는 47제타바이트의 데이터는 지중해와 흑해를 합한 양이다. 요컨대, 우리 인류는 말 그대로 데이터의 바다에 빠져서 허우적거리는 형국이다.

이제 아주 근본적인 의문이 하나 남는다. 도대체 무슨 목적으로 우리는 이처럼 많은 데이터를 생산하는 걸까? 우리 모두는 우리의 위치 정보, 인터넷 검색 내역, SNS상에서 우리가 보이는 반응 하나하나가 데이터를 발생시킨다는 사실을 (어렴풋이나마) 알고 있다.[12] 그런데 누구에 의해서 어떻게, 그리고 얼마나 많은 양의 정보가 처리되고 있는 걸까? 우리는 이 질문에 답하기 위해 몇 주에 걸쳐서 우리가 일상생활에서 흔히 접하는 죄 없는 한 가지 물건을 대상으로 놀라운 정보 폭식증 현상을 조사했다. 대도시에서 자주 눈에 띄는 공유 전동킥보드가 우리의 낙점을 받았다.

생각지도 않았던 공유 전동킥보드의 막강한 힘

2017년에 캘리포니아의 산타모니카에서 처음으로 등장한 이후 전동

○   면적 580제곱킬로미터에 이르는 알프스에서 가장 큰 호수.

'좋아요'는 어떻게 지구를 파괴하는가

킥보드는 세계적으로 성공 가도를 달리고 있다. 비교적 저렴한 가격에 실용적이면서 재미나는 놀이기구 같은 특성을 가진 이 기구는 자동차 포화 상태인 대도시의 병목현상 해소에도 도움이 된다. 이러한 현상을 주도하는 이들은 라임, 버드, 점프 또는 리프트 같은 사업자들로, 이 기업들은 증권거래소에서 연일 상한가를 치고 있다. 그도 그럴 것이 투자자들이 몰리고 있기 때문이다. 한 컨설팅 회사에 따르면, "십여 개의 킥보드 벤처기업이 이미 15억 달러의 투자금을 받았으며, 우리는 2025년까지 전동킥보드 시장의 규모가 세계적으로 400에서 500억 달러에 육박할 것으로 예상한다"[13]고 장담했다. 하지만 전동킥보드는 아직 견고성에 있어서 함량 미달이며 따라서 기구의 수명이 고작 몇 개월에 지나지 않는다. 몇 개월은 제조와 유지 보수에 드는 비용을 회수하기엔 짧은 기간이다. 간단히 말해, 전동킥보드 대여는 오늘날 그다지 이익이 되는 장사가 아니다. 그럼에도 이 대여 서비스는 투자 기금들에게는 상당히 구미가 당기는 투자처이다. 그 이유는 아마도 가까운 장래에 전동킥보드가 지금보다 훨씬 견고해지고, 따라서 수익성이 높아질 가능성이 있기 때문일 것이다. 그러나 무엇보다도 그 기구를 대여하는 기업들이 "사용자들의 이동 습관에 의해 발생하는 엄청나게 많은 데이터를 수집할 수 있기 때문일 것"이라고, 시민의 자유 옹호자를 자처하는 어떤 이가 설명한다.[14] 해당 애플리케이션을 통해 계정을 만드는 순간 당신은 당신의 이름, 이메일, 우편번호, 전화번호, 은행 계좌, 지불 내역 등을 공유하게 된다.[15] 그 후에도 킥보드를 빌려주는 기업 측은 휴대폰과 기구에 부착된 센서를 통해 당신의 이동 경로와 관련된 모든 정보를 수집할 수 있다.[16] 버드 그룹은 심지어 여기에다 이미 당신에 관한 정보를 보유하고 있는 다른 기업들에서 얻은 정보들까지 더해서 취합하는 일도 서슴지 않으며, 나아가 신용 평가 기관에 당신의 신용도 평가를 의뢰하기도 한다! 주말에 별생각 없이 킥보드 타고 동네 한 바퀴 산책한 대가치고는 너무 과하지 않은가! 하지만 기업 입장에서는 이러한 정보들이 왕처럼 행세하는 고객들의 요구를 충족시키기 위해 필수적일 수도 있음을 인정하자. "수집된 데이터들은 단체 손님을 위한 요금 정책이나 가장 많은 사람들이 이용하는 경로 등을 보다 정교하게 가다듬을 수 있게 해주며, 따라서 킥보드 배치의 최적화에도 도움이 된다. 그러니까 정보 수집은 결국 서비스의 품질 향상을 위한 것"이라고, 익명을 요구한 볼트사의 한 직원은 설명한다.

그런데 사실 사업자들의 정보 수집 실태는 단지 킥보드 서비스의 품질 향상만을 위해서라기엔 지나치게 광범위하다. 최대치의 정보를 얻기 위해 이들은 특히 우리의 이동 방식 전반에 대한 정보 수집에 매진한다. 실제로, 이동성 제공 서비스는 여러 도시에서 다양화하고 있다. 한 지점에서 다른 지점으로 옮겨 가기 위해 우리는 예를 들어 공유 택시를 이용할 수도 있고, 공유 전동킥보드를 선택할 수도 있으며, 버스를 탈 수도 있다. 사업자들은 '서비스로서의 이동성Mobility as a Service', 즉 이러한 이동 방식들 모두를 한데 아우르는 통합 포털의 개설을 꿈꾸고 있다. "이들은 다중 이동 시스템, 그러니까 전동킥보드뿐만 아니라 자전거와 자동차까지도 전부 포함하는 서비스를 제안하고 싶어 한다"고 라 카드라튀르 뒤 넷[17]의 한 구성원은 단정한다.[18] 킥보드를 빌려 타는 것은 그러므로 이동성이라는 거대한 시장에 진입하는 하나의 수단에 불과하다. 이동하는 사람들에 대해서 최대한 많고 정확한 정보

'좋아요'는 어떻게 지구를 파괴하는가

를 보유하고 있기만 하다면 말이다. "버드 같은 기업이 우리의 이동 내역에 관한 그 모든 정보를 가지고 무엇을 할까요? 돈을 벌죠, 아주 많은 돈을요!" 한 위치 기반 마케팅 전문가가 신념을 담아 말한다. "어쨌거나 창업 1년 만에 기업 가치를 20억 달러까지 끌어올려 준 투자자들의 야심은 그렇다는 겁니다."[19] 데이터는 그러므로 머지않은 미래에 우리에게 맞춤형 서비스를 제공해주겠다는 야무진 꿈을 키워가는 기업에겐 전략적 자산이요, 검은 황금이라 할 수 있다.

그렇지만 그게 전부가 아닐 수 있다.

가령 당신이 킥보드에 올라탄다면 "사업자가 당신의 몇몇 개인정보를 연구 또는 상행위, 또는 그 외에 다른 목적을 가진 제3자와 공유하는 것"에 동의하는 것이라고, 라임 그룹은 이 이상의 세부적인 설명은 생략한 채 계약서에 명시해두었다.[20] 이 같은 특약 사항은 "모호하고 애매한 어휘들로 표현되어 있으며 이해하기 어렵게 되어 있다"고 미국의 변호사 모하마드 타스자르는 지적한다.[21] 우리 사례의 경우, 당신은 사업자가 트랙커tracker를 사용해도 좋다고 동의한 셈이다. 트랙커란 프로그램의 한 부분으로, 바로 이 부분이 당신에 대한 더 많은 정보를 수집하는데, 그 정보라고 하는 것이 대개는 전동킥보드 사용과는 무관한 것들이며, 이 정보들은 그저 저장을 목적으로 수집되는 것이 아니라 다른 상업적 목적을 가진 기업들에게 전달된다. 일반적으로, "각종 애플리케이션에 제일 많이 들어 있는 것은 페이스북이나 구글의 트랙커"라고 시민단체 엑소더스 프라이버시에 소속된 '해커활동가hacktiviste'[22]의 한 사람이 설명해준다. 한 예로, 그가 페이스북엔 한 번도 연결되었던 적이 없는 휴대폰을 통해 산전 태교 서비스를 제공하는 애플리케이션인 베이비플러스에 접속했더니, "아이의 이름과 성별, 수유 방식 등이 고스란히 페이스북으로 전달되어 있더라"는 것이다.[23] 이 아이는 이미 SNS상에 존재하고 있었으며, 그렇게 된 데에는 당연히 트랙커의 농간이 있었다.

다시 우리의 전동킥보드로 돌아오자면, 트랙커 앱스플라이어 Appsflyer(볼트, 버드)는 당신의 인터넷 서핑 내력이나 당신의 스마트폰에 설치되어 있는 다른 애플리케이션에 관심을 갖는 반면, 튠Tune(볼트)은 당신의 몇몇 위치 정보를 수집한다. 한편 트랙커 어드저스트Adjust(버드, 도트, 하이브)는 당신의 다양한 쇼핑 내역을 기억한다. 브랜치Branch(라임)로 말하자면, 이 트랙커는 특별히 당신의 지문을 수집한다.[24] 이러한 트랙커들은 후에 가령 당신의 취향에 맞는 광고만 보여준다거나 하는 식의 타깃별 마케팅 전략 전개를 가능하게 해준다. 이 트랙커들은 또한 위치에 따른 마케팅(당신이 어떤 의류 상점 앞을 지날 때 그 상점에서 특별가로 재킷을 구매할 수 있다는 메시지를 보낸다)이나 범주별 분류에 따른 마케팅(특정 범주에 속하는 사람들을 대상으로 매우 구체적이고 명확한 메시지를 보낸다)도 용이하게 도와준다.

전동킥보드 사업자들이 이렇게 수집된 정보들을 실제로 공유하거나 판매해왔는지에 대한 여부는 그 누구도 확실하게 알지 못한다. 심지어 한 위치 기반 마케팅 전문가는, 사업자들의 즉각적인 목적은 "그들이 보유한 데이터의 재활용이라기보다 우선 임계점까지 사용자를 확보하는 것으로, 사업자들은 충실한 서비스 사용자의 수가 수억 명에 도달할 때까지는 데이터를 가지고 아무것도 할 수 없을 것"이라고 생각한다.[25] 설사 그렇다 하더라도 우리는 경계심을 늦추지 말아야 한다.

왜냐하면 "우리의 이동 관련 데이터들은 우리의 사생활에 대해 다른 어떤 데이터보다도 훨씬 더 많은 것을 말해주기 때문"이라고 모하마드 타스자르는 말을 이어간다. 그는 "이 데이터들은 아마도 가장 민감한 데이터들 가운데 하나일 것"이라고도 장담한다.[26] 가공하지 않은 원형 그대로의 데이터 분석은 실제로 큰 어려움 없이 우리의 주소지(우리가 매일 아침 같은 시각에 출발하는 곳), 종교(일요일 11시에 가는 교회), 정치 성향(우리가 참가한 시위)을 알려준다. 앓고 있는 질병(우리가 예약해둔 병원)이라고 예외가 될 수 있을까?

익명성의 종말

2014년, 오스트레일리아 출신 연구원 앤서니 토카는 마음대로 접근 가능한 데이터를 이용하여 한 스트립 클럽 앞을 오가는 뉴욕 택시들의 움직임을 추적하던 중에 이 클럽의 단골 고객들이 사는 곳을 너무도 정확하게 콕콕 집어내는 데 성공했다.[27] 같은 시기, 벨기에 출신의 한 연구원은 증거까지 제시하면서 "시공간 좌표상의 점 네 개만 알면 개인들의 95퍼센트는 신원 확인이 가능하다!"고 주장했다.[28] 이 말에 대해 당신은 아마도 모든 데이터는 익명으로 작성되지 않느냐고 이의를 제기할 테지만, 어떤 한 개인의 신원을 밝혀내기 위해 거치는 경로는 생각보다 매우 짧다. 사실 "데이터를 익명 상태로 유지한다는 건 현실적으로 불가능하며, 그렇기에 따지고 보면 데이터를 바람직하지 않은 방식으로 사용하지 않는 가장 좋은 방법은 아예 데이터를 수집하지 않는 것"이라고 이 문제에 정통한 캘리포니아 출신 엔지니어가 결론짓는다.[29] 독일의 토르슈텐 스트루페 교수는 한발 더 나아가 "익명의 데이터라고 하는 건 그저 거대한 속임수에 불과하다"고 덧붙인다.[30]

전동킥보드에 의해 축적된 데이터는 당신에 관해 다른 기업들이 이미 수집해놓은 다른 데이터들과 합해진다. 이렇게 되면 이제 데이터 브로커가 등장하는데, 이들은 말하자면 데이터를 사서 프로필을 완성시키며, 그것들을 최고가를 부르는 자에게 되팔아 넘기는 은밀한 중개인들이다. 소비자 한 명의 프로필은 1500가지 매개변수까지도 포함할 수 있는데, 매개변수별(가격은 이름 하나와 성 하나에 0.3유로 정도)로 팔리기도 하고, 훨씬 드문 경우이긴 하나 통째(평균 600유로)로 팔리기도 한다. 세계시장의 거래량은 3000억 유로 정도 된다. 그러므로 서비스 이용 약관에 동의하면서 당신은 당신만의 고유한 데이터에 대한 통제권 상실을 받아들인 것이다. 당신의 정체성을 구성하는 조각들이 전 세계에 포진하고 있는 이루 헤아릴 수 없이 많은 데이터센터들에 산재해 있을 가능성은 매우 높고, 그런데도 당신은 그것들을 가지고 누가 무슨 짓을 할지 전혀 알 수 없다. 요컨대, 당신은 어디에 쓰는 장치인지도 전혀 모르는 채 거대한 톱니바퀴 속에 손가락을 집어넣은 것이다.

2018년, 강력한 위력을 지닌 미국시민자유연맹ACLU: American Civil Liberties Union은 전동킥보드 사업자들의 진정한 목적에 대해 경고를 날렸다. "QR 코드를 스캔하는 순간부터 당신은 폭주하는 데이터 저장 시스템, 그러니까 제품이 실제 필요로 하는 정보보다 훨씬 많은 개인 정보를 마구 수집하는 기제 속으로 빨려 들어가고 있다는 것을 깨닫지 못한다"고 이 단체는 소비자들의 주의를 환기한다.[31] 모든 종류의 위

'좋아요'는 어떻게 지구를 파괴하는가

치 관련 정보들이 국가에 의해 감시 목적으로 이용될 수도 있다는 데 대해 최근 여러 시민단체들이 우려를 표명한 만큼 이 일은 대단히 심각하게 받아들여진다. 트럼프 행정부가 이미 불법 이주자들과 활동가들로부터 얻어진 이런 유형의 데이터를 훗날 이들을 법정에 세우는 데 이용하지 않았던가 말이다.[32] 라임이나 버드 같은 기업들은 그렇게 할 수밖에 없는 경우에는 그들이 제공하는 서비스 이용자들에 대한 정보를 관계 당국에 제공할 것이라고 인정했다.[33] 사생활 보호라는 우리의 기본적인 자유가 그 때문에 약화된다는 뜻이다. "중국의 사회적 신뢰 시스템[34]은 그저 서구 국가들이 이미 실제 삶에서 구현하고 있는 것을 조금 더 명백하게 옮겨 적은 것에 불과하다"고 리엄 뉴컴은 말한다. "우리는 미래에 특별히 위험한 도전에 직면하게 될 터인데, 내가 보기에 사람들은 그러한 사실을 전혀 인식하지 못하는 것 같아 두렵다"고 그는 고백한다. ACLU의 경고가 있고 1년이 지났을 때, 이번에는 독일 함부르크에서 정보 보안을 책임지고 있는 한 경찰 인사가 시민들에게 경고했다. "우리 사생활의 기본적인 양상 가운데 하나는 공적인 공간에서 추적당하지 않고 이동할 수 있는 권리일 것이다. 전동킥보드라고 하는 새로운 서비스에 접근하는 자는 누구든 이 소중한 권리를 상실하게 된다." 경찰 인사는 이어서 "그러한 서비스가 과연 당신의 고유한 데이터를 사업자에게 제공해야 할 정도로 값어치가 있는지 자문해보는 과정은 매우 중요하다"는 말로 경고를 마무리했다.[35] 가격이 정해져 있는 어떤 것을 가격을 매길 수조차 없는 어떤 것과 맞바꾸기 전에 두 번 세 번 숙고하라….

많은 공유 전동킥보드 사업자들이 이러한 경고에 대해, "이용자들의 정보 보호는 우리에게 최우선"이라고 강조하면서 부정적인 반응을 보였다.[36] 과연 이들의 말은 진심일까? 한마디로 답하기 어려운 문제다. 반면, 확실한 건 이 사업자들이 자기들이 개발한 애플리케이션에 트랙커를 설치하는 것으로도 모자라서 언젠가 당신이 전혀 알지 못하는 어떤 기업이 합법적으로 당신에 대한 모든 것을 알아낼 수 있도록 지평을 열어두었다는 점이다. 그렇지만 우리는 2016년 유럽의회에서 채택된 정보 보호에 관한 일반적인 규정RGPD: General Data Protection Regulation[37]에 따라, 우리의 정보 공유를 거부함으로써 그리고 보다 일반적으로 매 순간 디지털 위생 수칙을 준수함으로써 우리의 의사를 표현할 수 있다. "나는 더는 페이스북과 인스타그램을 사용하지 않으며, 광고 차단 장치를 설치했다. 또한 윈도를 통해 작업하지 않고, GPS를 사용하지 않으며, 나의 IP 주소를 익명화하기 위해 토르Tor[38]를 통해서 검색한다"고 토르슈텐 스트루페는 열거한다.[39] 하지만 우리들 가운데 몇 명이나 기꺼이 그와 같은 노력을 하겠다고 할 것인가?

그도 그럴 것이 감지되는 폐해가 즉각적으로 손에 넣을 수 있는 이익에 비해서 지극히 미미하기 때문이다. 당신이 전동킥보드 주행에 드는 실제 비용을 모두 지불해야 한다면 아마 지금보다 훨씬 비싼 값을 치뤄야 할 것이다. 그렇다면 당신은 그처럼 비싼 서비스를 이용하려 할 것인가? 사업자들로 말하자면, 그들은 앞으로 디지털 산업을 번성하게 하는 것은 컴퓨터나 프로그램 판매가 아니라 데이터의 상품화라는 사실을 잘 알고 있다.[40] 기업이 클라우드의 중심부에 단단히 뿌리를 내릴수록 점점 더 많은 부를 얻게 되고 그렇게 되면 자연히 권력도 장악하게 된다. 늘 더 많은 정보를 빨아들이기 위해서는 소비자들에게

'좋아요'는 어떻게 지구를 파괴하는가

'무료'로 인식되는 서비스들을 미끼로 제공해야 할 터이다.[41] 한 전문 기자는 이러한 경제모델의 챔피언 격인 "페이스북은 전 세계에서 가장 역량 있는 광고 회사가 되었으며", 당신이 누구인지를 알려주는 많은 정보를 판다고 이 SNS 창립자에 관한 저서에서 설명한다.[42] 웹의 성공이 어찌나 대단한지, 연간 2400억 달러에 이르는 미국 광고 업계 수입 가운데 절반 이상이 온라인에서 발생한다. 그렇다면 왜 똑같은 논리를 채소나 영화표, 의료 서비스 등에는 적용하지 않는단 말인가? 사생활 보호를 위해 적극적인 활동에 나서고 있는 네덜란드 출신 시민운동가 다우어 스밋은 어찌 되었든 "우리가 우리의 정보를 넘겨줄 준비만 되어 있다면 모든 건 무료가 될 수 있다"고 분석한다.[43] 그런데 우리는 정말로 이러한 플랫폼에 의해 우리의 아주 사소한 일거수일투족까지도 모조리 데이터화되기를 원하는가?

데이터라고 하는 영역의 확대

데이터가 적자투성이 사업을 돈 찍어 내는 기계로 변신시켜줄 수 있는 새로운 화금석이라니 말인데, 기업들은 모든 것을, 그것이 무엇이든 아무거나 다 축적한다. 오늘 즉시 유용하지 않더라도 언젠가는, 내일은, 아직은 알 수 없는 어떤 목적을 위해서 사용할 수 있을 거라고 믿는 것이다. 그런 게 아니라면 기업이 주어진 데이터를 어떻게 사용할지는 이미 계산하고 있지만 이를 돈뭉치로 변신시키는 데 필요한 기술적 수단(알고리즘, 슈퍼컴퓨터 등)을 아직 손에 넣지 못하고 있는 것일 수도 있다. '테크의 세계'는 아드레날린 수치를 단숨에 끌어올리는 흥미진진한 어휘들(머신러닝, 양자정보과학, 연역적 추론 등)로 현기증을 일으킨다. 이러한 어휘들 가운데에는 '빅데이터', 즉 거대한 양의 데이터 분석 과정을 통해 복잡한 시스템을 관찰하고[44] 소비자에게 그의 취향에 적합한 내용을 추천해줄 뿐 아니라 그의 행동 방식을 예견할 수도 있게 해주며, 나아가서 결국 더 많은 돈을 벌게 해주는(왜 아니겠는가?) 황금알도 당당하게 자리 잡고 있다.[45]

우리는 객관적일 필요가 있다. 데이터는 개인에 의해 생성되었든 기계나 단체들에 의해 만들어졌든, 이 세계를 무한히 더 낫게 만들 수 있는 역량을 지니고 있다. 데이터 덕분에 우리는 보다 정확하게 암 진단을 내릴 수 있고, 전염병의 추이를 보여주는 모델을 보다 더 정교하게 가다듬을 수 있으며, 결과적으로 비용 면에서 훨씬 효과적이고 따라서 보다 많은 사람들에게 혜택을 줄 수 있는 예방의학의 도래를 앞당길 수 있다. 빅데이터는 또한 보다 효율적인 행정을 가능하게 해주며, 각종 시민단체들이 가장 약한 처지에 있는 사람들에게 효과적인 도움을 줄 수 있는 방향으로 그들의 활동을 설계하도록 도와준다. 뿐만 아니라 지진 피해를 입은 도시의 복구 사업에 드는 시간을 줄일 수 있으며 학생들이 필요에 맞도록 교과 과성을 연계시킬 수도 있다. 스웨덴의 칼 안데르손 교수에 따르면, 우리가 사는 세상에 현재 축적되어 있는 엄청난 양의 데이터를 고려할 때, 우리는 벌써 외계 생명체의 존재에 대한 증거를 가지고 있을 가능성도 있으나, 충분한 용량을 지닌 계산 도구가 없어서 아직 그것을 활용 가능한 지식으로 만들지 못하고 있을 수도 있다. "아마도 우리는 우리가 무얼 알고 있는지 모르고

'좋아요'는 어떻게 지구를 파괴하는가

있을 것"이라고 그는 덧붙인다.[46]

데이터를 생산해낸다는 이유로 무료로 제공되는 서비스는 필연적
으로 인터넷 과다 소비로 귀결된다. "공짜이기만 하면 난 이미 열 번씩
이나 본 고양이 동영상을 열한 번째로 보게 된다!"고, 싱크탱크 더시
프트프로섹트의 위그 페르뵈프는 실토한다.[47] '무료'는 말하자면 '데이
터 인플레이션'과 동의어인 셈이다. 이제야 우리는 왜 우리 각자가 잘
알지도 못하는 가운데 하루에 거의 150기가바이트,[48] 다시 말해 24시
간마다 16기가바이트짜리 아이폰 아홉 대의 메모리를 가득 채울 만큼
의 데이터를 만들어내는지 이해할 수 있을 것이다! 2015년에 12제타
바이트[49]의 데이터를 축적한 인류는 2035년이면 2142제타바이트, 그
러니까 2015년에 비해 약 180배 많은 데이터를 생산해낼 것이다(부록
6을 보라). "미쳤다고 할만한 숫자 아닙니까." 프레드리크 칼리오니에
미가 놀라움을 감추지 않는다. "데이터 생산량의 증가율을 종이 기둥
으로 환산한다면 그 기둥은 아마 그 어떤 로켓의 발사 속도보다도 빨
리 하늘을 뚫고 올라갈 겁니다."[50]

전동킥보드 사업자들이 그러모은 데이터들은 사실 데이터 바다의
아주 작은 잔챙이 정도에 지나지 않는다. 기껏해야 수백 대의 서버를
채울 정도에 불과할 테니까.[51] 하지만 우리는 이 사례를 전체적인 맥
락, 즉, 체계적이고 세계적인 차원에서 이루어진 온갖 종류의 데이터
수집으로 "데이터센터의 수요가 급증"하고 있는 맥락 속에 위치시켜
보아야 한다고 볼트사의 한 직원은 제안한다. 그 결과, 지구의 오대륙
에서 클라우드를 기반으로 하는 주역들이 세계의 기억을 켜켜이 쌓아
둘 수 있도록 '비즈니스 파크'가 우후죽순처럼 생겨나고 있다. 파리 북

부, 도시 외곽 주거 밀집 지역인 플렌 코뮌엔 벌써 47개의 데이터센터가 들어왔으며, 면적 4만 제곱미터(월드컵 축구 경기가 열리는 프랑스 종합운동장 잔디 구장의 5배)짜리 디지털 공장도 곧 들어설 예정이다.[52] 데이터 축적을 전문으로 하는 이른바 '클라우드 시티'들도 중국 전역에 속속 들어서고 있다. 더구나 베이징에서 차로 한 시간 거리에 있는 랑팡시엔 지구상에서 가장 큰 데이터센터(면적 60만 제곱미터=축구장 110개 넓이!)가 가동 중이다![53] 이처럼 현기증 나는 성장에 발맞추기 위해서 업계는 부동산 중개사들, 다시 말해서 '부지 선별사들'에게 의지한다. 이들이 지구를 돌며 다음번 구름 조각이 쉬어가기에 적당한 곳을 찾아다니는 것이다. 조건이라면 홍수 위험지역 및 농업 또는 주거 지역에서 최대한 멀리 떨어져 있으며, 사고 위험을 줄이기 위해 항공로나 철도에서 떨어져 있으나 국제공항에서 차로 한 시간이 넘지는 않는 곳 등을 꼽을 수 있다. 그래야만 재능 넘치고 머리 좋은 인재들을 끌어모으기 쉽다는 것이다. 전기 공급망이 탄탄해야 하고 금융 환경이 유리해야 하며 부동산 비용이 매력적이어야 하는 건 물론이고, 토목 인력의 수준이 높아야 한다는 조건도 따라붙는다. 그래야만 18개월 이내에 미래의 데이터센터가 지표면에서 솟아오를 수 있는 것이다.

미국 '동해안의 실리콘밸리'가 숲을 보존하고자 할 때

이 모든 조건을 동시에 성취하기란 어렵다! 따라서 데이터센터의 교차로가 인구 밀도가 높은 도심 지역까지 파고드는 경우도 드물지 않다.

'좋아요'는 어떻게 지구를 파괴하는가

세계에서 데이터 분야의 확장으로 애슈번보다 더 극심한 부동산 압박에 시달리는 곳은 아마 없을 것이다. 우리는 2021년 봄에 그곳을 취재하러 나섰다. 워싱턴에서 북서쪽으로 50여 킬로미터 떨어진 버지니아주의 이곳은 소박한 상업지구와 몇몇 쇼핑몰이 전부인 인구 5만 명의 조용한 마을이기만 한 건 아니었다. 애슈번은 무엇보다도 '동부 해안의 실리콘밸리'로, 전 세계 인터넷 트래픽의 70퍼센트가 거쳐 가는 곳이었다. 1992년 최초의 인터넷 나들목들[54] 가운데 하나가 이곳에 자리 잡음으로써 디지털 경제의 거물 기업들(AOL, 버라이즌, 텔로스 같은 미국 기업들)의 밀집 현상이 시작된 것도 이곳이었다.[55] 이들을 따라서 57개의 데이터 저장고들이 애슈번으로 몰려들다 보니 미디어에서는 이곳을 "세계 데이터센터의 수도"라고 명명했다.[56]

경제적 파급효과는 주목할 만하다. 애슈번을 품고 있는 라우던카운티의 중위 가계소득은 미국에서 가장 높다.[57] 이 '허브'는 계속 확장 중이다. 수입은 많아졌으나 대규모 단지들에 에워싸인 애슈번 주민들은 이제 이 탈물질화가 빚어낸 도시계획의 부작용을 고스란히 겪고 있다. 솔직히 그 대규모 시설들이 시끄럽고 흉물스럽기 때문이다. "내가 지난 넉 달 사이에 가장 많이 받은 민원이 뭔지 아십니까?" 한 시청 간부가 묻는다. "교통 체증도 고속도로 요금 징수도 아닙니다. 데이터센터의 미적 감각 결여에 대한 불만이었습니다."[58] 환경문제도 물론 대두되고 있다. "인근에 녹지대가 너무 드뭅니다." 이곳에 사는 주민 브라이언 카가 탄식한다. "이 정도면 됐다고요! 우리는 남아 있는 자연마저 파괴할 순 없어요."[59] 2018년에 라우던카운티는 이미 43만 제곱미터의 숲을 밀어내고 콤파스사의 트루노스 데이터센터를 건축해도

좋다고 허락해주었다.[60]

때문에 라우던카운티에 건설 부지를 확장하는 또 다른 프로젝트가 2019년에 새로운 갈등 현안으로 떠오를 것으로 예상된다. 일부 주민들은 실제로 이번엔 농지가 데이터의 제단에 바쳐지는 제물이 될까 봐 노심초사했다.[61] 하지만 이 현안을 집중 관찰 중인 한 관계자가 묻는다. "2200만 달러의 법인세가 고스란히 카운티로 굴러 들어오는 마당에 지역 의원들이 차마 어떻게 〔데이터센터가 야기시키는〕 생태 문제에 집중할 수 있겠습니까?"[62] 실제로 라우던카운티는 서둘러서 이 새로운 계획을 허가해줄 것으로 보인다. "고작 7년 사이에 내가 본 거라고는 녹지의 대대적인 감소뿐이었죠." 브라이언 카가 안타까움을 토로한다. "앞으로도 이런 식으로 설비만 확장되어 나간다면 라우던은 데이터센터 카운티가 되고 말겠죠."[63] 클라우드가 점차 확대됨에 따라 애슈번에서는 점점 더 분쟁이 늘어날 것으로 예상한다. 미국만 놓고 보더라도 뉴욕, 뉴저지주 뉴어크, 버지니아주 헤이마켓, 애리조나주 챈들러, 워싱턴주 퀸시 등지에서 벌써 심각한 갈등이 보고되었다.[64] 하지만 뭐니 뭐니 해도 영웅적인 전투 하나가 다른 모든 전투들을 압도했으니, 시민 활동가들과 유타주의 정치인이 NSA(미국 국가안전보장국)의 데이터 저장 센터를 두고 대립한 진투였다.

NSA를 애타게 만든 사나이

구글은 상업적인 목적으로 우리의 개인정보를 수집할 뿐 아니라 우리

'좋아요'는 어떻게 지구를 파괴하는가

의 검색 내력을 NSA에 제공하기도 한다. NSA도 우리의 이메일, 통화 내역, 주차장 영수증, 여행 경로, 도서 구입 등의 데이터를 수집한다.[65] 세계의 전자 기억들 가운데 이처럼 감시의 대상이 되는 데이터가 차지하는 비율은 얼마나 될까? 정확한 건 아무도 모르지만, 약간의 단서가 되지 않을까 싶은 내용이 있어서 소개한다. NSA는 2013년에 유타주 북부, 블러프데일시 인근 경비대 훈련 공간에 지은 데이터센터의 가동을 시작했는데, 이는 세계에서 세 번째로 큰 데이터센터이다. 미국 의회도서관이 보관 중인 정보만큼이나 많은 양의 정보를 분 단위로 저장하는 것으로 알려진 괴물 기계라는 뜻이다.

그런데 왜 하필이면 블러프데일이었을까? 숙련되고 애국적인(그러니까 NSA의 활동에 반기를 들 가능성이 매우 희박한) 노동력을 조달할 수 있다는 이점뿐만 아니라 굉장히 유리한 물값도 작용했다.[66] 데이터센터의 냉방을 위해서는 물이 필수적이니까. 중간 정도 크기의 데이터센터는 냉방장치 가동을 위해서 해마다 많을 땐 물 소비량이 60만 세제곱미터까지 올라가기도 한다. 그 정도면 올림픽 규격 수영장 160개를 채우거나 대형 병원 세 곳이 필요로 하는 양이다.[67] 그런데 유타주는 미국에서 두 번째로 건조한 주가 아닌가…. 이 부조리가 지역신문인《솔트레이크 트리뷴》의 네이트 칼라일 기자의 고개를 갸우뚱하게 만들었다. 물을 어디에서 공급받는 걸까? 물이 부족할 위험은 없을까? 물 사용을 둘러싼 갈등이 불거지지는 않을까? 그래서 네이트 칼라일은 공식적으로 블러프데일에서 NSA가 소비하는 물의 양에 대한 조사에 들어갔다. NSA 측에서는 처음에 조사를 거부했는데, 그 이유가 "이 정보를 손에 넣게 되면 그것으로부터 NSA가 수집해서 보관하는 정보의 양을 유추할 수 있기 때문"이라는 것이었다. 투명성이라는 명분 앞에서 궁지에 몰린 NSA는 결국 두 달 후에 입장을 바꿨고, 신문사 측은 NSA 의 설비가 매달 10만 내지 20만 세제곱미터의 물을 소비한다는 사실을 알게 되었다.[68] 시에서 물을 끌어다 쓰는 인근 조던강을 바닥낼 정도의 양은 아니었다. 그렇긴 해도, 덕분에 물 없이는 범보편적 감시가 불가 능하다는 사실을 알게 된 셈이었다. 그런데 이 사실이 공개되면서 도 저히 믿기 어려운 전투가 시작된다.

《솔트레이크 트리뷴》이 전한 소식에 미국 헌법 보호를 추구하는 시 민단체 제10조센터Tenth Amendment Center의 경각심이 발동했다. 그 무렵 은 에드워드 스노든°의 폭로 때문에 시민의 자유를 옹호하는 이들이 심하게 동요하던 시기였다. 그들은 NSA의 활동에 족쇄를 채우고 싶어 했다. 독자적인 탐색에 나서면서 제10조센터의 대표인 마이클 볼딘은 그보다 몇 년 전에 볼티모어시에 세워진 NSA의 다른 데이터센터 하 나가 지역 전기 망을 과부하 상태로 몰아간 사실이 있음을 알아냈다.[69] "우리는 NSA가 원자재를 필요로 한다는 사실을 파악했"으며, 그로써 한 가지 질문에 도달했다고 마이클 볼딘을 도왔던 활동가 마이클 마 하리는 회상했다. "그렇다면 왜 그 원자재의 공급을 끊어버리지 않는 가?" 제아무리 조물주급으로 올라갔나고 해도 범보편적 감시 체제 구 축은 여전히 물질 세계에 기반을 두고 있으며, 물질이 그 감시 체제를 지배하고 통치한다. 볼티모어의 전기도 그렇거니와 블러프데일의 물 또한 데이터센터 운영에 있어서 제약이 된다. 파란 금, 즉 물이 없다면 "NSA는 거대한 인프라를 가동시키지 못한다"고 말하면서 마하리는

○ NSA의 통화 감찰과 감시 프로그램에 대해 고발한 전직 NSA 요원.

'좋아요'는 어떻게 지구를 파괴하는가

다음과 같이 결론짓는다. "물은 명백하게 NSA의 아킬레스건이다."[70]

　마이클 볼딘은 NSA의 존립을 법적 근거의 관점에서 공격하려 한다. 그는 연방의 구성원으로서의 각 주는 연방정부에 물질적 지원을 제공해야 할 의무가 없다고 명시한 미국 헌법의 제10조를 내세운다. 그는 또한 2007년 네바다주에서 있었던 선례도 상기시킨다. 유카산 아래에 방사성 폐기물 저장소를 설치하는 데 반대하기 위해 네바다주는 연방정부가 주의 수자원에 접근하는 것을 거부했다. 수자원은 저장소 건립에 필수적이었으므로 그때부터 오바마 행정부는 한 발짝 물러나는 태도를 보이지 않을 수 없었다.[71] 마이클 볼딘은 미국 전역에서 발생한 대대적인 시민운동의 지지를 받았다. "많은 사람들이 〔NSA의〕 그토록 높은 감시 수준에 충격을 받았다. 사람들은 활동가들이 이 현상을 맹공하자 기뻐했다"고 마이클 마하리는 회상한다.[72] 볼딘은 관련 법률안 초안을 작성했고, 열여섯 개 주가 그의 안에 동조를 표할 예정이었다. 이들은 조지아주, 텍사스주, 콜로라도주 등 미국 전역에 계속해서 데이터센터 설비를 확장해가는 NSA가 그 야욕을 접도록 만들기 위해 워싱턴에 어떠한 도움도 주지 않을 터였다. 캘리포니아주와 미시간주는 이 법률안에 찬성표를 던질 것이다. 한편, 유타주는 글자 그대로 NSA의 수도꼭지를 잠글 수 있을 것인가?

　이런 상황에서 놀라운 정치가 한 명이 등장한다. 공화당 소속 유타주 하원의원인 마크 로버츠는 헌법 제10조의 수호자로, 워싱턴에 맞설 수 있는 지역구의 특권을 소중히 여기는 마음이 남다른 인물이었다.[73] 그는 자신의 확신을 당당하게 드러낸다. "연방정부가 지나치게 비대하고 통제 불가능해질 경우, 각 주는 〔연방정부에 대항해서〕 궐기할 수 있다"는 논리를 일관되게 주장하는 것이다.[74] 블러프데일 사건은 그에게 자신의 견해를 실천에 옮길 수 있는 기회를 제공했으며, 2014년, 그는 유타주가 감시 활동 임무를 맡은 모든 연방 기구에 어떤 인적, 물적 지원도 제공하지 않도록 허가하는 법안[75]을 표결에 붙이려고 시도한다. 요컨대, "당신이 미국 시민들은 물론 전 세계를 감시하고 싶다면, 오케이, 그렇게 하라. 하지만 우리는 그런 당신을 돕지 않을 것"이 이 법의 요지라고, 언론과의 인터뷰에서 그가 설명했다.[76] 마크 로버츠의 머릿속에는 어이없을 정도로 간단한 수식 하나가 새겨져 있다. '물 없음=NSA 없음'인 것이다.

자신이 제안한 법안을 표결에 붙이는 데 실패한 그는 이듬해에 새로운 법안[77]으로 다시 시도한다. 기상천외하고 약간 낭만적이기도 한 그의 시도에 주변은 열광한다. 그는 지역 방송에서 "사람들이 지금까지는 내가 미쳤다고 믿지 않았다면, 앞으로는 그렇게 믿게 될 것"이라는 신랄한 말도 서슴지 않았다.[78] NSA가 납작 엎드려 있는 동안 마크 로버츠는 다시 한번 좌절을 맛보아야 했다. 격렬하다고까지 말할 수는 없지만, 그의 굳건한 의지에 대한 반대 입장도 공론화되었다. 자신을 지탱해주던 힘이 심지어 자신의 진영에서조차 하락세를 그리고 있다고 판단한 그는 곧 포기한다. "힌 정딩의 지도부가 당신의 삶을 엉망진창으로 만들어버릴 수 있다"고, 그 무렵 마크 로버츠와 가깝게 교류하던 마이클 마하리도 수긍한다. "로버츠는 이 전투를 계속하는 것이 본인에게 해롭다는 것을 느꼈죠. 그래도 나는 그에게 무척 감사하는 마음입니다! 그런 식으로 행동하려면 웬만한 배짱으로는 어림도 없었을 테니까요."[79] 이로써 시민운동은 잦아들었고 결국 자취를 감추었다.

'좋아요'는 어떻게 지구를 파괴하는가

"내가 보기에 사람들은 NSA가 본연의 임무를 하는 것을 받아들인 것 같아요." 마이클 마하리는 체념한 듯한 태도로 분석한다.[80] 그러는 동안에도 블러프데일은 여전히 데이터 수집의 교차로로서의 지위를 공고히 했다. 더구나 페이스북은 2021년 NSA의 데이터센터에서 20킬로미터 떨어진 이글마운틴에 거대한 데이터센터를 지었다.[81]

감시하고 오염시키기

그렇지만 모든 게 완전히 끝난 건 아니었다! 왜냐하면 NSA의 물 소비 문제에 관심을 쏟다 보면 어쩔 수 없이 그것이 환경에 미치는 영향에 대해서도 자연스럽게 관심이 가게 마련이니까. 블러프데일 데이터센터 사건은 그러므로 대규모 이력 추적과 생태계 사이에 놀라운, 그리고 천재적인 상관관계가 있음을 드러냈다.[82] 이러한 추리가 시민들의 마음을 얻게 된다면, 시민의 자유라는 명분을 내세울 뿐 아니라 지구 환경을 보호한다는 또 다른 명분까지 제시하면서 국가의 감시에 반대하는 강력한 세력이 등장할 수 있다. 개인의 자유를 옹호하는 자들 각자가 사실상 환경운동가까지 겸하게 되는 것이다. 어쩌면 시위대 행렬이나 시내 담벼락에서 '대규모 이력 추적에 반대하고 2도를 구해냅시다' 또는 '감시하기는 곧 오염시키기'[83]라는 식의 구호를 보게 될 수도 있을 것이다. 해설하기 좋아하는 자들은 세계인권선언 제12조, 네 번째로 수정된 미국 헌법, 유럽인권조약 제8조 등 사생활 보호를 명시해 둔 조항들이 함축적으로 생태 관련 준거가 되는 텍스트들이며, 그 조

항들을 토대로 우리의 통치자들이 새로운 사회계약의 기본 틀을 마련해야 한다고 주장할 것이다.[84]

하지만 그러한 현상은 어쩌면 절대 볼 수 없을 수도 있다. 민주주의와 독재는 이상향의 추구를 목표로 삼는다는 점에서는 같다고 하겠으나, 이를 위해 사용하는 수단에 있어서는 정반대의 입장을 취한다. '녹색을 위한 감시'라고 하는 개념이 바로 거기에 해당된다. 이는 기후를 구하기 위해 오염의 원인이 되는 우리의 행동을 통제하자는 것이다. 자연을 보호하기 위해서는, 자연 속에 놓인 인간에 대한 통제가 필요하다. 보다 단기적인 관점에서, '녹색 감시', 즉 환경에 책임감 있는 태도를 보이는 감시는 이미 시작되었다.[85] 게다가 이 분야에서는 제일 규모가 큰 정보 관련 기구들이 이미 25년 전부터 활약하고 있다. 가령 NSA는 이산화탄소를 덜 발생시키는 태양광 시설, 식물이 자라는 지붕, 전기차에서 해마다 20만 리터의 물을 절약하게 해주는 건식 화장실에 이르기까지, 단연 이 분야의 선두 주자임을 과시한다![86] 한편, 영국의 정보기관(그 유명한 MI6)으로 말하자면, 이들은 2014년에 집무실에서 발생하는 탄소 배출량을 줄였다고 자화자찬한 바 있다.[87]

우리는 여기서 점점 더 많은 양의 데이터 비축을 합리화하려는 논리에 내재된 잠재적인 위험을 감지한다. 디지털 신업의 성장이, 뒤에서 곧 보게 되겠지만, 인터넷에 연결된 우리의 삶을 유지하기 위해서 필수적인 요소, 즉 막대한 전기 수요 때문에 발목이 잡히지 않는다면 말이다.

'좋아요'는 어떻게 지구를 파괴하는가

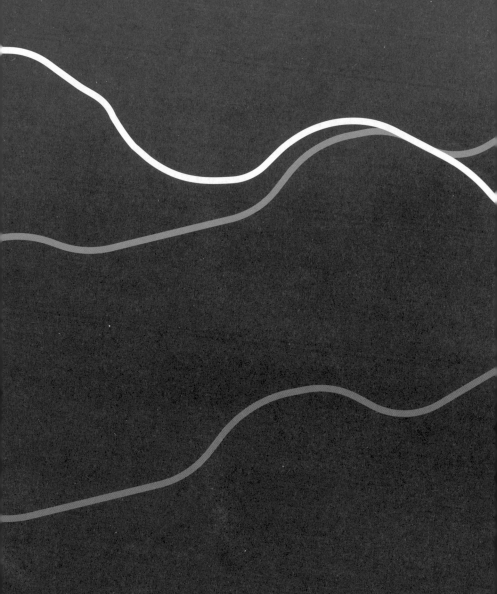

5
전기가 빚어내는 대혼돈

모든 것이 가속화되기 시작한다. 분당 페이스북 로그인 130만 회, 구글 검색 410만 건, 유튜브 동영상 시청 470만 회, 온라인 쇼핑 지출액 110만 달러(부록 7 참조) ….[1] 그런데 이러한 흐름이 업계에서 흔히 '완전한 암흑'이라고 부르는 것(데이터센터의 고장)에 의해 삐끗하기도 한다. 전기 공급 장애, 냉방장치 누수, 컴퓨터 회로의 버그 등. 이 같은 기능 장애를 슬쩍 언급하기만 해도 불편함, 아니 더 나아가서 끔찍함이 우리의 대화 상대를 엄습한다. '재해', '재앙', '지옥' 같은 말들이 쏟아진다. 그럴만하다! 2012년, 강력한 악천후가 아마존웹서비스 그룹의 데이터센터에 피해를 주는 바람에 6시간 동안 인스타그램과 핀터레스트의 접속이 끊겼다.[2] 2016년엔 구글의 서비스 장애로 인하여 세계 인터넷 트래픽이 2분 동안 40퍼센트나 급감소한 적이 있다.[3] 그리고 2019년에는 반나절 동안 G메일의 서버가 끊겼다.[4] 한 여론조사에 따르면, 기업들의 3분의 1이 지난 한 해 동안 '완전한 암흑' 상태를 경험했다고 시인했다.[5] 이러한 사고는, 2017년의 예에서 보듯이, 악몽으

'좋아요'는 어떻게 지구를 파괴하는가

로 변할 수 있다. 브리티시에어웨이사의 데이터센터에서 일어난 엄청난 장애로 400편의 항공기 운항이 취소되고 7만 5000명의 승객이 런던 히드로 공항에 발이 묶였던 일을 기억해보라. "문제를 해결하는 데 꼬박 이틀이 걸렸습니다. 항공기들은 하늘을 날지 못하고 지상에 묶여 있었죠. 있어야 할 곳이 아니었는데 말입니다. 때문에 항공사 측은 수억 달러의 손실을 입었죠. 그 영향력은 이루 형언할 수 없을 정도로 엄청난 것"이었다고, 데이터센터 전문가 마크 액튼은 회고한다.[6]

클라우드에 몰아친 폭풍

전문가들이 또렷하게 기억하는 사고가 있다면, 그건 의심할 여지없이 2017년에 세계에서 가장 큰 데이터 저장소들 가운데 하나인 OVH[7]에 몰아닥친 사고일 것이다. 이 사건은 너무도 공교로울 뿐 아니라 가혹했기 때문에 그룹 임원진은 지금까지도 그 일에 시달린다고들 수군거린다. 폭풍우 속에서 키잡이 역할을 했던 전직 엔지니어는 익명을 요구한 다음에야 입을 연다. "내가 OVH에 취업한 지 두 달째 되었을 때 그 일이 터졌습니다! 말 그대로 불의 세례를 받은 거죠." 2017년 11월 9일 아침, 우리의 취재원이 루베에 있을 때였는데, 스트라스부르에 위치한 그룹의 데이터센터 두 곳에 전기 공급이 끊겼다. "작업장의 도구 하나가 전선에 충격을 가한 것"이 원인이었다. 현장엔 비상사태에 대비한 발전기 두 대가 구비되어 있었으므로 불의의 사고는 금세 수습될 수도 있었다. 그런데 알 수 없는 어떤 이유 때문에 그 발전기는 동원되지 않았다. 따라서 오래도록 서버에 전기 공급이 되지 않으면서, 전화기에서는 무슨 수를 써서라도 듣고 싶지 않았던 말들이 들려오기 시작했다. "긴급입니다. 스트라스부르가 함락되었습니다." 이런 소리를 들으면, 단언컨대 누구라도 속이 좋을 리 없다! 전투에 버금가는 북새통 속에서 클라우드 기업의 본사는 투명성을 내걸었다. "전기가 공급되는 네 개 지점에서 발생한 문제 때문에 행선지 분류 지점에 전기 공급이 끊겼습니다. 우리 모두가 문제 해결을 위해 최선을 다하고 있습니다." 기업 측에서는 서둘러서 비상 대책 팀을 꾸리는 동시에 옥타브 클라바 대표의 이름으로 SNS에 공지를 올렸다. "우리는 문제를 분석하고, 전 세계 설비 상태와 마지막 유지 보수 날짜 등을 점검했다"고 취재원은 당시를 회상했다.

그런데 그때 상상도 못 했던 일이 일어났다. 루베에 위치한 두 번째 데이터센터도 응답을 멈춘 것이다. "문제의 발단은 광케이블 설비에서 일어난 프로그램 버그"라고 기업 측은 설명했다. "우리는 지금 개별적인 두 가지 사고에 직면했으며, 이 두 건은 서로 아무 관계가 없습니다." 하나의 데이터센터가 고장이 날 확률은 매우 낮다. 그런데 하나도 아니고 두 군데에서 거의 동시에 장애가 발생하는 경우란 예외적일 정도로 드문 시례로 우리 취재원은 동료들과 함께 믿을 수 없다는 이야기를 주고받았다. "이렇게 중요한 두 기관에 두 시간 간격으로 두 번 연속해서 장애가 발생하다니… 오늘 저녁엔 복권이라도 사야겠군." OVH가 당시 전 세계 19개국에 27개의 데이터센터를 갖추고 130만 고객을 상대하는 유럽 1위 클라우드 기업이었던 만큼 상황은 심각했다. OVH는 프랑스에서 가장 큰 기업들 가운데 14곳, 세계 500위 기업들 가운데 20곳의 웹사이트를 맡아주고 있었다.[8] 초대형 장애로 수만 개의 웹사이트가 피해를 입을 판이었다. "많은 기업들이 이러지도 저러지도 못하고 안절부절못했죠. 메일도 웹사이트도 먹통이 되어버렸으니까요. SNCF°에서 기차표를 예매할 수도 없고, BFMTV°°의 초기화면도 뜨지 않았고, 여러 시청의 홈페이지도 마비가 되었습니다." 자, OVH는 이처럼 광범위한 위기 상황을 어떻게 극복했을까?

이 사건을 좀 더 파헤치기 전에 우리는 인터넷은 만져지지 않으며 절대적이고 신성한 지휘 리듬, 다시 말해서 '서비스의 연속성'이라는 리듬에 따라 역량을 발휘한다는 것을 이해해야 한다. 웹은 멈추지 않고 기능해야 하며, 항상, 늘, '하이퍼-대기적hyperdisponible'[9]이어야 한다. 인명이나 국가의 안위가 달려 있을 때 의료 데이터나 군사 데이터로의 접근은 자명하다. 하지만 인터넷상에서 서핑을 계속하는 수십억 명의 네티즌들을 만족시키는 것은 그것과는 다르게 힘든 일이다. 인터넷에서는 태양이 절대 지지 않을 뿐만 아니라 웹을 만끽하기 위해서 기다려야 한다는 것은 대다수 네티즌들에게 참을 수 없는 일이기 때문이다. "1990년대 말엔 웹사이트의 초기화면이 8초 안에 떠야 했죠." 데이터센터연구소 대표 필리프 뤼스가 기억을 더듬는다. "오늘날엔 0.8초 안에 초기화면이 완전히 뜨지 않으면 사람들은 다른 인터넷 플랫폼으로 가버립니다."[10] 한마디로, 우리는 현재의 논리에서 순간의 논리로 넘어간 것이다.[11] 이와 같은 즉각성의 독재는 실시간으로 실제 장애물을 분석해야 하는 커넥티드카, 마이크로세컨드 단위로 작업을

○   프랑스의 철도 회사.
○○ 프랑스의 방송사.

수행하는 로봇 트레이더, 분당 수백만 유로를 주무르는 전자 상거래 사이트가 세력을 넓혀가는 세계에서라면 한층 더 증폭될 것이다.

그렇기에 데이터센터가 멈춰 선다는 것은 이유를 불문하고 있어서는 안 되는 일이다. "간단히 말해서, 데이터센터가 내세우는 약속은 '항상 스위치 온'이다. 언제든 불이 들어와 있어야 하는 것"이라고 필리프 뤼스는 설명한다. "이 세계에서는 '방해하지 말아주세요' 모드는 존재하지 않는다!"[12] 점점 더 경쟁이 극심해지는 상황에서, 수많은 클라우드 기업들이 자신들의 인프라는 99.995퍼센트 풀가동, 즉 1년에 고작 24분 정도만 빼고는 거의 내내 작동한다고 장담한다. "정기적으로 완전한 암흑을 겪는 기업들이라면 자진해서 업계를 떠나야죠." 한 전문가는 가차 없이 단언한다.[13] 그러니 엔지니어들의 어깨에 가해지는 압력이 어느 정도일지는 새삼 언급할 필요조차 없다. 이와 관련해서 영국 업계에서는 CIO라는 약어를 두고 돌아다니는 우스갯소리가 있다. CIO가 데이터센터의 'Chief Information Officer' 즉, 최고정보관리책임자가 아니라 'Career Is Over' 즉, '당신 커리어는 이제 끝났어'의 약어라는 것이다.

우리는 고작 몇 초 때문에 수백, 아니 수천 명의 인력을 해고할 태세를 갖추고 있는 회사들이 수두룩한 이러한 시스템의 회복단력성에 대해 자문해보아야 할 것이다. 하지만 지금은 다시 OVH로 돌아가자. 그러니까 2017년 11월 9일, 두 가지 장애를 해결하기 위해 고군분투 중이던 엔지니어들의 머릿속에서는 그 같은 상황 인식과 함께 그야말로 만감이 교차했을 터였다. 그들은 이러한 일련의 작동 정지가 그룹의 명성을 하루아침에 땅에 떨어뜨리고, 기업 순위를 한참 아래로 끌

'좋아요'는 어떻게 지구를 파괴하는가

어내릴 수 있음은 물론, 심지어는 기업의 파산까지 초래할 수 있음을 잘 알고 있었다. 시간이 지체될수록 고객들은 점점 더 불만을 토로했다. 최대한 신속하게 네트워크를 복구해야 할 터였다. 동원 가능한 모든 기술자들을 긴급하게 출동시키고, 나머지 인력들에게도 비상을 걸었다. 몇 시간 후 네트워크는 복구되었으나 그래도 여전히 몇몇 지역은 접속이 끊긴 채였다. 며칠 동안 "우리는 수십 명이 12시간마다 교대해가며 하루 24시간 내내 녹초가 되도록 근무를 했습니다." 취재원은 증언을 이어간다. "당황과 흥분이 뒤섞인 묘한 분위기였죠. 거의 어디에서나 브레인스토밍이 한창이었어요. 어제의 진리가 더는 다음날의 진리가 될 수 없었습니다." 물질적인 투입이 이어졌다. 트럭이 돌아다니면서 대체품을 실어 날랐고, 민간 제트기들을 빌려 스트라스부르와 루베에 기술지원팀 팀원들을 이송했다. 11월 13일 오전, 마지막 수리가 끝난 후, OVH 대표는 마침내 "모든 서버가 정상화되었다"면서 승리를 외쳤다.

이 사태는 꼬박 나흘 동안이나 '지속'되었다! 그룹으로서는 거의 지진과 다르지 않았다. 십중팔구 분실된 데이터도 있을 터였다. OVH는 그럼에도 발 빠른 대처 능력을 보여주었으며 그 위기가 주는 교훈을 하나도 놓치지 않겠노라고 약속했다. 무엇보다도 옥타브 클라바 대표는 고객과의 투명한 소통이라는 방식을 택했다.[14] "덕분에 대중은 인터넷이 단순히 웹페이지가 아니라 그 이면에 거대한 인프라와 엄청난 인력, 노동을 거느리고 있음을 이해하게 되었죠. 옥타브 클라바는 말하자면 비물질적인 것의 인간적인 면모를 드러내는 데 성공했다고나 할까요." 취재원은 안도하는 태도로 말을 이어간다. "결과적으로 기업은 위기를 잘 넘겼습니다. 고객의 이탈은 수습되었고, 세계 굴지의 클라우드 기업으로서의 명성엔 흠집이 생기지 않았죠." 그렇지만 잦은 트윗에도 불구하고, 기업 경영진은 두 사건이 일어나게 된 심층 원인에 대해서는 함구했다. 사람들 말로는, 성장지상주의를 추종하다 보니 인프라의 안전성보다는 '서비스의 연속성'을 요구하는 까다로운 고객을 만족시키는 데 치중하게 되었고, 그것이 사건의 진짜 원인일 텐데 말이다.

"처음으로 OVH 서버 앞에 섰을 때° 나는 '와, 이건 정말 구식인데'라고 생각했습니다." 전직 엔지니어가 회상한다. "도구들의 유지 보수가 제대로 이루어지지 않고 있다는 게 첫눈에도 확연했죠. 몇몇 기초적인 업무도 뒷전이었고요. 객실이 하나도 없다가 몇 년 사이에 무려 200개로 그 숫자를 키운 호텔을 상상해보세요. 그것도 벤처기업이라는 유쾌하고 젊은 분위기 속에서 그 같은 결과를 일궈냈단 말입니다! 우리는 까딱하다가는 과열되겠다고 느끼고 있었죠." 클라우드 기업의 잘못만도 아닌 것이, 우리 모두, 그러니까 인터넷 사용자인 우리들 모두에게도 인터넷을 끊임없는 긴장 상태로 몰아간 책임이 있다. 그 점에 대해서라면 전직 엔지니어도 할 말이 많다. "인터넷 사용자들은 웹이 기능하는 방식을 우습게 알죠. 이들은 이를테면 인터넷이 늘 빨리, 더 빨리 일하기를 기대하는 버릇없는 아이들 같습니다. 그런데 그렇게 하다 보면 결국 모두가 이러한 빨리빨리 논리의 지옥에 떨어져서 빠져나오지 못하게 됩니다."[15]

○ 두 건의 고장이 일어나기 두 달 전.

'좋아요'는 어떻게 지구를 파괴하는가

무슨 일이 있어도 디지털은 계속되어야 한다

절대적으로 100퍼센트 가동을 달성하기 위해 클라우드 업자들은 만일의 사태에 대비하는 조심성을 발휘한다.

- 우선 에너지 분배망의 중복도 불사한다. "장애기 발생한 시점과 기업이 다시금 상황을 수습하는 순간까지 작동의 연속성을 보장하기 위해 두 개의 전기 주입구, 두 개의 발전기 등을 갖춰서 출동하며, 시립도서관만큼이나 큰 방 여러 개를 납 배터리로 가득 채웁니다." 카르노컴퓨팅의 폴 브누아가 설명한다.[16] 이 모든 것을 나르기 위해서는 육중한 지원 체제가 동반되어야 한다. 이런 이유에서, 뉴욕 도심 한가운데 위치한 몇몇 데이터센터의 지붕은 "현기증 날 정도로 높게 설치되어 있는데, 알고 보면 냉방에 필요한 물 저장용 탑이다. … 물 공급이 끊길 때를 대비한 저수탱크들과 길에서부터 디젤발전기를 끌어올리는 데 필요한 크레인들을 배치하다 보니 그렇게 되는 것이고, 지하는 지하대로 각종 케이블들과 발전기를 돌리는 데 필요한 수십만 리터의 중유 비축분으로 가득 차 있다"고, 데이터센터에 관한 세계적인 연구를 진행한 두 여성 연구원이 열거한다.[17] 간단히 말해서, "고성능 데이터센터보다 제곱미터당 가격이 더 높은 건물은 없다"고 필리프 뤼스는 결론짓는다.[18]

- 그런데 이 정도만으로는 충분하지 않은지 이들은 데이터센터마저도 중복해서 설치한다. 설치하되 거울에 비친 것처럼 똑같은 그

데이터센터가 세워지는 곳이 같은 지각판에 속하는지 확인한다! 지진이라도 나서 우리가 인스타그램에 파스타 사진들을 올릴 수 없게 되거나 틴더 사이트에서 데이트할 상대를 찾는 일이 연기되어서는 안 될 테니까. 2010년 무렵에 개최된 한 학회에서 구글 소속 엔지니어들은 일반적으로 고양이 동영상은 최소한 전 세계 일곱 군데 데이터센터에 저장되는 데 비해서, G메일은 여섯 차례 복사되어 따로 보관되고 있다고 설명했다.[19] 심지어 대형 금융기관 한 곳은 데이터센터를 열다섯 차례나 복제했다는 확인할 수 없는 소문이 돌기도 했다! 그 정도로 업계는 '좀비 데이터센터'라는 걱정거리를 떨쳐버리지 못한다. 기업들에서 아무 일도 하지 않고 그저 기다리기만 하면서 켜놓은 설비의 비율이 최대 30퍼센트에 달할 거라고 마크 액튼이 우리에게 귀띔해준다.[20]

• 마지막으로, 이들은 트래픽 피크에 미리 대비하기 위해서 과잉으로 인프라를 구축하는 경향을 보인다. 그 결과, "분류기가 최대 역량의 60퍼센트 정도 가동된다면, 그게 최대치"라고 정보 분야 연구원 안-세실 오르주리는 추정한다.[21] 이러한 과도함으로 말미암아, 당연한 말이지만, 어이없을 정도로 전기가 낭비된다.《뉴욕 타임스》에서 진행한 조사에 따르면 지나치게 사용 빈도가 떨어지는 몇몇 데이터센터의 경우, 이들이 소비하는 전력의 90퍼센트는 말그대로 낭비된다고 한다.[22] 물론, 기술자들의 보너스가 고용주의 에너지 경비 절감이 아닌 기계의 24시간 대기 상태 유지에 의해 결정되는 한 아무것도 달라지지 않을 것이다. "이런 현상은 당신과

'좋아요'는 어떻게 지구를 파괴하는가

나, 우리 모두가 함께 신호탄을 쏘아 올리기로 결정하면 뒤집어질 수 있을 테지만, 현실적으로, 내 딸이 명청한 짓거리를 틱톡에 올리는 일을 멈출 가능성은 없다"고, 필리프 뤼스는 씁쓸해한다.[23] 요컨대, "환경 관점에서 말하자면, 가장 많은 비용을 초래하는 건 모든 것에 언제든, 즉각적으로 접근 가능해야 한다는 생각"이라고, 폴 브누아는 분석한다.[24]

사정이 이러니, "모든 것이 원활하게 돌아가도록 하려면 몇 기가와트가 필요할지 상상조차 할 수 없다!"면서 토마 에른스트 연구원은 답답해한다.[25] 우리는 이제 데이터센터들이 대도시 지역에서 가장 전기를 많이 소비하는 대표 주자 중 하나라는 것을 잘 알고 있다. 2019년 말 파리에서 개최된 데이터센터월드(클라우드 업계 전문가들이 모이는 가장 큰 규모의 행사들 가운데 하나) 박람회 기간에 열린 한 학회의 간부는 다음과 같이 놀라운 발언을 했다. "우리는 데이터센터들이 파리 수도권 지역 전기의 3분의 1 분량을 소비하게 될 것임을 깨달았다."[26] 한편, 2017년부터 일드프랑스 지역까지 사세를 확장한 아마존웹서비스로 말하자면, "프랑스에서 전기 155메가와트 공급 계약을 체결한 것으로 알려졌습니다. 그 정도면 인구 수백만 명이 거주하는 도시가 필요로 하는 양에 해당되죠." 익명을 선호하는 한 전문가가 추정한다. 이 분야는 현시점에 세계 전기 소비량의 2퍼센트[27]를 차지하고 있는데, 이는 클라우드의 성장 리듬을 고려할 때 2030년까지 4~5배는 늘어날 것이다.[28] 바꿔 말하면, 데이터센터들은 "21세기의 가장 중요한 전기 먹는 하마들 가운데 하나가 될 것"이라고 세실 디게와 파니 로페는 단언한다.[29] 그러니 데이터 저장 문제가 클라우드를 경제 발전의 발판으로 점 찍은 도시들에게는 심상치 않은 에너지 도전으로 귀결된다고 해서 놀 랄 일은 아니다.

긴장하는 암스테르담

"암스테르담과 하를레메르메이르 전기의 10퍼센트는 데이터센터가 채갑니다. 10퍼센트면 굉장히 높은 수치죠! 우리는 어디에서 살고 싶을까요? 어떻게 해야 이러한 현상을 제어할 수 있는 거죠?" 2020년 겨울, 카운터 바 위에 매달린 앵무새의 수다 소리만 간간이 들려오는 암스테르담 중앙역의 그랑 카페 레스토랑 장의자에 깊숙하게 몸을 들이민 마리에터 세데이는 목청을 높였다. 마리에터는 네덜란드의 수도 암스테르담과 인접한 인구 15만 명의 소도시 하를레메르메이르 소속 국토 개발 사업의 책임자일 뿐 아니라, 세계에서 최초로 클라우드 기업들과 힘겨루기에 들어간 시청 간부들 가운데 한 명이다. 더블린, 런던, 프랑크푸르트와 더불어 암스테르담과 네덜란드 수도권 지역은 데이터센터들이 집중되어 있는 가장 대규모 교차로들 가운데 하나로 손꼽는다.[30] 암스테르담과 그 인근 지역은 미국과 유럽 대륙을 잇는 광케이블이 지나가는 곳에 위치하고 있어서, 이상적인 입지를 자랑한다. 또한어디에나 물이 풍부해서 설비를 냉각시키기에 충분하고, 전기 역시 남아돌며, 인터넷 연결성도 뛰어나기 때문에 지난 30년 동안 내내 클라우드 업계의 주역들이 '북부 베니스'라는 별명을 가진 이곳으로 속속 모여들었고, 그러다 보니 자연히 한층 더 촘촘한 연결망에 대한 요구도 커졌다.

그런데 2015년부터 데이터 농장들의 미친 성장세에 발맞춰주어야 하는 전기 공급자들의 역량에 대한 우려의 소리가 들려오기 시작했다. "당시에 출력 60메가와트짜리 데이터센터 하나가 하를레메르메이르에 들어올 예정이었습니다. 이 정도 용량이면 인구 12만 명의 도시가 필요로 하는 양에 해당됩니다." 네덜란드의 에너지 유통 회사 알리안더르 소속 엔지니어 파울 판 엥엘런이 설명했다.[31] 전기 자체가 모자라진 않았다. 하지만 기술자들 입장에서는 1년 안에, 다시 말해서 클라우드 사업자가 요구하는 기간 안에 새 변압기를 설치하는 데 필요한 인적·기술적 자원이 부족했다. 때문에 이들은 불가 판정을 내렸다. "우리는 처음으로 시스템의 한계를 깨달았고, 따라서 고객에게 몇 년을 기다렸다가 연결할 것을 요청했습니다."[32] 그 후 달이 가고 해가 가면서 알리안더르의 엔지니어들은 인적·물질적 부족 현상이 점차 증가하고 있음을 인식하게 되었다. 암스테르담과 주변 지역의 전기 공급 체계가 불안정해진 것은 물론이다. 언론에서는 데이터센터 전문가들이 연일 경보음을 울려댔고,[33] 각종 회합에서는 마르코 호혜보닝처럼 "시에서 나에게 더 많은 전기를 공급해줄 수 없다고 하기에 더는 데이터센터를 확장할 수 없다"[34]는 업계 기술자들의 발언이 자주 들려왔다.

2019년이 되면서 상황은 하를레메르메이르 관계 당국이 특별히 불안해하는 방향으로 흘러갔다. 시에서는 이미 20여 개의 데이터센터가 가동 중이었고, 거기에 더해서 예닐곱 개가 더 지어질 참이었다. 그러자니 인근 도시의 풍경은 바뀔 수밖에 없었고, 자신들의 도시가 흉물스러워진다는 이유로 시민들의 불만은 점점 커졌다. 그즈음 새로이 선출된 시의원 마리에터 세데이는 두 팔을 걷어붙이고 문제의 서류에 집중했다. 이 시청 간부는 자신을 뽑아준 시민들이 영혼이라고는 없는 창고들에 둘러싸여 생활하게 되기를 원치 않았다. 뿐만 아니라, 데이터센터들의 전기 수요량 증가로 주변의 온실들이며 병원, 소방대들 사이에 혹시라도 전기 사용 문제를 두고 분쟁이 일어나는 건 아닌지도 염려했다. 그리고 마지막으로, 마리에터 세데이는 이 디지털 설비가 동반하게 될 1000만 제곱미터짜리 태양광 패널 농장은 또 어디에 들여야 할지도 고민해야 했다. "1000만 제곱미터라면 축구장 2000개에 해당하는 면적입니다! 엄청나다고요! 이런 기가 막힌 일이 벌어지고 있는데, 우리 시는 무얼 하고 있는 거죠?" 마리에터가 묻는다.

데이터센터를 위해서 국토는 어떻게 이용되어야 하는가? 미래에 그것들은 얼마나 많은 전기를 필요로 하게 될 것인가? 이 모든 질문들에 대해서 현재로는 답이 없다. 마리에터 세데이는 정치인들이 두 자릿수 성장률을 보이는 이 분야에 두 손을 들어버렸음을 깨닫는다. 전력 장애가 점점 늘어나고 있는 건 엄연한 현실이다. 세데이의 견해는 시 행정이라는 울타리를 넘어서까지도 공유되기 시작했고, 6월에 암스테르담시는 조심스럽게 마리에터에게 접촉해왔다. 양측은 만나서 공동전선을 펼치자고 합의했고, 공동선언문을 준비해, 2019년 7월 12일 마침내 데이터 농장 업계에 폭탄을 떨어뜨렸다. 선언문은 "우리는 하루 종일 우리의 휴대폰과 노트북에 접속할 수 있기를 원한다"고 전제하면서, 그러나 암스테르담과 하를레메르메이르엔 공간이 '거의 없기' 때문에, 두 도시는 급작스럽지만 전 세계에서 최초로 새로운 데이터센

터 건설 유예를 결정한다는 내용을 전했다.[35]

이 갑작스러운 결정은 몹시 충격적이었다. 반응은 경악 그 자체였다. 유예 기간은 2020년 6월까지 이어질 터인즉, 관계 당국이 그때까지는 제어 가능한 도시 개발 전략을 세우겠다는 뜻이었다. 결과적으로 하를레메르메이르시에서는 데이터센터 건설을 2030년까지는 재개할 수 있으나, 그 후로는 "〔그것들을 위해〕 사용 가능한 땅이 없다"고 시 당국은 경고한다.[36] 요컨대, 시련은 계속된다는 말이다. "우리만 특별한 사례라고 볼 수 없는 것이, 프랑크푸르트, 유틀란트반도, 런던, 파리, 더블린 할 것 없이 많은 곳에서 같은 문제가 발생하고 있다"고, 네덜란드 출신 로비스트 스테인 흐로버가 시인한다.[37] 업계에서는 더구나 '암스테르담 효과'[38]까지도 예상하고 있다. 암스테르담처럼 다른 도시들도 포화 상태를 막기 위해 비슷한 결정을 내릴 수 있지 않을까 전전긍긍하는 것이다. 매력적인 세금 완화 제도 때문에 구미가 당긴 데이터 농장들이 밀려들고 있는 더블린이 혹시 과열을 애초에 차단하려는 두 번째 도시로 등극하지 않을까? 2020년, 틱톡 애플리케이션의 모기업인 중국의 바이트댄스는 더블린에 노래에 맞춰 몸을 흔들어대는 십 대들의 동영상이 저장되는 센터를 짓겠다고 발표했다.[39] 그런데 이 발표는 구글과 애플, 마이크로소프트, 페이스북 등 업계 거인들의 데이터 농장이 들어선 이후에 나온 것으로, 데이터센터 엔지니어링 관련 자문 기업의 올리비에 랍베는 "이제 더블린에서 데이터센터들은 시민들보다 훨씬 더 많은 에너지를 소비한다!"고 평했다.[40] 아일랜드의 전기 운송 사업자인 에어그리드 그룹에 따르면, 데이터센터들은 2028년이면 이 나라 전체 에너지의 29퍼센트를 소비하게 될 것으로 추정된다![41]

이 같은 증가세를 감당하기 위해 아일랜드 관계 당국은 야심 찬 녹색 전기 생산 프로그램을 공표했는데, 이에 따르면 2030년이 되면 재생에너지가 국가 에너지믹스의 70퍼센트에 이르게 된다. 그러나 현재로서는, 아일랜드 전기의 58퍼센트가 화석연료를 통해 생산되며, 그렇기에 두 대학교수 패트릭 브레스니한과 패트릭 브로디는 한 공개 토론장에서 "데이터센터들의 장담은 지속·발전과는 거리가 멀어도 너무 멀다"고 경고했다.[42]

자, 여기서 우리는 인터넷을 24시간 내내 깨어 있게 해주는 전기의 원천이라고 하는 대단히 민감한 주제에 접근한다. 우리가 사는 세상에서 전기를 생산하는 주요 원천은 다름 아니라 석탄이다. 이제 우리는 미국에서 가장 야생 상태로 남아 있는 지역 중 한 곳에서 이 석탄 의존이 불러온 결과에 대해 이해하게 될 것이다.

석탄 없이는 셀카도 없다

2021년 5월 무척 기온이 높던 어느 날 70번 주간州間도로(볼티모어시에서 미국 서부로 향하는 고속도로)로 접어들면서, 우리는 그토록 적대적이면서 웅장한 산악 왕국 속으로 들어가게 되리라고는 상상도 하지 못했다. 캐나다의 테르뇌브에서 앨라배마까지 장장 2000킬로미터에 걸쳐서 이어지는 애팔래치아산맥은 군데군데 나른함이 느껴지는 들판들과 중간중간에 끼워 넣은 듯한 계곡들, 붉은 빛깔 참나무와 아카시아, 목련과 포플러 나무, 소나무와 너도밤나무 숲들을 품고 있다. 빽빽하게 우거진 숲들이 양쪽에서 도로를 조여 오는 것만 같다. 이따금씩 밀집된 식물군이 어찌나 숨 막힐 정도로 심한 압박감을 주는지 우리는 타고 있는 지프차의 백미러를 통해서 우리가 지나간 다음 혹시 숲이 닫혀버리지는 않는지 자꾸 확인한다. 이곳에서는 1킬로미터를 지나고 다시 또 1킬로미터를 주행할 때마다 그것이 마치 주인인 자연이 우리 인간에게 허락해준 일시적인 호의같이 여겨진다.

700킬로미터를 달리자 우리는 버지니아주의 서쪽 끝 헐리라는 마을에 도착한다. 19세기 후반부터 광산업자들은 산맥의 사이사이에서 강철 생산과 전기 발전에 필요한 석탄을 캐냈다.[43] 오래도록 이곳에서 '검은 다이아몬드'라는 별명으로 불려온 석탄은 수직갱도니 광산폐기물 산이니 광부촌 같은 것을 몰고 다니면서 애팔래치아 남부 지역의 부를 형성했으며 풍부한 일자리를 제공해왔다. 20세기 중반, 이 지역에서는 1만 2000군데 광산에서 70만 명이 일했다. 그러다가 기계화와 에너지 원천 다양화로 말미암아 미국의 석탄 산업은 쇠락의 길로 접어들어 지금은 5만 2000명만 일할 정도로 쪼그라들었다.[44] 많은 광부들이 예전엔 찾아오는 사람들을 반갑게 맞아들이던 이곳을 떠난 것이다. 생산 활동을 하지 않는 사람들은 퇴직자들이거나 정부에서 주는 식량 전표로 생활하거나 마약 거래 등으로 돈을 번다. 아편 소비는 폭발적으로 증가하고 있다. 이곳에서는 심지어 휴대폰 네트워크조차 작동되지 않는다. 명백하게, 아메리칸드림은 애팔래치아 산협 지대를 외면해버렸다.

하지만 사양길에 접어든 미국 석탄 산업은 아직 끝나지 않았다. 애팔래치아 지역은 지금도 여전히 미국에서 한 해에 지하 채굴을 통해 생산되는 석탄 640톤의 4분의 1을 책임지고 있다.[45] 나머지는 노천광산에서 나온다. 마치 헐리의 2번 노천광산처럼. 이 광산은 말하자면 산의 능선에 난 거대한 구멍으로, 우리는 스티브 헌트의 트럭 앞자리에 앉아 그 구멍을 향해 돌진한다. "석탄은 이곳의 생산 활동을 유지시키는 유일한 물질"이라고 젊은 기계 기술자 스티브는 귀뜸해준다. 그는 광산의 아래쪽에 있는 집에 사는데, 우리에게 주변을 구경시켜주겠다며 막무가내였다. "이 자원이 아니었다면, 우리는 무얼 하며 살았을까요?" 그가 안내를 계속하며 설명을 이어간다. 광산 내부로 들어가는 건 금지되어 있으나, 우리를 태운 운전기사는 그런 것 따위는 전혀 개의치 않는 눈치다. 자갈투성이 도로가 끝나자 우리는 축구장 수십 개만큼이나 광대한 산의 요철 심한 사면에 발을 내딛는다. 웰모어 석탄공사의 작업 기계들이 줄지어 배치된 광산의 북쪽 경사면에서는 여전히 작업이 이루어지고 있다.

우리가 여기 오게 된 것은 전혀 우연이 아니다. 2008년까지 애슈번(지구상에서 데이터센터들이 가장 밀집한 곳들 가운데 하나)은 애팔래치아산맥의 수많은 광산들, 특히 노천광 2호에서 전기 생산을 위한 에너지를 캐낸 것이 거의 확실해 보인다. 실제로 버지니아주는 다른 무엇보다도 전기 필요량에 관한 한 미국 그룹 도미니언에너지에 의존하고 있다. 도미니언에너지사는 애슈번에 밀집해 있는 클라우드 기업들에게 없어서는 안 될 에너지 공급자로 명성을 떨치고 있다. 도미니언은 최근까지 알타비스타 발전소가 필요로 하는 석탄을 이곳 광산에서 조달했다. 헐리에서 동쪽으로 300킬로미터 떨어진 곳에 위치한 이 발전소는 미국 동부 해안으로 생산된 전기를 분배한다.[46]

'좋아요'는 어떻게 지구를 파괴하는가

여기서 중요한 한 가지 사실을 짚고 넘어가자. 환경단체 애팔래치 안보이스의 열성 활동가인 에린 새비지의 말에 따르면, 2호 노천광산에서 나는 석탄은 특히 '산꼭대기 채굴'이라고 하는 방식으로 캐는데, 이를 위해서는 구글 맵에 있는 광산의 위성사진 분석을 거친다.[47] 구체적으로 말하자면, 트윈스타마이닝(당시 광산을 개발했던 회사)은 폭탄[48]을 터뜨려 산을 평평하게 만든 다음 거기서 자원을 캐냈다. 이 때문에 "2호 노천광산은 30미터가 낮아졌다"고 스티브 헌트가 들쭉날쭉한 주변 풍경을 살피며 설명한다. '산꼭대기 채굴'의 결과는 비단 헐리에만 국한되지 않는다. "장담컨대, 도미니언 회사가 2008년부터 2014년까지 버지니아주에서 구입해 불쏘시개로 쓴 석탄의 상당 부분은 이런 방식으로 채굴되었다"고 에린 새비지는 주장한다.

이 방식은 수직갱도를 파는 방식보다 비용이 저렴하게 들기 때문에 1970년대부터 광산 기업들 사이에서 줄곧 인기가 있었다. 우리가 롤리카운티에서 만난 시민 감시 단체 코울리버마운틴워치의 활동가 주니어 워크의 계산에 따르면, 웨스트버지니아주 한 곳에서 해마다 사용되는 폭발물의 위력을 모두 더하면 히로시마에 투하된 원자폭탄 '리틀보이'가 가진 위력의 열세 배나 된다.[49] 산의 정상을 이동시키는 관행이 결과적으로 현재 미국 국내 전기 생산량의 3퍼센트를 보장해주는 것으로 추정되는데,[50] 지난 수십 년간 검은 다이아몬드 생산을 위해 애팔래치아산맥 수백 개 봉우리들의 꼭대기 부분이 댕강 잘려나갔다는 사실이 너무도 눈에 확 들어온다.[51] 노스캐롤라이나주 듀크대학의 연구진은 산꼭대기 채굴 방식이 몇몇 광산을 웨스트버지니아주에서 가장 활발한 광업 지역으로 만들어주는 데 기여했다고 설명한다. "채굴

작업이 개시되기 전에 비해서 [산이] 40퍼센트 더 평평해진 덕분"이라는 것이다.[52]

애팔래치아산맥의 노천광이 환경에 미치는 영향에 대해서는 여러 연구가 발표되었다.[53] 미국 환경보호국EPA: Environmental Protection Agency의 종합 평가에 따르면, 이 연구들은 광산 개발 지역 부근 생물다양성의 현저한 감소와 토지의 이동으로 말미암은 개천의 소멸, 남아 있는 인근 개천 물 속 셀레늄 함량의 지나친 증가 등을 지적한다.[54] "수질에 끼치는 영향은 적어도 30년은 지속될 것"이라고 듀크대학 연구진은 덧붙인다.[55] 석탄 산업이 야기하는 지형학적 사건들이 물의 흐름에 미치는 효과는 수천 년 동안 지속될 것이라는 전망이다.[56] 광산 기업들은 채굴이 끝난 탄광에 대해서는 의무적으로 정화 작업과 식수 작업을 해야 한다. 그러나, 에린 새비지는 "석탄 산업의 쇠락으로 적지 않은 수의 기업이 파산의 위험으로 내몰리게 될 것이며, 따라서 이들에게는 오래된 탄광들을 복구시킬 충분한 여력이 없을 가능성이 높고, 그럴 경우 폐탄광은 그대로 방치될 것"이라는 우려를 표명한다.[57] 한마디로 이곳, 지구상에서 가장 오랜 역사를 지닌 험준한 산악 지대에서 클라우드의 영향력은 앞으로도 상당히 오랜 기간 지속될 예정이다.

오늘날은 사정이 어떠한가? 도미니언은 여전히 '산꼭대기를 옮기는 방식'으로 석탄을 채굴할까? 그 점에 대해 확실하게 단언하기란 섭지 않다. 왜냐하면, 우선 전기 생산에 있어서 석탄이 차지하는 비율이 최근 몇 년 사이 눈에 띄게 감소했기 때문이다. 2005년에 50퍼센트까지 올라갔던 이 비율이 오늘날엔 12퍼센트까지 떨어진 상태이다.[58] 뿐만 아니라 "에너지 그룹들에게는 그들이 관리하는 발전소의 연료가 되는 석탄이 어디에서 왔는지 공개해야 할 의무가 없다. 이 주제와 관련한 정보는 그러므로 애매모호하다"고 에린 새비지는 안타까움을 토로한다. 그렇지만 탐사를 계속한 덕분에 우리는 어느 정도 상세하게 상황을 알게 된다. 헐리에서 북동쪽으로 여섯 시간을 달리자 마운트스톰 석탄발전소(이곳도 도미니언이 관리한다)의 자태가 웨스트버지니아주의 들판 위로 생뚱맞게 불쑥 솟아오른다. 검은 디아아몬드는 특히 이곳에서 차로 30여 분 거리에 있으며 메티키콜 그룹이 경영하는 처리 공장에서 온다. 우리는 환경 기구 어퍼포토맥리버키퍼에서 일하는 직원 브렌트 월스를 대동하고 발전소 방문을 시작한다.

보석처럼 소중한 숲속에서 우리의 두 눈은 석탄 세척을 위해 지어진 거대한 건물로 향한다. 이 건물과 연결된 가교 위로는 원자재들이 쉴 새 없이 이동한다. 공장으로 향하는 트럭들의 행렬을 10분 정도 거슬러 올라가자 우리 앞에 광대한 노천광이 펼쳐지는데, 우리에게는 그곳에 접근할 권한이 없다. 정제 과정에서 나오는 폐기물들은 벌써 수십 년 전부터 메티키 공장에서 3킬로미터 떨어진 하치장에 차곡차곡 쌓여간다. 우리는 그곳으로 다가간다. 브렌트 월스는 자기 차에서 카메라가 장착된 드론 한 대를 꺼낸다. 드론은 차츰 고도를 높인다. 드론이 하늘에서 내려다본 지형도는 충격적이다. 해발 200미터가량, 둘레가 수킬로미터에 이르는 산 덩어리를 얽히고설킨 도로망이 가로지르는데, 그 도로망 위를 작업용 장비들이 쉬지 않고 넘나든다.[59] 백본마운틴Backbone Mountain이라고 이름 붙은 이 거대한 폐기물 언덕은 오늘날 애팔래치아산맥의 중심부를 차지하고 있다.

"당시, 이 폐기물 산 자리는 골짜기였답니다!" 한 주민이 아는 체한다. 그는 2017년에 이곳에 집을 장만했다. 80대의 이 노인은 괜히 증언을 했다가 메티키와의 관계가 껄끄러워지는 게 염려되는지 그냥 '제임스'라고 불러달라고 부탁한다. 괜한 걱정이 아니라 노인과 회사 사이엔 소송이 한 건 걸려 있다. 한 달 전 그와 아내 웬디는 이웃 사람을 통해서 메티키가 언덕의 모자 부분에 해당되는 곳, 그러니까 두 사람의 집이 있는 곳을 납작하게 밀어버릴 계획을 세우고 있다는 것을 알았다. "나무를 모두 베어버린 다음, 약 30만 제곱미터 정도 되는 면적을 지하 50미터까지 파 내려갈 거라더군요." 제임스가 언덕 꼭대기를 바라보면서 설명한다. "이 과정에서 얻어진 자원은 메티키가 더는 그것을 필요로 하지 않을 때 백본마운틴을 깨끗하게 덮고 그 위에 나무를 심을 때 재활용한다고 하고요." 그 일은 언제 시작될 예정일까? 제임스는 거기에 대해서는 전혀 아는 바 없으나, 그래도 "앞으로 이 땅에서 농사도 지을 수 없고 야생적인 삶도 불가능할 겁니다. 사슴과 곰, 코요테와 들칠면조들은 모두 떠날 거고요"라며 목청을 높인다. "야생동물들이 떠난 자리는 걷잡을 수 없는 난장판이 될 테죠. 자, 이게 진실입니다!"

폐기물 하치장 또는 폐광을 복구하기 위해 산의 정상을 옮기는 일은 백본마운틴에서만 일어나는 일이 아니다. 헐리에서는 주민들이 우리에게 2호 노천광산의 일부를 손질하기 위해 비슷한 일이 일어나고 있다고 알려주었다. 마운트스톰 발전소가 메티키의 석탄을 이용해 생산한 전기는 도미니언의 다른 여러 설비들(가스, 태양광, 바이오매스 등)이 생산해낸 전기에 더해진다. 그런 다음, 애슈번카운티가 자리 잡고 있는 버지니아주를 포함하여 이십여 개 주에 산재해 있는 700만 고객들이 그 혜택을 보게 된다.[60] 그러니 우리의 디지털 생활 방식이 우리에게 주어진 가장 야생적인 풍경에 지워지지 않는 영향을 끼친다는 말은 정확해 보인다.

GAFAM은 도미니언에너지 앞에 무릎을 꿇게 될 것인가?

디지털 기업들은 어떻게 해야 이러한 생태발자국을 줄일 수 있을까? 이 질문에 대한 답은, 적어도 부분적으로는, 도미니언 그룹 자신에게 달려 있다. 2020년 거의 16억 달러에 이르는 순수입을 올린 도미니언은 막강한 기업일 뿐 아니라 지역 정치계에서 반드시 고려해야 하는 요소이기도 하다. 이들의 위세가 어찌나 당당한지, 버지니아주 정치 재정 투명성을 위해 노력하는 활동가 조시 스탠필드는 "그들은 민주당 국회의원이 되었든 공화당 의원이 되었든 간에 자기들이 국회의원을 통해 얻고자 하는 것을 반드시 얻어낸다"고 말한다.[61] 도미니언 그룹은 공식적으로는 에너지 전환을 실현시키기 위해 분투하는 것으로 보이나, 이면에서는 그것을 늦추기 위한 전투를 벌이고 있다. 도미니언은 그렇기 때문에 정치적 연합 세력을 결성하여, 가령 그들의 화력 발전소 폐쇄를 늦추는 것을 목적으로 하여 작성해놓은 법안들을 이들에게 슬쩍 건네주는 수법을 구사한다.[62] 물론 자기들의 연합 세력에 대해서는 한없이 너그러운 자세를 보여준다. 1997년부터 2018년까지 도미니언은 소속 정당과 상관없이 버지니아주 의원들을 상대로 1110만 달러를 뿌렸다.[63] 그리고 2020년에도 130만 달러를 추가로 더 지출했는데, 이는 2018년에 지출한 총액에 비해 3.5배 증가한 액수였다.[64] 덕분에 도미니언은 버지니아주 역사에서 가장 후한 기부자로 등극할 정도가 되었다.[65] 도미니언에 호의적인 의원들 가운데 공화당 소속 테리 킬고어 하원의원을 대표적으로 꼽을 수 있는데, 조시 스탠필드는 그가 특히 "도미니언의 가장 열렬한 옹호자들 중 한 사람으로 마지막 숨이 넘어갈 때까지도 석탄 산업을 지지할 것"이라며 한숨짓는다.[66] 2020년 테리 킬고어는, 결과적으로 실패로 끝나긴 했으나, 도미니언 그룹에 속하는 한 석탄발전소의 폐쇄를 연기하는 법안을 표결에 부치려고 시도했다.[67] 단순한 우연이었을까? 테리 킬고어는 1997년부터 도미니언 그룹으로부터 도합 23만 891달러의 기부금을 받아 왔다.[68] 그렇긴 해도, 최근 5년 동안 전기 생산에서 석탄이 차지하는 비율이 현저하게 감소한 것으로 미루어, 이 에너지 그룹의 로비는 기대만큼의 효과를 거두지 못했다고 보아야 할 것이다. 줄어든 석탄 비중을 보충하기 위해 도미니언 그룹은 점점 더 천연가스에 치중하고 있으며, 현재 천연가스는 이 그룹의 에너지믹스에서 40퍼센트를 차지한다. 사실, 이 화석연료는 석탄에 비해 이산화탄소 배출량이 두 배나 적다. 하지만 메탄을 발생시킨다는 약점도 안고 있다. 메탄가스는, 한 세기 정도의 기간을 두고 볼 때, 이산화탄소에 비해서 온난화 효과가 28배나 된다.[69] 결론적으로, "〔도미니언 그룹의 에너지 정책이〕 기후변화에 미치는 영향력은 한층 더 심화될 수 있다"고, 환경단체 시에라클럽에서 활동하는 미국의 한 변호사는 우려를 표한다.[70]

이 에너지 그룹의 태만이 도를 넘어서자 애플, 아마존웹서비스, 어도비, 마이크로소프트사 등은 2019년에 도미니언 그룹에 "에너지 공

'좋아요'는 어떻게 지구를 파괴하는가

급자들이 우리의 에너지 요구에 대한 해결책으로 거듭 비용이 많이 드는 화석연료 발전소 계획만을 제시하는 것에 대해 우려를 표명하지 않을 수 없다"는 내용을 담은 공동 서신을 보내기도 했다.[71] 세계 굴지의 기업들조차 도미니언 앞에서 무기력하다는 표시일까? 아니면 자신들의 책임을 남에게 떠넘기려는 비겁한 행태일까? 다양한 가설이 난무한다. 어쨌거나 이러한 상황으로 볼 때 (적어도 부분적으로나마) 그린피스가 어째서 2017년에 발표한 보고서에서 버지니아주 데이터센터에 그들의 데이터를 저장해두고 있는 몇몇 디지털 대기업들을 콕 집어서 언급했는지를 알 수 있다.[72] 아마존웹서비스가 필요로 하는 총전기량의 30퍼센트는 석탄에서 얻어진다. 넷플릭스의 경우도 다르지 않다. 전 세계 인터넷 트래픽의 15퍼센트가 오직 이 온라인 영상 플랫폼으로 인하여 발생한다는 사실을 고려한다면 한층 더 흥미진진한 수치가 아닐 수 없다! 더구나 어도비, 오라클, 링크드인 등도 각각 사용하는 에너지믹스의 23퍼센트, 36퍼센트, 23퍼센트를 석탄을 때서 얻은 전기로 충당한다니…. 트위터의 경우, 이 숫자는 21퍼센트 수준이라고 하니 다음에 트윗을 올릴 땐 잊지 말고 기억하시라!

최근 제정된 법[73]에서 못 박은 대로, 버지니아주의 전력 생산에 사용되는 에너지믹스가 2045년 또는 2050년까지 100퍼센트 재생 가능한 에너지로 바뀌는 동안, 디지털 경제계의 거물들은 그들이 발생시키는 이산화탄소를 '녹색 에너지 크레디트'로 상쇄할 수 있다. 1998년 미국에서, 그 뒤를 이어 2001년 유럽에서 각각 제정된 이 '녹색 에너지 크레디트' 시스템은 태양열 또는 풍력 등을 이용해서 만들어진 전자들이 일단 전기 네트워크 속에 진입하게 되면 화력발전 또는 원자력발전에서 만들어진 전자들과 구분이 불가능하다는 사실에서 출발한다. 한편, 녹색 전기 생산자는 특수한 중개자를 통해서 전기 소비를 지속 가능한 에너지 원천과 연결 짓고자 하는 기업에 (전기를 발생시킨 에너지 원천을 입증하는) 문서를 팔 수 있다. 기업이 이 문서들을 계속 사들여 크레디트를 쌓으면, 가령 넷플릭스 같은 기업도 탄소 중립에 도달했음을 인정받을 수 있는 가능성이 생긴다.[74] 실제로, 스트리밍 플랫폼은 명백하게 석탄을 사용한다. 그런데 이 문서에 적힌 숫자 놀음은 종이 위에서나마 생태발자국을 지워줄 수 있다. 말하자면 그린워싱의 극치를 보여주는 행태로, 데이터센터의 세계에서는 "지적, 도덕적 사기"라는 표현도 쓴다고 필리프 뤼스(그는 이 진흙탕 분야에 두 발을 담그고 있는 전문가 중 한 사람이다)가 알려준다.[75] 그렇지만 재생 가능한 에너지 크레디트는 녹색 제품을 구매함으로써 그 분야의 발전을 금전적으로 지원하는 것이 되니, 어디까지나 좋은 의도에서 출발한 건 사실이다. 하지만 그러려면 그 크레디트가 충분히 비쌌어야 했다! 미국에서 1크레디트는 메가와트당 0.7달러로 판매되는데, 이는 녹색 전기를 실현하기엔 터무니없이 낮은 가격이다. 게다가 이 문제에 관해서 권위를 인정받는 한 기구는 크레디트가 있든 없든 이는 지속 가능한 에너지의 발전과는 무관하다고 이미 선언한 바 있다.[76] 그러는 사이 '비싸지 않은 녹색 전기'는 넷플릭스를 비롯한 많은 기업들에게 에너지 전환을 미룰 수 있는 명분으로서의 역할을 충실히 이행하고 있다.

그렇긴 해도, 솔직히 서구 기업들이 지구상의 나머지 지역 기업들에 비해 비교적 선전하고 있다는 점만은 인정해야 한다. 왜냐하면 오늘날 지구에서 생산되는 전기의 35퍼센트가 석탄을 태워서 만들어지고 있기 때문이다. 어쨌거나 습관화된 화석연료 사용은, 지구에서 생산된 총전기량의 약 10퍼센트를 소비하는[77] 디지털 산업이 온실가스 배출량의 3.7퍼센트[78](이 숫자는 2025년이면 두 배로 늘어날 것으로 추정된다[79])를 차지하는 석연치 않은 상황을 설명해준다. 따라서 우리의 디지털 행위는, 심지어 가장 평범한 것일지라도, 탄소와 연계된 영향력을 갖게 된다는 사실을 모두 인식해야 한다. 이메일 한 통은 최소 0.5그램에서 용량이 큰 첨부파일을 동반하는 경우 20그램까지의 탄소를 발생시킨다. 이는 1시간 내내 켜둔 전구로 인하여 발생하는 탄소의 양과 맞먹는다.[80] 매일 이러한 메일 3190억 통이 전 세계로 발송된다.[81] 그런데 이메일의 탄소 영향력이란 데이터 흐름의 60퍼센트를 차지하는 온라인 동영상에 비하면 무시해도 좋을 정도다.[82] 한 데이터 사업자가 이 숫자들을 우리들 개개인의 척도로 환산해보았는데, 그러기 위해서 그는 한국의 가수 싸이가 불러 세계적으로 유명해진 〈강남스타일〉 클립을 대상으로 삼았다. 이 영상은 온라인에서 한 해에 17억 조회 수라는 어마어마한 기록을 썼는데, 이는 297기가와트시의 전력 소비에 해당되는 양으로, 이시레물리노, 캉페르 또는 트루아 같은 도시의 연간 전력 소비량에 버금간다![83]

이렇듯 비물질 뒤에 감춰진 추한 얼굴 때문에 디지털 업계 거물들의 명성엔 금이 가기 시작했다. 그러나 반격 준비도 감지된다. GAFAM은 유럽 북부 광활한 라플란드 지역의 들판에서 보다 더 친환경적인 인터넷을 향한 열쇠를 찾았다고 생각하는 듯하다.

6
북극에서의 전투

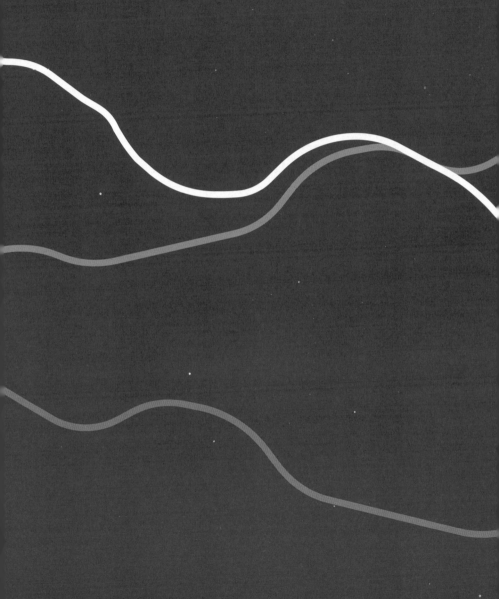

"바로 여기가 구름이 바닥과 맞닿는 곳이죠! 수십억 가지 연산이 당신 주변에서 이루어지고 있다고요. 그 생각만으로도 벌써 굉장한 기분이 들지 않습니까!" 이 말을 하는 프레드리크 칼리오니에미는 스웨덴의 데이터 기업 하이드로66의 영업 책임을 맡고 있는 인물로 유쾌함이 넘친다. 나무로 지은 넓은 가건물 내부에서 우리는 꼼꼼한 경비원의 시선을 통과한 다음 하프미러 유리로 된 감압실을 거쳐 500제곱미터 넓이의 데이터센터로 들어간다. 마침내 우리는 문자 그대로 구름 속으로 들어왔다. 제일 먼저 반응하는 감각은 청각이다. 기계들로부터 새어 나오는 귀를 찢을 듯한 새된 소리가 마치 십억 마리쯤 되는 일벌들이 분노하고 있는 듯한 느낌을 준다. 청사 다음으로는 시각이다. 줄을 지어 늘어선 금속 함(캐비닛 같은 가구)들 속에서 서버들이 녹색 불빛 아래 정렬해 있다. 기계가 후끈 열기를 발산하면 이내 차가운 바람이 이어진다. 외부 공기가 벽에 박아 넣은 대형 환풍기들을 통해서 창고 안으로 투입되는 것이다. 요란한 소리를 내는 목재 기계실 주변으로는 시

'좋아요'는 어떻게 지구를 파괴하는가

골 마을 전체가 수 미터는 족히 될 정도로 풍성하게 쌓인 눈 속에 엎드린 듯 납작하게 잠겨 있다. 우리는 스웨덴 라플란드 지역의 보덴에 와 있다.

보다 깨끗한 데이터를 위한 기술

우리가 2020년 겨울에 스칸디나비아의 북쪽 끝까지 순례를 감행한 데에는 다 그럴만한 이유가 있다. 인터넷이 열기를 뿜어내기 때문이다. 데이터센터를 구성하는 몇몇 부품들의 온도는 섭씨 60도까지 올라갈 수 있는데, 최적화된 작업 환경에서라면 데이터 농장은 상온 20도에서 27도 사이로 유지되어야 한다. 에너지 먹는 하마라고 해도 과언이 아닌 냉방 시스템은 "데이터센터가 소비하는 전체 전력의 절반까지도 끌어다 쓴다"고, 한 정보학 교수가 우리에게 설명해준다.[1] 어떻게 하면 전기를 덜 소비할 수 있을까? 그리고, 어떻게 하면 온실가스를 배출하지 않는 전기를 사용할 수 있을까? 고객들에게 존중받기를 원하는 디지털 업계 거물 기업들이라면 예외 없이 실존과 관계된 이 두 질문에 대한 답을 찾기 위해 고군분투한다. 기업 이미지가 달린 문제이기 때문이다. 대대적인 에너지 낭비니 기후 온난화니 하는 담론에 그들 기업의 이름이 오르락내리락하는 일은 없어야 한다. 그린피스 회원들의 활동이 전방위적으로 확대되어가면서, 2012년 시애틀에 자리 잡은 아마존 본사의 정면에 "당신들의 클라우드는 얼마나 깨끗한가요?"라는 문장이 새겨진 깃발이 나부꼈던 기억[2]은 이들 기업에게는 나쁜 추억으로 남아 있다. 같은 시민단체가 그로부터 2년 뒤에 애플과 구글, 아마존 같은 기업들을 상대로 그들이 사용하는 전기를 녹색으로 만들라는 구호를 담아 실리콘밸리 상공에 띄운 비행선도 마찬가지였다.[3] 그런가 하면 가끔 불거져 나오는 GAFAM에 대한 명예훼손 위험은 오히려 내부에서 비롯된다. 2019년 이후 줄곧 아마존 직원 수천 명은 그들의 고용주를 상대로 2030년까지 이산화탄소 배출량을 제로로 줄이라고 요구하며 시위(이들의 시위는 당연히 매스컴의 요란스러운 조명을 받는다)를 벌인다.[4] 이 문제는 금전적인 면에서도 매우 중요하다는 점을 기억해야 한다. "에너지는 데이터센터의 총비용에서 가장 큰 비중을 차지하는 항목"이라고, 네덜란드 그룹 인터시온의 한 책임자는 설명한다. "그리고 이는 우리 고객들에게 청구되는 비용의 30퍼센트라는 결과로 나타난다"는 것이다.[5]

재생에너지 100퍼센트로 옮겨감으로써 얻게 되는 실제적인 이득에 대해서는 철저하게 논의되어야 마땅할 테지만,[6] 어느 인터넷 관련 기업이 그런 걸 시시콜콜 따지겠는가? 가장 '친환경적'으로 보이기 위한 시간과의 싸움은 이미 시작되었다. GAFAM의 본사들은 이 새로운 이미지 전쟁을 가장 상징적으로 보여주는 무대이다. 캘리포니아주 쿠퍼티노의 애플파크는 9000그루의 나무가 심긴 인공림 속에 자리하고 있을 뿐 아니라 온통 태양광 패널로 뒤덮여 있어서 애플의 팀 쿡 대표는 이를 "지구에서 가장 친환경적인 건물"이라고 자화자찬했다.[7] 이 같은 순수의 감각을 완성하기 위해 일부 캘리포니아 기업들의 본사 잔디는 날씨가 건조할 때면 문자 그대로 녹색으로 칠해진다는 소문이 있을 정도다. 자신들이 벌이는 활동의 총합이 찍은 탄소발자국을 없애기 위해

'좋아요'는 어떻게 지구를 파괴하는가

서 디지털 기업들은 무엇보다도, 지난 10여 년 동안, 태양광발전, 풍력발전 기업들과 다수의 공급 계약을 체결했다. 애플과 아마존은 심지어 직접 중국, 미국, 일본 등지에서 재생에너지 발전소 건설에 참여한다.[8] 그들을 뒤따라 업계 전체가 재생에너지에 대한 편애를 표명하기도 한다. "에퀴닉스, 콤파스, 사이러스원, 밴티지 같은 대형 데이터 업체들은 모두 캘리포니아의 대형 디지털 업체들과 손잡고 일하는데, 이들 캘리포니아 업체들은 그들이 전기 생산에 사용되는 열원을 바꿀 것을 종용한다. 그러니 이들 데이터 업체로서는 고객의 요구에 적응하는 수밖에 다른 선택지가 없다"고 하이드로-퀘벡의 임원인 크리스티앙 데장은 말한다.[9] 이 같은 변동 때문에 주기적으로 온갖 종류의 그린워싱 행태가 출현한다. 2015년 파리 북부 생드니시의 한 데이터센터를 방문한 전문 기자가 들려준 일화가 그 좋은 사례라고 할 수 있다. "창고의 지붕 위엔 태양광 패널들이 설치되어 있었다. 내가 그 태양광 패널들이 만들어낸 전기는 어디에 사용되느냐고 묻자 센터 관계자가 대답했다. 센터의 기계들이 소비하는 전력량으로 미루어 볼 때, 이 태양광 전기는 그저 커피머신 작동시키는 데에나 쓰는 거죠".[10]

현란한 발표 내용이 주는 기대 효과와 탄소 크레디트 구매 사이에서 이 업계 주역들의 진정성을 정확하게 측정하기란 쉬운 일이 아니다. 그래도 한 가지는 확실하다. 실제로 변동 움직임이 있다고는 해도, 업계 측에서 우리에게 제시하는 대로 굉장한 정도는 아니라는 점이다 "구글은 최근에 100퍼센트 재생 가능 에너지로 생산한 전기를 쓴다고 발표했지만, 우리는 그것이 가능하지 않다는 사실을 잘 알고 있다"고 기자는 잘라 말한다.[11] "대체로 하고자 하는 의지가 없기도 하고, 쓸데

없는 허풍도 많은 데다 심지어 도처에 악의도 만연해 있다"고 데이터센터연구소의 필리프 뤼스도 시인한다. "'그린' 데이터센터라니, 그런 건 존재하지 않습니다."[12] 전망 있는 분야가 있다면, 그건 데이터 농장에서 발생하는 열을 가령 시립수영장, 사무실, 비닐하우스 등은 물론 가정에 재활용하는 것이다. 네덜란드 로비스트 스테인 흐로버는 "예를 들어 네덜란드 같은 경우, 잠정적으로 주택 100만 호 정도가 데이터센터의 여열로 난방이 가능할 것"이라고 장담한다.[13] 이러한 발의는 언론의 귀를 솔깃하게 하지만, 실제로 데이터센터의 공급을 멀지 않은 거리에 있는 수요와 엮어주기란 생각만큼 쉬운 일이 아니다. 그리고 이러한 대책을 확대시키는 건 엄밀한 의미에서 데이터 사업자들의 임무는 아니다.[14] "데이터센터가 건초 만들라고 있는 건 아니잖습니까. 본연의 임무에서 벗어나면 안 되죠." 여열을 쓸 수 있다고 믿다보면, 네덜란드 하를레메르메이르의 시의원 마리에터 세데이가 지적하듯이, 아주 곤란한 상황에 처할 위험도 따른다. "데이터 사업자가 어느 날 갑자기 인도로 데이터센터를 옮기기로 했다고 하면 무슨 일이 벌어지겠습니까? 당신 집을 따뜻하게 데워주던 난방 장치가 사라져 버리잖아요! 데이터센터가 [시를 위해] 열을 생산할 거라고 믿는다면, 그건 너무 순진한 거죠!"[15]

그리고 무엇보다도 이러한 발의가 있다고 해서 근본적인 문제까지 해결되는 건 아니다. 디지털 업계의 가공할 만한 전력 소비를 어떻게 통제할 것인지는 고스란히 문제로 남는다. 이런 까닭에, 문제를 근본부터 뿌리 뽑기 위해 '에너지 효율', '최적화', '효율 지수'[16] 같은 용어들이 최근 몇 년 사이에 꿀처럼 데이터 사업자들의 귀를 달콤하게 자

'좋아요'는 어떻게 지구를 파괴하는가

극했다. 덕분에 "에너지 효율성에 있어서 가장 많은 일을 하고 있는 분야 가운데 하나를 꼽으라면 단연 데이터센터"라는 말까지 들릴 정도다.[17] 지금보다 더 큰 초대형 규모의 설비(가령 수천 대의 서버를 한곳에 모아두는 규모)를 통한 데이터의 중앙 집중화만 해도 이미 데이터 저장을 최적화할 수 있다. 스위스와 네덜란드에서는 데이터센터를 액체 용액에 잠기게 함으로써 열을 식히는 방법을 구상하고 있다.[18] 이보다 더 과격한 방식도 있다. 마이크로소프트 그룹은 스코틀랜드 북쪽의 오크니 제도에서 차세대 데이터센터, 즉 해저 데이터센터를 실험 중인데,[19] 아마도 멀지 않은 장래에 바다 밑이 온통 데이터센터로 도배가 될지도 모를 일이다. 낙천적이라고 해야 할지, 그게 아니면 건방지다고 해야 할지, 아무튼 사업자들은 현재 통용되는 기술의 효율성에 머물러 있지 않으려는 비상함을 지니고 있다. 현재의 것보다 뛰어나게 효율적인 혁신 기술이 나와 언제라도 현재의 기술을 대체할 채비를 갖추고 있으리라고 믿으니 말이다. 머지않아 양자물리학의 쾌거로 데이터센터의 크기를 책 한 권 크기로 줄일 수 있을 것이라고 예견하고 있다는 것이 그 증거다. DNA 저장 기술로 말하자면, 승용차의 트렁크보다 그다지 크지 않은 공간 정도만 있으면 정보화된 모든 데이터의 부호화가 가능해질 것이라고 한다.[20] 이보다 더 낙관적인 미래를 그려본다면, 인간은 데이터센터 근처에 갈 필요도 없게 될 것이다. 완전히 자동화된 데이터 공장에서는 자율적인 로봇들이 서버들 사이를 누비고 다니면서 고장 난 부품까지 척척 교체할 것이니 말이다. 인간은 사라지고 기계들만 작업하게 될 경우, 작업장의 온도는 섭씨 35도까지 올라가도 될 테니 냉방기들의 활약이 줄어들 테고, 그러면 에너지 소비도 줄어들 것이다.[21] 누가 알겠는가? 우리는 어쩌면 데이터 농장을 우주로 쏘아버릴 수도 있을 것이다. 우주에서 진공으로 에워싸이게 된 설비의 수명은 지구에서보다 길어질 테니까 환경을 위해서도 좋은 일이 되리라고 상상해볼 수 있다. "따지고 보면, 통신 사업자들은 인공위성들과 더불어 한층 효율성이 커진 게 사실"이라고 정보산업 분야의 한 자문회사 대표가 평가한다.[22]

하지만 이러한 기술의 신격화도 몇 년 전 지구상에서 가장 유명한 기업들 가운데 하나인 페이스북에 닥친 유례없는 위기를 막진 못했다.

엄청 추운 데이터센터

일단 지구로 다시 돌아오자. 세계 최대 규모의 SNS인 페이스북은 협력 업체에 데이터 저장을 위임해오다가 2010년 들어 어쩐 일인지 면적 약 1만 3000제곱미터에 이르는 자기들만의 데이터센터를 오리건주 프라인빌에 짓겠다고 발표했다.[23] '데이터 농장'은 기술이 집약된 보석으로, 페이스북 그룹은 센터를 짓기도 전에 벌써 에너지 절약을 약속했다. 그러나 곧 전문 언론들이 문제의 데이터센터가 석탄발전소에서 생산된 전기를 공급받을 것이라고 알렸다.[24] 그러자 이내 그린피스를 주축으로 페이스북의 화석연료 사용을 반대하는 움직임이 시작되어 전세계로 퍼져나갔다. 그린피스는 마크 저커버그가 내세운 페이스북의 에너지 정책을 비난하는 보고서를 연달아 발간했으며, 온라인에서는 여러 개의 그룹을 형성한 네티즌들이 번갈아가며 그린피스의 요구 사

'좋아요'는 어떻게 지구를 파괴하는가

항들을 퍼 날랐다. 이제 우리는 세계에서 가장 힘센 기업 중 하나가 자신의 명성이 무너질 위험에 맞닥뜨리고 있는 모습을 충분히 그려볼 수 있다. "비록 겉으로 대놓고 말은 하지 않았지만, 페이스북의 임원진은 당시 유령이라도 들린 듯 그린피스에 사로잡혀 지냈다"고 한 업계 관계자는 회상한다.[25] 그러므로 기업 위세에 걸맞을 정도로 임팩트 있는 발표를 통해서 발 빠르게 대처해야 할 터였다.

2009년부터 스웨덴의 한 전문가 협회(후에 노드폴Node Pole이라는 이름으로 알려지게 된 단체)는 '하이테크' 업계의 거물들에게 그들의 데이터센터를 스웨덴에 설치하라고 부추겼다. 맛스 엥만이 이끄는 사업가 사절단은 이미 실리콘밸리로 가서 디지털 업계 대표들을 만나고 온 터였다. 페이스북도 이 사절단의 협상 대상이었다. 페이스북은 쑥쑥 성장하는 중이라 항상 더 많은 데이터를 저장해야 할 필요에 직면해 있는데다, 특히 유럽과 아프리카, 중동 지역 회원들의 데이터를 저장할 곳이 필요할 테니까. 즉, 새로운 데이터센터를 유럽 대륙에 마련해야 하는 상황이었다. 그렇게 해야만 8억 명의 페이스북 가입자들이 플랫폼에 접속하는 데 걸리는 시간(반응 시간)을 최대한 짧게 줄여줄 수 있기 때문이었다. 엥만은 스웨덴이 데이터센터를 신설하기에 적합한 곳이 될 수 있다고 보았다. 스웨덴왕국은 정치적으로 매우 안정되어 있으며, 이 나라가 가장 최근에 치른 전쟁은 1814년에 벌어진 이웃 나라 노르웨이와의 분쟁까지 거슬러 올라간다. 또, 화산활동 같은 것도 거의 존재하지 않는다. 엥만은 특히 국토의 북쪽 끝에 위치한 룰레오시의 잠재성을 믿었다. 전기 인프라도 믿을 만하며, 이 전기는 스웨덴에서 가장 긴 하천들 가운데 하나인 룰레강(룰레엘벤)의 수력발전을 통해 생산되므로 가격도 경쟁력 있을 뿐 아니라 '친환경적'이라는 평판이 자자하다. 그리고 무엇보다도, 기온이 연중 상당 기간 끔찍하게 낮아서 수은주가 무려 영하 41도까지 내려간다는 장점을 가지고 있다. 이러니 데이터센터의 온도는 자연적으로 낮아질 테고 전력 소비는 줄어들 것이며, 데이터센터의 에너지 관련 비용 또한 저절로 낮아질 수 있다. 요컨대 맛스 엥만은 강추위를 제안하는 것이었다.[26] 무료로 제공되는 강추위. 스웨덴의 최북단에서, 비즈니스 '날씨'는 문자 그대로 GAFAM에 적합하다는 것이다.

맛스 엥만이 전개하는 논리를 경청하던 페이스북 대표들은 "우리는 그곳을 사랑합니다!"라고 기쁨에 겨워 외쳤을 법하다. 페이스북은 2010년 9월에 스웨덴 정부와 접촉한다. 페이스북은 인프라 확장만을 노리는 것이 아니라 하나의 스토리, 즉 기후를 '구하기' 위해 지구에서 가장 혹독한 지역에 '100퍼센트 그린' 데이터센터를 설립한다는 미친 도전에 나선 책임감 있는 기업이라는 이미지를 팔고 싶어 했다. 스웨덴의 40여 지역이 데이터센터 유치에 나섰고, 페이스북은 그 가운데 우선 22곳을 추린 다음, 8곳, 2곳으로 후보지를 줄여나갔다. 때문에 맛스 엥만은 당시 변호사와 건축가들이 마크 저커버그에게 직접 보고하는 페이스북 고위급 인사 3인방, 즉 토머스 펄롱, 제이 패리크, 다린 다스카롤리스를 대동하고서 무리 지어 국토의 이곳저곳을 휘젓고 다니던 광경을 목격했다. 협상이 이어졌는데, 어찌나 은밀하게 이루어지는지 관련 협상엔 '프로젝트 골드'라는 암호명까지 붙을 정도였다. 페이스북 측의 요구 조건은 도저히 믿어지지 않을 정도였고, 그들의 구상은 상상을 초월했다. 모든 것이 약간 미쳐서 돌아가는 것 같았다. 하지만 페이스북 그룹이 라플란드 지역 한가운데 둥지를 튼다는 전망은 너무도 매력적이었으므로 "우리는 그들을 맞이하기 위해 무슨 이야기든 들어줄 태세가 되어 있었다"고 맛스 엥만은 회상한다.[27] 보조금과 세금 면제 역시 환영의 선물 보따리 속에 들어 있었으며, 스웨덴 국왕이 친히 페이스북을 환영하기 위한 리셉션을 열어줄 것이라는 소문도 돌았다.

소문은 스웨덴왕국 안에서 점차 부풀어 오르기 시작했다. "중요한 뭔가가 준비되고 있다는 감은 잡았지만, 정확하게 그게 뭔지는 몰랐다"고 이 업계에서 활동하는 한 지역 기업의 간부 니클라스 외스테르베리는 기억을 되살린다.[28] 2011년 10월, 드디어 소식이 알려졌다. 페이스북 측이 고양이 동영상들과 휴가 사진들의 역사적인 이동을 위해서 북극권에서 100킬로미터쯤 떨어진 룰레오를 선택했다고 발표한 것이다. 발표와 거의 동시에 도시 북부의 산업 지역에서 공사가 시작되었다. 2년 동안 120개 기업들이 소리 소문 없이 조용히 거의 3만 제곱미터에 이르는 면적의 건물을 짓기 위해 동원되었다. 미국에서 온 수백 개의 협력 업체들이 룰레오를 둘러쌌다. 작업용 중장비들의 행렬은 충분히 흥미로웠다. 전체 공사비가 거의 5억 유로에 이르는 공사는 이렇다 할 어려움 없이 진행되었다.[29] 2013년 3월, 대역사가 거의 막바지에 이르렀을 때, 주민 2500명은 꽁꽁 얼어붙은 룰레오 호수 주변으로 모여들어 환영의 표시로 거대한 '엄지 척'(페이스북의 '좋아요' 형상을 본뜬 형태) 모양을 만들었다.[30] 그리고 2013년 6월 12일, 데이터센터는 마침내 가동되기 시작했다. 맛스 엥만은 그날을 또렷하게 기억한다. 그날 스웨덴과 외국 사이의 인터넷 트래픽은 1분이 채 되기도 전에 두 배로 뛰어올랐다.

그 이후, 유럽인들이 페이스북 계정을 통해서 생산한 데이터들은 (왓츠앱과 인스타그램을 필두로) 북극권 인접 지역에 집중적으로 저장된다. 이루 헤아릴 수 없을 정도로 많은 '친구들'도 물론 잊지 않고 저장된다.[31] 존, 레베카 엔리코 그리고 무엇보다도 페이스북 계정을 갖고 있는 당신과 나, 우리 모두는 유럽 대륙에서 약 2000킬로미터 떨어진 곳에 둥지를 틀고 있는 셈이다. 멀고도 가깝다. 30밀리세컨드(눈꺼풀 한 번 깜박이는 시간의 3분의 1)면 페이스북 네트워크 전체에 접속할 수 있으니 말이다. 자, 이제 친구들을 만나보자.

비물질성의 미학

2020년 겨울, 몹시 춥고 눈발이 희끗희끗 날리는 날 스톡홀름역에서 룰레오행 기차 560번에 올라타기로 마음먹으면서 우리는 시간을 팽창시키기로 결정했던 셈이다. 몇 시간째 차창 밖으로는 라플란드 지역의 풍경이 이어진다. 우리 오른쪽엔 보트니아만의 동글동글한 해안선, 왼쪽엔 망가지지 않은 광활한 들판과 두꺼운 얼음장 밑에 갇힌 강물, 소나무 숲, 온통 협상이 가능하시 않은 물리적 법칙뿐이다. 지관에 반하는 것이겠지만, 소셜네트워크가 질책과 독설들로 활활 타오를수록, 그 네트워크가 둥지를 틀기로 작정한 스웨덴의 풍경은 평온하기만 할 뿐, 전혀 감정을 드러내지 않는다. 북쪽으로 500킬로미터쯤 달려 크람포르스시를 지나자 구름이 잔뜩 낀 하늘에 균열이 생기면서 그 틈 사이

'좋아요'는 어떻게 지구를 파괴하는가

로 수줍게 한 줄기 빛이 비집고 나온다. 복선이었던 철로는 이제 단선으로 바뀐다. 기차는 수지류 목재를 견인하는 기관차가 콧바람 소리를 내며 숨을 돌릴 수 있도록 간간이 멈춰 선다. 우리를 태운 열차는 점점 비어간다. 태양도 뉘엿뉘엿 내려앉기 시작한다. 곧 부드러움을 머금은 노르스름한 빛이 마지막으로 내려와 조용한 시골 정취를 품어줄 것이다. "당신들은 뭣 하러 여기까지 왔죠?" 한 승객이 묻는다. 우리가 이곳에 오게 된 연유를 최대한 합리적으로 설명하는 동안 그 승객의 두 눈은 왕구슬처럼 점점 더 커진다. 누가 보아도 우리 여행의 목적이 쉽게 이해되지 않는 게 확실하다. 우리는 이제 처음 출발한 역에서 북쪽으로 900킬로미터를 달렸다. 마지막 빛줄기가 룰레오의 하늘을 수놓았을 때, 기차는 완전히 멈춰 섰다.

"페이스북에 가입한 수십억 명이 올린 사진들이 그들의 전화기가 아닌 이곳, 그러니까 내가 태어난 이 도시, 이 사무실에서 300미터 떨어진 섭씨 영하 30도의 추위 속에 저장된다는 사실을 주위 사람들에게 어떻게 설명해야 할까요?" 제아무리 정보화 기술 산업계의 베테랑이어도 소용없다. 니클라스 외스테르베리는 SNS의 데이터센터 얘기만 나오면 매혹과 당혹감이 동시에 어리는 애매한 표정을 지으며 난감해한다. "난 여전히 나를 둘러싼 세계의 복잡성을 제대로 파악할 수 없어서 곤혹스럽습니다." 그가 진지하게, 그러면서도 유머를 잃지 않는 투로 실토한다.[32] 정보 창고를 방문한 사람들은 "무지무지 크고 인상적이라고 데이터센터를 묘사하죠. 그건 마치 당신이 매일 사용하는 노트북의 키보드 아래로 들어가 기계의 내부에서 산책을 하는 기분 같은 거죠." 칼 안데르손 연구원도 비슷하게 말한다.[33] 데이터센터의 방문을 허락받는 건 사실 매우 드문 일이다. 요청해봐야 거절당할 것이라고 지레짐작한 우리는 솔직히 기업 홍보실에 요청조차 하지 않았음을 고백한다.

살을 에는 추위를 무릅쓰고 두툼히 쌓인 눈 위로 발걸음을 떼어 놓으며 그저 주변이나 어슬렁거려본다. 엄청나게 큰 연두색 창고가 하나 눈에 들어온다. 높이는 30미터쯤 되고 길이는 축구장 세 개를 쭉 이어 붙인 것만 한 이 창고는 묵묵히 우리 앞에 서 있다. 세계에서 가장 인기 좋은 기업들 가운데 하나가 그 안에 둥지를 틀고 있음을 알려주는 표식이라고는 잘 보이지도 않는 세 개의 깃발뿐이었다. 유명한 기업 로고로 장식되어 건물 가까이에 세워진 세 개의 깃발. 감시카메라들, 접근을 막는 바리케이드, 순찰하는 경비원이 이곳의 전체적인 분위기를 알려준다. 30대로 보이는 통통한 아기 얼굴의 경비원은 우리의 신분증과 방문 목적을 묻는다. "사진 찍어도 됩니까?" 우리가 묻자 그가 "내가 무슨 권리로 그걸 금지하겠습니까?"라고 되묻는다. 잔뜩 실망한 표정이다. 우리가 대략 15분 정도 건물을 관찰하는 동안 다른 경비원들끼리 무전기로 대화하는 소리가 경비실 창문을 통해 들려온다. 기동력을 갖춘 순찰 팀이 곧 들이닥칠 듯 압박감이 심해진다. 이제 그만 이곳을 떠나는 편이 나을 듯하다.

데이터센터는 계획대로 잘 운영되고 있을까? 페이스북은 이토록 엄혹한 환경 속에서 원하는 인재들을 끌어모으는 데 성공했을까? 또, 페이스북이 그 이후에 같은 산업 지구에 두 개 더 지은 데이터 농장에 대해서는 어떻게 생각해야 할까? 룰레오의 한 바에서 마주친 몇몇 미국인(틀림없이 페이스북의 직원들)은 정말이지 함께 이야기를 나누고 싶

'좋아요'는 어떻게 지구를 파괴하는가

어 하지 않았다. "페이스북 측의 이 같은 비밀주의 문화를 이해할 수 없다"며 칼 안데르손은 놀라움을 감추지 않는다. "이 사람들은 정말로 병적"이라는 것이다.[34] 웹에서는 도처에서 자신을 드러내면서 오프라인, 즉 현실 세계에서는 어디에서도 보이지 않으니 하는 소리다. 개성 없는 건물들과 최소한에 그치는 소통, 피나클스웨덴 AB라는 지사를 병풍 삼아 그 뒤에서 일하면서 마크 저커버그의 페이스북은 어쩌면 사람들에게 잊히기, 그래서 '룰레오의 주민들이 더는 페이스북에 관심을 갖지 않도록 만들기'라는 원래의 목적에 도달했을 수도 있다고 니클라스 외스테르베리는 조심스레 추리한다.[35] 아스타 폰데라우는 물리적 실체를 의도적으로 보이지 않게 하려는 전략들의 저의를 분석하면서, 아무리 보아도 페이스북이 "모든 마찰과 이의 제기를 최소화하려는 목적"에서 그렇게 한 것 같다고 추정했다. "마찰과 이의 제기는 데이터와 이익의 원만한 흐름을 휘저어 놓을 수 있기" 때문이다.[36]

이처럼 '마찰 없는 이익 추구'라는 마케팅 전략은 새로운 건 아니다. 이 전략은 미국 출신 학자 제프리 윈터스가 1996년에 이미 '구역제 자본주의capitalisme zonal'라고 명명한 것에서 그 뿌리를 찾을 수 있다. 이 용어는 대개의 경우 구획된 특별 경제 구역 안에서 사업에 우호적인 분위기를 형성하기 위한 노력이 집중적으로 이루어지는 상황을 가리킨다.[37] 가령 석유 기업들의 경우가 그 좋은 예라고 할 수 있다. 이 업체들은 보통 아프리카의 적지 않은 국가들의 정치적·경제적 삶과 깊숙하게 얽혀 있으며, 이들의 기업 활동은, 적도 기니의 경우에서 보듯이, 지워진다. 석유를 채굴하고 정제하는 과정이 지질학적 요인 때문에 국가의 영토 내부가 아닌 외부, 대륙에서 멀리 떨어진 해외 플랫폼에서 이루어지기 때문이다. 따라서, 횡재 효과라 할 수 있는 것이 발생한다. 생산 리듬에 제동을 걸 수 있는 반대 움직임이 극도로 제한되기 때문이다.[38] 이와 동일한 목적을 달성하기 위해 GAFAM은 설비를 분리하고 싶어 한다. 이를테면, 전 세계에 열대여섯 개의 데이터센터를 두고 있는 것으로 알려진 구글은, 건설 계획이 이미 승인되었을 때에도 자신의 이름을 인프라에 연계시키지 않으려는 방편으로 병풍 회사를 세워 그 뒤에 숨는 방식을 자주 사용한다.[39] 미국의 검색엔진 업체들은 자신들이 둥지를 틀기로 한 시 측에 매우 엄격한 기밀 유지 조건을 내건다. 그래야만 데이터 사업 기업들의 물이며 전기 소비량 등이 공개되는 일을 방지할 수 있기 때문이다.[40] 애플이 노스캐롤라이나주 메이든에 세운 무려 4만 6000제곱미터짜리 초대형 데이터센터의 경우도 마찬가지다. 2009년 데이터센터의 가동 발표가 임박했을 때에야 비로소 구글어스 애플리케이션으로 그 데이터센터의 이미지를 볼 수 있었다![41] 아마존의 경우를 보자면, 위키리크스로 유출된 하나의 파일 덕분에 우리는 이 기업이 조용히 곳곳에서 바데이터 주식회사Vadata Inc. 또는 반달레이인더스트리Vandalay Industries 같은 두루뭉술한 이름으로 데이터센터를 열고 있음을 알게 되었다.[42]

향후 몇십 년 동안 이와 같은 디지털 산업의 참을 수 없는 경박함은 노동조합들(본래 노동조합의 출현은 역사적으로 볼 때 손으로 만질 수 있는 생산 장소, 즉 공장에 노동력이 집중되는 현상과 밀접한 관련이 있다)을 실존적 도전에 직면하게 할 것이다. '존재하지 않는 것'으로 여겨지는 공장에 어떻게 파업 피켓을 꽂을 것인가? 온라인으로 옮겨간 노동 공간으로 사람들이 접근하는 것을 막으려면 어떤 수단을 동원해야 할 것인가? 사회적 이의 제기 세력은 디지털 귀족주의의 도구들을 자신들에게 유리하도록 유용함으로써 한층 더 사이버 공간을 포위하게 될 것이다. 이것은 미국의 통 후이 후 교수의 예측으로, 그는 "전자 관련 문제는 전자로 대응해야 한다"는 입장이다.[43] 미래의 노동운동은 그러므로 '전자 자본주의e-capitalisme' 사이트들을 집중 공격하여 사람들의 접근을 막거나 민감한 정보들을 빼돌리는 예술가들과 '해커활동가들'이 이끌게 될 것이다. 새로운 형태의 항거가 부상할 때까지 "인터넷 업계의 거물 기업들은 이러한 비물질의 미학을 유지하고 싶어 한다"고 아스타폰데라우는 분석하는데, 그 기업들로서는 그것이 "그들이 만든 인프라가 환경과 천연자원에 미치는 영향을 최소화하는 방식이기" 때문이라는 것이다.[44]

불화의 댐

그리고 무엇보다도 룰레강에 끼치는 영향을 생각하지 않을 수 없다. 아니 강이라기보다, 몇몇 지역 데이터 사업자들이 명명했듯이, '흐르는 액체 금' 460킬로미터에 대한 영향력이라고 해야 하려나. 이 강에 세워진 열대여섯 개의 수력발전용 댐에서 생산되는 값싸고 풍부한 탄소 중립적 전기는 이 지역에 자리 잡은 수십 개의 데이터센터(이 중에는 페이스북의 데이터센터도 물론 포함되는데, 이 센터 하나가 스웨덴에서 생산되는 전기의 1~2퍼센트를 소비할 것으로 추정된다)에 공급된다. 룰레오에서 부올레림 촌락으로 이어지는 130킬로미터 정도의 거리를 빼곡하게 채우고 있는 울창한 소나무 숲은 구불구불 돌아가는 도로 위에 짙은 그늘을 드리운다. 도로와 만났다가 헤어졌다가 다시 만나기를 반복하면서 두꺼운 얼음 층에 갇힌 강물은 이따금 눈사태라도 난 듯 두꺼운 얼음 결정들을 쏟아놓는 하늘과 하나가 되어 혼돈스러운 광경을 연출한다. 롤란드 보만은 주차장에서 우리를 기다린다. 60대의 이 사내를 설득해서 만남을 허락받기란 쉬운 일이 아니었다. 그는 내성적이고 말수가 아주 적었다. 서쪽으로 몇 킬로미터쯤 달려 에펠탑 2층보다도 높은 높이인 80미터짜리 벽에 그의 서글픈 눈길이 닿았을 때에만 예외였다. 우리 앞에 모습을 드러낸 높은 벽은 렛시댐으로, 1960년대에 이 지역에 전기를 공급하기 위해 건설되었다. 상류 쪽에서는 계곡이 6킬로미터에 걸쳐 수몰되었고, 하류 쪽에서는 강의 한 지류인 릴라 룰레엘벤(작은 룰레강이라는 뜻)의 운명이 하루아침에 달라졌다.

부올레림의 한 식당에서 양손으로 뜨거운 찻잔을 움켜쥔 채 롤란드 보만은 우리에게 댐이 건설되기 전 강의 지류의 모습을 담은 해묵은 사진들을 보여주었다. 소나무 숲과 자작나무 숲을 적시는 기세 당당한 길이 15킬로미터의 릴라 룰레엘벤. 이 하천은 무엇보다도 스웨덴에서 연어 번식지로 제일 유명한 곳이었다. "낙원이었죠!" 당시 강에서 엎드리면 코 닿을 곳에 살았던 그가 기억을 되살린다. 릴라 룰레엘벤은 부올레림에 살던 3000명 주민의 생활의 터전이었다. 아이들의 삶도 다르지 않았다. "조금만 틈이 나도 나와 내 친구들은 자전거를 타고 강으로 냅다 달렸습니다. 헤엄도 치고 바위에 누워 햇볕도 쬐고 물고기도 잡았죠. 어떤 의미에서 강엔 영혼이 있었다고 봐요." 하지만 스웨덴의 경제 발전에 발맞추기 위해 관계 당국은 곧 전 국토에 걸쳐서 많

'좋아요'는 어떻게 지구를 파괴하는가

은 수력발전 시설 건설 계획을 발표한다. 룰레강의 잠재 역량은, 때가 되면 전기의 10퍼센트가 이 강에서 생산될 것으로 추정했음으로 미루어 볼 때, 막대하다고밖에 달리 표현할 수 없다. 결국 렛시댐을 포함하여 여러 개의 댐 건설이 확정되었다.[45]

3년 동안 인부 수백 명과 많은 트럭들이 콘크리트와 돌로 된 거대한 벽을 세우기 위해 분주하게 움직였고, 1967년 어느 여름날, 드디어 바텐팔 AB가 관리하는 수력발전소가 가동 준비를 마쳤다. 이 역사적인 사건을 롤란드 보만은 무척 또렷하게 기억한다. "그때 난 열두 살이었는데, 언제나처럼 친구들과 물고기를 잡으려고 강에 갔습니다." 그런데 뭔가가 달랐다. 상류 쪽으로 수심이 갑자기 수십 미터나 높아져 있었으며, 물의 일부는 길이 7킬로미터에 이르는 터널을 통해서 한 방향으로 유도되어 다시금 강의 본류와 합류하도록 되어 있었다. 그리고 하류 쪽으로 가자, 릴라 룰레엘벤이 말라 있었다. 롤란드 보만은 연어 한 쌍이 마지막 담수 물결을 거스르는 광경을 볼 사이도 없었다. 돌멩이들과 수초들이 이미 거품을 일으키고 있는 데다 골짜기엔 죽음 같은 침묵만 흘렀다. "강이 떠나버린 겁니다." 그는 목이 메는지 그 한마디만 툭 던지고는 입을 닫았다. 15킬로미터에 이르는 물이 없어진 릴라 룰레엘벤은 서유럽에서 인간의 손에 의해 말라버린 가장 긴 강으로 기록되고 있다.

"나이든 분들은 사람들이 그들의 강을 없애버렸다는 사실을 처음엔 잘 이해하지 못했습니다." 보만이 다시 입을 연다. "민원이니 시위 같은 건 전혀 없었습니다. 릴라 룰레엘벤이 영원히 사라져버렸다는 걸 깨닫고 인정해야 했습니다." 지워지지 않는 슬픔과 언제까지고 계속될 애도만 남았다. 물에 대한 애도. "우리는 이 엄청난 일을 마음에 새기기 위해 침묵했습니다. 너무 고통스러웠죠. 강은 우리에게 금기가 되어버렸습니다. 그렇게 20년을 보냈죠." 우리가 그의 말을 중간에 끊는다. "20년 동안의 침묵이라고요?" "글쎄 그렇다니까요. 20년 동안의 침묵." 1980년대가 되어서야 사람들은 입을 열기 시작했다. 그들은 댐을 가리켜 "환경 대학살"[46]이라는 표현도 서슴지 않았다. 어느 누구도 수력발전소의 영향에 대한 연구를 진행한 적이 없어도, 감탄을 자아내던 생물다양성을 희생시키면서 지어진 설비인 것이 틀림없다는 말이다. 자식들을 위해 롤란드 보만은 마치 너무 일찍 세상을 떠난 사랑하는 이를 떠올리듯 사라진 강의 추억을 소환한다. 5년 전부터 그는 강연을 하고 언론계와 국회 측 인사들의 방문을 받아들이고 있다. 과거 사진을 올릴 수 있는 공간도 (페이스북에) 마련되었다.[47]

물론 SNS는 렛시댐 건설에 아무런 책임도 없으며, 몇몇 사람들은 자연이 이미 오래전에 이 광물성 부목에 적응했다고 이야기하기도 한다. 그런데 이제 페이스북의 존재가 에너지 관련 설비의 영속성을 보장하는 데 한몫하게 되었다. 사실 페이스북으로서는 이 댐이 이중의 이득을 안겨주는 효자다. 우선 에너지 수요를 충족시켜주며, 다음으로는 책임감 있는 기업이라는 이미지까지 챙기게 해주기 때문이다. "수력발전을 위한 댐들은 다른 어떤 녹색 전기보다 환경 면에서 심각한 영향을 끼친다"는 한 스웨덴 환경운동가의 지적이 무색해지는 대목이 아닐 수 없다.[48] 롤란드 보만은 이 캘리포니아 기업에 대해 양가적인 감정을 가지고 있음을 숨기지 않는다. 이 무뚝뚝한 60대 남성은 한편으로는 "난 페이스북을 아주 좋아하는데, 그걸 통해서 내 감정들을 표현할 수 있기 때문!"이라면서, 다른 한편으로는 "그들의 데이터센터가 필요로 하는 전기가 어디에서 오는지 페이스북이 잘 알지 못할 거라고 생각하면 분통한 마음이 치솟는 것도 어쩔 수 없습니다"라고 고백한다. "여기, 부올레림은 룰레오와는 멀리 떨어져 있으니까요. 여기서 에너지라고 하면 곧 강을 말합니다! 그런데 우리는 죽은 강에 대해 이야기하고 있잖습니까."

북극권의 라스베가스

페이스북의 정착은 경제적인 순풍을 불러일으켜 불과 몇 년 만에 스칸디나비아반도는 아마존웹서비스, 구글, 에틱스에브리웨어, 마이크로소프트 같은 기업들의 약속의 땅으로 변신했다.[49] 미국과 노르웨이의 합작회사 콜로스는 심지어 2017년 노르웨이 최북단에 위치한 도시 발랑겐에 지구상에서 가장 큰 데이터센터를 짓겠다는 한층 더 대담한 계획을 발표했다.[50] 우리는 이제 룰레오를 뒤로하고 출발한다. 새로운 '설국열차Transperceneige'[51]는 희미하고 창백한 빛의 비가 내리는 광활한 들판들을 가로질러 극지방을 향해 달린다. 우리는 북극권을 통과한다. 광산 도시 키루나를 지나 노르웨이 땅으로 들어선 열차는 옆구리 쪽에 산을 끼고 구불구불 달리더니 막 나타난 피오르해안을 굽어본다. 깊이를 알 수 없고 묵직해 보이는 물결이 해안선에 와서 부딪친다.

아, 세상은 참 아름답다.

"콜로스라고요? 여기서는 그곳에 대해 들어보지 못했다는 사람은 한 명도 없을 겁니다. 그 회사 때문에 정말이지 굉장한 소동이 있었으니까요!" 우리가 발랑겐의 이웃 도시 나르비크에 짐을 푸는 순간 한 노르웨이 여성이 들려준 말이다. 그럴 만도 한 것이, 데이터센터의 주춧돌도 놓기 전에 벌써 이 데이터 기업은 거의 1000만 달러에 육박하는 값으로 캐나다 회사 하이브블록체인테크놀로지스에 팔렸기 때문이다. 콜로스를 사들인 하이브블록체인테크놀로지스는 데이터센터 건립 부지를 미래의 암호화폐 '채굴' 부지로 변경한다.[52] 신종 산업으로 현재 도약을 거듭하고 있는 암호화폐 채굴은 엄청나게 에너지를 잡아먹는 것으로 알려져 있다. 암호화폐 중 가장 유명한 비트코인 한 종류만 보더라도 전 세계 전기량의 0.5퍼센트를 사용하는데[53] 이는 덴마크 전체의 수요량과 맞먹는다. 결국 중요한 것은 "신속하게 돈 버는 일"이기에 이러한 사항은 고려되지 않는다고 지역에서 활동하는 한 기자는 명쾌하게 분석한다.[54] 이 사업에 대해서는 다른 측면에서 비판이 쏟아졌는데, 순전히 투기라고 간주되기 때문이다. 그러는 동안 관계 당국은 암호화폐 사업자들에게 주어지던 일부 혜택을 폐지해버린다. 그 이후로 하이브블록체인테크놀로지스 측에서는 더 이상 아무런 소통도 하지 않는다. 그저 캐나다 순록들만 떼 지어 비싼 값을 주고 산 설비 부지를 어슬렁거린다. 암호화폐 채굴 계획 따위가 정말로 실현되리라고 믿는 사람은 없다. 그런데 이 일로 패자들만 양산된 건 아니다. 콜로스의 소유주는 "간단한 콘셉트 하나로 큰돈을 법니다! 그 무렵 선 세계가 발랑겐으로 시선을 돌렸으나, 실제로 거기엔 아무것도 없었죠. 있는 거라고는 간단한 아이디어 하나뿐이었으니까." 전직 발랑겐 시청 공무원 크누트 에이나르 한센이 미망에서 깨어난 듯한 표정으로 담담

'좋아요'는 어떻게 지구를 파괴하는가

하게 회상한다. 기업가들의 잘못만도 아닌 것이, 당시 모두가 달콤한 노랫소리에 취한 상태였으니 말이다. "일종의 돈 놓고 돈 먹기였습니다. 북극권에 라스베가스가 들어선 형국이었죠! 데이터 카지노!" 크누트 에이나르 한센이 허심탄회하게 털어놓는다. "우리는 모두 그런 계획에 눈이 멀었던 거죠."

발랑겐은 아마도 지구상에서 유일하게 존재하지 않았던 것이 연기처럼 사라져버린 장소로 기억될 것이다. 허허벌판에서 연기가 솟아오른 곳. "이곳에서 벌어진 일은 데이터 사업자들이 북극권에 데이터센터를 세우려고 했을 때 맞닥뜨리게 되는 어려운 점을 상징적으로 보여준다"고 크누트 에이나르 한센은 분석한다. 한편으로, 북극을 통해서 아시아와 유럽을 연결해주는 엄청나게 빠른 광케이블이 북유럽 국가들을 '천연적인' 데이터 저장 지역으로 만들어주는가 하면(9장과 10장을 보라),[55] 다른 한편으로는 점점 더 많은 국가가 절대적으로 필요로 하는, 새로운 디지털 주권이 클라우드의 지형을 뒤흔들 수 있다. 다수의 수도급 도시들이 실제로 정보화의 물결을 보다 효율적으로 제어하고자 한다. 그런 까닭에 오늘날 힘의 새로운 패러다임은 자신의 지위를 광활한 바깥 세계로 확장시키기보다는 집안에서 그 지위를 단단하게 다지는 쪽을 선호한다! 2015년 이후 러시아는 자국민들의 개인정보를 자국 국토 내에 축적해놓을 것을 강제하고 있다.[56] 유럽의 데이터 인프라 프로젝트 가이아-X 또한 주권을 가진 클라우드를 구대륙, 즉 유럽 대륙 내에 뿌리내리도록 하는 것을 골자로 삼는다. 미국의 플랫폼들이 제안하는 서비스의 도움을 받지 않겠다는 뜻이다.

아프리카도 같은 시도를 하는데, 아프리카 대륙은 "전 세계 인구의

17퍼센트가 모여 사는데 전 세계에서 생산된 데이터의 1퍼센트만이 이곳에서 만들어진다"고 캡인젤렉의 한 전문가는 지적한다.[57] 허브들은 대륙 전역에 포진되어 있는데, 요하네스버그, 다카르, 아크라 또는 카사블랑카 등이 여기에 해당된다. 우리는 2020년 겨울에 카사블랑카를 방문했다. "유럽과 사하라사막 이남 아프리카에 한 발씩 걸치고 있는 모로코의 전략적 위치는 유럽 기업들에게 그곳에 아프리카 고객들의 데이터를 저장함으로써 접속 시간을 최소 몇 밀리세컨드는 줄일 수 있게 한다"고, 역시 캡인젤렉에서 일하는 한 동료 직원은 주장한다.[58] 여기서 다시 속도의 중요성이 대두된다. 실제로 데이터센터가 극지방으로 피신함으로써 데이터들이 운송되는 데 걸리는 시간이 늘어나게 되는데, 많은 전문가들은 인터넷 생태계가 이를 받아들이기 힘들 거라고 생각한다. 그러므로 미래에는 초대형 인프라와 더불어 사용자들에게 최대한 가까이 있는edge 소형 데이터센터 네트워크가 늘어날 것이라고 예상해볼 수 있다. 일종의 '정보의 단거리 회로'가 데이터의 이동(이동의 경우는 저장보다 더 많은 에너지가 필요하다)에 따른 에너지 소비를 줄이는 것을 장점으로 내세울 수 있을 것이다.[59]

네티즌들이 1초만 더 인내심을 발휘할 수 있다면 케이블과 데이터 농장, 전력을 생산하는 발전소와 디지털 허브 등의 지형이 어떻게 바뀔지 상상해보라! 분명 우리의 조바심, 인내심 결핍이 빚어내는 지형이 있다. 그런데 우리는 디지털 산업이 언제나(심지어 부조리할 정도로) 성능과 즉각성만을 추구한다고 비판한다. 스웨덴의 보덴시에서 나란히 도열한 하이드로66의 서버들 사이를 거닐면서 프레드리크 칼리오니에미는 데이터를 스웨덴 라플란드 지역으로 옮김으로써 페이스북의

'좋아요'는 어떻게 지구를 파괴하는가

'좋아요'가 발생시키는 오염이 15000분의 1로 줄어들 것으로 추정한다. 놀라운 숫자임에 틀림없으나, 이 숫자는 꾸준히 늘어만 가는 데이터 생산량으로 금세 상쇄될 것이다. "서버들은 예전에 비해서 훨씬 성능이 뛰어나지만 데이터의 증가량은 그보다 더 가파른 상승 곡선을 보인다"면서 퀘벡의 대형 전기회사의 한 간부는 걱정한다.[60] 그렇게 되면 데이터센터의 연간 전기 소비가 오히려 15퍼센트 증가한다는 것이다.[61] 이와는 반대로 이 두 추세가 균형을 이루게 될 것이라고 보는 사람들도 있다. "[데이터 저장의] 중앙 집중화 패러다임은 효율적이다. 우리는 이전에 비해서 네트워크를 효율적으로 관리하고 있으며, 아마 미래에도 이러한 방향으로 계속 밀고 나갈 것"이라고 디지털 인프라의 한 전문가는 내다본다.[62]

우리로 하여금 디지털 다이어트에 돌입하게 하는 해결책

조금 더 구체적인 실천으로는, 모든 이가 너나 할 것 없이 데이터의 생산을 줄이고, 따라서 저장량도 줄이자는 방향의 제안들이 무수히 많이 쏟아지고 있으며, 그중에는 벌써 실행에 옮겨진 것들도 더러 있다. 가장 충격적인 방법 가운데 하나로, 2020년에 에스토니아 출신 안넬리 오흐브릴의 주도하에 소수의 활동가들이 발의한 월드 디지털 클린업 데이World Digital Cleanup Day[63]를 꼽을 수 있다. 제1회 월드 디지털 클린업 데이 행사는 2020년 4월에 개최되었으며, 86개 나라의 네티즌 수십만 명의 호응을 이끌어냈다. 이들이 제안하는 내용은 간단하다. 행사에 참가하는 사람들은 누구나 하루 동안 그들이 사용하는 다양한 저장 공간(메일함, 구글 드라이브, 드롭박스 …)을 청소하여 자신들의 생태발자국을 줄이는 것이다. "필요 없는 메일들이며 오래된 사진, 휴대폰에 저장된 동영상 등, 뭐가 되든 상관없다"고, 우리가 2020년 여름에 탈린에서 만났을 때 안넬리 오흐브릴은 열거했다. 안넬리 오흐브릴이 제일 중요하게 생각하는 타깃은 데이터 저장 플랫폼 아이클라우드iCloud로, 이는 애플이 판매하는 디지털 기기(아이폰, 아이패드, 맥북 등)와 연계되어 있다. "에스토니아에서는 사람들이 아이클라우드를 마치 휴지통처럼 사용하면서 거기에 저장해둔 내용물은 까마득히 잊어버리곤 하죠. 월드 디지털 클린업 데이에 호응한 많은 참가자들조차도 이 서비스가 얼마만큼의 에너지를 소비하는지에 대해서는 아무런 의식이 없었어요."[64] 안넬리가 안타까움을 내비치며 설명한다. 이러한 행사로 인해 얻어지는 생태적 이득을 정확하게 계산하기는 어려운 만큼, 안넬리 오흐브릴은 행사의 효율성이 다른 방식으로 평가되어야 한다고 생각한다. "제일 중요한 건 얼마만큼의 기가바이트를 절약했느냐가 아니라 이러한 행사를 통해서 사고방식이 바뀌는 것"이라고 이 열성적인 에스토니아의 활동가는 강조한다.[65]

보다 평범하게 우리 모두는 얼핏 보기에 지극히 사소해 보이는 일상 속 몇 가지 행동들을, 앉은 의사에서 일어날 필요도 없이 따라할 수 있으며, 게다가 엄청난 효과까지 기대할 수 있다. 예를 들어, 와이파이를 통해서 동영상을 감상한다면 4G를 통해서 볼 때보다 23배나 에너지를 절약할 수 있고,[66] 집을 나서면서 셋톱박스(참고로 셋톱박스는 대형 냉장고만큼이나 전기를 잡아먹는다)를 끄는 것도 에너지 절약의 한 방편이다. 구글을 통하지 않고 웹사이트에 접속해도 전기를 아낄 수 있다. 검색엔진을 통한 검색을 한 번 할 때마다 전구를 1~2분 동안 켜놓을 때만큼의 전력이 소비된다. 영화 한 편을 고화질이 아닌 저화질로 보면 에너지 소비가 4~10배 줄어든다. 더구나 7000만 명의 네티즌이 화질을 낮추어서 동영상을 감상한다면 매달 대기 중으로 배출되는 이산화탄소를 350만 톤 줄일 수 있는데, 이는 미국 석탄 생산량의 6퍼센트에 해당된다.[67] 우리가 사생활을 존중하는 서비스 쪽으로 옮겨 탄다면 역시 데이터 '원천징수'를 제한할 수 있으며, 따라서 에너지 먹는 하마인 데이터 저장도 제한할 수 있다. 그러려면, 가령 메시지 애플리케이션 시그널Signal[68]과 올비드Olvid[69]를 이용하고, 이메일 계정은 프로톤메일ProtonMail[70]에 만들며, 비용이 몇 유로 정도 들거나 기부금을 약간 내야 하는 번거로움이 있긴 하나 전자 파운데이션E-Foundation[71]의 클라우드 서비스를 이용하라. 검색을 위해서라면 덕덕고DuckDuckGo[72]를 이용하는 것도 좋은 방법이 아닐까? 미국에서 만들어진 이 검색엔진은 사용자들이 실행한 검색 내역을 저장하지 않기 때문이다. 이러한 조언은 끝도 없이 이어질 수 있으며, 그만큼 우리 각자가 아주 구체적이고 간단한 방식으로 보다 깨끗하고 간소한 인터넷을 위해 얼마나 슬기롭게 행동할 수 있는지를 보여준다.

하지만 이러한 소소한 행동들을 실천에 옮긴다고 해서 그보다 훨씬 시스템적이고 깊이 있는 질문들까지 저절로 해결되는 건 아니다.

• 우선, 인터넷이 언제까지고 무료를 지향하는 것은 바람직한가?
인터넷 네트워크가 애초부터 개방성과 보편성이라는 이상향 위에 세워졌다는 사실을 고려한다면, 이 질문은 부조리하게 들릴 수도 있다. 이 신성한 원칙은 문제 삼지 않더라도, 우리는 실제로 소비한 데이터의 용량에 비례하는 요금제를 강제하는 방식에 대해 생각해 볼 수 있을 것이다.[73] 대다수 이용자들에게 최소한의 접근을 보장해주면서 가장 많은 소비를 하는 이용자들에게는 차등적으로 비싼 요금을 물게 해야 할 것이다. 이러한 요금 정책은 우리 각자가 알아서 데이터 소비를 절제하는 데 도움이 될 것이다.

• 이러한 문제 제기는 자동적으로 또 다른 문제를 제기하는데, 바로 웹의 중립이라는 문제이다. 모든 디지털 활용이 똑같은 가치를 갖는 것은 아니며, 일부는 우선적으로 간주되어야 마땅하다(틱톡 애플리케이션 접속보다는 대형 종합병원 접속을 위해 통과대역을 예비해두는 식). 하지만 이러한 논리는 모든 콘텐츠의 발신자 또는 수신자에게, 그들이 누구이든 그들의 신분이 어떻든 간에 웹 접근이 평등하게 보장되어야 한다는 근본 원칙에 부딪히게 된다. 뿐만 아니라, 이러한 논리의 저변에는 인터넷이 장래에 유한한, 아니 희귀한 자원이 될 것이며, 따라서 지금부터 할당량을 정해 그 접근권을 배급해야 한다는 생각이 전제로 깔려 있다.[74] 이 문제에 대한 토론은 분명 흥미진진하나, 뒤에서 곧 보게 될 테지만 인터넷 분야 엔지니어들이 인터넷 네트워크가 예고된 데이터의 쓰나미를 견딜 수 있도록 최대의 기량을 발휘할 태세를 게을리하지 않는 한, 똑 부러지게 결론이 나려면 멀었다.

'좋아요'는 어떻게 지구를 파괴하는가

• 조금 더 과격한 입장 쪽을 조명해본다면, 일부 사람들은 아예 대놓고 인터넷의 전부 또는 일부 없이 지낼 것을 권장한다. 실제로, 19세기 영국에서 직조기를 사용한 생산에 돌입한 기업들에 맞서서 기계 파괴 운동에 나섰던 수공업 장인들을 본떠서, 비록 아직 극소수만이 호응하는 단계에 지나지 않지만, '탈정보화' 시민운동이 부상하기 시작했다. 이 21세기의 러다이트 운동가들은 우리에게 언제나 보다 더 많이 연결되는 미래를 파는 디지털 신탁神託들을 외면하고, 그보다는 그런 것들로부터 해방된 좀 더 살만한 미래를 좋아하라고 명령한다.[75] 최소한 '슬로우 웹slow web' 운동은 우리에게 인터넷의 유량과 속도를 줄여 네트워크를 감소시키자고 부추긴다.

우리의 디지털 다이어트는 또한 데이터센터의 순환경제를 통해서도 이루어질 수 있을 것이다. 그것이 역사의 방향이기도 하다. 수명이 다해가는 서버 속에 들어 있는 데이터들은 사실 너무 민감하기 때문에, 비용이 얼마가 들든지 간에 무슨 수를 써서라도 그것들을 저장하고 있는 매체는 파기해야 한다. 네덜란드 출신의 한 재활용 사업가는 심지어 몇몇 대형 은행들과 국가 행정기관들이 설비를 창고까지 운송하기 위해 무장 경비원을 고용하며, 일단 창고에 도착하면 그곳에서 문제의 설비들을 파쇄한다는 이야기를 들려준다.[76] 일부 기업들은 고객들의 데이터를 확실하게 없애버렸음을 입증하기 위해 서버 파쇄 과정을 촬영하기도 한다! "데이터센터의 순환경제는 절대적으로 필요할 텐데 현재로는 충분하지 않은 상태"라고 필리프 뤼스는 한결 절제된 투로 말한다. "언젠가 간소함이라고 불리는 끔찍한 세계 속으로 진입해야 할 순간이 올 겁니다."[77]

이는 기업가들이 데이터 축적에 답변하기 위해 제시한 우선순위의 전복을 전제로 한다. 이들이 제시한 우선순위를 순서대로 보자면 먼저 '녹색' 전기의 원천으로 옮겨가고, 그것이 이루어지면 저장 기술을 향상시키고, 그런 다음에 우리의 데이터 소비를 줄이는 것이다. 하지만 이와 반대로 먼저 우리의 디지털 비만의 뿌리를 공격하고, 그다음에 저장과 전기 네트워크를 최적화해야 한다. 그렇게 하지 않으면 기업가들은 언제까지고, 완전히 정신분열증적인 증세를 드러내 보이면서 데이터의 폭발과 환경에 대한 책임, 대폭 강화된 연산 능력과 강물에서 끌어 올린 탈탄소 전기 같은 이율배반적인 말들을 한 문장 안에 늘어놓는 말이 안 되는 말을 계속할 것이다.

솔직히 우리는 괜한 환상을 갖진 않는다. 아마 극소수의 사람들만이 그럴 마음이 있을 테니 말이다. 다른 것도 아니고 우리의 디지털 습관을 확 뜯어고치자니…. 우리는 사실 현기증 나는 사물인터넷 세상을 끌어안을 준비가 되어 있다. 눈을 대신해줄 인터넷, 귀를 대신해줄 인터넷 … 몸을 대신해줄 인터넷. 어디 그뿐이겠는가, '모든 것이 되어줄 인터넷'이어야 할 테지. 극지방으로 옮겨가서 긁어모은 에너지 이자 정도는 대번에 날려버릴, 전적으로 인터넷과 연결된 미래.

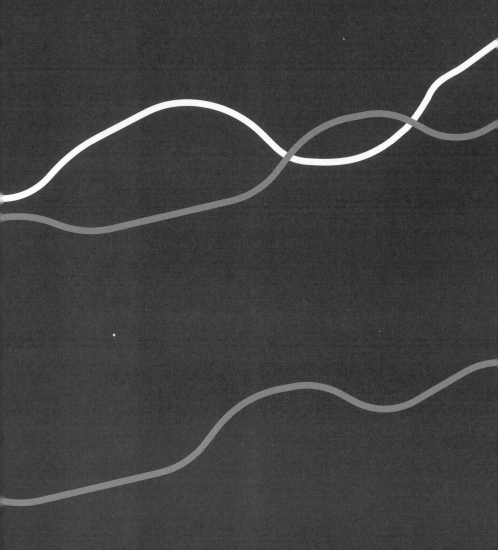

7
디지털 세계의 팽창

2017년, 인터넷을 통한 서비스를 제공하는 최초의 기업들 가운데 하나인 아메리카온라인AOL의 창시자 스티브 케이스는 굉장히 커다란 반향을 일으켜 마땅한 책『미래 변화의 물결을 타라』[1]를 출간했다. 첫 번째 물결이 밀려드는 동안 인터넷 기업들(AOL, IBM, 마이크로소프트 같은 기업들)은 컴퓨터들이 서로 접속할 수 있도록 인프라를 구축했다고 저자는 설명한다. 두 번째 물결이 밀려왔을 땐, 구글과 같은 검색엔진이나 페이스북처럼 인터넷 사용자들을 서로 연결해주는 사회관계망 서비스를 창안한 기업들이 상승세를 탔다. 스티브 케이스는 이제 세 번째 물결을 예고하는데, 그땐 센서 장착이 가능한 모든 것(사물과 생물을 두루 포함하는 그야말로 모든 것)이 인터넷에 접속하게 된다고 한다. 그렇게 되면 우리는 이제 '모든 것의 인터넷the Internet of Everything'에 대해 이야기하게 될 것이다.[2] 같은 시기에 또 다른 기술 예언자로서 미국에서 발행되는 잡지《와이어드Wired》의 창시자인 케빈 켈리는 "미래를 재단하게 될 열두 가지 기술력"을 다룬 그의 저서에서 비슷한 예언을 제시

'좋아요'는 어떻게 지구를 파괴하는가

한다.[3] 그에 따르면, 미래엔 모든 표면이 화면이 되고, 맞춤형 전자 서비스가 우리의 아주 사소한 욕망까지도 미리 내다보게 될 것이며, 소비자와 시민에 대해서는 전체주의적인 감시가 이루어지게 될 것이다. 그리고 그때쯤이면 우리는 "모든 인간과 기계를 총체적인 모태(홀로스Holos라고 명명한 초기관superorganisme) 속에서" 접속시키고 난 뒤일 것이다. 2025년에 인간은 홀로스의 '위에' 또는 '안에' 있는 것이 아니라 홀로스 그 자체가 될 것이라고 그는 덧붙인다.

이렇듯 총체적인 인터넷 접속은 "벌써 시작되었다"고 케빈 켈리는 경고한다.[4] 이른바 '사물인터넷'으로, 이 용어는 1999년 매사추세츠 공과대학MIT 연구진이 사물이 RFID[5] 칩의 첨가를 통해서 정보를 감지하고 이를 전송하는 역량을 가리키기 위해 처음으로 사용했다. 휴대폰, 태블릿 PC, 손목시계, 조명 시스템, 냉방기기 등 사물인터넷의 발달은 도약을 거듭한 나머지 오늘날 지구상에는 인터넷에 연결된 사물이 약 200억 개 존재하는 것으로 추정된다. 모든 것의 인터넷은 이러한 논리를 마무리 지을 뿐 아니라 한 단계 더 밀고 나간다. 인터넷에 연결된 안경의 경우를 예로 들어보자. 이러한 안경은 "우리 몸에 너무도 가까이 밀착되어 있기 때문에 우리에게는 그것이 우리 몸의 일부처럼 보인다. 이 안경은 전적으로 존재와 정보를 일치시킨다는 점에서 정보화 사회가 빚어낸 궁극의 성취물"이라고 한 작가는 지적한다.[6] 몇몇 의학 애플리케이션의 사례를 보면, 그 애플리케이션들은 이미 우리 존재의 가장 깊숙한 곳에서 내보내는 정보들을 분석하고 있다. "내 딸은 당뇨 환자입니다. 그 아이의 혈당이 너무 낮아지면 내 휴대폰이 경고 신호를 보냅니다." 프레드리크 칼리오니에미가 설명한다. "그러니까 나는 매초 그 아이의 신체와 관련된 정보를 받아보는 거죠. 이런 게 바로 모든 것의 인터넷의 시작이죠."[7] 내일이면 숲과 동물의 모든 종에 칩이 부착되고, 덕분에 우리는 이들을 효율적으로 감시하고 보호할 수 있게 될 것이다. 인간은 자신의 생각을 읽을 수 있는 헬멧을 쓰게 될 것이고, 스마트 렌즈가 어둠 속에서도 우리를 인도해줄 것이다. 그 때문에 벌써 "몸의 인터넷"[8]에 대한 이야기가 오가는 것일 테고. 장담컨대, 우리 후손들은 2030년 인류 전체가 정보의 고속도로에 연결된 500억, 아니 1000억, 심지어 5000억 개의 사물과 공존하게 되면 우리를 오스트랄로피테쿠스의 대체물 정도로 간주할 확률이 매우 높다.[9] 하지만 이처럼 식물, 동물, 디지털의 상호 연결이 일반화되는 현상은 극강의 성능을 보장하는 네트워크가 경악할 정도로 많은 양의 데이터를 운송해줄 수 있어야만 도래할 것이다.

그러한 네트워크가 점차 확산되고 있으니, 바로 5G이다.

해방된 기계를 위한 고주파수

2021년 봄, 모나코시 위로 눈부신 빛이 비처럼 쏟아진다. 덕분에 퐁비에유 항구에 정박 중인 요트의 몸체들이며, 바다를 향해 들어선 호화 아파트들의 통창, 몬테카를로 길거리를 점령한 대소형 자동차들의 보닛이 반짝거린다. 모나코 공국은 늘 비좁은 영토(2제곱킬로미터)에 비해 과하다 싶을 정도로 빛난다. 왜냐하면 부자들을 끌어당기는 조세 천국이기 때문이다. 최근 들어서 모나코는 국토 전체에 4G를 대체할 새로운 세대의 휴대폰 네트워크인 5G가 쫙 깔린 몇 안 되는 최초의 국가에 등극했기 때문에 더더욱 그러하다. 2019년 7월 9일은 모나코 공국 역사에 길이 남을 날로 기억될 것이다. 3000만 유로의 비용과 2년이라는 시간이 투자된 네트워크 공사가 끝나면서 40여 개의 5G 안테나가 가동에 들어갔다. 모나코 텔레콤의 대주주인 그자비에 니엘, 기술을 제공한 화웨이 그룹의 런정페이 회장은 5성급 호텔에서 열린 기념행사에 참석했다. 화웨이 그룹의 홍보를 위해 시진핑 중국 주석은 그보다 몇 주 전에 모나코를 국빈 방문했다.

5G가 모나코에서 우선적인 과업이 된 건 그것이 그 이전 이동통신 기술보다 10배나 많은 데이터를 10배나 짧은 시간 동안에 실어 나를 수 있기 때문이다. 구체적으로 말하자면, 2시간짜리 영화 한 편을 다운로드하는 데 10초면 충분하다. 4G로 이제나저제나 하며 7분이나 인내심을 발휘해야 했던 것과는 대조적이다.[10] 하지만 그다지 급할 것도 없는 이메일을 보내거나 휴가 때 찍은 사진을 보는 정도로 평범한 작업을 할 땐 그처럼 빠른 속도가 무슨 소용이 있겠는가? "오늘날 오직 가입자의 5퍼센트만이 5G 정액 요금을 채택하고 있는데", 왜냐하면 그것이 정말로 유용하진 않기 때문이라고 모나코 텔레콤의 대표이사 마르탱 페로네는 인정한다.[11] 그러나 이는 어디까지나 시간문제일 수 있다. 5G 인프라가 대대적으로 깔린 한국의 경우, 1300만 명이 이미 이를 채택하고 있는데,[12] 이는 전화 가입자의 거의 20퍼센트에 해당하는 숫자다. 사실 더 빠른 속도를 제공하는 것만으로도 소비자의 호기심을 자극하고, 그것이 구매로 이어지는 조건반사 행태를 야기하기엔 충분하다.[13] 게다가 이 기술은 분명 사용 방식의 혁명을 가져올 것이다. 주

파수 대역에 욕심을 보이는 새로운 디지털 소비 방식이 5G와 더불어 출현할 수 있을 것이다. 가령 가상현실 놀이나 동영상을 직접 페리스코프° 또는 유튜브 라이브 같은 플랫폼에서 송출하는 식으로 말이다. 최근의 역사가 이런 방향을 옹호한다. "3G가 처음 나왔을 때, 사람들은 '축구 시합을 길이 3센티미터짜리 화면으로 본다니, 그런 일은 절대 없을 것!'이라고 장담했는데, 그 장담은 보기 좋게 틀렸음을 우리 모두 잘 알고 있다"고, 환경을위해행동하기Agir pour l'environnement 소속 활동가는 상기시킨다.[14]

이 차세대 휴대폰 네트워크 덕분에 제일 구체적인 이득을 보는 쪽은 특히 모나코 기업가들일 것이다. 마르탱 페로네에 따르면, 5G는 광섬유 케이블에 비해 설치가 쉬운 데다 접속하는 데 걸리는 시간을 줄여준다는 이점 때문에 드론, 선박, 병원, 자동차처럼 굉장히 다양한 사물들과 원거리 조종 가능한 인프라의 활용도를 높여주게 될 것이다. 초고속 디지털은 '스마트 공국'이라는 애칭까지 얻은 모나코의 경제 활성화에 당당히 한몫할 것이다. 더구나 프랑스 행정부 측에서는 "[5G에 대해] 에너지, 건강, 미디어, 운송, 제조업 등 다양한 분야에서 활용 가능성이 열릴 것"으로 내다본다.[15] 한층 더 볼륨이 늘어난 데이터의 효율적인 관리는, 전 지구적 차원에서 도로 통행량, 에너지 분배 네트워크의 최적화는 물론 4차 산업혁명의 시작점인 미래의 공장, 즉 초접속ultra-connectées 공장에서의 로봇의 자율성 향상에 대한 기대도 갖게 한다. 제대로만 활용된다면 이 기술은 미래에 우리 모두가 기뻐할 만큼

○ 미국에서 개발한 생방송 스트리밍 애플리케이션으로 2015년 트위터가 인수했다.

'좋아요'는 어떻게 지구를 파괴하는가

놀라운 사회적·인간적 진보를 주도할 수 있을 것이다. 그러나 이들이 말하는 미래는 도대체 언제를 말하는 걸까? 보다 단기적인 안목에서, 몇몇 사업가들은 사실 회의적인 입장을 고수한다. "2019년 말, 오랑주 그룹의 기술 인력들이 나를 찾아와 어떤 애플리케이션이 5G의 발전을 필요로 하겠느냐고 물었다"고, 루뱅대학의 한 연구자가 말한다. 어찌해야 할지 몰라 당혹해하는 것처럼 보이던 그들은 같은 말을 반복했다. "우리는 오늘날 어디에 시장이 형성되어 있는지 도무지 알 수 없다"면서 "그저 완전히 오리무중"이라고 거듭 되뇌더라는 것이었다.[16]

지정학은 분명 왜 수레가 황소 앞에 놓였는지 설명해준다. 중국은 실제로 5G의 전개를 국가적 최우선 과제로 간주한 최초의 국가들 가운데 하나였다.[17] 화웨이의 설비 덕분에 베이징 정부는 이 분야에서는 중요한 기술적 우위를 확보했고, 그 결과 광대한 국토에 수십만 개의 안테나를 설치함으로써 미국과 유럽을 일찌감치 따돌렸다. 대서양의 양쪽에서는 중국의 그러한 쾌거로 말미암아 서구 지배에 조종이 울리게 될까 봐 잔뜩 긴장했다. 뿐만 아니라 2020년 말, 디지털 전선에서 독일이 후미로 뒤처지는 상황이 벌어질까 봐 드러내놓고 우려를 표명한 앙겔라 메르켈 총리는 속도를 내야 한다고 재촉했다. 그렇지 않으면 "우리는 꼴찌가 될 것"이라고 총리는 경고했다.[18] 그로부터 3년 전에도 메르켈 총리는 이미 자국이 "이 분야에서 개발도상국 반열"로 낙후될까 우려를 표명했던 적이 있다.[19] 이러한 맥락에서, 5G가 생태에 미치는 영향은 오래도록 부차적인 것으로만 간주되었다. 하지만 5G의 전개는 보다 많은 안테나(확실히 더 성능이 뛰어나긴 하나 작동 반경이 제한적인 안테나)의 설치를 함축한다. "영국은 벌써 2만 6000개의 3G와 4G

안테나를 보유하고 있는데, 5G 주파수 송출 반경은 두 배나 제한적이므로 영국 한 나라만 놓고 보더라도 지금보다 두 배나 되는 안테나를 설치해야 한다"고 그린IT의 한 자문가는 추산한다.[20]

5G: 생태 관련 문제점은 대체로 알려지지 않은 상태

크기가 수십 센티미터 정도 되는 안테나는 갈륨,[21] 스칸듐[22] 등의 희귀금속들로 꽉 채워진 장치로 거의 100미터마다,[23] 그러니까 버스 정류장이며 가로등 혹은 광고판 등마다 하나씩 설치되어야 할 판이다. 그렇다면 그 안테나는 어떤 식으로 재활용될 것인가? 게다가 데이터를 전송하기 위해서는 그것들을 광섬유로 된 추가 네트워크에 연결해야 할 것이다. 미국에서 고속광섬유연합은 자국 내 규모 면에서 상위 25위까지의 도시를 커버하려면 220만 킬로미터의 광섬유(지구 둘레의 55배에 해당하는 길이)를 뽑아내야 할 것이라고 추산했다![24] 이 숫자는 2026년 세계 인구의 60퍼센트가 이 새로운 세대 휴대폰 네트워크를 쓰게 될 때면 몇 배나 더 늘어나야 할까?[25] 그뿐 아니라, 5G를 사용하기 위해서는, 거의 모든 경우에, 전화기를 교체해야 하는 문제가 발생한다. 2020년 한 해에 5G 사용 가능 단말기 2억 7800만 대가 팔렸을 것으로 집계되는데,[26] 이러한 구매는 고장 난 휴대폰을 교체해야만 하는 실제적인 필요성에 의한 것이었을까, 아니면 디지털 세계를 한층더 효과적으로 즐길 수 있으리라는 장담에 대한 맹신 및 사용의 편리함 추구가 동기로 작용한 것이었을까? 어찌되었든 궁극적으로 이러한 기술적 모험으로 야기되는 생태 비용은 어느 정도나 될까? 안타깝지만 이 질문에 대해서는 아무도 정확한 답변을 제시할 수 없다! "환경에 미치는 영향에 대한 연구 따위는 없었다"고 한 유럽의회 의원은 불만을 토로한다.[27] 때문에 5G 서비스를 전개하는 데 '신중성 부재 원칙'이 작용한 건 아닌지 의문을 가질 수밖에 없다. 정확한 정보가 없다 보니 비합리적인 공포심이 만연한다. 사람들은 예를 들어, 아무런 증거도 없이 새로운 안테나가 건강에 치명적인 전자기파를 방출할까 봐 두려워한다.[28] 늦은 감이 없지 않지만, 그래도 결국 환경 영향 평가 연구가 산발적으로나마 시작되었다. 유럽 전역을 통해서 여러 시의회가 5G 사용을 유예하기로 발표했으며, 시민들이 주축이 되어 공권력이 꽁꽁 묶어두었던 공개 토론회를 열기 위해 위원회를 구성했다.

5G 서비스 제공업자들은 그럼에도 부인할 수 없는 5G의 이점을 강조한다. 같은 양의 데이터를 소비한다고 할 때, 이 서비스를 통하면 이전 세대 네트워크를 사용할 때보다 에너지 효율이 10배나 상승한다는 것이다. 그런데 이는 5G로 인하여 우리의 인터넷 소비와 데이터 소비가 폭발적으로 늘어날 수 있다는 개연성을 망각하는 것이다. 사실상 신기술은 우리의 소비를 줄이는 것이 아니라 오히려 늘어나게 한다는 데에 모두가 동의할 것이다! 이는 자명한 사실로, 그 구체적인 효과는 1865년에 이미 영국 출신 경제학자 윌리엄 스탠리 제번스에 의해 처음으로 연구되었다. 당시, 증기기계의 성능이 올라가게 되면 석탄 활용량이 감소될 것으로 예상되었다. 그러나 제번스는 기술 발전이 제공하는 에너지 절감 효과가 기계 활용의 증가로 상쇄됨으로써 결국 석탄 연료의 소비가 증가하게 된다는 사실을 입증했다. 그러니까 기대했던

것과 정반대의 효과가 나타난 셈이었다![29]

'리바운드 효과' 또는 '반동 효과'라고도 불리는 이 같은 역설은 무수히 많은 기술에 대입될 수 있다. 자동차의 예를 들어보자. 2005년에서 2018년까지 자동차의 평균 연료 소비량은 100킬로미터당 8.8리터에서 7.2리터로 떨어졌으니,[30] 운전자로서는 연료 22퍼센트를 얻은 셈이다. 그런데 같은 기간, 연간 전 세계 신차 판매량은 6600만 대에서 9500만 대로,[31] 그러니까 44퍼센트 증가했다.[32] 항공 분야에서도 똑같은 사례를 찾아볼 수 있다. 2019년, 승객 1명당 비행거리 1킬로미터마다 이산화탄소 배출량은 2013년에 비해서 12퍼센트 줄어들었다. 하지만 같은 기간 동안 민간 항공 부문의 탄소 배출량은 29퍼센트 증가했다.[33] 그리고 2050년엔 1990년에 비해 7배나 증가할 것으로 예상된다.[34] 발광 다이오드LED: Light Emitting Diode도 마찬가지다. 한 연구는 LED가 제공하는 에너지 절감 효과는 LED 활용 증가로 인한 소비의 증대를 상쇄하지 못한다는 사실을 입증한 바 있다.[35] 물론 디지털 기술 역시 예외는 아니다. 최근에 출시된 스마트폰들은 일반적으로 이전 세대 기기들에 비해 자율성이 떨어진다. 배터리 용량은 해마다 5퍼센트씩 증가하고 있으나, 신형 모델들의 에너지 소비량이 증가하는 속도를 따라잡지 못하기 때문이다.[36] 2019년에 에릭슨사가 발표한 한 연구는 2025년이 되면 20퍼센트의 네티즌이 5G 덕분에 다달이 200기가바이트의 인터넷 모바일을 소비할 것인즉, 이는 4G 사용 시대에 비해 10~14배 늘어난 양이 될 것이라고 결론지었다![37] 물론 이 계산엔 이미 5G 기술이 참여하고 있는 '모든 것의 인터넷'(이 또한 기후변화를 막기 위한 투쟁이라는 목표와는 완전히 모순된 추세가 아니던가)의 부화는 아직

'좋아요'는 어떻게 지구를 파괴하는가

포함되지 않았음을 상기할 필요가 있다!

　디지털 경제의 주역들은 이러한 부메랑 효과를 의식하고 있다. 그러나 이들은 우선 소비자들에게 책임을 전가하려 한다. "우리들 각자는 자신의 자유의지에 따라 디지털 과잉 소비에 동참하지 않을 수 있다"고 프랑스 통신 사업 그룹 오랑주의 스테판 리샤르 대표는 강조한다.[38] 그런데 그와 동시에 오랑주는 5G의 새로운 활용법을 보여주는 광고를 끊임없이 내보내니,[39] 역설적이라는 말만으로는 형용하기 어려운 태도가 아닐 수 없다. 따지고 보면, "디지털 업계의 주역들은 이같은 신기술들이 우리의 디지털 소비를 증가시킬 것을 잘 알고 있으며, 문제를 해결하기는커녕 오히려 한층 더 불을 붙인다"고 한 대학교수는 꼬집는다.[40] 그린IT의 창시자 프레데릭 보르다주는 "모두가 남들에게 잘못을 떠넘기기에 바쁘다"며 목청을 높인다. "자신의 법적 책임 영역을 벗어나 시스템을 전체적으로 조명하는 일에는 관심이 없다"는 것이다.[41] 오랑주 그룹 내부의 몇몇 노동조합은 그러나 우리 앞에 제시되고 있는 "여러 지침들 사이의 모순 현상"을 인식하고 있다고 시인한다.[42] 이들의 태도가 아마도 왜 수백 명의 젊은 오랑주 직원들이 그룹의 전략을 노골적으로 반대하는지 그 이유를 설명해줄 수 있을 것 같다. "사내 통신망에서 몇몇 사람들은 왜 우리가 이 같은 미친 짓에 뛰어드는가? 하고 자문하기도 한다. '우리는 완전히 미쳤다, 에너지 소비와 광물 채굴을 가속화하다니, 내 참' 같은 소리를 나는 정말이지 처음으로 듣는다"고, 그룹의 한 구성원이 말해준다.[43]

　이렇듯 직접적인 리바운드 효과는 이른바 '간접적'이라고들 하는 다른 효과에 더해진다. 사실 디지털 기술 덕분에 가능해진 시간 절약과 구매력 상승은 다른 방식의 소비를 가능하게 해준다. "인터넷 덕분에 나는 원격 근무를 할 수 있게 되었고, 따라서 주유비 1000유로를 아꼈죠. 이렇게 해서 생긴 돈으로 무얼 할까요?" 오랑주의 직원은 이어 자답한다. "유럽 북부에서는 겨울이 엄청 기니까 비행기를 타고 카나리아 제도로 날아갈까 해요." 한 컴퓨터 관련 엔지니어는 이에 대해 다음과 같이 새삼 상기시켜준다. "디지털은 사회가 조직되는 방식, 물류의 유통 방식 등을 완전히 바꾸어놓습니다. 증권거래소에 즉각적으로 지시를 내리거나 아마존에서 물건을 주문하는 것과 같은 많은 일들이 디지털 없이는 존재할 수 없죠."[44] 달리 표현하자면, 디지털은 현재 경제와 기술의 발전을 놀랍도록 가속화하는 촉매제 역할을 한다. 그 같은 간접 효과가 정확하게 계산된 적은 없지만, 한 가지 확실한 건 그것이 우리의 실존을 가상화하는 데 절대적으로 일조하지는 않는다는 점이다. 1930년대부터 자재, 디지털 및 에너지 관련 학문 분야에서 이루어진 57가지 발명을 분석한 결과 연구자들은 그 57가지 가운데 어느 것도 자원 사용을 전반적으로 감소하지 못했다고 결론 내렸다.[45] 물리적인 모든 제약으로부터 해방된 에테르적 세계 속으로 무모하게 돌진했던 우리는 이제 피할 수 없이 우리의 발목을 잡는 명백한 사실, 즉 탈물질화된 세계란 알고 보면 훨씬 더 물질적인 세계라는 자명함 앞에서 도망치고 싶어진다.

이 대목에서 논쟁은 이념적인 색채를 띠기 시작한다. 리바운드 효과는 부의 성장을, 무역의 세계화를, 문화 간의 결합을 지지하는지 아닌지 여부에 따라 두려움을 안겨줄 수도 축하를 받을 수도 있다. 마찬가지로 디지털 세계의 확장 또한 우리로 하여금 우리 자신의 내밀한

'좋아요'는 어떻게 지구를 파괴하는가

소신이나 확신과 대면하게 만든다. 디지털 세계의 확장은 그 자체로는 좋을 것도 나쁠 것도 없다. 우리가 그걸 가지고 어떻게 하느냐에 따라 달라지기 때문이다.[46] 인터넷은 세계의 오지에 사는 어린이들에게 원격 수업을 통한 교육의 기회를 제공할 수도 있지만, 음모론의 확산을 부추김으로써 우리의 민주주의를 좀먹을 수도 있다. 희귀 질병 치료에 도움을 줄 수도 있지만, 라이언 카지(미국 텍사스에 사는 이 어린이는 카메라 앞에서 선물 상자를 개봉해서 유명해졌다)가 계속해서 세계에서 가장 돈을 많이 버는 유튜버로 살게 해주기도 한다.[47] 어찌되었든, 디지털의 경제적·사회적·심리적 반향을 그것의 생태적 기능과 혼동해서는 안 된다. 디지털 네트워크가 기후와 생명다양성을 보호하기 위한 다양한 시도를 싹 틔운다고 할지라도 그것은 본래 지구를 '구하기' 위해 고안된 것이 아니며, 우리가 보기에 지구의 회복탄력성을 디지털 도구의 역량과 연결시키는 모든 담론은 순전히 집단 기만 내지는 터무니없는 우화에 불과하다. 더구나 우리는 "정보통신기술이 진정으로 세상을 더 나은 곳으로 만들었으나, 환경에 미치는 영향 면에서는 우리에게 닥칠 수 있는 최악의 것이었다"는 탄식의 말까지 듣지 않았던가.

'접속게이트'를 향하여?

대대적인 5G 기술 적용으로 덕을 볼 수 있는 분야라면 단연 인터넷에 연결된 자동차, 즉 커넥티드카를 꼽을 수 있다. 이 자동차는 주변 환경과 엄청난 양의 데이터를 교환할 수 있다. 오늘날, 간단한 위치 추적 시스템GPS: Global Positioning System이 내장되어 있는 자동차라면, 이미 커넥티드카라고 할 수 있다. 하지만 그건 시작에 불과한 것이, 운전을 돕는 시스템이 점점 더 다양해지고 있기 때문이다. 충돌 위험 신호 방출, 긴급 제동 시스템, 전자 경로 수정 장치, 사각지대 감시 등 안전한 도로 주행을 위해 2025년이면 5억 대가 넘는 자동차들이 인터넷에 연결된 상태로 세계 곳곳을 누빌 것이다.[48] 환경문제를 우려하는 입장에서는 GPS 내장 차들이 가장 짧은 경로, 즉 가장 오염을 덜 발생시키는 경로를 제안해준다는 이유로 이 같은 디지털 혁명에 호의적인 반응을 보인다. 또 다른 한 가지 좋은 점을 들자면, 전자 시스템에 기반한 에코 내비게이션, 즉 자동차의 이산화탄소 배출량을 5~20퍼센트 줄여주는 장치를 들 수 있다.[49]

그렇지만 그러려면 수많은 카메라며 레이더, 음파탐지기들이 정보를 감지해야 한다. 커넥티드카 한 대는 실제로 최대 150개의 전산기[50]를 필요로 하며, 아주 작게 잡아도 시간당 25기가바이트 정도의 정보를 생산한다. 차에 내장된 컴퓨터는 그러므로 20여 개의 개인 컴퓨터를 합한 것만큼의 연산 능력을 갖추어야 한다! 그리고 그 컴퓨터가 실행하는 정보화 프로그램으로 말하자면, 모두 합해서 명령행 1억 개 정도는 족히 될 것이다.[51] 명령행의 수는 그것만으로 정보화 프로그램의 복잡성을 말해주지는 않는다. 그렇긴 해도, 비교 삼아 각각의 명령행을 열거해보자면, 우주왕복선이 40만, 허블 망원경이 200만, 군사 드론이 350만, 보잉 787기가 1400만 개 정도 된다(부록 8 참조). 다시 말해서, 커넥티드카의 정보화 프로그램은 우주왕복선 250대 혹은 허블 망원경 50대, 그것도 아니면 보잉 787기 7대의 프로그램을 합한 것만

'좋아요'는 어떻게 지구를 파괴하는가

큰이나 육중하다! 미국의 자문회사 맥킨지앤드컴퍼니는 2030년에 자율주행 자동차 한 대는 3억 개의 명령행에 힘입어 도로를 운행할 것이라고 예견했다.[52]

자율주행 자동차는 커넥티드카가 추구하는 궁극의 단계이다. 물론 현재로서는 누구도 이런 자동차들이 언젠가 수백만 대씩 도로 위를 굴러다닐 것이라고 말하지 않는다. "모두가 그건 예상했던 것보다 복잡한 일임을 깨닫고 있습니다. 구글과 우버조차도 [이러한 차들의 본격적인 전개를] 계속 연기하고 있죠." IDDRI의 연구원 마티외 소조의 말이다.[53] 그렇지만 자율주행 자동차가 언젠가 현실이 된다면, 초고화질 영상을 만들어내는 내장 라이다lidar[54]와 카메라들을 고려할 때, 그것들은 초당 최대 1기가바이트의 데이터를 생산하게 될 것이다. 디지털 업계의 거물급 대표는 "자율주행 자동차 100만 대는 그러므로 전 세계 인구가 웹에 접속한 것에 버금가는 데이터를 의미한다"고 설명한다.[55] 그렇다면 이 자동차들은 무엇을 통해서 서로 소통하게 될까? 가장 짧은 반응 시간을 제공하는 에지 데이터센터Edge Datacenters(인근 데이터센터)와 연결된 교통 표지판과 도로 그리고 다른 자율주행 자동차들이라고 할 수 있다. 여기서 하나의 역설이 드러나는데, 자동차가 '자율적'일수록 그 차는 차를 둘러싼 주변 인프라에 의존하게 된다는 사실이다. 요컨대, 자율주행 자동차만큼이나 자율적이지 않은 것은 없다! "여러 혁신들 가운데 미처 생각하지 못한 것이 있다면 그건 바로 그 혁신들 속에 포함되는 물질적인 맥락"이라고 마티외 소조는 통찰력 있게 분석한다.[56]

일부 논평가들은 그럼에도 안심시키려는 태도를 보인다. 이들은 생산된 데이터 가운데 극히 일부분만이 자동차 외부로 운반되어 주변 환경과 소통하게 될 것이라는 의견을 피력한다.[57] 또한 자율주행 자동차는 처음에 여러 사람이 공유할 수 있도록 대중교통 등에 활용하겠다는 목적으로 생겨난 만큼 실제 주행에 쓰일 자동차의 수는 제한적일 것이라고 예견한다(이 주장엔 확실히 논란의 여지가 있다).[58] 그래도 한 가지는 분명하니, 바로 자율주행 자동차가 훨씬 더 많은 전기(한 대당 많게는 1500와트가 추가적으로 필요할 것이다)를 소비하게 될 것이라는 점이다.[59] 그렇다면 이 사실은 전기 자동차의 자율성에 어떤 식으로 영향을 끼치게 될까? 배터리의 용량을 키워야 할까, 혹은 추가 소비분을 상쇄하기 위해 하이브리드 동력화를 택해야 할까?[60] 자율주행 자동차 한 대가 생산하는 데이터는 더구나 우리의 소비 습관을 보다 잘 알아내서 그에 따라 자동으로 적용되는 보험 상품(이른바 '당신이 운전하는 방식에 따라 보험료를 지불하라'는, 즉 운전을 잘하면 보험료를 덜 내는 식)을 제안하는 데 도움을 주는 과정에서 그 데이터를 운반하고 저장하고 처리하는 인프라에 의해 이산화탄소를 배출하게 될 것이다. 그러므로 자율주행 자동차가 주파하는 매 킬로미터는 일반 자동차가 평균적으로 배출하는 가스의 양보다 20퍼센트 더 많은 양을 간접적으로 배출하게 될 것이다.[61] 가스 배출 규정은 세계적으로 점점 더 엄격해지기만 하는데 말이다!

이러한 계산은 결국 누구에게 짐이 될까? "자동차 제조업체들은 이 같은 오염을 외부에서 아웃소싱하는 컴퓨터 정보 관리 업체에게 전가하는 편을 선호한다. 한편 운전자들은 그들에게 날아든 청구서에서 절대 추가 에너지 비용 항목을 찾아볼 수 없을 것"이라고 자동차 업계

'좋아요'는 어떻게 지구를 파괴하는가

에서 일하는 한 엔지니어는 예상한다.[62] 오염을 수치화하기란 어렵다. "자동차 제조업체들은 환경문제에 민감하다. 그렇지만 그들에게 최우선은 과연 자신들이 기술적인 혼란 속에서 살아남을 수 있을지 확실하게 결론짓는 것"이라고 마티외 소조는 설명한다. "그러므로 그들이 제품의 생애 주기에 대해서까지 생각하기엔 아직 너무 이르다"는 것이다.[63] 자동차 제조업체들은 또한 몰랐다고, 그건 진심이라고 자신들을 변명할 수 있다. 어쨌거나 디지털 인프라를 건설하고 이를 관리하는 건 그들의 일이 아니니 말이다. 하지만 이 점만은 분명히 하자. 제조업체들은 차마 운전자들에게 디지털 오염(자율주행 자동차가 되었든 커넥티드카가 되었든 이 차들은 오염과 직접적으로 연결되어 있다)의 책임을 떠넘기지는 않으나, 이 차들이 환경에 끼치는 영향의 일부분을 도로로부터 분리해 데이터센터와 이 데이터센터들에 전기를 공급하는 발전소들이 밀집해 있는 구역으로 이동시키려 한다. 환경에 대한 책임은 그러므로 디지털 기업들(GAFAM, 데이터 저장업체, 디지털 기기 제조업체 ⋯)이 떠안게 될 것이고, 그렇게 되면 우리는 계속해서 스스로 친환경적이고 책임감 넘치는 운전을 하고 있다는 환상에 빠져서 살게 될 것이다. 상황이 이 지경에 이르면 위험한 질문이 제기될 수 있다. 우리는 벌써 다음 번 '접속게이트connectedgate'의 싹을 발아시키고 있는 걸까? 이 새로운 이동 방식이 환경에 미치는 파급효과는 자동차 운전자들이 책임져야 하는 걸까?

파랑의 1677만 7216가지 뉘앙스

자율주행 자동차는 움직이는 거실이나 오락을 즐기는 장소처럼 보일 것이다. 그곳에서 우리는 운전대를 잡는 대신 이전보다 훨씬 더 왕성하게 구글이나 넷플릭스, SNS 등을 통해 디지털 서비스를 소비할 것이다. 자동차는 이제, 적어도 디지털 경제의 주역들에게는 우리의 주의력을 사로잡는 새로운 정복지, 다시 말해서 디지털 세계의 팽창 전략의 최전선이 될 것이다. 그들은 자신들의 야심을 발판 삼아 2000년에 접어들 무렵부터 '주의력을 끌기 위한 디자인' 또는 '설득력 있는 기술 연구captology'를 정교하게 가다듬었다. 이는 인터넷에 연결된 도구들에 대한 소비자들의 의존도를 높이는 기술을 가리킨다. 미국 출신 자문가 니르 이얄은 베스트셀러가 된 저서 『훅』[64]을 통해서 이러한 신종 학문을 대중들에게 처음으로 소개한 초창기 저자들 가운데 한 명이다. 그는 이 책에서 우리로 하여금 하루에 적어도 휴대폰을 150회 들여다보게 하려는 목적에서 개발자들이 다듬어 놓은 '조작의 틀'을 상세하게 묘사한다. 우선 '시동 장치'(휴대폰 사용자들로 하여금 인터넷에 접속하게 만드는 감각적 자극 또는 부정적인 정서)가 '보상'(사회적 인정, 부의 증대, 자기만족)을 기대하며 웹 서핑이라는 행동에 나서도록 부추긴다. 보상이라는 장치는 사용자로 하여금 더 많은 혜택(맞춤화된 추천, 취향을 저격하는 콘텐츠)을 얻기 위해 디지털 생산품에 더 많이 투자하도록 자극한다. 하지만 이때까지만 해도 니르 이얄은 설득력 있는 기술을 정말로 가공할 만한 것으로 만들어주는 색상인 파란색에 대해서는 입도 뻥긋하지 않았다.

'좋아요'는 어떻게 지구를 파괴하는가

마이크로소프트사를 이끌었던 스티브 발머 전 대표는 2009년 5월 28일, 검색엔진 빙을 출시하면서 자신만만했다. 앞으로 확인될 빙의 역량을 알려주는 무려 8000만 달러짜리 정보로 단단히 무장한 상태였기 때문이다. 빙 사용자경험 부서 책임자 폴 레이가 이끄는 마이크로소프트사의 엔지니어들은 미래의 빙 사용자들이 요청할 검색 결과를 어떤 색상으로 알려주는 것이 좋을지를 두고 몇 달째 고민 중이었다. 파란색, 하이퍼링크가 전통적으로 고수해온 이 색상[65]이 그들 사이에서 선호도가 높았다. 하지만 파란색도 여러 가지인데 어떤 파란색을 택한단 말인가? 폴 레이는 당연히 가장 좋은 파란색, 그러니까 빙을 향한 네티즌들의 '충성도'를 강화하고, 클릭 수를 올릴 수 있는 파란색을 찾아내고 싶어 했다. 다시 말해, 폴 레이는 세계에서 가장 강력한 다국적 대기업들 가운데 하나인 마이크로소프트사가 수백만 명의 개별적 네티즌의 무의식을 장악하는 힘을 증대시켜줄 수 있는 완벽한 색상이 있으리라고 믿었던 것이다. 하지만 파란색 중의 파란색을 찾아내는 것은 어마어마한 작업이었다. 파란색에는 무려 1677만 7216가지 뉘앙스가 존재하므로…. 결국 소비자 패널을 대상으로 각기 다른 색상들 가운데 어느 쪽에 더 끌리는지를 평가하는 A/B 테스팅 기법이 동원되었다.[66] 여러 차례에 걸친 테스트 결과 어두운 파란색이 특별히 만족도가 높은 것으로 판명되었다. 초기 추산치대로라면, 그 색은 연간 8000만에서 1억 달러에 이르는 추가 이익까지도 기대하게 만들었다고 폴 레이는 장담했다.[67] 참고로, 돈다발을 안겨줄 파란색의 정확한 명칭은 'blue Hex #0044cc'였다.

마케팅의 귀재일까, 아니면 마이크로소프트사에서 자신들이 개발한 새로운 애플리케이션을 알리기 위해 고안해낸 단순한 광고효과일까? 이에 대한 판단은 엇갈린다. 그렇긴 해도 실리콘밸리의 다른 기업들도 그 무렵 완벽한 파란색을 찾아내는 모험에 뛰어들었던 건 사실이다. 구글은 G메일에 빙의 파란색과 매우 유사한 색을 채택했으며 그것이 가져다줄 추가 수입이 연간 2억 달러에 이를 것으로 평가했는데[68] 이 역시 A/B 테스팅 덕분이었다! 요컨대, 당신과 나는 수많은 톤을 가진 단색 앞에만 서면, 파트리크 쥐스킨트가 생각하는 프랑스인들, 사랑의 향수 앞에서 한없이 무너져 내리는 그 프랑스인들보다 더 약해진다고 말해도 전혀 과언이 아니며, 바야흐로 신세대 장-바티스트 그르누이가 우리 감정의 제어권을 장악했으니,[69] 그것은 바로 컴퓨터라는 괴물이다. 그렇지만 이 모든 노력도 화면을 공략하는 또 하나의 색상, 즉 빨간색이 지니는 측정조차 할 수 없는 막강한 힘에 비하면 새 발의 피다.

빨강의 기제

1970년 이후 과학자들은 빨간색이 인간 개개인에게 흥분감을 촉발한다는 사실을 잘 알고 있다. "빨강은 제일 강력하게 인간의 시선을 잡아끄는 원초적인 색상인데, 자연에서는 잘 발견되지 않기 때문"일 것이라고, 컴퓨터 전문 엔지니어가 설명한다.[70] 빨강은 또한 전통적으로 신호등을 비롯하여 우리의 주의를 요구하는 다양한 신호에 사용되는 색상이기도 하다. 우리는 그러므로 이 색상에 대해서 반응을 보이도록 사회적으로 조건화되었다고 할 수 있다.[71] 1997년부터 이미 전문 지침서는 개발자들에게 경고는 빨간색, 조금 더 정확하게는 '채도가 높은 빨간색'으로 하라고 조언하는데, 그 이유는 빨간색이 바탕색과의 대조로 인해 "노란색이나 주황색보다 더 신속한 (사용자들의) 반응을 야기할 수 있을 것"으로 보이기 때문이라는 것이다.[72] 이러한 추측은 이후 화면에 표시된 빨간색 버튼이 초록색 버튼에 비해서 사용자의 참여율을 21퍼센트나 높인다는 한 연구에 의해서 사실로 확인되었다.[73] 순전히 우연의 일치일까? 어쨌거나 화면에 새로운 메시지의 도착을 알리기 위해 애플, 블랙베리, 왓츠앱은 각각 2000년, 2006년, 2009년에 빨강을 선택했다. 페이스북은 2010년에 이와 유사한 선택을 했으며,[74] 인스타그램과 넷플릭스도 이에 따라 2016년에 로고를 변경했다. "빨강은 너무도 강렬한 색상이기 때문에 주의를 끌고자 하는 곳이라면 어디든 그 색을 선택한다"고 익명을 요구한 넷플릭스의 한 직원은 부언한다.

앞에서 언급한 저서 『훅』에서 니르 이얄이 엄밀하게 분석한 대상이 바로 이 빨강의 기제였다. 빨강이라고 하는 시각적 자극은 보상을 획득하기 위해 애플리케이션을 켜는 행위로 이끄는 시동 장치로 작용한다. 이 같은 조작은 우리 안에서 도파민, 즉 늘 새로운 만족을 얻으려는 기대감을 불러일으켜 우리로 하여금 끊임없이 똑같은 행동을 반복하게 만들어 '쾌락 분자'라고도 불리는 화학 물질의 생성을 유도한다. 이 반복적인 재생 기제는 과학자들에게는 완벽하다고 알려진 것으로, 그렇게 된 데에는 그럴만한 이유가 있다. 여러 연구소의 실험실에서는 연구원 군단이 여러 해 동안 생쥐들의 유사한 행동을 관찰한다.

수십억 명의 인간들의 주의력을 빼앗음으로써 더 많은 돈을 벌게 될 새로운 기술을 기업들에게 제안하기에 앞서 생쥐를 데리고 실험을 진행하는 것이다. 여기에 더해 당신이 정확하게 그런 식으로 계속 행동하도록 하기 위해서 프로그램 개발자들이 "밤낮없이 쉬지 않고 일하고 있으니 앞으로도 크게 달라질 건 없다"고 한 신경생물학자는 설명한다.[75] 한마디로, 많은 사람들이 호모사피엔스를 마치 신의 이미지를 본떠 만들어진 피조물로 묘사하지만, 실상 우리는 생쥐들보다 별반 더 현명할 것도 없이 행동한다.

그렇다면 과연 어떤 색이 미래의 색상이 될 것인가? 모두들 자기 나름대로의 의견을 지니고 있다. 더러는 백색이 정갈한 인터페이스를 원하는 개발자들의 마음을 얻게 될 것이라고 하고, 한편에서는 친환경의 상징인 초록색을 선호하는 경향을 보이기도 한다. 최근 들어 점점 더 유행하고 있는 보라색이라고 해서 안 될 것도 없지 않을까? 확실한 건 색채가 오랫동안 그래 왔듯 앞으로도 계속 우리의 주의를 은연중에 낚아채는 광범위하고 다양한 자극(알림 소리, 진동, 벨소리 …)의 한 축으로 건재할 것이라는 사실이다. "SNS가 제안하는 다양한 애플리케이션들은 우리의 뇌를 엿보는데, 우리는 그것들이 그렇게 하도록 허락해주고 있다"고 책임감 있는 디지털 산업을 지향하는 한 전문가도 동의한다.[76] 결과적으로, 화면 앞에서 시간을 보내면 보낼수록 더 많은 데이터가 생산되고, 그에 따라 에너지 소비량도 늘어난다. 고화질 동영상들이 머지않아 곧 해상도(픽셀 수) 4K, 아니 더 나아가 8K를 넘어설 것인즉, 한 연구는 이것이 "고화질 사진보다 32배나 더 많은 데이터를 사용하는 것"이라고 발표했다.[77] 놀라운 수치를 하나 더 소개한다. 잡지 《더 컨버세이션》에 소개된 바로는 "2030년에 4K로 제작된 동영상이 10퍼센트 증가하면, 그 한 가지만으로도 디지털 업계의 총전력 소비량이 10퍼센트 증가할 것"이라고 한다.[78] 따라서 '설득력 있는 기술'에 의해 발생한 지적·사회적 오염은 환경오염을 낳는다고, 디지털포더플래닛의 대표는 설명한다. "이 세 가지 형태의 오염은 상호의존적이며, 그러므로 우리는 다른 두 가지를 제쳐놓은 채 어느 한 가지만을 공략할 수는 없다."[79]

그렇다면 이러한 전략에 저항하기 위해서는 무엇을 해야 할까? 우선 전직 구글 엔지니어 트리스탄 해리스가 했듯이 '테크' 분야의 거물 기업들이 개발한 조작 기술을 고발해야 한다. 그리고 행동에 나서야 한다. 우리의 실존을 우리가 다시금 제어할 수 있도록 도와주는 많은 해결책들을 찾을 수 있다. 알람 비활성화, 가장 중독성 강한 애플리케이션(페이스북, 스냅챗, 틱톡, 인스타그램) 제거, 알고리즘이 사용자의 분노를 유발하는(그리고 애플리케이션을 실행할 때 트래픽을 만들어내는) SNS와 거리 두기, 방에서 휴대폰 치우기 혹은 일주일에 하루는 휴대폰 꺼두기 등.[80] 시민단체들은 스마트폰 사용을 금지하는 식당이나 술집 명단을 제시하기도 한다. 대만에서는 두 살 미만의 자녀를 어떤 형태가 되었든 화면에 노출시킨 모든 부모는 1500유로의 벌금형에 처한다. 간단히 말해서, "대만 사람들은 그 같은 행위를 학대로 간주한다"고 한 신경과학자가 설명한다.[81] '윤리적 디자이너Designers éthiques'[82]라는 시민단체에 가입한 연구원들이나 웹 기획자들도 간결하고 소박한 웹을 위해 제일 넓은 주파수 대역폭을 차지하는 사이트들의 '기름 빼기'를 제안한다. 이러한 철학의 좋은 사례로 위키피디아 사이트를 꼽을 수 있는데, 이 사이트에서는 에너지 먹는 하마로 이름난 동영상을 모두 빼버렸다. 사이트 전체, 그러니까 그 사이트에서 검색할 수 있는 수백만 표제어는 모두 합해도 수십 기가바이트 수준을 넘지 않는데, 이는 휴대용 컴퓨터 기억 용량의 극히 작은 일부분에 지나지 않는다! 윤리적 디자이너 그룹이 제안하는 '디자인을 통한 윤리'라는 철학을 받아들이는 것은 곧 사이트에서 이벤트적인 것(광고, 동영상 …)을 덜어내고 추천 콘텐츠를 줄이거나, 사용자들의 주의와 트래픽을 집중시키는 '좋아요' 기능을 차단하는 것을 함축한다고 할 수 있다.[83]

색상으로 보자면, 일부 사람들은 흑백 화면으로 돌아가자고 주장한다. 2017년, 토론토 라이어슨대학의 재학생으로 '고 그레이Go gray'[84]라는 더할 나위 없이 적절한 이름의 웹사이트를 만든 레만 아타를 중심으로 하나의 그룹이 형성되었다. 이들은 오로지 각기 다른 명도의 회색으로만 이루어진 디지털 삶이 중독성 디자인으로 인한 해악을 미연에 방지하고, 우리의 일상적인 행위 속에 선택이라는 개념을 되돌려줄 수 있으리라고 전망했다.[85] 그리고 그 결과 어쩌면 GAFAM이 우리의 망막을 빨강과 파랑으로 가득 채움으로써 우리에게 행사하게 된 거대한 영향력 가운데 지극히 작은 파편이라도 되찾아올 수 있지 않을까 하는 기대도 품었을 것이다. 애플은 오래 버티지 않았고, 2014년부터는 실제로 아이폰의 화면을 흑백 모드로 바꿀 수 있는 기능을 제안했다.[86] 이는 미적거리기만 할 뿐 자신들의 관행을 바꾸는 데 소극적인 SNS를 따돌리려는 방편이었을까? 점점 더 많은 사용자들이 그레이스케일을 선택한다고 해도(현실적으로 확인하기 어렵다), 이처럼 작은 몸짓들만으로는 추세를 뒤집기에 불충분하다. "개발자들은 이런 유형의 시나리오는 아예 만들어지지 않도록 할 것"이라고 '윤리적 디자이너' 그룹의 공동 회장이 단언한다. "그들은 이런 식의 기능 때문에 자기들의 작업이 순식간에 패대기쳐지는 걸 절대 좋아하지 않으니까요."[87]

디지털 세계의 팽창, 이는 곧 모든 것과 모든 이들이, 항상, 어디에서나 연결되는 것을 뜻한다. 비단 윤리적인 문제를 넘어서, 개개인이 인터넷에서 더 많은 시간을 보내도록 부추기고, 주파수 대역폭을 확장하고 화질을 높이면서, 그리고 수십억 네티즌들을 인터넷에 연결된 기기들[88]과 상호작용하게 함으로써, 디지털 업계의 지도자들은 스티브 케이스와 케빈 켈리가 예언한 '모든 것의 인터넷'의 발화를 위해 전력투구한다. 그뿐만이 아니다. 이들은 더 멀리 나아가고자 한다. "4G와는 달리 5G는 우리의 본질을 바꾸어 놓을 것이다. 말하자면 기계에 의한 인간의 식민지화에 맞먹는 일"이라고 한 대학교수는 경고한다.[89] 그도 그럴 것이 인류는 상당 부분 로봇화한 인터넷의 강림을 준비하고 있기 때문이다. 사실 이런 인터넷은 이미 시작되었다.

지구엔 어떤 영향을 끼치려나?

8
로봇이 인간보다 더 심한
오염원이라면

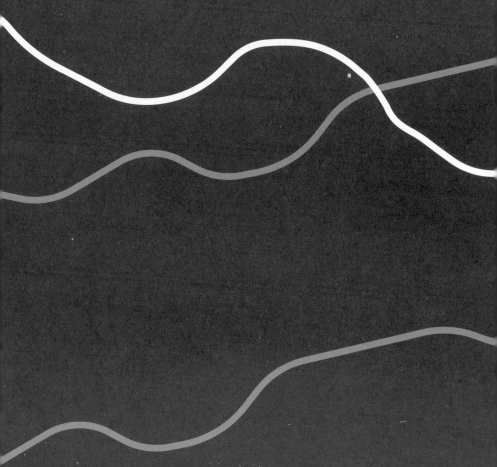

협력체로서의 로봇, 자율적으로 주행하는 자동차, 서로 소통 가능한 기기, 스마트 홈, 인터넷에 연결된 인프라, 디지털 물류 관리, 디지털 복제품 …. 5G는 수십억 개의 물건이며 기계의 점진적인 독립을 공식화한다. 이 물건들과 기계들은 인간과 더불어 또는 독립적으로 공존하게 된다. 따지고 보면, 그것이 역사가 진행하는 방향이기도 하다. 20세기 초에 인간들은 다른 인간들과 이야기를 나눴다. 그러다가 인간은 기계에게 말을 하기 시작했다. 그러자 기계도 인간에게 말을 했다. 5G와 더불어 점점 더 많은 기계들이 자기들끼리 대화를 할 수 있게 되는데, 이 과정에 우리는 전혀 끼어들 필요가 없다. 확실히 기계는 호모사피엔스를 위해 봉사한다. 그러나 인터넷은 엄밀한 의미에서의 인간 활동만이 디지털 세계를 활성화하는 유일한 활동이 아닌 세계를 빚어내고 있다. "컴퓨터와 사물들은 인간의 간섭 없이 자기들끼리 소통한다. 데이터의 생산은 이제 더는 우리의 행위에만 국한되지 않는다"고 랭커스터대학의 마이크 해저스 교수는 확신한다.[1] 이러한 현상은 당연히

'좋아요'는 어떻게 지구를 파괴하는가

환경에도 영향을 끼치지만 우리는 그 영향의 정도를 계산할 수 없으며, 심지어 제어조차도 언감생심이다. 여기서 불편한 질문 하나가 떠오른다. 디지털 활동에 있어서 로봇[2]이 언젠가 인간보다 더 깊은 생태 발자국을 남기게 될까?

로봇: 기하급수적으로 증가하는 디지털 활동

이 질문은, 우리의 행위가 인터넷에서 측정되는 전체 활동 중 60퍼센트 미만에 그치고 나머지는 "로봇들 혹은 로봇에 관련된 일이 본업인 인간들에 의해서 생산되는 인공적인 주의력으로 채워지고 있음을 아는 사람에게라면, 대단히 중요한 의미를 갖는다"고, 관심경제에 관한 책을 낸 저자는 지적한다.[3] 인터넷은 실제로 트롤troll이며 봇넷botnet, 스팸봇spambot들(이런 것들은 흔히 자동화되어 있다)이 바람직하지 않은 메일들을 보내고 SNS상에서 소문을 과장되게 부풀리거나, 몇몇 동영상의 인기를 조작하기 위해 고용되어 싸우는 격전장이다. 2018년, 유튜브는 심지어 '조작된 것'으로 의심되는 동영상 조회를 탐지하기 위해 특별한 도구들을 투입해야 했다.[4] 사물인터넷은 이렇듯, 당연한 말이지만, 인간의 활동이 아닌 활동을 가속화한다. 2023년이 되면 특히 인터넷에 연결된 주택과 스마트 자동차 등을 통해서 이루어지는 기계들 사이의 결합(이를 가리켜 M2Mmachine to machine이라고 말한다)이 웹에서 일어나는 결합의 절반을 차지하게 될 것이다.[5] 한편 데이터를 보자면, 인간이 아닌 것, 즉 사물 관련 데이터가 이미 인간 관련 데이터보다 많이 생산되

고 있으며, 이는 벌써 2012년부터 시작된 현상이다.[6]

그래도 로봇이 다른 로봇에 응답하는 것은 이제 겨우 시작되었을 뿐이다. 2014년부터는 '적대적 생성 네트워크'가 생겨나서 가짜 동영상 생산을 도와주기도 한다. 가령 영상 속의 얼굴이나 등장인물이 한 말을 바꿀 수 있게(딥페이크) 되었다는 뜻이다. 그런데 그것들을 파괴하도록 설계된 알고리즘이 이러한 네트워크에 대항한다. "인간들 중 이느 누구도 이러한 콘텐츠를 생산하라는 코드를 쓴 적이 없는데, 기계들이 이 딥페이크의 정체를 밝히기 위해서 스스로 작동하는 거죠. 결국 기계들끼리 전쟁을 벌이는 겁니다." 영국 출신 엔지니어로 인터넷 전문가인 리엄 뉴컴의 말이다.[7] 또 다른 예도 있다. 스팸 생성자(대체로 이 역시 로봇이다)에 대항하기 위해서 뉴질랜드의 한 시민단체는 최근 리스캠Re:Scam을 만들었는데, 이것은 자동화된 사기꾼들과 끝나지 않는 대화를 이어감으로써 이들로 하여금 귀중한 시간을 낭비하도록 만드는 소프트웨어이다.[8] 요컨대, "데이터 생산 증가에 따른 보이지 않는 역학은 이제 개인의 주의력이나 콘텐츠 소비 시간과 점점 덜 긴밀하게 연결되는 경향을 보인다"고 마이크 해저스 교수는 설명한다. GAFAM은 그러므로 점점 더 많은 개개인이 점점 더 많은 시간을 인터넷에서 보내도록 하는 작업을 꾀한다. 컴퓨터와 알고리즘, 그 외 다른 사물들이 웹의 삶에 난입하면서 인터넷에서 인간의 활동이 지닌 심리적 저지선은 산산조각이 나버린다. 우리는 인간에 의해 만들어지고 인간을 위해 사용되던 인터넷에서 기계에 의해, 심지어 기계를 위해 개발된 인터넷으로 옮겨가고 있다. 그리고 이 경우, "[데이터 생산의] 정점엔 한계가 없다"고 마이크 해저스 교수는 덧붙인다.[9]

'좋아요'는 어떻게 지구를 파괴하는가

사람이라고는 한 명도 타지 않은 자율주행 자동차 떼가 모두가 잠든 집단 주거지로 쳐들어오고, 수많은 소프트웨어 군단이 웹상에서 하루 24시간 내내 그것들을 상대로 싸우는데, 우리는 그저 하릴없이 오락이나 즐기는 세상은 과연 환경에 어떤 영향을 끼칠까? 우리가 보기에 그 영향은 엄청날 것으로, 십중팔구 인간에게서 비롯된 디지털 오염 전체를 합한 것보다 훨씬 더 어마어마할 것으로 예상되며, 그렇게 생각하는 데에는 나름대로 단서가 있다. 학자들은 최근 굉장한 양의 데이터로 인공지능을 학습시키는 일은 자동차 다섯 대가 생애 주기 내내 뿜어내는 것과 맞먹는 양의 이산화탄소를 발생시킨다고 계산했다.[10] 그러니 디지털을 대하는 우리의 행동 양식에만 집중하는 것은 아무 소용없고 헛된 일이 되어버릴 위험이 있다. 그 정도로 5G는 판도를 완전히 바꿀 수 있다. 우리는 디지털 오염의 새로운 차원, 패러다임이 전복되는 시대로 접어든다. 미래를 직시하자. 우리는 현재 디지털 혁명이 시작될까 말까 하는 시기에 살고 있는데, 디지털 혁명이란 곧 로봇 혁명(그래서 이를 가리켜 로봇과 레볼루션을 더해서 만든 로볼루션robolution이라는 용어를 쓰기도 한다), 그러니까 인간과 기계의 부분적인 교배가 가속화되는 것을 뜻한다. 로봇으로 인해 앞으로 닥치게 될 오염을 전체적으로 수량화하기란 현재로선 불가능하다. 그래도 우리는 이미 알고리즘의 난입이 환경에 야기하는 강력한 반향을 느낄 수 있는 경제의 한 분야, 즉 금융에 관해서 조사해보았다.

미리 프로그래밍된 인간의 구식화 전략

2020년 3월 23일 월요일은 아마도 대다수 사람들에게는 아무 날도 아닐 테지만, 사실 이날은 시대의 변화를 상징하는 날로 기억되어야 할 것이다. 코로나19 때문에 뉴욕 증시, 그러니까 세계에서 가장 큰 증권거래소가 이날 아침엔 여느 때 같으면 '플로어'에 무리 지어 모여 서서 목청껏 소리 질렀을 중개인들이 한 명도 없는 가운데 문을 열었다. 펜데믹이 끝날 때까지 가치 평가는 완전히 자동화될 예정이었고, 이런 일은 1792년에 월스트리트가 문을 연 이후 처음이었다.[11] 이 일화는 알고리즘이 세계 금융 시스템에서 차지하는 비중이 점점 커지고 있음을 직관적으로 보여준다. 소프트웨어의 이용은 간편함과 비용 절감을 위한 노력에 부합할 뿐 아니라, 눈 깜짝할 사이에 거래를 마무리 짓는 역량을 갖춘 로봇 트레이더들의 대대적인 증가가 입증해주듯이, 거래소에 주문 넣는 속도의 가속화를 추구한다. "높은 거래 빈도는, 이 현상을 다룬 다큐멘터리 작가들이 내린 정의에 따르면, 곧 자동화된 초스피드 하이테크 투기 시스템을 의미한다."[12] 성공의 표시랄까, 이 시스템은 전 세계 거래량의 70퍼센트, 거래액으로는 40퍼센트를 담당할 것으로 보인다. 이러한 맥락에서 보자면, 빈도 높은 거래가 이루어지는 이곳에서 인간이 자취를 감추었다는 사실은 놀랍지 않다. 솔직히 인간의 능력은 기계의 능력과 비교할 때 경쟁 상대가 되지 못하며, 이제는 기계들끼리 '전쟁을 벌일' 것이기 때문이라고, 다큐멘터리 작가들은 결론짓는다.

이렇듯 금융시장의 변화는 투자은행에서 헤지펀드에 이르기까지

'좋아요'는 어떻게 지구를 파괴하는가

그 시장에서 활동하는 모든 주요 집단들을 죄다 흔들어놓는다. "금융 시장에서 사용되는 알고리즘은 1980년대에 이미 시스템화되었다. 오늘날 전 세계 1만여 개의 헤지펀드들 가운데 상당수가 알고리즘 테크닉에 의존하고 있다"고, 한 거시경제 전략가는 소상하게 알려준다.[13] 이 말을 조금 더 정확하게 분석해보자. "알고리즘의 대부분은 아주 간단합니다." 과학과 기술, 경제 분야 교수인 후안 파블로 파르도-구에라가 운을 뗀다. 대부분은 증권을 사거나 팔 수 있는 사람들의 수를 연구한 다음 단기적인, 그러니까 분 단위로 이익을 예측하죠."[14] 한 중개업소 직원이 구에라 교수의 말을 다시 한번 확인해준다. "아주 기본적인 겁니다. 기계들이 추구하는 목표는 일련의 통계들을 상대로 이기는 거니까요. 80퍼센트 정도는 이보다 더 욕심을 내려 하지 않는다니까요."[15] 하지만 몇몇 복잡한 펀드에서는 컴퓨터 도구들이, 그 용량을 고려할 때, 인간을 대신해서 훨씬 더 복잡한 분석도 해낼 수 있음이 드러난다. 우리는 그 같은 펀드를 '퀀트펀드quant funds'라고 부른다.

펀더멘탈펀드fundamental funds(인간의 직관과 기초적인 경제 기제에 대한 경험적 이해를 토대로 삼는 투자 전략)가 시장을 독식하던 1970년대에 퀀트펀드의 도래를 예측했던 논평가는 아주 드물었다. 한 전직 HSBC 은행 분석가는 당시엔 "시장을 수학적 모델로 만들려고 하기보다는 시장을 이해하려 했다"고 회상했다.[16] 하지만 1982년, NSA 소속 수학자였던 제임스 사이먼스는 '르네상스테크놀로지Renaissance Technologies'라는 혁명적인 기금을 설계했다. "사이먼스는 전통적인 헤지펀드들이 조사하는 신호의 분석을 자동화하고자 했습니다."[17] 구체적으로 말하자면, 명령행들이 대량의 데이터를 통계 모델에 주입하여 최고로 이익이 날

만한 시장의 움직임 예측을 가능하게 해주는 조합을 찾아내도록 하는 것이었다. 오늘날, 그 같은 과정들은 점점 더 정교해지는 금융 외적 정보들(여기엔 실시간으로 산업계 공정에서 일어나는 활동 전반 또는 물류 시스템의 원활한 흐름 등[18]을 보여주는 위성사진들을 비롯하여 SNS를 통해 표현되는 시장에 대한 '감정'까지 포함된다)까지 종합한다. 이 모든 작업은 물론 남보다 앞서서 사거나 팔기 위해서이다.

디지털 혁명의 노움으로 퀀트펀드는 항상 기가 찰 정도로 방대하게 늘어나는 변수들과 정보들을 소화한다. 이들의 연산 역량이 이 땅에 존재하는 모든 인간의 역량을 다 합한 것보다 월등하기에 이들은 10여 년 전부터 이미 평균적으로 전통적인 펀드보다 높은 수익을 올리기 시작했다.[19] 그 때문에 아직까지도 알고리즘에 대해 거부 반응을 보이는 헤지펀드들은 한마디로 추락을 거듭하고 있다. 다국적기업들 중 하나로 퀀트펀드의 양적분석 기법을 완벽하게 가다듬은 기업이 바로 블랙록인데, 이 회사는 현재 세계에서 가장 큰 자산 운용사로 등극했다. 1990년대 말부터 블랙록은 "위험에 대한 복잡한 분석들을 자산 관리, 협상, 금융 거래 도구들과 완벽하게 결합해주는 정보화 플랫폼" 알라딘Aladdin[20]을 통해 각종 전망을 내놓고 있다.[21] 알라딘은 약 15조 달러에 해당하는 자산(세계 총자산의 7퍼센트)을 운용하고 있는데, 양적분석을 가히 예외적이라 할 만큼 정교하고 위력 있는 수준까지 끌어올린 것으로 유명하다. 기계는 시장을 움직이는 다양한 요인 간 상관관계를 누구보다도 더 상세하고 정확하게 감지할 수 있으며, 그럼으로써 승리하는 투자 전략을 제안할 수 있다.[22] "블랙록에게는 기계에 돈을 투자하는 편이 분석가들의 인건비(더 비싸면서 효율이 떨어진다)를 지불하는

쪽보다 훨씬 남는 장사"라고, 후안 파블로 파르도-구에라 교수는 냉정하게 평가한다.[23]

금융의 세계에서는 그러므로 나은 수익을 위해서 대결하는 인간들이 점점 줄어들고 있으며[24] "개인들은 이 세계에서 기껏해야 부분적인 역할을 하는 데 지나지 않는다"고, 이 교수는 최근 출간한 저서에서 밝힌다.[25] 필연적으로, 2020년 블랙록은 직원 수십 명을 해고한다고 발표했다. 이들이 알고리즘의 역량에 비해 너무 뒤처졌다는 것이 그 이유였다.[26] "퀀트펀드의 절대적 환상은, 모든 것이 원활하게 작동하도록 이따금 버튼이나 누르는 직원을 거의 한 명도 남겨두지 않는 것"이라고 한 전직 분석가는 씁쓸하게 말한다.[27] 그러니 그다음은 쉽게 짐작할 수 있다. "이런 식의 인프라가 전부 가동하게 되면, 별반 상상력이 없는 사람조차도 '아마 컴퓨터가 잘 알아서 [투자] 결정을 내릴 거야'라고 생각할 것"이라고 정보이론 전문가 마이클 컨스 교수는 예상한다.[28] 투시그마와 르네상스테크놀로지 같은 펀드의 경우가 거기 해당되는데, 이 두 펀드는 이미 대단히 강력한 도구들(이 도구들이 어찌나 막강한지 여기엔 흔히, 너무 두루뭉술한 감이 없진 않지만, '인공지능'이라는 용어가 붙어 다닌다)과 더불어 자동화 논리를 한층 더 밀고 나갔다.

수동적인 투자를 추구하는 다국적기업

이렇듯, 이른바 '능동적'이라고 하는 펀드들(투자 결정의 대부분이 여전히 인간들의 손을 거치는 펀드)과 더불어 '수동적' 펀드들도 점점 늘어나고 있다. 수동적 펀드의 경우 금융거래는 점점 더 자동화되어가는 추세를 보인다. 주로 지수펀드, 즉 거래소의 지수들(예를 들어 미국 증권거래소에 등록된 기업들 가운데 규모 면에서 상위 500위까지의 기업들에 토대를 둔 S&P 500 같은 지수)에 연동되어 있으면서 기업에 장기 투자하는 펀드들이다. 자동화로 운용 비용은 낮춰졌고, 이윤은 더 높다. 블랙록, 밴가드Vanguard, 르네상스테크놀로지 또는 투시그마 등이 여기에 속한다. 이 펀드들이 신행하는 투자가 오늘날 미국에서 능동적 펀드의 투자를 넘어섰으니, 수동적 펀드의 비중은 엄청나게 커졌다고 할 수 있다.[29] 퀀트펀드는 그러므로 겉으로 드러난 빙산의 일각에 불과하다. 이것들을 따라서 금융 전체가 점점 더 명령행이며 알고리즘, 컴퓨터에 의존하는 산업이 되어가고 있다.

자, 이런 맥락에서 다국적기업 엔카나가 무대에 등장한다. 오랜 기간 캐나다 앨버타주에서 가장 큰 도시인 캘거리에서 활동해온 엔카나는 캐나다 최대의 천연가스 생산업체들 가운데 하나다. 이 기업이 보유하고 있는 탄화수소 매장량이 어찌나 대단한지, 엔카나는 2014년부터 카본언더그라운드200Carbon Underground 200, 즉 세계에서 이산화탄소 배출의 잠재적 가능성이 가장 높은 200대 기업 명단에 올랐다.[30] 짐작했겠지만, 이 서글픈 명단에 올랐다는 사실은 기업으로서는 전혀 좋을 것이 없다. 기후 온난화를 염려하는 투자자들이 투자금을 빼내기 때문이다. 이러한 상황이 2018년 엔카나의 주가가 큰 폭으로 떨어진 사실을 부분적으로나마 설명해줄 수 있을까? 이 질문엔 쉽게 대답하기 곤란하다. 어쨌거나 2019년 가을, 엔카나 그룹의 더그 서틀스 대표는 기업 본사를 곧 미국의 덴버로 옮기겠다고 발표했다. 미국 거래소의 시

'좋아요'는 어떻게 지구를 파괴하는가

가총액이 캐나다에 비해 훨씬 높기 때문이라고 더그 서틀스 대표는 설명을 덧붙였다. 그러니 엔카나는 본사 이전으로 지금까지보다 훨씬 광범위한 투자자들을 만날 수 있을 거라는 기대가 담긴 말이었다. 그가 언급한 투자자들이란 '아무나'가 아니라 바로 수동적 펀드들이었다. "우리의 상황을 미국의 상황과 비교할 때, 캐나다 자본의 10퍼센트를 수동적 펀드가 보유한 반면, 미국의 경우는 이 비율이 30퍼센트까지 올라간다"고 엔카나 대표는 강조했다. "그러니 여러분들은 [수동적 투자의 증가가] 어느 정도 수준까지 도달할 수 있을지 쉽게 상상할 수 있을 겁니다. 뿐만 아니라 수동적 펀드의 운영 비율 증가는 결정적입니다."[31] 내부적으로는 다소 반발이 있었으나, 엔카나(미국 이전을 계기로 이름도 오빈티브Ovintiv로 바꿨다) 본사 이전 안건은 2020년 그룹 주주총회에서 통과되었다.[32]

그러나 이러한 이전엔 겉으로 드러낼 수 없는 다른 이유도 있었다. 엔카나의 한심스러운 환경 관련 점수나 카본언더그라운드200 명단 앞에서 코를 틀어막는 투자자들의 거부감 같은 건 아무래도 좋았다. 기업 가치가 수동적 펀드들이 따라가는 미국 지수들에 연동되어 있는 한 훨씬 더 수월하게 자본을 모을 수 있을 테고, 따라서 기업 성장을 뒷받침해줄 수 있을 테니 말이다. 세계 최악의 오염 기업들 가운데 하나인 엔카나는 그러므로 알고리즘 금융(기후 위기를 악화시키는 산업 활동을 지원하는 데 관대한 편이다)에 조금 더 스스로를 노출시키는 전략을 선택한 것이었다.[33] 독자들이 양해해주기 바라며, 한 번 더 강조하겠다. 오늘날 기계가 이끌어가는 펀드들은 인간이 이끄는 펀드들에 비해서 환경을 더 많이 파괴한다. 사실 이 경악스러운 주장은, 어쨌거나 2018년부터 영국의 독립 싱크탱크 인플루언스맵Influence Map을 위해 "누가 화석 연료의 세계를 소유하고 있는가?"라는 연구를 이끈 토머스 오닐이 내린 결론이기도 하다.[34] 블랙록이 운용하는 수동적 펀드를 특히 집중적으로 연구하면서 그는 이 펀드들이 2018년에 100만 달러당 650톤 더 많은 '석탄 집중' 현상을 보인 반면, 능동적 펀드들은 이보다 집중도가 훨씬 낮았다고(100만 달러당 300톤) 설명했다. 토머스 오닐에 따르면, 세계의 수동적 펀드 전체가 뚜렷하게 화석 자원에 과잉 노출되어 있으며, 능동적 펀드에 비해 그 정도가 훨씬 심하다. 한마디로, 로봇과 기후 온난화를 야기하는 산업들 사이의 결탁이 오늘날엔 거의 체계적인 상황이 되어버렸다고 할 수 있다.

왜냐? 알고리즘 펀드들은 무엇보다도 이익 추구를 최우선으로 변수를 지정할 뿐, 극지방의 빙하가 녹는 것을 경고하도록 변수가 맞춰져 있지 않다. 그렇기 때문에 때로는 심각한 결과가 빚어지기도 한다. 우선, 유동성으로의 손쉬운 접근은 천연가스, 석유, 석탄 분야 기업들의 가치를 자극한다. 이 기업들은 심지어 실적 면에서 부진할 때면 인위적으로 기업 가치를 부풀리기도 한다.[35] 더구나 블랙록, 뱅가드, 스테이트 스트릿은 S&P 500에 포함된 기업들의 주식 4분의 1을 보유하고 있다. 이러한 펀드들은 자기들이 주주로 있는 회사가 추진하는 전략에 대해 거의 반대하지 않을 뿐 아니라, 그들의 높은 비중은 그들보다 환경문제에 민감한 다른 주주들과 마찰을 빚기 십상이다. 환경문제로 경영진의 정책 방향에 영향을 주려 하는 친환경 주주들의 전투 의지에 태클을 거는 것이다. 명백하게, 수동적 펀드의 밀물은 기후 위기를 해결하기보다는 한층 더 가속화하는 것이 사실이다. 왜냐하면 이들

'좋아요'는 어떻게 지구를 파괴하는가

이 "탄소 집약적인 기업들을 위해 자금을 펌프질"해주기 때문이라고, 선라이즈 프로젝트의 보고서는 경고한다.[36]

능동적 펀드로 말하자면, 그 펀드들은 이익 추구와 환경 관련 신념 사이에서 타협점을 찾는 데 능한 개인들에 의해 주로 운용된다. 게다가 피와 살을 가진 인간 투자자들은 맹목적으로 지수에만 몰두하는 알고리즘 펀드에 비해서 훨씬 유연한 태도를 보인다. 이 펀드들은 각 부문의 전문성에 항상 적응할 수 있고, 필요하다면 "신속하게 거기서 빠져나올 수도 있다"고 선라이즈 프로젝트의 한 전략가는 분석한다.[37] 이러한 요소들이 '인간'에 의한 투자의 친환경적 역량과 블랙록에서 나타나는 자동화된 투자 사이의 엄청난 갭을 설명해준다. 그렇긴 해도 해결책은 존재한다. 왜냐하면 수동적 펀드들이 얼마든지 탈탄소화 된 가치에 투자를 제안할 수 있으니 말이다.[38] 사실, "현재의 궤도를 수정하기란 비교적 쉬운 일"이라고 선라이즈 프로젝트의 전략가는 단언한다. "명령행을 바꾸는 것만큼이나 쉬운 일이 될 것"이라는 것이다.[39]

하지만 수동적 펀드 운용자들은 자신들이 따라가야 할 지수(그리고 알고리즘) 때문에 손발이 모두 꽁꽁 묶여 있다고 응수한다. 이들은 더구나 고객과 그들을 이어주는 약속도 내세운다. 그 약속은, 그들의 표현대로라면, 투자에 대한 자신들의 책임이다. 간단히 말해서, 펀드 운용자들과 돈을 맡긴 예금자들은 자신들의 책임을 교묘히 회피하는 반면, 컴퓨터들은 탄화수소의 가장 안정적인 후원자를 자처한다. 그러므로 알고리즘의 난데없는 개입과 더불어 우리는 "시장을 자동조종장치에 맡기는 바람에 아무도 핸들을 제대로 조작할 줄 모르는 데다, 우리스스로를 다른 방향으로 데려가는 법도 모르는 상태"라고 선라이즈 프로젝트의 보고서는 현재를 묘사한다.[40] 2017년, 홍콩의 펀드 DKVDeep Knowledge Ventures는 바이탈이라는 이름을 가진 로봇[41]이 이사회에 참석할 수 있도록 그를 이사에 임명한다고 발표했다.[42] 그 결과 바이탈의 분석을 받아보기 전까지는 그 어떤 결정도 내리지 않게 되었다. 한편, 미국 기업 에퀴봇은, 회사 창립자가 선언했듯이, "인간의 이성적 사유를 심란하게 만드는 정서적·심리적 약점들을 뛰어넘는 인공지능"의 서비스를 도입했다.[43]

그렇다고 너무 순진해서는 안 된다. 이러한 발표들은 대중들을 놀라게 하려는 과장 광고 냄새도 나니까. 그럼에도 이 같은 소식들은 알고리즘의 완벽성이라는 점에서 우리를 매혹시키는 게 사실이다. 슈퍼 지능이 세계 금융에 권력을 행사하는 일은 없을 것이다. 회로 차단기도 존재하는 데다, 중앙은행들은 기계들 때문에 넋이 빠져버리기엔 너무 막강하며 개입주의에 경도되어 있다. 한편, 우리들 자신이 '알고리즘'의 힘 앞에서 점진적으로 포기하고 기권하는 경향을 보인다는 데에는 이론의 여지가 없다. 수동적 펀드를 지배하는 코드를 바꾸자는 데 대한 거부는 의미심장하다. "우리의 결정권을 알고리즘에 위임하는 것은 곧 우리의 책임을 면제하는 것"이라고 후안 파블로 파르도-구에라 교수는 평가한다.[44] 더구나 경이로운 정보화 인프라를 주춧돌 삼아 성공을 일군 투시그마 펀드는 소프트웨어가 오류를 일으키면 나쁜 투자 결정을 내리도록 인도할 수도 있는데, 이러한 오류는 "자주 완전히 통제를 벗어나기도 한다!"고 경고한다.[45] 창조자의 책임이 피조물의 책임 앞에서 지워져 버린다면, 이는 사실상, 실패의 가능성에 대한 책임을 포함하여, 피조물에게 기후 온난화 방지 투쟁의 한 부분을 위임하는 것이다.

그렇게 되면 새로운 세계, 인류의 생존을 위한 전투가 인류 없이 진행되는 세계가 활짝 피어난다. 몇몇 사람들은 이러한 교리를 더 멀리 밀고 나가 환경에 대해서 염려하고, 인간 대신 지구를 살릴 수 있는 결정을 내릴 수 있는 초강력 인공지능, 즉 '생태 책임적인 인공지능'의 도래를 예견하기도 한다.

지구를 살리는 슈퍼지능

2014년 7월, 정보처리업계의 다국적기업 IBM은 도시 인구가 가파른 상승 곡선을 그리며 팽창하는 중국이 대도시에서의 오염을 줄일 수 있도록 도와주려는 의도를 담은 그린 호라이즌 프로젝트를 개시했다. 이 프로젝트에 참여한 연구원들에게는 정확하게 말해서 "베이징시의 심각한 오염 정도를 72시간 앞서 예보해주는 [컴퓨터] 시스템 개발" 임무가 주어졌다.[46] 이러한 도구는 개발자들에게 커다란 만족감을 안겨주었는데, 그럴 만도 한 것이 2015년 3분기 동안 중국 정부가 베이징의 배출량을 20퍼센트 감축하는 데 성공했기 때문이다.[47] 더구나 그게 전부가 아니었다. IBM은 그린 호라이즌 프로젝트 덕분에 오염의 수준을 예측할 수 있을 뿐 아니라, "오염을 수용 가능한 수준까지 줄이기 위한 방법에 대해서도 아주 전문적인 조언을 줄 수 있다"고 내세우는데,[48] 예를 들어 몇몇 공장을 폐쇄하거나 또는 운행 가능한 자동차의 수를 제한함으로써 그러한 목적을 달성할 수 있다는 것이다. 우리는 그러므로, 인간의 뇌만으로는 분석이 쉽지 않을 어마어마한 양의 변수들을 조합함으로써, 비록 시공간적으로 한계가 있긴 해도, 환경 관련 전략을 구사할 수 있는 최초의 도구들을 보유하게 된 것이다. IBM은 이를 위해서 꼼수 같은 건 전혀 부리지 않았다. IBM에 따르면 그런 호라이즌은 더도 덜도 아닌 AI, 즉 인공지능일 뿐이라는 것이다.[49]

귀에 걸면 귀걸이, 코에 걸면 코걸이 식으로 마구잡이로 사용되며 유행하고 있는 이 인공지능이라는 용어엔 다양한 정의가 따라다닌다. '강한' 인공지능은 너무도 강력한 초지능이라 '정서, 감정, 직관' 등을 모두 느낄 수 있다고, 데이터센터 산업계의 스타들 가운데 하나인 네덜란드 출신 렉스 코르스는 주장하는데,[50] 그렇기에 자신의 존재에 대한 의식까지도 발전시킬 수 있다는 것이다. 제일 낙관적인 이들은 그러한 인공지능이 지금으로부터 5년에서 10년 후, 인류가 175제타바이트 정도의 데이터(인공지능이 스스로 데이터를 처리해가면서 학습하여 완벽해질 수 있을 정도의 양)를 생산해내게 되면 출현할 것이라고 내다본다 (이를 가리켜 '딥러닝'이라고 한다). 그런가 하면, NASA의 외계 지능 연구 프로그램 책임 연구원인 세스 쇼스탁 박사를 필두로, 일부에서는 대단히 매혹적이면서 동시에 불편하기도 한 이론을 제안하기도 한다. 그이론이란 우주에서는 이미 진자적인 특성이 지능의 주요 형태일 것이라는 내용으로, 본질적으로 동물의 특성을 지닌 우리의 지능은 사실상 '과도기적인 현상', 즉 후생물학적 생명 형태, 다시 말해서 기계의 도래를 정점으로 삼는 진화의 한 단계에 지나지 않을 것이라고 한다.[51] 회의적인 사람들은 물론 이 모든 것이 언제까지고 공상과학소설의 영역, 판타지의 영역에 머물러 있을 것이라고 반박한다. 대부분의 사람

'좋아요'는 어떻게 지구를 파괴하는가

들이 인간은 '약한' 인공지능, 그러니까 인간의 역량으로는 해결하기 어려운 임무들을 효율적으로 처리할 정도로 능력이 있지만 그럼에도 인간의 통제에 따라 움직이는 인공지능과는 비교적 무난하게 공존할 수 있으리라고 생각하는 것도 그 때문이다. 최근까지도 '인공지능'과 '환경'이라는 용어는 '녹색 인공지능green artificial intelligence', 다시 말해서 자원과 에너지 면에 있어서 검소하며, 그것이 만들어내는 이득에 비해 환경에 미치는 영향이 미미한 컴퓨터 플랫폼을 지칭하기 위해서만 결합되었다. 그런데 요즘 들어 '녹색을 위한 인공지능artificial intelligence for green'이라는 표현이 토론의 장에 자주 등장하고 있다.

실제로 기후변화 방지 투쟁은 엄청나게 복잡한 시도이다. 전기 생산, 이동 수단, 주거, 농업 등과 같은 다양한 분야를 동시다발적으로 공략하는 전체론적인 답변만이 위험을 경감시킬 수 있을 것이다.[52] 그러므로 장기적인 전략을 세우고, 역사의 흐름 속에서 어떤 돌발 요소들을 만나게 되더라도 정해진 목표에서 이탈하지 않고 수십 년에 걸쳐 그 전략을 밀고 나가는 끈기와 뚝심을 유지해야 할 필요가 있다. 함께 힘을 합해서 세계의 이산화탄소 배출량을 줄이자는 한 가지 목표를 달성하는 것에서조차 국제사회가 겪고 있는 어려움을 볼 때, 우리는 우리에게 과연 그 같은 장기적인 도전에 나설 역량이 있는지 자문해보지 않을 수 없다. 몇몇 과학자들이 초인간적인 인공지능, 그러니까 혼자서도 그 같은 임무를 담당해서 수행해나갈 수 있는 '강한' 인공지능이라는 가설을 고려하는 것도 그 때문이다.[53] 이 가설대로 된다면 이는 이 책의 도입 부분에서 언급한 '책임감 있는 디지털 산업'을 지향하는, 즉 순정한 그린 IT를 추구하는 최종 단계에 해당할 것이다. 기업가들은 이미 그들의 야심을 목청껏 외쳐댔다. 영국 회사 딥마인드의 설립자 데미스 하사비스처럼 "무엇보다도 먼저 지능(문제)을 해결해야 한다. 그리고 그다음엔 나머지를 해결하기 위해서 그 지능을 활용해야 한다"는 것이다.[54] 기후 온난화가 특히 급하게 해결해야 할 일이 될 것이다. 2018년에 컨설팅과 감사를 주로 하는 회사 프라이스워터하우스 쿠퍼스에서 발표한 한 보고서는 "지구를 위해 인공지능을 사용해야 할 때"라고 직실적으로 단언한다.[55]

이와 같은 처신은 과도한 낙관주의의 표현일까? 아니, 차라리 일종의 협잡이라고 보아야 할까? 아무래도 좋다. 비록 이론에 불과할 뿐이라고 하더라도, 이러한 가능성은 윤리나 철학, 민주주의라는 관점 등에서 많은 문제의식을 야기한다. 실제로, 우리는 기후와 생명다양성에 대해서 염려하는 슈퍼지능으로부터 어떤 구체적인 이익을 끌어낼 수 있을까? 슈퍼지능은 우리에게 어떤 위험을 초래할 것인가? 그럴 경우, 슈퍼지능에게 가드레일이라도 설치해서 조심시켜야 할 것인가, 아니면 아예 '강한' 인공지능이라는 경계를 넘는 일을 삼가야 할 것인가? "우리는 이 기술을 향상시키기 위해 수십억 유로를 투자합니다. 진보의 속도가 매우 빠르다 보니, 사람들이 자문합니다. '우리가 정말로 성공하게 되면 무슨 일이 벌어질까?'라고요. 그건 누구나 반드시 제기해보아야 할 좋은 질문입니다." 인공지능 분야에서 세계적으로 인정받는 영국의 컴퓨터 전문가 스튜어트 러셀의 말이다.[56]

인공지능은 과연 무엇을 할 수 있을까? 우리가 만나본 대학교수들 여럿은 인공지능이 예를 들어 이제까지는 잘 파악되지 않던 기후 현상들을 밝혀낼 수 있고, 생태 시스템을 작동시키는 신비로운 상관관계를

'좋아요'는 어떻게 지구를 파괴하는가

파헤칠 수도 있을 것으로 생각한다.[57] 그런가 하면 다른 한 연구원은 인공지능에는 초정밀하게 가다듬어진 마케팅 기법 덕분에 소비자로서 우리의 무의식적인 동기를 조종함으로써 환경에 지대한 영향을 끼칠 수 있는 제품(가령 붉은 살코기 같은 것)에 대한 소비를 감소시키는 힘이 있을 거라고 내다본다. 하지만 무엇보다도 이 슈퍼지능이 기후와 생태계가 생산해내는 헤아릴 수 없이 많은 데이터를 집대성해서 그것들을 장기적인 보존 정책 형태로 방출할 수 있을 것이다. "우리는 향후 200년을 내다보는 환경 관련 전략을 수립하기 위해서 인공두뇌를 필요로 한다"고 렉스 코르스는 요약한다. "내가 보기에 그 같은 일은 인간들로는 가능하지 않으니까. 하지만 인공지능을 활용한다면 우리는 그와 같은 전략을 세우는 데 훨씬 앞서 나갈 수 있을 것이다."[58]

이러한 전망은 위험을 동반한다. 광물 자원과 에너지 자원의 소비를 감안할 때, 강한 인공지능은 실제로 지구에 혜택보다 피해를 더 많이 초래할 수도 있을 것이다. "적절한 지침이 없다면, 인공지능은 환경 악화를 가속화할 수 있다"고 PwC 보고서는 강조한다.[59] 비관적인 시나리오에 따르면, 인공지능은 2040년 무렵에 세계 전기 생산의 절반을 독차지하게 된다.[60] 게다가 우리의 모든 희망을 인공지능에 집중하는 건 결과적으로 기후 관련 행위의 책임을 미래 세대에게 떠넘기는 것과 마찬가지가 아닐까? "우리에게는 앞으로 10~20년 사이에 중대한 변화가 필요한데, 그때까지 인공지능은 우리가 원하는 수준에 도달하지 못할 것"이라고 한 연구원은 경고한다.[61] 그럼에도 기후문제는 디지털 업계 기업들이 인공지능 연구 가속화를 위해 내세울 수 있는 가장 훌륭한 명분이 되어준다. 여기에 더해서, 선의로 똘똘 뭉친 자들에 의해

이 도구의 변수 지정과 제어가 잘 이루어지리라고 우리가 어떻게 장담할 수 있을까? 슈퍼지능이 1970년대에 급진적인 생태철학인 심층생태학deep ecology을 창시한 노르웨이 출신 철학자 아르네 네스의 사상을 계승하는 행태를 모든 사람이 호의적인 시선으로 바라보진 않을 것이다. 아르네 네스는 "인간 삶의 만개는 개체 수의 실질적인 감소와 양립 가능하며, 인간 아닌 생명의 발전 또한 그와 같은 감소를 요구한다"고 주장한 바 있다.[62]

녹색 거인 대 인간?

우리는 여기서 강한 인공지능의 탄생이 몰고 올 가장 어마어마한(그러면서 동시에 걱정스러운) 도전을 고려해볼 수 있다. 강한 인공지능이 지구의 이익을 위해 내리게 될 결정들은, 어느 정도까지, 가령 인간의 자유를 제한한다거나 민주주의의 후퇴를 야기하는 식으로 인간에게 피해를 주는 결정이 될 수 있을 것인가? 오늘날에도 벌써 자연보호라는 이름으로 적지 않은 금지 조항들(육류 소비 금지, 오염이 정점에 도달했을 때 자동차 사용 금지, 비행기 타기 금지 등)이 합리화되고 있다. 그런데 슈퍼지능이 이러한 제한들을 이어가고 강화할 경우 무슨 일이 일어날 것인가? 이 질문 하나만으로도 '녹색 거인léviathan vert'은 가장 기본적인 인본주의 도덕을 포함하여 우리와 같은 가치들을 공유해야 마땅하다고 우리를 설득하기에 충분하다. 그도 그럴 것이, 또 다른 하나의 가정, 즉, 우리가 인공지능에게 부여하는 목표가 여러 말을 할 것 없이

'좋아요'는 어떻게 지구를 파괴하는가

인간이라는 종을 완전히 전멸시키는 방향으로 인공지능을 유도하는 것도 가능하리라는 전제가 대두되기 때문이다.[63] 이러한 위험에 대해 진지하게 파고든 몇몇 과학자들이 있는데, 이들에 따르면 인공지능이 환경을 보호하기 위해서 내릴 수 있는 가장 좋은 결정이란 환경에 피해를 주는 존재들을 제거하는 것일 터이다.[64] 자연보호가 그러므로 반드시 자연 속의 인간보호와 양립한다고는 볼 수 없을 것이다. 이 두 가지 목표는 양립 가능하기는커녕 오히려 완전히 이율배반적일 수 있게 된다. 이 경우, 우리는 적대적인 인공지능, 즉 '지구 친화적Earth friendly' 이지만 '인간 친화적human friendly'이지 않은 인공지능을 키운 셈이다. 그렇기에 스튜어트 러셀은 자연에 변별적인 정신적 지위를 부여하는 요즘의 사상적 기류에 부정적인 입장을 보인다. 그러한 태도가 자연으로부터 자연에게 이질적이고 자연을 훼손하는 존재들을 제거하는 행위를 합리화하는 토대가 되어줄 수 있기 때문이다.[65]

이러한 맥락과는 무관하게, 우리는 어찌되었든 녹색 거인이 제공하는 해결책들에 의해 추월당할 위험에 처해 있다. 우리를 통째로 그에게 맡겨버리는 것은 곧 공정하고 이론의 여지가 없는 목표를 위해 우리 자신의 중대한 결정권을 그에게 양도하고 실제로 그가 내리는 결정을 제대로 이해하지도 못하면서 온전히 그의 의지에 순종하는 것이 된다. 그럴 경우 환경 친화적인 인공지능이 통치하는 세기가 과연 우리에게 의미가 있을 것인가? 미국 리처드 닉슨 행정부와 제럴드 포드 행정부에서 국무장관을 역임한 헨리 키신저가 미국에서 발간되는 월간지 《더 애틀랜틱》이 인공지능에 할애한 흥미진진한 논단에서 피력했듯이, 중세 시대 내내 우주에 대한 우리의 이해는 종교에 의해 구조화되었다. 그 후 18세기에 접어들면 이성이, 19세기엔 역사가, 20세기엔 이데올로기가 차례로 종교의 역할을 대신한다.[66] 21세기에 우리는 보다 검소한 녹색 세계를 향한 우리의 항해에 대해 더는 그 어떤 암호도 (문자 그대로의 의미에서) 해독하지 못할 수 있다. 그렇기에 이처럼 역설적인 질문(전적으로 정보에 토대를 둔 세계가 지금보다 더 수수께끼 같을 수 있을까?)이 가능해진다.

철학적 성찰은 이쯤 해두자. 오늘날 이보다 훨씬 현실적인 문제들이 디지털 업계 주역들의 속내를 복잡하게 만들고 있으니 말이다. 거두절미하고 기술적인 관점에서 볼 때, 우리는 기하급수적으로 팽창하면서 생산, 교환, 저장, 처리되는 데이터를 감당할 수 있을 것인가? 디지털 인프라가 요구하는 엄청난 양의 에너지와 천연자원을 고려할 때, 네트워크는 5G와 모든 것의 인터넷이 예고하는 비물질의 쓰나미를 흡수할 수 있을 것인가? 과잉 연결된 우리 사회는 실제로 패러다임의 급진적인 전복을 낳는다. 풍요에 중독된 세계에 예정된 위협은 희소성에 의해 통제되는 세계가 겪는 시련보다 훨씬 막강하다. 축적이 결핍보다 훨씬 치명적인 것이 되어가고 있는 중이다. 그런데 다행스럽게도 인간의 뇌는 수십 년 전에 네트워크의 한계, 빨강과 파랑으로 향하는 우리 주의력의 한계, 자율주행 자동차의 한계, 수동적 펀드와 인공지능의 한계를 점점 더 멀리 물러나게 해주는 천재적인 발명품을 만들어냈다.

이 혁신적인 발명품의 이름은 바로 해저케이블이다.

'좋아요'는 어떻게 지구를 파괴하는가

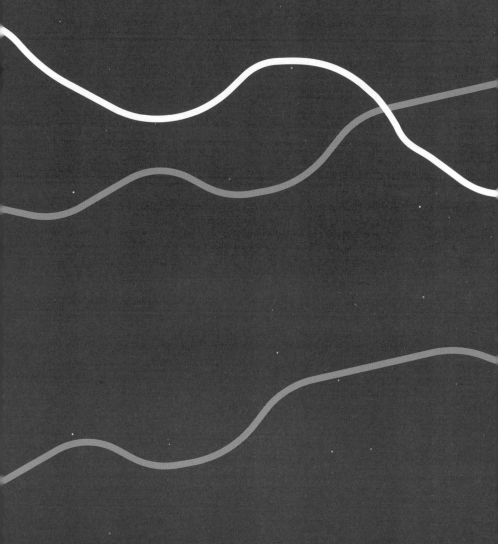

9
바다 밑 2만 개의 촉수

오늘날엔 기술적인 그 어떤 경계도, 물질적인 한계도 가상화를 향한 우리의 추구를 방해하지는 못하는 것 같다. 데이터 생산이 폭발한다 한들, 엔지니어들은 즉시 경이로운 혁신으로 반격을 가할 것이다. 기술을 통한 문제해결주의의 가장 두드러진 사례는 1993년 미국의 앨 고어 부통령이 한 연설에서 찾아볼 수 있다. 후세까지 전해지게 될 이 연설에서 그는 "오늘날 무역은 단순히 아스팔트로 포장된 고속도로상에서만 이루어지는 것이 아니라 정보의 고속도로에서도 펼쳐진다"고 선언했다.[1] 이건 비유가 아니다. 실제로 벌써 몇십 년째 인간은 인터넷 설비를 공고히 하고 그것의 놀라운 비상을 지원하기 위해 물리적인 회로 설치에 몰두하고 있다. 언제나 더 많은 데이터들이 생성되고 언제나 더 신속하게 교류된다. 이것이 앨 고어가 언급한 광케이블의 증식으로 인한 고조 현상이다.

인터넷의 파이프들과 우리의 첫 번째 접촉은 2020년 3월 11일 생질크루아드비 인근 라파레프레노 해변에서 성사되었다. 오전 8시도

'좋아요'는 어떻게 지구를 파괴하는가

채 안 된 이른 시각이었지만 대서양의 파도가 얕고 가는 방데 지역의 이 기나긴 모래 해변은 평소와 달리 분주했다. 열댓 명쯤 되는 사람들이 작업용 헬멧과 형광색 조끼를 착용한 차림으로 잔뜩 성이 난 바다와 잿빛 하늘을 살피는 중이었다. 미니플롱호는 해변에서 수백 미터가량 떨어진 바다에 떠 있는 몇 척의 소형 보트들 가운데 하나로, 그 배 위에서는 네 명의 잠수부들이 뭍에서 전해질 지시를 기다리고 있었다. 이웃 마을인 생일레르드리에즈의 로랑 부들리에 시장도 현장에 나와 있었다. "탈물질화엔 사실 물리적 현실이 동반되지 않을 수 없습니다." 시장이 목소리를 높인다. "데이터를 발송하고 수신받기 위해서는 반드시 접속이 존재해야 하니까요." 접속. 이것이 바로 이날 아침 라파레프레노에 시장이 나타난 이유였다. 실제로 그곳에서는 다소 예외적이라고 할만한 사건이 준비 중이었다. 사건이란 바로 구글이 소유한[2] 두 번째 국제 인터넷 케이블 뒤낭[3]의 해역 작업으로 이날 아침에 시작될 예정이었다.

열두 쌍의 광섬유와 초당 300테라바이트의 용량을 자랑하는 뒤낭은 이제껏 설치된 것들 가운데 최대 용량을 자랑하는 케이블 중 하나로 꼽힌다. 몇 달 후면 이 케이블이 미국의 워싱턴 남부 버지니아비치 시를 벨기에 도시 생길랭에 세워진 구글의 데이터센터에 연결해주게 될 터였다. 총 길이 6600킬로미터에 걸친 케이블 가운데 프랑스 해안을 통과하는 부분, 곧 케이블의 첫 부분이 이제 막 설치되려는 것이었다. "대서양을 가로지르는 해저케이블이라니, 이건 날이면 날마다 볼 수 있는 구경거리가 아니죠!" 해안에 정차된 두 대의 적재기 소유 기업의 영업 담당자 리샤르 브로가 들뜬 목소리로 말한다. 아마 20년 만에 처음 있는 일일 것이다. 그런데 어디에 쓸 거냐고? "유튜브, 온라인 게임." 역시 해안에서 작업 개시를 기다리는 한 전문 인력이 설명한다. "지금은 그 정도지만 미래엔 현재 한창 도약 중인 가상화폐들도 사용하게 될 것"이라고 시장이 덧붙인다.

어찌되었든 지금으로선 허연 게거품을 물고 해안을 향해 돌진하는 성난 바다가 잠잠해지는 것이 관건이었다. "빨리 시작하고 싶은데!" 일꾼 한 명이 속마음을 그대로 드러낸다. 하지만 최종 판단은 케이블의 해저 설치를 위해 파견된 애틀랜틱 스카팡드르 소속 잠수부들의 몫이다. 날씨가 궂으면 작업이 위험할 수 있는데, 그들은 이미 그 어떤 위험도 감수하지 않겠노라고 선언한 터였다. 일기예보는 여전히 우호적이지 않았다. 심지어 "바다가 오히려 더 요동치는 것 같군요." 구름 형세를 살피며, 뒤낭의 프랑스 설치 작업을 맡은 통신 사업자 오랑주[4] 소속 올리비에 세갈라르 팀장이 혼잣말처럼 중얼거린다. 명백한 사실 앞에서는 어쩔 수 없었다. 오전 9시, 작업 취소가 결정되었다. 미니플롱호는 생질크루아드비항으로 돌아왔고, 케이블 운송을 책임진 트라브오션 회사의 배는 레사블돌론으로 갔다. 날씨 때문에 작업은 2주째 계속 지연되었고, 오랑주사의 홍보 담당자 이지벨 들레스트르는 폭발 일보 직전이다. "신짜 짜증이 나려고 하네요. 배와 각종 설비 임대료로 하루 3만 유로가 그냥 날아가고 있거든요!"

그런데 더 우려가 되는 건 구글 측이 흰물떼새들의 일상에도 맞춰주어야 한다는 점이다. 회갈색 깃털을 가졌으며 몸길이가 15센티미터가량 되는 이 보호종 새는 3월 초만 되면 방데 해변에 둥지를 튼다. 다시 말해서 케이블과 정확하게 일치하는 궤적을 그린다. 녀석들이 둥지를 트는 시기가 다가오는 가운데, 새와 첨단 기술의 대립을 불러온 행정적 난투극에서 최종적으로 새들이 승리를 거둔 관계로, 며칠 후면 세계에서 제일 강력한 기업들 중 하나라는 천하의 구글이 뒤낭을 한동안 설치하지 못하게 될 터였다. 흰물떼새들에게 후손을 퍼뜨릴 시간을 보장해주어야 하기 때문이다. 한편, 더 넓은 주파수 대역폭을 기대해온 수억 명의 네티즌들은 속절없이 분노를 새기는 수밖에 없는 처지가 될 터였다. "이 모든 일이 고작 고양이 동영상 때문이라니!" 올리비에 세갈라르가 탄식한다. "오늘날에도 여전히 고등학교를 방문해보면 대다수 청소년들이 정보통신이 위성을 통해서 이루어진다고만 생각하죠. 실제로는 해저케이블이 일을 다 해주는데 말입니다."

인터넷 망 속에서 빛을 발하는 존재

인터넷은 거대한 수륙양용 네트워크다. 오늘날 전 세계 데이터 트래픽의 거의 99퍼센트가 공중이 아닌 지하, 그리고 바닷속에 펼쳐진 벨트를 통해서 이루어진다. 그러므로 우리의 위치 정보를 비롯하여 줌 회의는 헤이룽장성의 광산이나 스칸디나비아 하천, 대만의 하늘에만 흔적을 남기는 것이 아니다. 그 데이터들은 심연을 건너고 해협을 지나고 삼각주 지역을 고루 누비고 다닌다. 날이면 날마다 우리는 수천 킬로미터에 걸쳐 산재해 있는 케이블 수백 개의 도움을 받는다. 하지만 우리 중 압도적 대다수는 우리가 하는 통화며 우리가 주고받는 사진, 동영상 등이 우리 머리 위로 날아다닌다고 철석같이 믿고 있다. 왜냐하면 아마 우리의 디지털 행위로 인한 데이터가 처음엔 안테나(3G, 4G, 5G)로 전달되고, 그런 다음에야 광섬유 네트워크 속으로 들어가기 때문일 것이다. 올리비에 세갈라르는 아마도 "이륙 순간의 로켓이 연기를 뿜어내는 배보다 훨씬 인상적이기 때문!"일 수도 있다고 말한다. 그리고 또 한 가지 이유를 덧붙이자면, 1970년대엔 아직 초기 단계였던 데이터 송신을 위해 케이블과 위성이 경쟁을 벌이는 상황이었기 때문일 것이다. "당시엔 어떤 기술이 다른 기술을 능가하게 될 것인지를 두고 열띤 토론이 벌어지기도 했다"고, 한 전직 정보통신 케이블 엔지니어는 떠올린다.[5]

그러나 이 모든 것은, 당신이 이 책을 읽기 전까지, 빅데이터라는 것이 끼어들기 전까지의 이야기다. 놀라운 운송 역량과 비용 경쟁력을 고려하면 바다 밑 고속도로가 우주 고속도로에 승리를 거두게 되리라는 건 자명하다. 이 인프라의 진가를 제대로 알아보기 위해서 "인터넷 망이라 불러 마땅한 것 내부로 들어가 보자. 하수도와 비교하면 아주 흥미로울 것이다. 인터넷 망은 그다지 매혹적이지도, 눈에 확 띄지도 않지만, 그럼에도 없어서는 안 되는 존재"라고 한 텔레콤 전문가는 설명한다.[6] 자, 여기 금속으로 만든 가느다란 파이프들이 있다.[7] 폴리에틸렌(플라스틱)으로 싸인 이 파이프는 중심에 여러 쌍의 광섬유, 그러니까 유리 가닥들을 품고 있다(부록 9를 보라). 이 유리 가닥들 속으로 빛의 박동 형태로 코드화된 정보가 초당 약 20만 킬로미터의 속도[8]로 지나간다. 굉장히 긴 거리에서 신호를 유지하는 기술은 최근의 혁신이 가져다준 성과지만, 사실 지구의 나이만큼이나 오래된 원칙에 토대를 두고 있다. 태곳적부터 아메리카 원주민들이나 그리스 사람들, 중

'좋아요'는 어떻게 지구를 파괴하는가

국 사람들은 횃불이나 연기 신호 등을 빌어서 메시지를 전달했다. 그 러다가 1690년, 프랑스의 물리학자 기욤 아몽통이 신호기 사용에 대 한 아이디어를 냈다. "비법은 여러 개의 지점에 연속적으로 사람들을 배치하는 것이었다. 이 사람들이 망원경을 통해서 앞 지점에서 보내는 특정 신호를 지각하면 그것을 뒤에 있는 지점으로 전달하고, 그 지점 에서는 또 그 다음 지점으로 전달하는 식이었다"고 프랑스의 작가이자 과학자인 퐁트넬은 설명한다.[9] 1794년, 클로드 샤프는 이 장치를 한 층 더 완벽하게 다듬어 수백 킬로미터에 걸쳐서 설치했고, 이를 가리 켜 사람들은 '샵 전보télégraphe Chappe'라고 불렀다. 그로부터 거의 1세기 후, 1880년에 알렉산더 그레이엄 벨은 광선전화를 고안했는데, 이 설 비는, 그의 시적인 설명에 따르면, "그림자 소리를 듣게 해주"는 것이 었다.

그러니 인간은 수천 년 동안 줄곧 '빛이 곧 정보'라는 사실을 이런 저런 방식의 다양한 변주로 증명해보인 셈이다. "한 통의 이메일, 이것 은 곧 빛이다. 고양이 동영상, 이 또한 빛이다. 케이블을 설치하기 위 해서 사업가들은 게다가 '케이블에 불을 붙인다'는 표현을 쓴다"고, 텔 레콤 설비 관련 업체의 한 간부는 자상하게 설명해준다.[10] 달리 표현하 자면, 인터넷은 성능이 개선된 신호기들의 네트워크에 불과하다! 그리 고 네티즌이라고 하는 우리는 문자 그대로 빛을 발하는 자들이라고 해 도 과언이 아니다. 광섬유는 TAT-8이라고 하는 이름을 가진 최초의 케이블이 1988년 미국과 유럽 사이에 깔린 이후로 괄목할 만한 진보를 거듭했다. 이 케이블 덕분에 4만 명이 동시에 통화를 할 수 있음을 상 기해보라. 오늘날, 뒤낭은 50억 통까지도 감당할 수 있을 것이라는데,

이를 조금 더 우아하게 표현한다면 미국 의회도서관에 저장된 자료의 3배를 단 1초 만에 전달할 수 있는 것과 같다.[11] 이쯤 되면 우리는 왜 "빛의 머리카락"[12]이라는 시적 별명을 지닌 광케이블이 인터넷에 접속된 우리의 삶에 필수적인 인프라를 구축하면서 지구를 완전히 정복했는지 이해할 수 있다. 태평양 한가운데에서 고립된 나날을 보내본 통가 섬 주민 10만 명은 이 점에 대해서 누구보다 할 말이 많다! 2019년, 섬들을 이어주는 유일한 해저케이블의 파열로 이 섬의 주민들은 2주 동안 디지털 어둠 속에 갇혀 지내야 했다. 통가는 "세계의 다른 곳들로부터 고립되었다"고 한 전문가는 회상했다.[13] 일부 사람들에게, "벼랑 끝에서 머리카락 한 올 차이로 건져 올린 생명"이라는 표현이 이때처럼 잘 맞아떨어진 적은 없었을 수도 있다. 빛과 어둠을 갈라놓는 광섬유 한 올.

앞으로 약 450개의 '불붙은' 촉수가 깊은 바닷속을 도배할 것이며,[14] 그 길이를 모두 합하면 120만 킬로미터에 이를 터인즉 이는 지구 둘레를 30바퀴 도는 거리와 같다. 즉, 인터넷의 중추는 특히 물속에서 놀라운 증식력을 발휘한다. 물론 바닷속에 케이블 한 줄을 설치하는 데에는 수억 유로라는 막대한 비용이 든다. 하지만 이 비용조차도 단단한 땅을 파는 비용에 비하면 10배나 적다. 정보의 고속도로 지도(부록 10)는 불균등한 밀도를 보인다. 지부티의 허브들이나 수에즈운하, 믈라카해협 같은 지역엔 케이블이 잔뜩 설치되었는가 하면, 전혀 없는 지역(북극, 북한 해역)도 눈에 띈다. 어떤 케이블은 베네수엘라 인근 퀴라소섬과 보네르섬을 이어주는 길이 85킬로미터짜리 아메리고 베스푸치처럼 매우 짧은 반면, SEA-ME-WE-3(동남아시아South-East Asia, 중동

'좋아요'는 어떻게 지구를 파괴하는가

Middle East, 서유럽Western Europe의 머리글자를 따서 조합한 단어)처럼 북유럽에서 오스트레일리아까지 장장 3만 9000킬로미터라는 엄청난 길이를 자랑하는 것도 있다. 네트워크는 한 치의 망설임도 없이 계속 확장되고 있다.[15] 이 책을 쓰고 있는 지금도 수십 개의 파이프가 바닷속에 깔리고 있으며, 이런 속도라면 2030년 무렵 1000개 정도의 광케이블이 가동하게 될 것이다. 따라서 런던 과학박물관의 엘리자베스 브루턴 관장이 케이블에 할애된 전시실을 오가며 통찰력 있게 지적한 역설이 대두된다. "사람들은 '무선 세계'에 살고 있다고 믿죠. 하지만 따지고 보면 오늘날 우리는 과거의 그 어느 때보다도 더 유선으로 서로가 서로에게 단단히 묶여 있답니다!"

케이블과 고운 백사장, 그리고 비치타월

스카팡드르 애틀랜틱사 소속 잠수부들이 다시금 부름을 받아 출동했음은 두말할 필요도 없다. 어쨌거나 뒤낭은 설치되어야만 하니까. 이틀 후, 그러니까 2020년 3월 13일, 새벽부터 라파레프레노는 분주하게 돌아갔다. 날씨는 쾌청했다. 이번엔 틀림없이 작업이 가능할 터였다. 잠수부 한 명이 트라브오션호에서 동아줄을 잡아당겨 해변으로 신호를 보냈다. 해저케이블 부설선에 실려 있는 케이블은 동아줄의 끝에 매달려 있다. 뭍에서 적재기가 동아줄을 조금씩 조금씩 되감자 열을 지어 배치된 노란 튜브들에 의해서 수면에 떠 있는 뒤낭이 천천히 따라왔다. 모두들 어린아이처럼 들뜬 마음으로 작업 상황을 지켜보았다. 함성이 터져 나왔다. "와아, 케이블이다!" 사람들은 흥분하고 덩달아 목소리도 점점 높아지면서 농담이 난무했다. "사진 찍어야지!" 누군가가 잊고 있었다는 듯 황급히 말했다. 올리비에 세갈라르는 오랑주 그룹 표시 스티커를 튜브 하나에 붙이고는 사진 촬영을 위해 자세를 잡았다. 입이 귀에 걸릴 정도로 환하게 미소 지었다. "케이블을 끌어냈다!" 시각은 오전 8시 15분이었다.

이제 동력삽들이 투입될 차례였다. 모래언덕 아래쪽 모래 속에 파묻혀 있는 콘크리트 배관까지 길이 75미터짜리 구덩이를 파야 했다. 그리고 그 안에 소중한 파이프, 즉 물뿌리개 대롱보다 가늘면 가늘지 더 굵지 않은 케이블을 집어넣어야 했다. 인부들이 서둘러서 케이블을 주철로 된 보호대로 감쌌다. 밀물이 들어오기 전에 그 작업을 끝내야 했다. 잠수부들은 물속에서 뒤낭이 해변 모래 위에서 엉키지 않도록, 그리고 바위와 만나지 않도록 손질했다. 저녁 무렵 쟁기를 닮은 로봇이 케이블이 물속에 단단히 잠기도록 바다의 바닥에 깊이 1미터가 넘는 고랑을 팔 것이었다. 업계 사람들은 공통적으로 케이블을 파묻는다고들 말한다. 해안에서 깊숙이 들어온 곳에서는 그 케이블을 지하에 위치한 인스펙션 챔버inspection chamber와 연결한 다음 시간영역반사계 time-domain reflectometer를 가지고 제대로 작동하는지 검사한다. 양동이를 손에 들고서 얼굴을 잔뜩 찌푸린 채 지나가던 사람 하나가 다가오더니 무얼 하는 중이냐고 물었다. 사람들이 그에게 설명했다. "그런 것들을 바닷속에 자꾸만 집어넣는 대신 바다나 깨끗이 청소하는 게 백번 낫지 않겠소!" 노인이 언성을 높이며 항의했다. "난 어째 영 좋아 보이지 않아요. 아무짝에도 쓸모없는 것들을 처넣다니! 그 잘난 포르노 영화나

'좋아요'는 어떻게 지구를 파괴하는가

보자고 이 법석을 떨다니."

15시, 작업이 마무리되어갔다. 프랑스 측에서 보면 뒤낭은 파리 쪽
으로 펼쳐져서 낭트와 니오르를 거쳐 벨기에로 넘어가게 될 것이다.
"신중을 기하기 위해, 케이블을 두 가지 각기 다른 경로로 진행하게 합
니다." 한 엔지니어가 설명했다. 모든 건, 동력삽이 케이블을 절단 내
고, 그 때문에 인터넷 트래픽이 모두 멈춰 서는 식의 예기치 못한 불상
사에 대비하기 위해 "복제되어 있다"고 그가 덧붙였다. 7월이 되면 배
가 생일레르드리에즈 인근 해역에 놓인 케이블 끝부분을 찾아서 그걸
새로운 구간과 이어주면서 감긴 케이블을 풀어 버지니아비치까지 갈
것이다.[16] 시장이 이 행사를 위해 일시적으로 '미국의 관문'이라고 이
름 붙인 라파레프레노에서 동력삽들은 구덩이 메우기를 끝마쳤다. 이
제 밀물이 군데군데 남아 있는 흔적들을 말끔하게 지워줄 것이다. 해
변은 다시금 새롭게 태어났다. 시장은 "몇 달 후엔 관광객들이 뒤낭 위
로 비치타월을 펼칠 것!"이라고 예상하며 싱글벙글 미소 지었다. "내
생각에 그 관광객들은 자기들이 등을 대고 누운 모래 밑으로 그들이
찍어 보내는 휴가 사진들이 돌아다닌다는 사실은 꿈에도 모를 것"이라
는 말도 덧붙였다.

이보다 몇 주 전엔 유럽의 해저케이블 업계에서 활동하는 엔지니
어들이며 영업 담당, 컨설팅 관계자, 전략가들이 모두 모여 런던 도심
의 대규모 컨벤션 홀에서 회합을 가졌다.[17] 짐작하다시피, 빅데이터,
사물인터넷, 인공지능 같은 것들 덕분에 이 업계는 한창 뜨는 중이다.
해마다 11퍼센트씩 증가하고 있는 업계 총매출은 2025년이면 220억
달러에 이를 것으로 추정된다. 회합의 한 참가자는 이 예측을 확인이

라도 하듯 "우리 업계는 현재 대대적인 도약 중입니다. 계속해서 공사를 하고 있거든요"라고 설명해준다.[18] 회합 기간 내내 패널 토론 시간이건 기조연설 때건 전문가들 입에서는 그들만의 비법이 담긴 특별한 언어가 떠나지 않았다. '역량 증가', '완벽화된 해저 시스템', '개발 계획' 또는 '바이트당 비용' 같은 표현들이 이 특별한 네트워크 설계자들을 사로잡고 있는 광적인 합리성을 드러내 보이는 것 같았다.

이 입계는 자신의 실상을 백일하에 드러내기를 꺼린다. 심지어 한 엔지니어는 "해저케이블을 보호하는 가장 좋은 방법들 가운데 하나는 거기에 대해서 언급하지 않는 것"이라고 노골적으로 말할 정도다. 그렇긴 해도 우리는 이 분야가 대략 파이프 소유주(일반적으로, 도이치텔레콤, AT&T, 텔레콤이탈리아, 보더폰, 오랑주 등과 같은 통신 사업자)와 제조업체(알카텔서브마린네트워크, 서브콤, NEC …), 그리고 인프라를 설치하고 유지 보수하는 선박 소유주(글로벌 마린 시스템스 Ltd.가 대표적), 이렇게 세 부류로 구조화되어 있다는 사실 정도는 알 수 있다. 여기서 중요한 사실 하나. 그들이 추구하는 수직적 통합 전략에 맞추어 GAFAM은 이제 자신들만의 자체 파이프를 소유하고 있으며, 이 때문에 통신 사업자들을 심란하게 만들고 있다. 페이스북이 유독 해저 설비에 전념하는 틈을 짠 데에는 그 나름대로의 이유가 있다. 2013년, "SNS에서 자동 동영상 재생 기능을 개시하자 불과 몇 시간 만에 이 서비스가 너무도 넓은 주파수 대역폭을 장악한 탓에 페이스북의 네트워크가 거의 먹통이 되었다"고 한 해저통신 전문가는 회상했다.[19] 그러니 차라리 자력으로 인프라를 갖추는 편이 낫다고 판단했다는 뜻이다. 페이스북이 하면 나도 한다는 경쟁자들이 속속 나타나는 건 어찌 보면 당연한 수

'좋아요'는 어떻게 지구를 파괴하는가

순이었다. 케이블 업계는 따라서 점점 더 그 수가 늘어나는 구글, 아마존 같은 업계 공룡들(이들은 자신들의 콘텐츠가 통과하는 통로까지 통제하기를 원한다)과 상생을 모색하지 않으면 안 되게 되었다. "대서양 축을 볼 것 같으면, 3년 전엔 GAFAM의 시장 점유율이 5퍼센트였는데, 오늘날엔 50퍼센트가 넘으며, 이 비율은 3년 안에 90퍼센트까지 올라갈 것"이라고, 한 해저통신 전문가는 《레 제코》에 기고한 글에서 강조한다.[20]

런던 회합에서 나온 발언들을 보자. "냉전 직후 라트비아와 스웨덴 사이에 설치된 LV-SE 1이 가장 전개하기 어려운 시스템이었다. 바다가 얼어붙은 데다 보험사들이 발트 해저를 검사해야 한다고, 기뢰가 대량으로 매장되어 있지 않음을 확인해야 한다고 요구했기 때문이었다", "최초로 아이디어가 떠오른 후 실제로 케이블이 가동에 들어가기까지는 10년, 아니 15년이 소요된다. 때로는 케이블 설치 계획이 아예 백지화되어버리기도 한다", "미래의 기뢰들은 케이블 설치에 장애가 될 것인가?", "케이블의 킬로미터당 단가는 지난 수십 년 동안 변동이 없었으나, 성능은 초기에 비해 수십억 배로 향상되었다", "우리는 이 분야에서 늙어가는 전문가들로, 젊은 인재들을 끌어오는 데 성공하지 못하고 있다", "나는 앞으로의 천 년을 위해 광섬유 전송 기술보다 더 나은 기술은 알지 못한다", "여러분들이 파이프를 대서양 북쪽으로 끌어올릴수록 케이블은 장기간 버틸 수 없게 될 것이다. 빙하 조각들이 케이블에 손상을 입힐 수도 있기 때문이다" 등등.

아닌 게 아니라, 인터넷의 척주는 세계 어디에서나 탄탄한 하부구조를 자랑한다고 하나, 그 구조가 국지적으로는 허약할 수 있다.[21] 해마다 알려지는 손상이 150건 정도 될 것으로 추정된다.[22] 한 예로,

2006년 말, 대만에서 진도 7의 지진이 발생하면서 루손해협 인근에 설치되어 있던 광케이블 회로의 대부분이 훼손되었다. 그 결과, 대만과 홍콩 그리고 나머지 동남아시아 지역의 연결을 복구하기 위해 49일간 11척의 선박이 동원되었다.[23] 2017년에는 태풍으로 마르세유와 알제리의 안나바를 잇는 SEA-ME-WE 4 케이블이 손상되면서 알제리 인터넷 트래픽의 80퍼센트가 이틀 동안 먹통이 되었다.[24] 그로부터 1년 후엔 서부 아프리카의 열두어 개 나라가 느림보가 된 인터넷 때문에 열흘 동안 고생했다. 트롤선 한 척이 아프리카 해안과 유럽을 잇는 해저케이블 ACE를 잘못 건드려서 벌어진 사고였다.[25] 한 연구에 따르면, 해양 풍력발전 설비와 심해 굴착 활동보다도 어선들의 닻과 화물선이 인터넷 척주의 으뜸가는 위협 요인이다.[26] 그러니 네 갈고리 닻을 내리다가 순간의 부주의로 세계의 거미줄 망을 싹둑 절단할 수도 있는 트롤선을 조심하시라! 수리 비용은 선박의 선장(아니, 그보다는 선박의 보험업자)이 물어야 하는데, 그 비용이 경우에 따라서는 100만 유로까지도 올라간다.

어부들과의 공생은 그러므로 항상 평온하기만 한 건 아니다. 예를 들어 세계에서 가장 많은 선박들이 드나드는 바닷길 가운데 하나인 도버해협의 경우, 날마다 800척의 선박이 오간다. 바꿔 말하면, 날마다 해저케이블 SEA-ME-WE 3의 위로 800척의 배가 지나다닌다는 말이다. "케이블은 해저에 따라 수면으로 올라오는 경우도 있다. … 트롤선은 그 곁으로 지나갈 수 있으나, 그물망어선[27]의 경우는 고기잡이 도구를 하루 24시간 내내 물속에 놓아두기 때문에, 반드시 케이블의 상황에 대해 미리 알고 있어야 한다. 그렇지 않으면 공존에 지장을 주는 문제가 발생할 수도 있다"고 한 어부 협회의 대변인이 사정을 알려준다.[28] 정어리잡이 배가 영국과 유럽을 이어주는 끈을 동강 내는 일은 피해야 하지 않겠는가. 그러자니 "어부들 측에서 신물을 낸다. 어부들은 이제 제대로 불만을 쏟아내는 중"이라고 그들의 대표 가운데 한 명이 목청을 높인다. "전에는 도버해협에 우리 어부들뿐이었으나, 지금은 바다에 대해서 토지대장 들여다보듯 한다. 바다를 조각조각 잘라버렸다는 말이다."[29] 상어들도 조심해야 한다. 한 보고서엔 "녀석들의 이빨에 걸리면 케이블의 절연체에 구멍이 뚫려버린다"는 기록도 등장한다.[30] "케이블 배관 안에서 상어 이빨을 찾아낸 적도 있다!"고 기억하는 전문가도 있다. 심지어 잦은 폭풍우(기후변화의 결과)도 해저 지반의 움직임을 심화시킴으로써 웹의 몇몇 구간을 약화시킬 수 있다.[31]

인터넷 인프라의 취약 구간은 때때로 고의에 의해 파손되기도 한다. 2009년, '폭도들'이 캘리포니아 새너제이 지역에서 광케이블의 네 개 구간을 절단했으며,[32] 그보다 2년 전엔 '해적들'이 그 안에 들어 있는 금속들을 내다 팔려는 욕심에서 베트남 인근 해저케이블 T-V-H(태국-베트남-홍콩)의 11킬로미터 정도를 끌어올려서 유명해지는 사건도 있었다![33] 그 결과 '해양의 구조대원들'이 훼손된 부분을 찾아낼 수 있는 잠수함을 보내 상시적으로 못 쓰게 된 케이블을 절단하고, 잘라낸 부분을 대체하여 트래픽을 복구한다. "해저케이블 부설선들이 케이블 복구에 엄청나게 많은 시간을 쏟지 않는다면 세계의 인터넷은 불과 몇 달 만에 끊겨버릴 것"이라고, 한 해저케이블 전문가는 말한다.[34] 아, 저주받은 케이블인가? 아마도 프랑스 오랑주 그룹에 속한 케이블, 적어도 해저 30미터에서 오스텐더로 이어지는 그 케이블은 그런 것 같다. 오랑주의 한 간부가 "우리는 벌써 그걸 아흔한 번째 수선했으니까요"라고 탄식하니 말이다.[35] 오스트레일리아와 뉴질랜드가 1990년대부터 초유의 결정을 내린 데에도 충분히 그럴만한 까닭이 있다. 이 나라들은 17개의 케이블 보호구역을 설정했다.[36] 이 구역 내에서는 인터넷 네트워크의 훼손을 방지하기 위해서(이들 국가는 섬이기 때문에 인터넷이 전략적으로 더 중요하다고 할 수 있다) 배들의 정박이며 어로 활동이 일체 금지된다. 벌금 액수 또한 이에 비례해서 막중하다. 위반자에게는 최대 28만 5000유로의 벌금이 부과된다.[37] 미흑점상어나 핑크스컹크클라운피시, 빅벨리해마처럼 태평양 지역의 토종 물고기들에게는 '포트나이트' 같은 온라인 게임이나 〈브레이킹 배드〉 같은 드라마에 대한 인간의 사랑이 만들어낸 이 성소에 모여서 살 것을 강력 추천해야 할 판이다. 대양 한 귀퉁이에 플라스틱으로 감싸인 채 길게 누운 철사 한 줄이 그 녀석들에게 최후의 보금자리가 되어줄지니….

벌어들인 시간을 찾아서

트롤선의 닻이 세차게 훑고 가는 어로 지역, 생태 보호 지역, 해저 화산 … 이런 것들은 해저케이블이 우회해야 하는 장애물이다. 거의 대부분의 경우, 마술 같은 건 전혀 없다. 정보가 초당 20만 킬로미터의 속도로 이동하다 보니, 어쩌다 우회하게 되더라도 네트워크의 속도엔 거의 영향을 끼치지 않는다. 페이스북 '사용자로서 우리의 경험'은 솔직히 그런 소소한 것들 때문에 뒤집어지지는 않는다. 하지만 사용 빈

'좋아요'는 어떻게 지구를 파괴하는가

도가 매우 높은 트레이딩의 경우라면 사정은 완전히 달라진다. 앞 장에서 보았듯이, 로봇 트레이더들은 고작 몇 밀리세컨드 때문에 전쟁을 벌인다. 거래소에 지시를 내림에 있어서 아주 근소한 시간 차가 엄청난 액수를 벌어주기도 하고 잃게도 하는 것이다. 셀마 헤이엑이 출연한 벨기에와 캐나다 합작영화 〈벌새 프로젝트〉는 이러한 사정을 줄거리로 삼고 있다. 뉴욕에 사는 두 사촌이 해저 광케이블을 캔자스시티와 뉴욕 거래소 사이에 최대한 직선으로 팽팽하게 매설함으로써 세계 금융 시스템을 흔들어보자고 의기투합한다.[38] 1밀리세컨드라는 시간을 벌어서 해마다 5억 달러를 챙기겠다는 것이 이들의 목표다. 시나리오는 재기 발랄하고 배역들도 구미를 당긴다.

게다가 무엇보다도 허구가 아니다.

자, 2010년으로 돌아가자. 2010년은 미국 회사 하이베르니아 애틀랜틱이 케이블 하이베르니아 익스프레스 설치 계획을 발표한 해이다.[39] 이것은 대서양을 가로지르는 최초의 해저케이블일 뿐만 아니라, 이 계획의 설계자들에 따르면, 런던 거래소와 뉴욕 거래소 사이를 왕복 60밀리세컨드가 채 안 되는 시간에 이어주는 4600킬로미터짜리 통로이기도 하다. 여기서 숫자들은 굉장히 중요한 의미를 갖는다. 왜냐하면 대서양의 양쪽을 이어주는 케이블 모두가 다 합해서 몇 밀리세컨드를 벌어준다는 뜻이기 때문이다. 투자비는 무려 3억 달러에 이르니, 굉장하다는 말로밖에 달리 표현할 수 없지만, 그런 건 아무래도 상관없다! 하이베르니아 애틀랜틱에서는 이 시스템이 트레이딩 회사들의 구미를 당길 것이라고 굳게 믿는다. 트레이더들이란 손가락으로 클릭 한 번 하는 시간마저도 너무 길고, 눈꺼풀 한 번 깜빡하는 데 걸리는 시간(100밀리세컨드)이라면 그건 뭐 영원이라고 여기는 사람들이니까. 결국 영국 국민이자 케이블 업계의 노회한 투덜이 알라스데어 윌키가 작전 지휘를 맡는다.

그는 말수가 많은 인물인지라 기꺼이 "유일무이한 케이블을 위해 높은 자리에서 일하면서 보낸 2년이라는 세월!"에 관해 아주 세세한 것까지 미주알고주알 다 떠들어댄다.[40] 세 살배기라도 알라스데어 윌키와 그가 시휘하는 200여 명의 사나이들에게 주어진 임무를 훤히 꿰뚫을 수 있을 지경이다. 그 임무란 가장 곧게 뻗은 길로 가는 것, 즉 가장 직선에 가까운 선을 긋고 거기에서 최대한 벗어나지 않아야 하는 것이니까. 아주 소소한 곡선, 거의 잘 보이지도 않는 커브라도 있으면 여정이 길어진다. 거리는 곧 시간이고, 시간은 곧 돈이기에 길어진 거리는 손해 보는 돈이 된다. 이처럼 대단히 산술적인 논리에 따라, 작전은 자를 대고 해도海圖 위에 똑바른 직선을 긋는 것으로 시작된다. 아니, 그게 작전의 전부다. 하지만 이 직선을 따라가는 여정은 무모하고, 심지어 위험하기까지 하다. 많은 트롤선들이 왕래하는 얕은 물속[41]을 지나 빙하들이 떠다니는 북대서양을 가로질러야 한다. 너무도 불안해서 지난 한 세기 동안 아무도 가지 않았던 길이다![42] 하지만 윌키는 좌절하지 않는다. "모두가 말했지, 위험을 감수해야 논으로 주머니를 채울 수 있다고 말이야." 그가 기억을 되살린다.[43] 환경 영향력 진단 결과 그가 그은 직선이 미크맥족의 조상 대대로 내려오는 어로 구역을 통과한다는 판정이 나왔다. 미크맥족은 캐나다 대서양 연안의 세 개 주[44]를 차지하고 있는 원주민이다. 하지만 모든 문제엔 해결책이 있기 마련이다. 오타와시의 호의를 얻기 위해 알라스데어 윌키는 미크맥족

'좋아요'는 어떻게 지구를 파괴하는가

출신 사나이 두 명을 고용한다![45]

사업계획서에 승인이 난 후에는 미래의 해저케이블이 통과하게 될 곳을 정비해야 했다. 해저케이블은 82개의 낡은 로프가 방치되어 있는 곳을 지나가게 되어 있다. 만일 그 로프들이 해저 밑바닥에서 솟아오르기라도 하는 날엔 하이베르니아 익스프레스 케이블까지 끌어올릴 수도 있다. 그러므로 여러 척의 선박이 동원되어 4개월 동안 내내 케이블을 63개의 조각으로 잘랐다.[46] 그 작업이 끝나자 이제 케이블을 늘어뜨리는 과정의 시작이었다. 이번에도 4개월 내내 두 척의 배가 캐나다의 핼리팩스와 영국의 브린에서 하이베르니아 익스프레스를 펼쳤고, 그 사이에 세 번째 배는 케이블의 양쪽 끝을 북대서양 한가운데에서 하나로 결합시켰다. 날씨 조건이 늘 좋은 건 아니었다. 캐나다 부근에서는 석유 플랫폼들과 두 개의 가스관[47]을 우회해야 했다. 유럽 쪽 사정으로 말하면, 알라스테어 윌키는 매년 20만 유로의 요금을 지불해야 하는 패스트넷록[48] 인근 아일랜드 영해를 피하고 싶었지만, 그러려면 2킬로미터짜리 우회로를 만들어야 할 판이었다. "100킬로미터를 주파하는 데 1밀리세컨드면 충분하니, 이 우회로를 택한다고 해도 실제로 시간이 거의 늘어나지 않는 셈"이라고 윌키는 상황을 상대화했다. 케이블이 캐나다 동부 해안에 안착하자 이제는 헤르츠 안테나 네트워크를 통해서 정보를 통과시키는 일만 남았다. "빛은 광섬유 속보다는 대기 중에서 훨씬 빨리 이동하거든요." 케이블 업계 전문가의 설명이다.[49]

2015년 9월 15일, 하이베르니아 익스프레스가 마침내 불이 붙을 준비를 마쳤다. 하이베르니아 애틀랜틱 측의 간부들은 우쭐댔다. 그들의 광케이블 회로가 58.95밀리세컨드,[50] 그러니까 경쟁 업체보다 5밀리세컨드 더 빠르게 두 지점을 연결해주는 데 성공했기 때문이었다(부록 11). 알라스데어 윌키는 샴페인 잔을 들고 건배했다. "우리가 시장을 죽였다!" 그가 으스대며 외쳤다. "주요 트레이더들은 모두들 곧 하이베르니아 익스프레스에 접속했습니다. 난 우리 기록이 깨질 거라고 생각하지 않습니다." 케이블이 손상되거나, 일론 머스크와 그가 만든 위성통신서비스 스타링크가 쏘아 올린 위성처럼 낮은 궤도를 도는 위성들의 무리가 언젠가 지금보다 30퍼센트 빠른 서비스를 제공(이건 기술적으로는 가능한 일이다)하지 않는다면 그럴 것이다.[51] 여하튼 그때까지는 계속 하이베르니아 애틀랜틱에 고객이 쇄도할 것이다. 트레이딩 기업들은 자기들 그림자보다 더 빨리 사고팔기 위해서라면 무슨 짓이든 할 준비가 되어 있다. "하이베르니아 익스프레스 접근 비용은 고객이 '정상적인' 방식을 택할 때보다 100배나 더 비싸다"고, 익명을 요구한 한 전문가가 구체적으로 귀띔해준다. "그렇지만 우리 고객들은 수십억 달러를 주무르는 사람들이니까요. 만일 이 회로를 택하지 않아서 좋은 기회를 잡는 데 방해가 된다면, 뭘 망설이겠습니까. 비용이 얼마가 들어도 그 회로 접근권을 따내야죠."[52]

인터넷이 거리를 단축시켜준다는 점에 주목하는 건 흥미롭다. 그런데 하이베르니아 익스프레스의 공사 담당자들은 줄곧 킬로미터 수를 따지고 또 따졌다. 뿐만 아니라 웹이 국가 간 경계도 없애줄 것이라고 했는데, 각국은 케이블이 지나가는 곳에 위치한 자국 영토의 주권을 행사하기를 원했다. 디지털 업계는 지리를 무시하기는커녕 극구 찬미한다. 웹 설계자들은 이러한 사실들을 그 누구보다도 잘 알고 있다.

반면, 그들은 웹의 촉수들이 환경에 미치는 영향에 대해서는 관심을 가져봤을까?

웹의 파이프들을 위한 제2의 삶

2020년 11월의 어느 아침나절에 포르투갈 포르투 북부 레이숑이스 항 2번 부두에서는 희한한 작업이 진행 중이었다. 사흘 전에 닻을 내린 레일라호(길이 60미터가량 되는 화물선으로 빨강과 파랑으로 외관을 칠한 모습이었다)가 코일 감는 기계의 도움을 받아 수 킬로미터에 이르는 광케이블을 뭍으로 토해내는 것이었다. 아스팔트 위엔 벌써 화물선의 네 개의 저장고로부터 육지로 전해진 돌돌 말린 케이블 뭉치 200개가 양파처럼 나란히 배열되어 있었다. 스무 개 남짓한 중계 장치들[53]도 옆에 있는 컨테이너 속에 들어 있었다. 중유가 연소되는 냄새 속에서 갈매기 울음소리를 벗 삼아 시속 15킬로미터를 유지한다면, 레일라호 선원들이 바다로부터 부두까지 CanBer와 TAT-9 시스템을 구성하던 조각들을 모두 옮기는 데 앞으로도 이틀이 더 필요할 터였다. CanBer니 TAT-9 같은 이름을 언급한다는 것은 텔레커뮤니케이션의 역사를 향해 창을 여는 것이라고 할 수 있다. CanBer는 1971년에 캐나다와 버뮤다 사이에 설치되었다. 그로부터 20년 후, TAT-9가 미국을 스페인과 연결함으로써 특히 북미의 TV 시청자들이 1992년 바르셀로나 올림픽의 한 장면도 놓치지 않을 수 있었음을 상기하라!

"그간 기술이 진화했음을 고려할 때, 이 케이블들은 8~9년 전에 작동을 멈추었다"고 레일라호의 루디 라인더스 선장이 설명한다. 네덜란드 출신으로 나이는 50대, 약간 불안한 듯한 시선을 지닌 선장이 이끄는 화물선은 그러니까 이 고철을 수거하기 위해 파견되어 미국의 뉴욕주와 캐나다의 뉴스코틀랜드 부근 바다를 포함하여 다른 몇몇 구역까지 총길이 1189킬로미터에 이르는 항해를 감행했다. 우리는 그 항해에 함께하고 싶다고 요청했으나, 레일라호를 임차한 기업 메르텍마린 측이 그러려면 석 달 동안 줄곧 바다에서 생활해야 한다고 미리 알려주었고, 그 덕분(!)에 우리는 제대로 풀이 죽어 기권하고 말았다! 루디 라인더스 선장은 우리를 저장고로 안내했다. 그곳에서는 무려 1300톤짜리 기다란 '바다뱀'이 몸을 빙빙 돌리고 있었다. 물속에서 수십 년을 보냈건만 두 괴물은 완전히 새것 같아 보였다. 스웨덴 라플란드 지역의 이미지가 우리 머릿속에서 중첩된다. 레일라호의 화물창 안에서든 하이드로66 데이터센터 안에서든 인터넷은 특정한 색을 지니고 있다. TAT-9의 노란색, CanBer의 연두색, 중계 장치들의 검정색 등. 색뿐 아니라 나름대로의 물성도 있다. 단단하고 빳빳한 굴착 막대처럼 말이다. 그리고 맛도 지녔다. 아직도 축축하게 물기를 머금은 케이블은 짭짤하다. 루디 라인더스 선장, 그는 그런 것 따위엔 거의 주의를 기울이지 않건만 2014년 이후만 보더라도 그는 벌써 3만 킬로미터나 되는 케이블을 대서양과 태평양의 밑바닥에서 건져 올렸다. 이 네덜란드 사나이는 생태주의자라는 호칭을 한사코 마다하지만, 누가 보아도 친환경적인 감수성을 지닌 게 분명하다. "새로운 케이블을 펼치기 전에, 과거에 깔아둔 것을 회수하는 작업이 선행되어야 합니다! 바다를 깨끗하게 청소하는 건 좋은 일이죠."

'좋아요'는 어떻게 지구를 파괴하는가

100만 킬로미터에 달하는 폐기 처분된 광케이블 회로, 때로는 '좀비 케이블'이라는 별명으로도 불리는 이 폐기물은 오늘날 바다 깊숙한 곳에 방치되어 있다. 케이블의 평균 수명은 약 25년 정도이며, 그 기간이 지나고 나면 소유주들은 "이것들을 재활용해야 한다는 윤리적 판단 따위는 나 몰라라 한다. 나는 환경을 위하는 마음의 소리에 귀를 기울였다는 소유주라고는 단 한 명도 만나보지 못했다"고, 이 업계에서 활동하는 한 현역은 말한다.[54] 이러한 현실은 논리적으로 케이블이 환경에 끼치는 영향이라는 문제를 제기하도록 이끈다. 예를 들어 몇몇 연구원들은 이러한 설비가 통과하는 해저 밑바닥의 자기장이 유의미하게 증가하지 않을지, 그리고 그것이 주변 생태계에 영향을 끼치지 않을지 궁금해한다.[55] 더구나, 이 같은 설비의 존재로 말미암아 그 전까지 주변 생태계에는 알려지지 않았던 동식물이 그곳을 서식지 삼아 수를 불려 나갈 수도 있을 것이라는 추측도 가능하다.[56] 1957년, 한 연구원은 고래들과 향유고래들이 낡은 전보용 케이블에 목이 졸려 숨을 쉬지 못하는 광경을 관찰했는데, 그와 같은 참사는 그 후 다시는 일어나지 않았다.[57] 일부 케이블은 보호해역을 약화시킬 우려가 있는데, 이 케이블의 소유주들은 대부분의 경우 이러한 구역을 우회할 의무가 있다. 요약하자면, 인터넷이 환경에 미치는 영향은 거의 제로에 가까울 것이다. 그럼에도 사업자들은 경계를 풀지 않는다. 이들은 5G가 인간의 신체 건강에 미치는 영향력에 대한 논쟁이 생물 전반에 미치는 영향력에 대한 논쟁으로 확대되는 것을 원하지 않는다. "행정 허가를 받는 것만으로도 엄청 복잡하고 까다로운데, 거기에 더해서 그린피스나 케이블의 완벽한 무해함을 알지 못하는 해저동물 보호 단체들까지 상

대해야 한다면 우리는 어찌할 도리가 없지 않을까" 염려된다고, 익명을 청한 한 해저케이블 전문가가 걱정했다.

이 같은 설명은 하지만 우리가 바다에 조그마한 공간이라도 보일라치면 얼른 차지하려 할수록 점점 더 중요성을 갖게 될 하나의 질문, 즉 '점점 늘어나는 구식 케이블을 어떻게 처리할 것인가?'라는 질문마저 피해갈 수 있게 도와주지는 못한다. 레이숑이스 항구에서 9000킬로미터 떨어진 남아프리카공화국의 도시 케이프타운에서 메르텍마린의 알윈 뒤 플레시 대표는 한 가지 사업을 진두지휘하고 있는데, 그 사업 이야기를 듣는 사람이라면 일반적으로 얼이 빠져버린다. 바로 방치된 인터넷 거미줄을 저 깊은 해저 밑바닥에서 건져 재활용하는 것이다. 그는 "이렇게 하는 게 광산에서 원자재를 공급받는 것보다 언제나 낫다"고 주장한다.[58] 2008년부터 메르텍마린은 세 척의 배를 동원해 광케이블 회로 수만 톤을 건져 올렸다.[59] 케이블이 함유하고 있는 강철과 구리는 메르텍 소유의 한 공장에서 재활용된 다음 울타리나 전자 제품을 생산하는 데 사용된다. 중계 장치는 남아프리카 원자력에너지 회사(NECSA)에 넘겨준다. 뒤 플레시 대표의 말대로라면, 그의 사업이 거저먹기처럼 쉬운 건 절대 아니다. 우선 케이블을 소유주에게 사들여야 하는데, 그 가격은 200만 유로까지 올라갈 수 있다. 파이프를 재생하는 비용은 가히 천문학적인데 원자재 시장은 불안정하므로, 메르텍마린의 사업 모델의 경제성 또한 안정적이지 못하다.[60]

그리고 무엇보다도 케이블을 찾아내야 하는 문제가 있다! 어떤 것들은 해저 7000미터나 되는 곳, 그러니까 거대한 물 한가운데 잠들어 있다. 그런 깊이라면 레이더로 찾아내기란 불가능하다. 따라서 동원할 수 있는 수단이란 수단은 닥치는 대로 전부 다 시도해보아야 한다. "우리는 케이블의 위치가 표시된 지도를 가지고 갑니다. 그리고 해저 밑바닥에 닿는 갈고리를 끌고 다니죠. 케이블을 낚아챌 수 있도록 말입니다." 때로는 레일라호가 TAT-9를 끌어올렸을 때처럼 이틀 만에 성공하기도 한다. 하지만 해류에 떠밀려서 케이블이 몇백 미터쯤 쓸려 내려갔다거나 하는 이유로, 작업이 이틀이 아니라 2주 동안 계속되기도 한다. 날씨도 물론 일을 복잡하게 만들 수 있다. 그 점에 대해서라면 루디 라인더스 선장이 할 말이 무척 많다. 그와 선원들은 마지막 임무 수행 중에 세 차례에 걸쳐서 태풍("엡실론, 폴레트, 테디"라고 그가 이름을 줄줄이 나열한다)을 만났다. "아무튼 굉장히 신체적이고 굉장히 수공업적인 일"이라고 뒤 플레시가 묘사한다. 게다가 뭐랄까 반反직관적이라고 할 만큼 반전을 선사하기도 한다. 사실 그 누가 슈퍼컴퓨터와 하이퍼 스케일 데이터센터를 대서양 한가운데서 생뚱맞게 네 갈고리 닻을 휘적거리느라 애쓰는 선원들과 연결 지을 수 있겠는가? 하지만 미래는 이 해저 밑바닥을 뒤지는 이들을 선구자로 만들어줄 것이다. 케이블 사업의 기하급수적인 성장과 더불어 오스트레일리아 같은 나라(대양 보호 분야의 개척자)는 심지어 언젠가 인터넷 골조의 공동 소유주들에게 바다 밑에 흩어져 있는 빛나는 머리카락에 대한 청소 의무를 부과할 수도 있을 것이다.

'용량 부족' 위험?

실제로, 웹이 정말로 환경에 끼치는 영향은 이 광케이블 인프라 덕분에 우리에게 가능해진 것들 안에서 찾아야 할 것이다. 철도가 미국 서부 정복의 전주곡이었던 것과 마찬가지로, 2021년 1월 뒤낭이 가동되기 시작하면서 가상현실과 사물인터넷, 딥러닝 등이 가능해졌다. "자동차 도로망과 유추해서 생각해볼 수 있다. 도로가 늘어날수록 도로 위를 달리는 자동차의 수도 늘어난다. 마찬가지로, 용량이 늘어날수록 용량에 대한 갈증도 커진다"고 해저 시스템 전문가는 분석한다.[61] "데이터 시장은 GAFAM에 의해 유지되는데, 이들은 자기들 고유의 고속도로를 건설하며, 항상 더 많은 고속도로를 지어야 한다. 그래야만 스스로의 활동에 제한을 가하지 않을 수 있다."[62] 케이블에 의해 직접적으로 발생하는 오염은 무시해도 좋을 정도지만, 케이블의 확장은 디지털 세계의 팽창(그리고 거기에 따르는 각종 기기들과 데이터센터, 에너지 인프라 등)을 부추긴다. 코로나19 때문에 2020년의 특정 기간 동안 격리 생활을 해야 했던 우리는 줌 회의와 왓츠앱을 통한 식전주 모임이라는 신세계를 발견했다. 우리의 새로운 디지털 습관으로 트래픽은 걷잡을 수 없이 증가했고, 그 때문에 유튜브와 넷플릭스 같은 플랫폼은 네트워크의 과부하를 해소하기 위해 한시적으로 그들이 제공하는 스트리밍 서비스의 품질을 약간 저하시키는 극약 처방을 내려야 할 정도였다.[63] "10년 후에 또다시 팬데믹이 닥치면, 그땐 머리에 가상현실 헤드셋을 쓰고 그 험한 시기를 견딜 것!"이라고 케이블 업계 전문가는 예언한다.[64] 왜냐하면, 물론 소비자들이 그러기를 원할 것이기 때문일 테

'좋아요'는 어떻게 지구를 파괴하는가

지만 무엇보다도 커뮤니케이션의 발전이 이러한 잠재적 가능성을 기술적으로 구현될 수 있게 해주기 때문이다.

그러나 2015년에 영국 버밍엄대학의 공학과 응용과학 교수인 앤드류 엘리스가 경종을 울렸다. 우리의 데이터 생산량이 네트워크가 수용할 수 있는 용량에 비해 너무 빨리 증가하고 있으며, 이대로 가다가는 8년 후, 그러니까 2023년에 시스템의 한계에 도달한다는 것이다.[65] '용량 부족capacity crunch'이라는 표현이 이때 등장했다. 이 선언에 화답하듯, 케이블 사업자들은 우리가 '샤논의 한계Shannon limit',[66] 즉 광섬유가 운반할 수 있는 데이터의 최대량에 근접하고 있음을 인정한다. 그들은 또한 다량의 전략적 케이블이 지나가는 해협들처럼 병목 지점들이 존재한다는 사실도 인정한다. 이러한 병목 지점들 가운데 어느 한 곳에서 사고라도 나는 날이면, 그 사고는 곧 대륙 수준에서 더 나아가 전지구 수준에서 효과를 야기한다. 브라질 도시 포르탈레자의 경우가 그랬다. "포르탈레자는 브라질과 미국을 이어주는 모든 해저케이블이 잠재적 사고를 일으킬 가능성이 있는 유일한 곳"이었다고, 한 대학교수는 지적했다. "포르탈레자가 부실하다면 〔그곳을 지나는〕 모든 데이터의 트래픽은 중단되었을 것이다."[67] 이집트의 알렉산드리아(국가간 회로들 가운데 가장 중요한 다섯 개[68]가 이곳에서 서로 얽힌다)도 다르지 않으며, 루손해협이나 믈라카해협도 마찬가지다. 반대로, 병목 지점은 지나가는 케이블이 너무 많아서가 아니라 너무 드물기 때문에 생겨날 수도 있다. 한 나라 전체가 몇 개 안 되는 케이블에만 오로지 의존해야 하기 때문이다(뉴질랜드가 이 경우에 해당되는데, 이 나라는 세 개의 케이블에 의존한다). 하나의 시스템이 하나의 개체에 의해서만 유지된다면 서비스 거부 위협도 커지며,[69] 규정으로 인한 장애도 증가하게 된다. 2011년, 인도네시아는 자국 영해에서 일어난 사고 수리 작업을 자국민 선원이 일하는 자국기를 단 선박들만 할 수 있다는 규정을 공표했다. 그런데 당시 출동 가능한 선박이 한 척도 없었으므로 결국 서비스 지연과 차단이 오랜 시간 지속되었다.[70] 마지막으로, 서비스 마비는 심각한 사고를 긴급하게 처리할 수 있는 역량을 갖춘 인적자원 결핍에서 비롯될 수도 있다.[71]

그렇다고 세계 네트워크가 주파수 대역폭 부족으로 조만간 주춤하게 될 것으로 보이진 않는다. 우선 전송 기술이 끊임없이 완벽해지고 있는 데다 케이블은 점점 더 많은 광섬유 쌍을 함유하는 방향으로 나아가고 있기 때문이다. 지금부터 20년 후면, 양자 기술이 '전송하지 않는 데이터 전송', 그러니까 입자들이 발신자와 수신자 사이에서 물리적으로 이동할 필요가 없는 전송의 길을 열 수 있을 거라고 예상하는 자들도 더러 있다.[72] 게다가 네트워크는, 인터넷 설계자들이 지리적 분포도를 새로 그림으로써 최적화할 것이므로, 충격에도 잘 견디는 탄력성을 발휘할 것이다. 에지 데이터센터(6장을 보라)의 증가로 데이터는 지역 단위로 처리될 것이므로 대륙 사이를 오가는 네트워크에 걸리는 부하는 줄어들 것이다. 그러나 앤드류 엘리스는 이러한 모든 노력이 용량 부족 위험을 2023년 이후로 미룰 수 있다고 해도 근본적인 문제, 즉 우리의 고질적인 데이터 중독까지 해결해주는 건 아니라고 반박한다. 뿐만 아니라 우리에게는 우리 스스로가 지칠 줄도 모르고 키워놓은 문제를 언제까지고 나중으로 미루는 문제도 있지 않느냐고 그는 꼬집는다.[73]

'좋아요'는 어떻게 지구를 파괴하는가

상식에 토대를 둔 말이긴 하다. 그러나 돈방석에 올라앉은 GAFAM이 더 많은 테라바이트를 흡수하겠노라며 그저 새로운 세대의 케이블(굵기가 가정용 수도 파이프 정도밖에 되지 않는다)을 펼치려 한다면 누가 그들을 막을 수 있겠는가? 지구는 그 정도의 케이블이라면 거의 무제한으로 받아들일 수 있을 만큼 광대하다. 생각이 여기에 이르면 곧 다른 생각이, 한층 더 흥미로운 생각이 꼬리를 문다. 기술이 항상 남보다 한 발짝 앞서 나간다는 사실만으로 그 여정의 마지막 지점엔 절대 도착하지 않으리라고 장담할 수 있을까? 요컨대, 우리는 우리가 미처 생각하지 못했던 또 다른 천장에 가로막히게 되지는 않을까? 왜냐하면 다른 요인들이, 가령 우리의 내밀한 한계 같은 것이 우리가 추구하는 항구적인 기술 초월을 방해할 수도 있을 테니까. 그중 제일 먼저 한 가지를 꼽으라면, 우리가 보기에 우리의 신체 건강 보호가 아닐까 싶다. 세계보건기구WHO의 암 연구 분과가 2011년에 전자기파를 잠재적 발암 요인으로 분류했다는 사실[74]이 그 뒤로 줄줄이 이어질 긴 경고 목록, 우리에게 디지털 사용을 절제하도록 촉구하는 긴급 사이렌의 신호탄이 되지 않을까? 두 번째로는, 이미 휴대폰이 개인의 심리에 끼치는 영향에 천착한 많은 연구들이 보여주듯이, 우리의 정신적 균형 유지를 꼽아야 할 것 같다. 세 번째는 우리의 사생활 보호 그리고 궁극적으로, 데이터 수집과 SNS를 통해 자행되는 각종 폭력 행위 등으로 말미암아 그 기반이 허약해진 우리의 민주주의를 구해야 한다는 절박성을 꼽을 수 있다. 마지막으로, 인터넷이 생태계에 끼치는 영향은 우리가 자원 채취를 목적으로 자연을 자꾸만 더 깊이 파 들어가면 들어갈수록 한층 더 무거워질 것이다. 우리가 언젠가 인터넷 사용을 줄이게 되는 건 얼마든지 가능한데, 이는 네트워크가 더는 지탱하지 못한다는 이유 때문이 아니라 종과 환경, 그리고 몇몇 가치들이 그걸 원하게 하기 때문일 가능성이 높다. 한마디로, 인터넷 사용에 대한 제한은 기술적이라기보다 정치적인 이유로 이루어질 것이다.

하지만 오늘날 이러한 문제들은 전혀 대두되지 않고 있는 반면, 인터넷은 점점 더 세를 확장해가고 있다. 우리는 늘 더 많은 데이터를 생산하고, 그 많은 데이디를 디 빨리 정보의 고속도로에 던진다. 케이블의 지정학 또한 이러한 현상을 전혀 저지하려 들지 않는다. 오히려 이를 가속화하기만 한다.

'좋아요'는 어떻게 지구를 파괴하는가

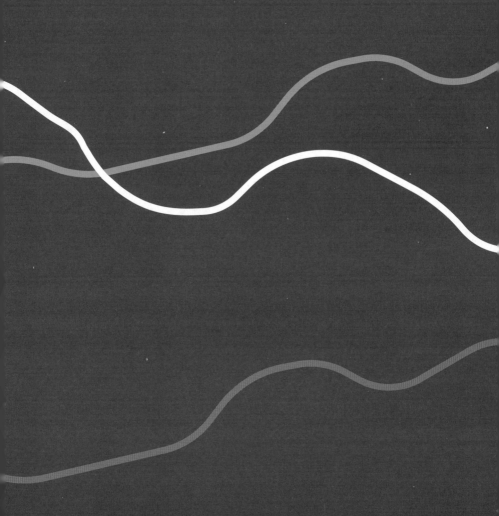

10
디지털 인프라의 지정학

이 한 가지는 이제 확실하다. 우리의 디지털 생활은 금속과 콘크리트, 유리로 된 인프라 속에 고스란히 복제되어 있다. 그러니 우리는 이 인프라 속에서 함께 사는 수십억 명의 공동 세입자지만, 주의가 산만하고 서로에게 무심하다. 주머니 속에 휴대폰을 찔러넣고 해변을 걸으며 모래 위에 발자국을 남길 뿐 아니라, 우리의 위치 정보를 축적해두는 스칸디나비아반도 내 데이터센터에도 흔적을 남긴다. 어떤 카페의 테라스에서 셀카를 찍을 경우, 우리는 그곳에서 음료수만 소비하는 것이 아니라 픽셀을 생산하는 것이기도 하다. 유리 가닥들은 우리가 생산한 픽셀을 버지니아비치까지 발사한다. 이 말은 우리 자신이 끊임없이 복제되고 있다는 뜻이다. 이때의 복제는 비유가 아니라 말 그대로의 복제를 의미한다! 인터넷은 이렇듯 우리에게 동시에 도처에 존재할 수 있는 능력을 부여해주며, 그 능력으로 말미암아 우리의 행위는 이곳에서든 여기서 수천 킬로미터 떨어진 곳에서든 똑같은 물리적 일관성을 갖게 된다. 요컨대, 탈물질화라는 미명하에 디지털은 사실 우리

'좋아요'는 어떻게 지구를 파괴하는가

가 시도하는 모든 것을 두 번씩 물질화하는 셈이다. 그런데 물질을 언급하는 사람이라면 누구나 현존, 점령, 역학 관계 곧 지정학을 말한다. 우리가 트윗을 올리고, '좋아요'를 누르고, 포스팅을 하고, 웹 서핑을 함에 따라, 그러니까 인터넷 망의 밀도를 높여갈수록 중요한 문제들이 표면으로 올라온다. 세계의 어떤 지역(그중에는 미개발지들도 있다)이 이 정보 고속도로의 새로운 부심 자리를 차지하게 될 것인가? 어떤 나라 또는 기업이 그것을 제어하게 될 것인가? 어떤 수단을 동원해서(결국 군사적인 수단이 될 테지만) 그것들을 보호해야 할 것인가?

2020년 4월, 카이로 동쪽에 들어선 스마트 빌리지의 비즈니스 구역 내 위치한 텔레콤 이집트의 본사에서는 천둥소리가 울렸다. 이스라엘 언론이 구글을 비롯하여 다른 몇몇 텔레콤 사업자들이 뭄바이와 제노바 사이에 수에즈운하를 우회하는 블루라만Blue-Raman[1] 케이블을 설치할 계획이라고 보도한 것이다. 단연 최초의 시도다! 데이터의 이송을 위해 수에즈운하를 통한다면 이는 단연 유럽과 아시아를 잇는 가장 짧은 경로임이 확실하다.[2] 파라오들의 요람인 이집트는 이미 수십 년 전부터 반드시 거쳐 가야 하는 곳이었다. 이집트는 그 덕분에 통신 사업자들에게 수억 달러의 통행료를 벌어들이고 있다. 때문에 "이집트 전화선 200킬로미터를 쓰는 데에는 싱가포르에서 프랑스까지 광섬유 케이블을 까는 것과 맞먹는 비용이 든다"고, 분명 다소 과장된 숫자일 테지만, 해저케이블 업계의 한 전문가가 우는소리를 한다.[3] 하지만 구글이 예상하는 것처럼 실제로 블루라만 경로를 많은 이웃 나라들이 그 존재를 인정조차 하지 않는 이스라엘을 통과하도록 긋는다는 건(부록 12 참조) 쉽지 않다. 아랍 국가들의 심기를 최대한 건드리지 않기 위해서 구글은 외교적 묘책을 찾아냈다. 블루라만의 첫 번째 구역은 사우디아라비아를 통해서 인도와 요르단을 잇는다. 그런 다음 신호를 이스라엘과 이탈리아를 잇는 다른 케이블로 재전송한다. 콘텐츠는 동일하지만, 그 콘텐츠를 담는 용기를 바꾸는 것이다. 그렇게 하면 리야드로서는 체면은 차릴 수 있게 된다. 유대 국가와는 상대하지 않았다고 잡아뗄 수 있으니 말이다!

이스라엘을 거치는 길은 운송 비용의 50퍼센트 절감 외에 반응 시간도 상당히 줄이는 데다가 정보의 고속도로를 다양화한다는 이점까지도 안겨준다. 경로를 다양화함으로써 구글 측은 데이터 교류의 안전성을 확보한다. 이집트가 빗장을 거느냐 아니냐에 따라 데이터가 좌지우지되는 상황에서 비켜나 있을 수 있기 때문이다. 같은 맥락에서, 미래의 케이블 유럽-페르시아 익스프레스 게이트웨이EPEG는, 또다시 카이로를 약 올리기라도 하는 듯, 이란을 통과하게 될 것이다(부록 12를 보라). 광케이블 회로의 세계지도는 그러므로 지역과 국가가 우월한 위치를 무기로 이익을 얻어내는 방식의 새로운 지정학의 태동을 알린다. 가령 수에즈운하가 그렇고, 영국, 믈라카해협, 지부티, 워싱턴 등이 그러하다. 이 같은 지구상의 몇몇 핫스폿은 그러나 인터넷 망의 크기를 확대시켜주겠다고 제안하는 나라들과 경쟁 관계에 있다. 오스트레일리아와 프랑스[4]를 비롯하여, 여느 때와는 달리 미국을 통하지 않고 최근 포르투갈과 연결된 브라질 같은 나라들이 이들의 경쟁 상대다.[5]

게다가 네트워크의 다양화에 따라 인터넷 골조에 대한 미국의 지배가 상대적으로 약화되는 현상도 감지된다.[6] 영국의 지배력도 비슷한 양상을 보이는데, 브렉시트로 인한 법률적 불확실성 때문이 아닐까?

'좋아요'는 어떻게 지구를 파괴하는가

"4~5년 전부터 영국에 착륙한 새로운 프로젝트라고는 한 건도 없다"고 한 전문가는 분석한다.[7] 그런데 사실 이 점은 아프리카 데이터를 놓고 점점 더 아시아 케이블과 치열하게 경쟁해야 하는 대부분의 유럽 국가들에 거의 다 적용된다.[8] 영향력을 위해서든 경제성장을 위해서든 또는 네트워크의 탄력성을 위해서든, 각국은 막무가내로 팽창하는 광케이블 회로의 주변부가 아닌 중심부에 자리 잡아야 유리하다. 유럽과 아시아를 이어주는 경로상에서 이집트와 중동이 차지하고 있는 중심적인 위치를 전복시킬 정도로? 케이블 하나가 특별히 판세를 급격하게 뒤집어놓을 수 있다. 광섬유 케이블을 지금까지 한 번도 사용되지 않았던 극단적인 경로, 즉 북극해에 설치하겠다는 황당한 계획이 바로 그 주인공이다.

북극의 새로운 고속도로

북극을 '빛의 머리카락'으로 동여맨다고? 사실 계획 자체는 그다지 새로운 것이 아니다. 2000년대 초에 벌써 러시아의 폴라넷이 ROTACS 케이블[9]과 손잡고 북동항로를 거쳐 런던과 도쿄를 잇는 계획을 추진하려 했다(부록 13). 무려 20억 달러에 육박하는 엄청난 비용은 러시아의 부호 올레그 킴이 댈 예정이었다.[10] 그러나 2016년으로 예정되었던 케이블 개통 계획은 그 뒤 아무런 구체적인 성과로 이어지지 않았는데, 더러는 그것이 2014년 러시아의 크림반도 합병으로 서방세계가 러시아에 가한 금융 제재 때문이라고 설명하기도 한다.[11] 같은 시기에 캐나다 회사 퀸틸리언도 아크틱 파이버Arctic Fibre라는 이름의 광케이블로 도쿄와 런던을 잇는 쾌거를 실현에 옮기고 싶어 했는데, 북동항로가 아닌 북서항로를 통과한다는 것만이 ROTACS와 달랐다(부록 13 참조).[12] 알래스카의 북부 해안을 따라가는 케이블의 첫 번째 구간은 2017년에 설치되었고 점화되었다.[13] 그런데 그다음 구간부터가 문제였다. 어마어마한 비용과 물량의 투입은 물론 처리해야 할 행정 업무도 태산 같았다. 쇄빙선 14척, 받아야 할 허가 275가지와 각종 면허 등등. 거기에 희대의 사기극까지 발견되었다. 대출 연장을 얻어내기 위해서 퀸틸리언의 엘리자베스 피어스 회장은 가짜 서류를 만들어 투자자들로 하여금 케이블이 벌써 고객을 찾았다고 믿게끔 했다.[14] 이미 사용한 2억 5000만 달러로 알래스카 북부 마을에 거주하는 1만 3000명이 인터넷 혜택을 볼 수 있게 되었으니, 인터넷 접속자 1명당 거의 2만 달러가 들어간 셈이다! 그 이후 아크틱 파이버 프로젝트는 매우 심각한 타격을 입은 것으로 보인다.

2019년에 세 번째 입후보자, 즉 핀란드 출신 시니아Cinia와 아크틱 커넥트Arctic Connect라는 케이블이 출현한 것은 대략 이러한 맥락에서였음을 일단 기억해두자. 경로는 정교하게 더 가다듬어져야 할 테지만, 일단 노르웨이와 러시아의 콜라반도, 북동항로, 일본을 경유해서 영국과 중국을 잇는다.[15] 다섯 개 회사로 이루어진 기업연합[16]이 2023년에 완공하여 가동할 예정인 약 10억 유로짜리 대역사에 뛰어들기로 합의했다. 시니아는 이 프로젝트의 이점만 본다. 케이블은 세 대륙에 걸쳐서 세계 인구의 85퍼센트를 커버할 수 있을 것이다. 게다가 유리로 만들어진 길도 철로와 같은 방식으로 굴러가지 않을까? 아크틱 커넥트

'좋아요'는 어떻게 지구를 파괴하는가

와 더불어 핀란드 사람들은 실제로 유럽과 아시아를 이어주는 가장 짧고 곧은 경로를 발견할 참이다. 케이블 전체 길이는 1만 4000킬로미터(그러니까 수에즈운하를 관통하는 경로에 비해 1만 2000킬로미터가 짧다)에 불과하다. 그 결과 두 대륙을 150밀리세컨드 만에 주파하게 되므로, '이집트 길'은 그 길을 통과하는 데 걸리는 250밀리세컨드라는 긴 시간 때문에 이제 초라한 지방도로 수준으로 전락할 판이다. 고속도로 통행료를 낼 여력이 안 되는 가난뱅이들이나 이용하는 도로. 이 새로운 북극 길은 당연히 런던, 프랑크푸르트, 도쿄의 트레이더들은 물론 수많은 통신 서비스 제공업자들의 마음을 사로잡을 것이다. 그리고 또 누가 안담? "프랑스 게이머들과 온라인에서 시합하고 싶은 일본 게이머들까지도 매료당할 것"이라고, 핀란드 출신의 유하 사우나바라 교수는 확신한다.[17]

극단적인 기후 조건하에서는 케이블의 설치와 유지 보수 작업이 절대 쉽지 않다. "내가 만일 그런 설치 작업을 주문해야 하는 처지라면, 콘크리트처럼 탄탄한 기술 계획서를 요구할 것"이라고 한 전문가는 단언한다. 그래도 우린 좋은 면도 볼 필요가 있다. 빙하가 녹으면서 쇄빙선의 작업은 한결 쉬워지고 있다. 그 결과로 북극의 전자 식민화는 지금까지는 레이더망에서 유리 섬유 회로의 주변부에 머물러 있었던 지역들을 새롭게 부상하게 만들 수 있을 것이다. 데이터의 이동과 저장은 바늘과 실처럼 붙어 다니므로, "로바니에미와 카야니, 라세보리 같은 핀란드 도시들은 데이터센터 업계의 요충지가 될 수 있을 것"이라고 유하 사우나바라는 예상한다. 스웨덴 룰레오에서의 산업 활동은 한층 더 증가할 것이라는 말도 덧붙인다.[18] 심지어 노르웨이 북단의 작은 마을 시르케네스의 3500명 주민들은 벌써 중요한 자리에 올라간 것처럼 흥분한다. 미래의 케이블 경로상에 위치한 시르케네스엔 데이터센터가 생길 가능성이 높고, 그렇기 때문에 사람들은 벌써부터 그곳 주민들에게 "데이터 전송의 세계적 허브"라는 그럴듯한 타이틀을 안겨주고 있다![19]

아크틱 커넥트는 또한 러시아에도 득이 될 것인즉, 극지방의 세력자로 부상할 수 있는 기회를 제공하기 때문이다. 이미 케이블 사업의 비용을 대는 데 관여하는 당사자로서 모스크바 정부는 무르만스크(이 지역은 머지않아 광섬유 케이블 업계 측의 호의적인 시선을 한 몸에 받게 될 것으로 보인다) 같은 시베리아의 몇몇 도시들을 새로운 석유, 즉 데이터의 여왕으로 변신시키려 할 것이다. 모스크바의 디지털 지위는 자연히 강화될 것이다. 일반적으로, 북극 지방을 담당하는 노르웨이의 한 언론은, 케이블이 "아시아와 유럽 사이를 오가는 데이터 트래픽의 지리적 무게중심을 이동시킨다"고 분석했으며,[20] 이 분야의 컨설팅을 담당하는 한 전문가는 "'다른 지정학'[의 강림]을 의미하게 될 것"이라는 전망을 내놓았다.[21] 이 새로운 균형을 알아차리기 쉽지 않다고 하더라도, 벌써 한 가지는 확실하다. 아크틱 커넥트는 환경을 존중할 것이라는 점이다.[22] 반면, 북극의 빙하 조각들이 떠다니는 가운데 광섬유 케이블의 통과로 한껏 자극받은 경제활동의 영향은 완전히 다른 이야기다. "직업 윤리적인 관점에서 말하자면, 만일 나에게 그 같은 프로젝트를 실행에 옮기는 데 한몫 거들라는 제안이 들어온다면 상당히 마음이 불편할 것 같다"고 한 컨설턴트는 고백한다. "그건 결국 케이블 경로를 따라가며 데이터센터가 들어서는 속도만 빨라지게 할 테니 말입니

'좋아요'는 어떻게 지구를 파괴하는가

다! 그리고 그런 건 환경에 좋지 않아요." 하지만 양심은 잠깐 접어두자! 아크틱 커넥트가 북극의 노출 빈도를 높이는 동안 중국 역시 해양 고속도로를 수단으로 삼아 케이블 지정학을 극동 지방과 유라시아 지방 쪽으로 다시금 옮기려 애쓰는 중이다.

중국이 '디지털 실크로드'를 펼치려 할 때

2015년, 발전과 개혁을 위한 국가 위원회, 그러니까 중국의 중요한 경제 규제자 역할을 하는 위원회가 보고서 하나를 발표했는데, 이 보고서에 대해서는 수십 년쯤 후에 사람들이 세계의 얼굴을 바꿔놓았다고들 말하게 될 것이다. 중국 관료들은 이 보고서에서 엄청난 규모의 초국가적인 광케이블 건설 계획을 제안했다. 이름하여 "커뮤니케이션의 실크로드를 창조하기" 위한 계획이었다.[23] 이보다 2년 전에 벌써 시진핑 국가주석은 '새로운 실크로드',[24] 즉 중국에서 중앙아시아와 인도양을 거쳐 아프리카와 서유럽까지 이어지는 도로, 하천, 항만 인프라 건설을 위한 원대한 규모의 공사 계획을 발표한 바 있다. 2027년까지, 이러한 야심을 실현한다는 명분으로 60여 개국에 총 1조 2천억 달러가 투자될 예정인데, 베이징 정부가 여기에 디지털 부문을 포함시키겠다는 것이다. 중국 주석의 제안에서 드러나듯이[25] 이는 인공지능, 나노기술, 양자정보과학 또는 클라우드 같은 분야에서 국제 협력을 강화하겠다는 의도로 읽힌다. 중국은 더구나 전화 설비, 감시 기술, 스마트시티 건설과, 당연하게도, 야심 찬 해저 네트워크 건설 등에 790억 달러를 투자하겠다는 계획을 가지고 있다. 베이징 정부는 76개 나라(아주 가까이 인접한 나라에서부터 저 멀리 라틴아메리카에 이르기까지)에서 광케이블 회로에 이미 점화를 했거나 현재 회로를 펼치고 있을 것이다. 그것들 가운데 가장 상징적인 회로는 장담하건대 PEACEPakistan East Africa Connecting Europe로, 이 케이블은 2022년까지 파키스탄의 과다르 항구와 프랑스의 마르세유를 잇게 될 것이다(부록 14 참조).[26] 이 광케이블 회로는 위성 내비게이션 시스템 베이더우BDS: BeiDou Navigation Satellite System를 장착, 위치 정보와 초고성능 내비게이션 서비스(사람들은 벌써부터 '우주의 실크로드'라는 표현을 쓴다)를 제공하게 될 것이다. 요약하자면, 베이징 정부에게 있어서 '실크로드'는 정보 기술 없이는 상상할 수 없는 것이다. 정보 기술이야말로 단단한 땅에 세워진 인프라를 위한 진정한 '디지털 딱풀'이다.[27]

중국은 여기서 세 가지 목표를 추구한다.

• 자국의 경제적 이익의 확장. 광케이블 회로의 대폭적인 확충은 중국으로 하여금 실제로 저 유명한 BATX(B: 바이두가 개발한 검색엔진, A: 온라인 쇼핑몰 알리바바, T: 텐센트 그룹의 온라인 게임과 애플리케이션,[28] X: 샤오미의 사물인터넷)의 디지털 서비스를 자국 아닌 곳으로 확대해나갈 수 있도록 도와준다. BATX의 가치는 모두 합해 1조 8850억 달러에 이른다. "PEACE 같은 일종의 해저터널과 추가적인 주파수 대역폭 덕분에 전 세계 네티즌들은 앞으로 한층 더 중국의 플랫폼을 통해서 접속하는 경향을 보이게 될 것"이라고 한 해저통신 전문가는 예상한다.[29]

'좋아요'는 어떻게 지구를 파괴하는가

- 정치 모델의 확산. 디지털 실크로드 덕분에 중국은 이미 전 세계 곳곳에 그들이 개발한 감시 기술을 판매하고 있다. 한 예로, 중국 기업 클라우드워크는 안면인식기술 프로그램을 짐바브웨에 판매하는 데 성공했는가 하면 경쟁 업체 이투는 그들의 기술을 말레이시아에 제안했다. 다국적기업 화웨이는 최근 우간다와 짐바브웨 정부가 정적들의 암호화된 통화 내용을 도청하고 그들의 이동 경로를 감시하는 데 도움을 준 바 있다.[30] 또한, 알리바바와 텐센트가 개발한 인터넷 내용물 검열과 SNS 절제 프로그램들도 판매할 수 있다.[31] "[이런 식으로] 중국은 [그들의] 전체주의적 사이버 통제 모델을 수출할 방도를 모색한다"고 스위스의 《르 탕》이 전한다.[32]

- 자국의 치안 보호. 그들만의 통신 인프라를 구축함으로써 중국은 그들이 인터넷 설계에 관한 "참을 수 없는 서구의 헤게모니"라고 부르는 것에 반기를 든다.[33] 이러한 상황은 중국의 통신 네트워크 안전과는 양립이 불가능하며, 따라서 시진핑 주석은 독자적인 통신 네트워크 없이는 "국가의 안전이 있을 수 없다"고 경고했다.[34] 중국공산당 내부의 전략가들은 더구나 "정보 제어를 위한 투쟁이 미래에 불거질 갈등의 출구를 결정짓게 될 것이라는 생각을 공유하고 있다"고 한 연구원은 전한다.[35]

이러한 전략 분석은 우리에게 중국이 어느 정도로 매일 "진정한 지정학적 로드맵의 포석을 놓아가고 있는지 알려주는데, 우리 서구인들은 그저 돈벌 궁리만 한다"고, 익명을 요구한 한 전문가는 탄식한다.

유리 회로는 중국의 소프트 파워 확산에 매우 중요하다. 새로운 실크로드를 따라가며 펼쳐질 인프라 전체를 고려할 때, 어쩌면 가장 중요하다고 할 수도 있을 것이다. "원자재 운반은 중요하다. 하지만 이제는 데이터를 운반하는 일이 더 중요해졌다"고, 알카텔서브마콤의 전직 임원 장 드보스는 단언한다.[36] 물론, 언제나처럼, 중국의 이 프로그램에 고귀한 의도를 결부시키는 논평가들도 분명 있을 것이다. 가령 중국공산당 기관지가 인용한 한 중국인 대학교수는 디지털 실크로드가 환경에 관한 데이터를 수집하고 연구함으로써 지속 가능한 발전, 녹색 성장 그리고 인간 복지를 진작시킬 것이라고 강조했다.[37]

그런데 이처럼 눈물 나게 감동적인 선언에 눈곱만큼의 진실이라도 담겨 있다고 믿는다면 그건 어리석기 짝이 없는 것이다. 한 번 더 반복해서 말한다. 인터넷 DNA 안에는 환경에 대한 염려라는 부분이 들어 있지 않다. 환경을 염려했다면 네트워크는 아예 존재하지도 않았을 것이고, 존재한다 한들 최소한 현재와 같은 형태로는 아니었을 것이다. 현실은 이보다 훨씬 세속적이다. 인터넷은 권력과 돈을 쟁취하기 위한 새로운 도구이다. 베이징 정부는 21세기에 디지털이 주는 오락이란 결국 다른 수단을 이용한 전쟁의 지속이라는 점을 일찌감치 깨달았다. 우리는 항상 더 많은 디지털 콘텐츠를 소비하게 될 것이다. 케이블은 점점 더 팽창할 것이고, 데이터센터는 한층 더 업그레이드된 역량을 자랑할 것이다. 왜냐하면 데이터야말로 우리가 힘과 명예, 영향력과 번영의 추구라고 부르는 것, 다시 말해서 역사를 전진하게 만드는 영원한 동력 기관의 새로운 연료이기 때문이다. 그리고 중국과 중국의 경쟁국들은 이것을 탐한다. 결과적으로, 인터넷의 지정학과 이 네트워크가 결정짓는 새로운 역학 관계는 디지털 산업의 활력을 강화할 것이며, 그에 따라 생태계에 미치는 영향력 또한 커질 것이다.

광케이블 시스템과 케이블 부설선: 글로벌 마린의 대서사시

그런데 꿈에서 현실에 이르는 길에는 광대한 세계가 버티고 있다! 베이징 정부가 케이블 기술의 총체, 그러니까 광섬유 제조에서 설치까지의 전 공정을 제어할 수 있어야 하기 때문이다. 광케이블 회로와 관련하여 중국인들은 언제나 미국, 영국, 프랑스, 일본 등에 비하여 현저한 기술 격차를 드러내 보였으며, 오랜 기간 그 격차는 도저히 따라잡을 수 없는 것으로 판단되어왔다. 자, 그런데 이 대목에서 화웨이가 등장한다. 2000년대 초에 이미 중국이 낳은 이 거인은 광학 기술과 그에 따른 기기들 제조에 들어섰다. 그렇긴 해도 화웨이는 케이블 제조 노하우만큼은 아직 터득하지 못한 상태였다. 익명을 요구한 한 제보자는, 아주 최근에 화웨이가 프랑스 넥상의 한 협력 업체를 통해 그 기술을 획득했을 것으로 보인다고 전했다. 넥상으로부터 케이블 6000킬로미터를 사들인 화웨이가 마침내 케이블을 생산해내기에 이르렀다는 것이다! 화웨이는 또한 중계 장치 공장 생산 능력도 갖추었으나, 완벽한 방수 처리와 가설 분야에서 아직 고전하고 있다. 그런데 부족한 이 역량들마저 알카텔과 서브콤의 수많은 협력 업체들을 통해 확보했을 것으로 알려진다. 마지막으로, 사소하게 넘겨서는 안 될 점인데, 광섬유 케이블 설치에 있어서 20~30퍼센트의 비용을 차지하는 업무 분야인 해저케이블 부설선 문제가 있다.

2000년대가 한창일 때 화웨이는 영국 기업 글로벌마린에 접근한다. 글로벌마린은 해저 에너지 운송 케이블 업계에서 세계 최대 규모를 자랑하는 기업들 가운데 하나이다. 화웨이는 자신의 인터넷 케이블 설치에 대한 야심과 광학 기술 제어력을 글로벌마린에게 자랑삼아 떠들었고, 마침 중국 시장 진출 야심을 품고 있던 글로벌마린과 이해관계가 맞아 떨어졌다. 2008년, 화웨이마린네트워크라는 공동출자회사가 탄생한다.[38] 여러 명의 영국 자문가들도 그들의 전문성으로 일조했다. 그 후에 일어난 일은 명확하지 않다. 몇몇 소식통에 의하면(사실이 소식통들은 자신들의 말을 명확한 증거로 뒷받침해주지는 않았다) 화웨이마린네트워크는 10년 동안 글로벌마린의 기술을 화웨이에 전달해주는 역할을 수행했다고 한다. 그런데 그게 전부가 아닌 것이, 이런 식으로 "영국 자문가들은 중국인들에게 그들의 협력 업체 네트워크까지 공개했다고 하더군요. 예를 들어 알루미늄, 구리, 전자 부품 공급 업체며, 용접 기사, 케이블 부설 기사 등, 화웨이가 문외한이던 관련 생태계를 모조리 소개해주었다는 겁니다. 덕분에 중국인들은 이 분야에서 10년 정도는 족히 벌었을 겁니다"라고 장 드보스는 추산했다.[39]

화웨이마린네트워크는 2019년, 즉 글로벌마린이 2억 8500만 달러에[40] 그들이 보유하고 있던 화웨이마린 지분(여기엔 케이블 부설선 함대도 포함된다)을 중국 기업 헝퉁옵틱일렉트릭에 넘긴 해까지 번창한다. 세간에서는 글로벌마린의 유일한 주주인 미국 기금 HC2가 그토록 군침 도는 거래 유혹에 도저히 저항할 수 없었으리라고 수군댄다. 한편, 헝퉁옵틱일렉트릭은 이 거래 덕분에 케이블, 중계 장치, 기기, 부설선에 이르기까지 가치 사슬의 전 과정을 제어할 수 있는 몇 안 되는 기업 가운데 하나가 되었으니, 그야말로 새로운 차원으로 재탄생한 셈이다! "그들은 누구 앞에서든 '나는 전 시스템을 턴키turnkey로 배달해드릴 수 있다'고 자신을 소개할 수 있는 당당한 입장이 되었다"고 드보스가 설명한다.[41] 불과 20년 남짓한 기간 안에 베이징 정부는 이 중차대한 광케이블 분야에서의 자율성 확보 전략을 성공리에 마무리했다. "지난 15년 동안 다른 모든 산업 분야에서 그러했듯이, 그들은 이 업계에서 그들만의 엔지니어를 양성하고 서구 선진 기업들의 수준으로 올라서기 위해 외국으로 능력을 찾아 나서는 방식을 택했다"고 한 전문가는 분석한다.[42] 서구인들은 그런 점에서 스스로를 원망할 수밖에 없다. 우선 그들은 중국을 우월한 입장에서, 아니 거만을 떨며 받아들였다. 중국의 재능을 믿지 않는 상태에서 받아주되 중국이 넘보는(사실 이러한 욕심은 정당하다) 시장으로의 접근은 막으려는 태도를 보였다는 뜻이다. 더 노골적으로 말하자면, "우리 서양인들이 너무 순진했던 겁니다"라고 장 드보스가 시인한다. "우리는 중국인들이 따라오리라고 짐작도 하지 못했을 뿐 아니라 그들이 정말로 따라왔을 때조차 그 사실을 믿으려 하지 않았으니까요!"[43]

화웨이마린(지금은 HMN테크라고 불린다)에서는, 한 업계 현역의 표현대로 지속적으로 "상황의 중국화를 위해 나아가고 있다."[44] 때문에, 뉴질랜드 출신으로 이 회사의 대표직을 맡고 있는 마이크 컨스터블은 곧 물러나야 할 판이다. "이를 통해서 우리는 그들이 일단 서양 사람을 사업하기 위한 조력자로 활용한 다음, 때가 되면 내친다는 사실을 확인할 수 있다"고, 한 컨설팅 전문가는 분석한다.[45] 피할 수 없는 중국의 굴기에 당면하여, 서양은 평화적인 협력 관계를 선호할 것인가 아니면 전면전을 택할 것인가? 속도와 힘만 맹목적으로 추구하느라 그런 문제 따위는 생각해 볼 겨를이 없었을 수도 있겠지만… 사실, 우리에게는 애초에 근본적으로 어떤 의도를 가질 의도라는 것이 있기나 했을까? 우리는 바다 밑바닥을 탐사하는 데 너무 몰두한 나머지 새로 시작된 이 세기의 흐름을 거리를 두고 위에서 바라보기도 해야 한다는 사실을 잊고 있었다. 중국은 자국만의 고유한 네트워크, 즉 현재의 인터넷과 병행하는 또 하나의 독자적인 인터넷을 전개할 작정인 걸까? 평면 구형도를 한 번만 들여다보면 중국이 지구 주위에, 특히 남반구 쪽으로 광케이블 회로를 짜고 있음을 금세 알아차릴 수 있다. 확실한 건 중국의 갑작스러운 케이블 업계 출현이 예사롭지 않은 역사의 전환점이 된다는 사실이다. 유럽인들이 아프리카까지 '프라테르니테Fraternité'° 또는 '아미티에Amitié'°°라는 이름의 회로를 펼치던 시기에 뒤이어 이제 베이징 정부가 PEACE(평화)를 마르세유에 착륙시킬 준비를 하는 시대가 오고 있다. 그 과정에서, 중국의 이러한 작전은 그들이 프랑스 내부에서 정탐 행위를 할 수도 있다는 우려와 그로 인한 불안감을 야기하고 있다.

° 프랑스어로 형제애, 우애라는 뜻.
°° 프랑스어로 우정이라는 뜻.

'좋아요'는 어떻게 지구를 파괴하는가

군대가 네트워크를 보호하게 되는 날

역사는 점점 속도를 낸다. '디지털 실크로드'와 더불어 중국도 앞으로 그들의 케이블 인프라, 분쟁이 일어날 경우 이상적인 표적이 될 수 있는 이 소중한 자산을 안전하게 지켜야만 하기 때문이다. 이러한 문제는 정보의 고속도로의 영속성에 대해 우려를 표명하는 서구인들에 의해 이미 인식되었다. "군사 정보에서부터 세계 금융 데이터에 이르기까지 모든 것을 전송하는 이런 식의 연결이 야기하는 위험은 실재적이면서 점점 더 증대하고 있다"고, 당시 영국의회의 구성원이던 리시 수낵의 보고서는 강조했다.[46] 사소한 공격만으로도 "잠재적으로 충분히 재앙이 될 수 있을 것"이라고 그는 논조를 이어간다. 의미심장한 경제적 교란을 야기하고 군사 통신을 훼손시킴으로써 그러한 재앙을 초래한다는 것이다.[47] 리시 수낵의 주장대로라면, 러시아는 크림반도 침공 때 이미 그렇게 했듯이, 전시 정보 흐름을 통제하기 위해 통신 케이블 절단도 배제하지 않을 것이다. 모스크바 정부가 잠수함을 케이블에 연결해 그 회로로 전송되는 정보들을 가로챈다면 또 모를까? 어쨌거나 워싱턴, 베이징, 파리가 이미 그렇게 하고 있을 가능성도 배제할 수 없다![48] 그 같은 위협이 논쟁거리가 되고 있는 것이 현실이다. 아무렴 중국이 새롭게 드러내는 물질적 야욕은 이미 실크로드(물리적 실크로드와 디지털 실크로드 두 가지를 다 포함한다)를 따라가면서 정기적인 공격의 대상이 되고 있다.

이와 같은 현상은 CPEC China-Pakistan Economic Corridor(중국-파키스탄 경제 회랑) 지역에서 특히 두드러진다. CPEC는 신장성의 카슈가르와 아라비아해 연안에 위치한 파키스탄의 과다르 항구를 이어주는 철도와 에너지 수송용 도로망을 포함하는 통신 네트워크로 그 길이가 3000킬로미터에 이른다.[49] 또한, PEACE 케이블의 육지 연장선이기도 하다. CPEC(그러니까 케이블)는 파키스탄 남부 발루치스탄을 필두로 매우 불안정한 지역을 통과한다. 중국의 국익은 발루치스탄 분리주의자들이 감행하는 공격에 의해 정기적으로 약화되는데, 이 분리주의자들은 실크로드의 경제적 효과가 그들 공동체에 득이 된다고 믿지 않기 때문에 이런 일들을 획책한다. 중국인 거주자들이 주로 묵는 과다르의 한 호텔이 무장 세력으로부터 공격을 받는가 하면,[50] 석유업계 직원들을 운송하는 행렬에 가해진 매복 공격,[51] 중국 기업들이 일부 지분을 소유하고 있는 카라치 거래소 테러 시도[52] 등등. 중국은 국제적인 진지陣地가 늘어나는 것에 비례해서 점점 더 심해지는 위협에 대처해야 할 것이다. 이런 상황에서 중국 군대는 무엇을 할 수 있는가?

중국공산당은 전통적으로 인민해방군APL의 행동반경을 넓히려는 경향을 보인 적이 거의 없다. 1998년에 이미 중국공산당은 자국을 제외한 그 어느 나라에도 병력을 주둔시키거나 군사기지를 설치하는 일이 없을 것임을 천명했다.[53] 과거에 중국은 여러 차례에 걸쳐서 다른 나라의 내정엔 끼어들지 않겠노라고 장담했다. 그런데 요즘 들어 이러한 원칙에 뚜렷한 변화의 움직임이 감지되고 있다. 가장 눈에 띄는 증거는 2017년 베이징 정부가 지부티에 설치한 최초의 상설 군사기지라고 할 수 있다. 그리고, 2016년부터는 지역 관계 당국으로부터 백지 위임을 받은 APL 요원들이 상시적인 테러 위협이 있는 서쪽 국경과 가까운 아프가니스탄과 타지키스탄 지역에서 순찰을 돌고 있다. 그렇다면

'좋아요'는 어떻게 지구를 파괴하는가

피할 수 없는 질문이 제기된다. 중국은 자신들이 실크로드를 따라가며 구축한 인프라(항구, 철도, 광케이블, 지상 위성기지국 등)를 보호한다는 명분으로 근접한 또는 멀리 떨어진 이웃 나라에 군대를 파병할 것인가? 많은 분석가들에게 이는 답이 너무도 자명한 질문이다. 중국 정부는 이미 자신들의 의도를 숨기지 않고 "국가의 이익이 확장되는 곳이라면 반드시 군대의 지원이 동반되어야 한다"고 천명했다.[54]

이러한 야심은 언제쯤 구체적으로 실현될 것인가? 그건 아무도 모른다. 하지만 중국의 군사적 존재감은 위기 상황(특히 테러 행위)이 이를 정당화해주는 것에 비례해서 빠른 속도로 커질 것으로 보인다. 그렇다면 이는 어떤 형태로 구현될 것인가? 이 질문 또한 답하기 쉽지 않다. 중국 군대는 무장 작전 지휘에 적합하도록 훈련받은 역량 있는 인재를 충분히 확보하지 못했다.[55] 거기에다 중국은 코로나19로 국제 사회에서 국가 이미지가 실추된 형편이므로 평판 문제까지도 더해진다. 그러나 베이징은 5000개의 민간 보안 기업에서 일하는 300만 명의 전문 인력을 보유하고 있다. 이 5000개 기업들 가운데 극히 일부(파키스탄에서 활약하는 차이나시큐리티그룹서비스, 차이나오버시스시큐리티그룹, 그리고 특히 프런티어서비스그룹)가 현시점에서 국제적으로 활동할 수 있는 역량을 갖춘 것으로 추정된다. 미국 기업 블랙워터시큐리티[56]의 대표직을 역임한 에릭 프린스가 2014년에 설립한 프런티어서비스그룹의 최대 주주는 중국 금융재벌 CITIC이다. 민간 보안 회사들은 표 나지 않게 중국의 인프라를 보호할 수 있을 것이다. 그러나 그 같은 막중한 임무 수행에 있어 이 민간 회사들만으로 충분할 것인가?

신중하게 국제적인 수준에 뛰어들기 위해 베이징의 전략가들은 또한 현재 중국 민간 기업들이 장악하고 있는 일부 무역항들을 해군기지로 탈바꿈하는 방안도 검토할 것이다. 케이블 PEACE가 통과하는 지점인 과다르의 경우가 특별히 이에 부합한다. 차이니스오버시스포트사가 2015년 말 이곳의 통제권을 손에 넣었다는 사실이 이 물류 요충지의 중요성을 입증해준다. 신新실크로드에 관한 연구원으로 관련 책도 펴낸 조너선 힐먼에 따르면, 파키스탄 사람들은 2014년 중국에 십중팔구 전함 정박권을 제공했다고 한다. 그는 "나는 중국인들이 이 제안에 어느 정도 열광했는지는 알지 못한다"고 한껏 누그러뜨려 말한다. "단기적인 관점에서 볼 때 베이징이 지부티에서처럼 과다르에 군대를 주둔시킬 가능성은 매우 낮다. 하지만 그런 시나리오가 언젠가 현실이 된다 한들 아무도 놀라지 않을 것"이라고 그는 단언한다.[57] 이 같은 가능성은 어쨌거나 "[특히 미국의 일부 군인들 사이에서] 중국 군사력의 잠재적 확산 문제를 둘러싸고 엄청난 불안감을 야기했으며",[58] 미국 및 중국과 이웃한 나라들 사이에 긴장감을 고조시킬 수 있다고 한 대학교수는 전한다.

중국은 언제나 외교적인 방식을 우선으로 한다는 목표와 더불어 그들의 물질적인 이익만을 추구하는 것일까? 그게 아니면 실크로드는, 힐먼이 생각하듯이, 그들의 군사력을 국제사회에 과시하는 구실에 지나지 않는 걸까?[59] 이 질문에 답을 제시한다는 것은 중국공산당의 의중 탐색을 함축할 텐데, 사실 그 의중이란 탐색이 불가능하다. 그리고 무지함은 곧 무분별함으로 대체된다. 우리 스스로가 오락이 갈등을, 나아가 분쟁을 조장하는 세상을 탄생시키고 있다는 사실을 우리는 이해할 수 없다. 갈등이니 분쟁이니 하는 것은 우리가 절대 벗어날

'좋아요'는 어떻게 지구를 파괴하는가

수 없는 공간적·물질적 영향력의 대가이고, 우리는 절대 이러한 영향력에서 빠져나올 수 없기 때문이다. 21세기에도 여러 국가들은 우리를 그러한 공간적·물질적 영향력에서 벗어나게 해주겠다면서 전쟁을 벌일 태세를 갖추고 있다. 탈물질화의 전도사들이 무슨 말을 하든, 물질은 시간의 화살만큼이나, 중력과 열역학 법칙만큼이나 확실하게 우리를 앞으로도 계속 지배할 것이므로.

디지털 주권 찾기에 나선 유럽

이보다 단기적인 관점에서 보자면, 케이블 업계에서 중국이 부상한다고 해서 서구 국가들이 당장 메이드 인 차이나 인프라, 다시 말해 중국 공산당이 언제든 기능을 교란시킬 우려가 있는 인프라에 전적으로 의존하는 일이 일어나지는 않을 것이다. 그래도 이러한 우려가 괜한 탁상공론이 아니라 꽤 실체적이라 할만한 것이, 트럼프 행정부는 2020년에 이미 홍콩과 로스앤젤레스를 연결하는 케이블 PLCN[60] 계획을 저지한 바 있다. 홍콩 투자자 퍼시픽라이트데이터커뮤니케이션이 페이스북과 구글 쪽의 케이블 사업 투자자로 나선다는 사실이 그 이유였다. 광케이블 회로를 통해 중국이 미국 국민들의 데이터를 수집하게 될까 염려하는 미국으로서는 혹시 모를 돌발 사태의 가능성을 고려하지 않을 수 없었을 것이다.[61] 그건 그렇고, 서구 케이블 업계는 그들을 지탱해준 경제모델의 생존 가능성을 유지해나갈 수 있는 충분한 역량을 키워야 할 것이다. 사실 이 말은 인터넷 관련 배관 공장들이 풀가동하고 있는 현실을 감안할 때 정신 나간 소리처럼 들릴 수도 있다. 여기서 우리는 부정할 수 없는 전략적 차원에도 거의 전적으로 민영화되어 있는 산업 부문에 대해서 언급하고 있다. 이 업계에서 활약하는 사업가들은 그러므로 특별히 경제 주기에 노출되어 있으며, 이 경제 주기라고 하는 것은 끊임없이 동요한다(2001년의 인터넷 거품, 2008년의 서브프라임 모기지론 사태 …). 뿐만 아니라 GAFAM은 그들이 차지하는 비중만큼 가격에 대해 심한 압력을 행사하며, 협력 업체들에게 금전적 이윤 폭을 줄일 것을 강요한다. 그 결과, "그러한 기업들에 투자하려는 마음을 먹는 사람들이 거의 없다"고 한 업계 전문가는 말한다.[62] 세계적인 차원으로 볼 때, 케이블 업계는 기껏해야 서른 척 남짓한 해저케이블 부설선들[63]로 꾸려지고 있는데, 이 삼십여 척은 대략 세 개의 주요 기업(프랑스의 알카텔서브마린네트워크, 미국의 서브콤, 일본의 NEC[64])소속이다. 여기에 젊은 인재 채용("'빅데이터'라는 말은 직무 기술서에 등장조차 하지 않는다"며 업계 전문가는 아쉬워한다)의 어려움 또한 업계의 고질로 작용하고 있다. 그러다 보니 어려움에서 벗어나기 힘든 선주들이 태반이다.

"글로벌 인프라는 그러므로 그다지 튼실하다고 할 수 없는 공급자들에게 의존하고 있는 셈"이라고 프랑스 출신 자문가 베르트랑 클레스카도 인정한다.[65] 이들 가운데 일부가 힘든 시기에 계약 내용을 제대로 지키지 못하게 되면 무슨 일이 벌어질까? 우리는 이럴 경우 GAFAM이 자신들의 전략적 협력 업체의 '침몰'을 방지하기 위해 당분간 가격 전쟁을 중단하리라고 생각할 수 있다. "어쩌면 그들은 최악의 경우 협력 업체들 가운데 일부를 사들이는 가능성도 상상해보았을 것"이라고 그는 믿고 싶어 한다.[66] 이렇게 되면, 자기들의 경제적 이익이 반드시 국가의 안전과 일치하는 건 아니라고 생각하는 강력한 민간 재벌들에 국가가 종속되는 위험이 대두된다. "오늘날, 페이스북과 구글이 개입하지 않는 케이블은 거의 없다"고 한 전문가는 지적한다. 그렇다면 그들의 인터넷 네트워크 장악력은 어디까지 갈 것인가? 또, 세계에서 가장 강력한 기업들은 서구인들을 어느 정도까지 의존적인 상황 속에 잡아둘 것인가? "우리는 몇몇 업계 주역들의 이익을 위해 인터넷이 부분적인 민영화에 돌입하는 과정을 지켜보고 있는 중인데, 여기에 대해서는 아무도 충격을 표하지 않는다"며 해저통신 전문가의 한 사람은 깊은 우려를 내비친다.[67]

최초의 정치적 테스트는 알카텔서브마린네트워크의 장래와 더불어 치뤄졌다. 이 프랑스 업체는 2016년부터 핀란드 그룹 노키아의 소유였다. 그런데 핀란드 그룹의 역량에 대해서는 이러쿵저러쿵 평가가 엇갈리는 데다 적대적 인수합병 소문도 자주 수면 위로 떠올랐다. 그럼에도 디지털 주권의 도구, 즉 유럽으로 하여금 현재 극소수 국가들만이 이득을 얻고 있는 기술을 보존할 수 있는 기회를 제공한다는 의견이 자주 언급되었다. "알카텔서브마린네트워크가 유럽의 자산으로 남아야만 자신이 만든 규칙을 강제하려는 비유럽 케이블 사업자에 의존하지 않을 수 있으며 이는 매우 중요하다"고 케이블 전문 업체의 한 간부는 강조한다. 파리 정부는 이러한 사정에 대해 잘 알고 있을 터였다. "분명한 건 감독을 받는 기업이라는 점"이라고 한 전문가는 장담한다. 케이블 하나(이 케이블을 통해서 데이터가 전송된다)를 100퍼센트 통제하고 있는 것으로 알려진 프랑스로 말하자면, "이미 너무 늦었다"고

한 자문가는 지적한다. "그 같은 전략은 전 유럽 차원에서 실행에 옮겨져야 한다"는 것이다.[68] 즐거움을 추구하는 네티즌들은 인터넷의 오락적 측면이 실제로는 무시무시한 힘의 논리를 가속화하고 있다는 사실을 감추고 있음을 깨달아야 할 것이다.

'좋아요'는 어떻게 지구를 파괴하는가

미래의 길

1900년 4월 15일, 파리, 오전 8시. 파리시가 개최하는 제5회 만국박람회가 일반인에게 문을 활짝 열렸다. 1851년부터 미국과 유럽, 오스트레일리아에서 번갈아 개최되는 이 대대적인 국제 행사는 인류를 위해 봉사하는 기술적·경제적·사회적 진보를 축하하고 독려하는 축제의 장이었다. 이제 밝아오는 20세기와 더불어 프랑스는 그때까지 열렸던 그 어떤 만국박람회보다 훨씬 웅장한 만국박람회를 선보일 참이었다. 40개국이 에펠탑 주변을 에워싸는 112만 제곱미터의 행사장에 화려한 전시관을 꾸몄다. 기차역들이 새롭게 단장했으며, 센강을 따라 곳곳에 새로운 교각이 세워졌고, 파리 최초의 지하철이 개통되어 5000만 방문객을 맞았다.

8만 3000개의 전시 참가 업체들은 경이로운 발명품들을 선보였다. 대형 회전 자동차, 야간 조명, 지상 최대의 망원경, 대형 스크린에 투사된 뤼미에르형제의 영화, 전시장 주변에 설치된 길이 수 킬로미터짜리 자동 보도 등. 이 자동 보도는 무려 600만 명이 이용했으니 대성공이었다. 때문에 사람들은 미래의 보도는 언젠가 모두 이 자동 보도가될 것이라고 상상하기에 이르렀으므로 이 발명품에는 '미래의 길Rue de l'avenir'이라는 이름이 붙었다. 그 시대가 얼마나 기술의 혜택에 대해 낙관적인 믿음을 가졌는지 보여주는 이름이 아닐까.

21세기에 접어든 오늘날, 많은 기술 유토피아가 현실이 되었다. 우리는 이제 인터넷의 광파 파동, 알고리즘 용량, 5G 안테나의 전송 속도에 따라 살게 되었다. 이러한 도구들에 감탄하면서도 우리는 그러한 것들이 우리의 정신 건강과 민주주의, 기후에 야기하는 위협에 대해 염려한다. 이제 우리는 앞으로 다가올 몇십 년이 어떻게 전개될 것인지 그 윤곽을 그려보아야 한다. 우리는 어떤 정보 기술을 동반자 삼아 미래로 나아가고 싶은가? 어떤 소재로, 어떤 과정을 거쳐 제조되는 기술을 원하는가? 에너지 규모 수익을 가능하게 해주는 거창한 인프라로 이루어진 중앙집권적 네트워크를 원하는가, 그보다는 데이터 전송을 지역화할 수 있는 산발적이면서 에너지를 많이 소비하는 네트워크를 원하는가? 중성적이고 규제 없는 네트워크를 원하는가 아니면 편파적이고 심지어 본질적이라고 판단되는 데이터의 생산만을 허용하는 자유말살적인 네트워크를 선호하는가? 인터넷은 유료화되어야 하는가 아니면 무료 서비스로 유지되어야 하는가? 검소한 인터넷 활용이 디지털 역량 최적화를 위한 혁신보다 우선한다고 생각하는가, 아니면 그 반대가 맞다고 생각하는가?

"인터넷이 민주화된 지 불과 20년의 세월이 흘렀으니, 인터넷은 아직 굉장히 젊다! 우리는 아직도 디지털의 선사시대에 해당하는 호모 하빌리스Homo habilis 단계에 머물러 있다"고 이네스 레오나르두치는 분석한다. "그러니 우리는 이제 곧 '디지털 계몽시대'를 맞이하게 될 것이다."[1] 멋진 선언임에 틀림없는데, 만일 우리 모두가 정말로 이처럼 근사한 목표에 뜻을 모은다면, 매우 광범위하게 제시되고 있는 실천 가능한 행위들과 직면하게 될 터인즉, 이 행위들이라고 하는 것이 때로는 판별하기 쉽지 않다. 이 책을 쓰기 위해 보낸 2년 동안, 우리는 '미래의 길', 즉 디지털의 계몽시대를 구현하는 길들이 너무 많으면서

'좋아요'는 어떻게 지구를 파괴하는가

동시에 서로 모순적임을 깨달았다.

우리는 안바르 오세이란과 함께 암스테르담 암스텔강 주변에 자리 잡은 우아한 식당에 앉아 장시간 논쟁을 벌였다. 암스테르담대학에서 정보 처리 기술을 가르치는 이 교수는 디지털이 "민중의 국가, 지구, 이익État people, planet, profit"의 만개를 위해 봉사해야 한다고 강조했다. 이 말은 곧 인간의 발달, 환경보호, 경제성장이라는 여러 가지 목표의 통합을 손쉽게 만들어주어야 한다는 뜻이다. "우리의 행위는 친환경적이면서 사회적·경제적·정치적으로 지속 가능해야 한다"고 그는 거듭 강조한다. 그런데 인류는 디지털 기술이 현재 우리의 정보화 도구들의 연산 능력을 눈에 띄게 향상시켜줄 정도로 보다 완벽해져야만 더 번성할 수 있을 것이다. 안바르 오세이란 교수는 양자 정보 기술의 도래를 진심으로 기원한다. 또한 미국 출신 미래학자 레이 커즈와일을 인용하면서, 지금으로부터 2030년까지 지구 전체를 위해 무제한으로 무료 태양열 에너지를 공급받는 시대의 도래도 소망한다. 데이터의 환경 비용에 관해서는, "그 비용은 엄청나다. 하지만 우리가 디지털로부터 얻을 수 있는 혜택에 비하면 미미한 편"이라고 말한다. 다만 그러려면 이 데이터들이 쉽게 접근 가능하고, 개방되어 있어야 하며, 다른 데이터들과 조합이 가능해야 한다는 조건이 충족되어야 한다고 그는 설명한다.[2] 그 외에도 기술지향적인 이 접근은 높은 탄소세, 효율적인 탄소 시장 관리, 환경·사회·윤리 문제에 대한 기업들의 진정성 있는 각성을 통해 균형이 맞춰져야 할 것이다.[3]

이와 병행해서 우리는 제임스 워런과 케어린 캠벨도 인터뷰했다. 워싱턴 D.C. 북부에 자리 잡은 미국표준기술연구소NIST: National Institute of Standards and Technology에서 일하는 이 두 연구원은 재료공학의 놀라운 잠재력에 대한 믿음이 대단했다. 두 사람 덕분에 미국에서 통용되는 새로 찍은 5센트짜리 동전은 모두 구리와 니켈, 아연의 새로운 합금으로 구성되었으며, 이전 동전들에 비해서 제작비가 40퍼센트나 덜 들었다.[4] 이 같은 결과는 2018년, 불과 18개월 동안의 디지털 기술을 활용한 연구 끝에 얻어졌다. 디지털 기술이 "합금의 진화 과정을 모델화하고 그 결과를 예측할 수 있었기에 가능했다"고 두 사람은 설명했다. 이 발견의 연장선상에서 일부 인사들은 "신소재는 내일의 검은 황금이며, 우리의 활동과 비교할 때, GAFAM은 이미 구식 세계에 속한다. 미래란 곧 소재"라고 주장한다.[5] 과학자들의 뒤를 이어 '테크노 선구자'라고 불러 마땅한 다국적기업과 벤처기업들의 네트워크는 지구 보호를 기술의, 그중에서도 특히 디지털 기술의 무제한적인 발전과 연계시키는 서사를 정교하게 다듬는다. 에너지를 적게 소비하는 '스마트 광산', 자원을 재활용하는 로봇(애플사가 개발한 로봇 데이지를 본뜬 로봇),[6] 원자재의 근원을 알게 해주는 이력 추적 도구(예를 들어 서큘러Circular)[7] 같은 기계 등. 테크노 선구자들은 '민중의 국가, 지구, 이익'이 독려하는 행위라는 틀 속에서 전성기를 맞을 것이다. 그것들 가운데 더러는 너무도 강력해져서 언젠가 환경보호를 위한 투쟁에서 국가의 권위에 반기를 들 수도 있을 것이다.

그런가 하면 다른 철학, 다른 선구자들도 존재한다. 이보다 몇 개월 앞서서, 우리는 암스테르담에서 와그소사이어티Waag Society[8]의 활동가들에게 흥미를 느꼈다. 이들은 디지털 업계의 목표와는 근본적으로 다른 비전을 가지고 의기투합한 자들이다. 와그소사이어티는 사회복

'좋아요'는 어떻게 지구를 파괴하는가

지를 위해 봉사하는 디지털을 주장하는 기구이다. 이 기구 안에서 엔지니어 헨크 부르센은 전 세계에서 온 학생들에게 휴대폰의 작동 원리, 프로그램 등을 가르쳐서 그들이 나름대로 이를 전유하도록 이끈다. "로봇이며 인공지능 등은 인간에 의해 제조된다. 내 제자들은 이러한 기술들이 그들과 분리되어 존재하는 것이 아니라 그들 덕분에 작동할 수 있다는 사실을 절대 잊어서는 안 된다"고 강조한다. 와그를 본떠서, 우리가 '검약적이며 회복탄력성을 지닌 자들les frugaux-résilients'이라고 부르는 선남선녀들의 공동체가 전 세계적으로 빠르게 늘어나고 있다. 리브르플래닛LibrePlanet[9]과 프라마소프트Framasoft[10]라는 네트워크를 이끄는 활동가들처럼 이들은 자유로운 접근이 가능한 프로그램(가령 리눅스Linux[11] 같은 프로그램)의 미덕을 믿는다. 이들은 자주 로우테크low tech, 그러니까 제조 과정이 단순화되어 수리가 쉽고 재활용도 용이한 기술을 장담한다. 이들에 따르면, 디지털은 미래에 활용도의 저하, 더 나아가 우리 사회의 탈디지털화 과정을 겪게 될 것이라고 한다. 인터넷 네트워크의 재지역화 또한 이들의 핵심적인 관심사로, 최초의 활용 사례는 스페인의 카탈루냐 지방, 인도, 또는 남아프리카 공화국 등지에서 국지적으로 가동되고 있는 네트워크 메시Mesh와 귀피Guifi[12] 등을 꼽을 수 있다.

이러한 윤리가 우리의 통치자들에게도 영감을 줄 수 있을까? 싱크탱크 더시프트프로젝트가 작성한 흥미진진한 보고서는 점점 심각해져 가는 온라인 동영상의 생태계 영향력에 직면하여, "공권력이 해야할 역할은 … 적절성과 본질성, 공공의 이익에 봉사하는 정도의 토대 위에서 다양한 사용들 가운데 더 중요하고 덜 중요한 우선순위를 정하는 일"이라고 주장한다.[13] 사용 방식을 서열화하는 것은 결국 인터넷의 신성 불가침적인 중립성 원칙(우리 모두는 인터넷의 그 어떤 콘텐츠에도 접근할 수 있으며, 이는 각자의 신분과 각자의 필요와는 무관하다는 원칙)을 무효화하는 것으로 환원될 수 있다. 여기서 우리가 '짙은 녹색 정부'라고 형용할 수 있으며 연구원들이 진심으로 소원하는 정치 실체(공공의 자유를 일부 억제하는 정책을 통해서라도 디지털 오염을 제한하려 하는 강력한 정치체제)의 으뜸가는 구성 요소들이 드러난다. 디지털 서비스의 소비는 접속량 할당제, 인프라를 통한 속도 제한 같은 기술적 억제 등을 통해서 관리될 수 있을 것이다. '공공선을 위해 본질적'이라고 판단되는 데이터만 축적하는 방식이 중시될 수도 있을 것이다. 데이터 경제는 최소 수준으로 묶이고, 인터넷 접근은 부분적으로 유료화될 것이다. 사람들은 기대되는 이득보다 부정적인 효과가 더 클 것으로 예견되는 강한 인공지능이나 양자 정보 기술 같은 일부 기술에 대해서는 상한선을 넘지 않는 편을 선택하게 될 것이다.

우리가 걷게 될 미래의 길은 십중팔구 오늘날 세계 각지에서 끓어오르고 있는 이처럼 광범위한 해결책들의 혼합이 될 것이다. 그 길을 어깨에 짊어진 우리 인간들이 각자가 가진 관점의 차이를 넘어서 함께 공유할 수 있는 탄탄한 목표를 중심으로 뭉칠 수 있으리라고 믿어보자. 우선 스스로를 능가하겠다는 야심 하나만을 추구하는 데에서 그치지 않는 생태계의 탄생을 목표로 삼고 시작해보자. 그 생태계는 이상화되고 불확실한 미래를 약속하기에 앞서 실질적으로 체험되는 현재를 염려하고 개선하기 위해 노력하는 세계이며, 우리가 만들어내고 살아가는 시대를 이해할 수 있도록 도와주는 도구가 될 것이다. 독일 철

'좋아요'는 어떻게 지구를 파괴하는가

학자이자 문필가인 한병철이 말했듯, "이 새로운 미디어는 우리가 그것이 초래할 수 있는 패러다임의 급진적인 변화를 파악하지 못하는 가운데 우리를 새롭게 프로그래밍할 수도 있기 때문이다."[14]

제일 도출해내기 어려운 합의는 아마도 미래에 기술과의 관계에서 인간이 차지하게 될 입지가 될 것이다. 우리는 디지털을 인간들을 구하기 위해 세상에 온 메시아로 간주하는 경향이 있는데, 현실은 이보다 훨씬 세속적임을, 디지털이 실제로는 우리를 본떠 만들어진 도구에 불과하다는 점을 합의에 의해서 인정해야 할 필요가 있다. 그러므로 이 기술은 더도 덜도 아니고 딱 우리가 하는 만큼만 친환경적이며 앞으로도 그럴 것이다. 우리가 식량 자원과 에너지 자원을 낭비하기 좋아한다면 디지털 기술은 우리의 이러한 경향을 한층 심화시킬 것이다. 반대로, 우리가 한계를 넘어 지속 가능한 지구를 생각하고자 한다면 우리는 눈 깜짝할 사이에 지원자 군단을 모을 수 있을 것이다. 그때 그 도구는 우리의 일상적 솔선수범(그것이 고귀한 것이든 명예롭지 못한 것이든)에 불을 붙이는 촉매제가 될 것이다. 그것은 우리가 미래 세대에 물려줄 유산을 증대시킬 것이다. 디지털은 이제 조물주가 되어버린 우리에게, 우리가 책임져야 하는 측량할 길 없는 막강한 힘을 거의 의식조차 하지 못하는 우리에게, 마하트마 간디의 강력한 명령을 두고두고 숙고하라고 권한다. "여러분 자신이 이 세계에서 이루어지기를 바라는 변화가 되십시오."

감사의 말

한 번의 '좋아요' 클릭이 더할 나위 없이 물질적이라는 증거는, 바로 우리가 그 조사를 위해 세계 일주를 해야 했다는 사실 자체가 될 것이다. 현장 탐사를 추구하는 저널리즘엔 비용이 많이 든다. 때문에 꾸준히 내 책의 출판을 맡아주고 있는 출판인 앙리 트뤼베르와 소피 마리 노풀로스가 아니었다면 이 책은 빛을 보지 못했을 것이다. 나는 그들의 신뢰에 대해 감사한다. 이 책은 두 사람에게 크게 빚졌다.

책 한 쪽을 쓰기 위해서는 평균적으로 그 한 쪽 분량의 열 배나 되는 주석과 연구, 인터뷰가 필요했다. 그러자니 나는 뛰어난 전문성을 자랑하는 시앙스포, HEC, CFJ° 출신의 여러 인터뷰 담당자에게 의지할 수밖에 없었다. 이 책에서 다루고 있는 주제에 대한 그들의 열정과 정확한 사실을 전달하려는 의지, 지나치다 싶었던 나의 끝없는 요청(나도 인정한다!)에 대한 한없는 너그러움이 아니었다면 이 책은 지금 여러분이 손에 쥐고 있는 모습대로 될 수 없었을 것이다. 나는 이제부터 소개하려 하는 분들에게 특별히 고마움을 표하고 싶다.

림 압둘라. 니시널 오염에 대한 자료 조사를 해주고 그 주제에 대한 전반적인 초기 성찰을 구조화하는 데 도움을 주었다.

이샤 바도니아. 내가 벵갈루루 조사에 대해 얼마나 큰 기대를 걸고 있는지 잘 아는 탓에 그에 대해 헌신적으로 조사하고 연구해주었다.

○ 프랑스의 명문 대학들로, 각각 정치사회, 경영, 저널리즘 분야에서 최고 권위를 자랑한다.

알리스 벨로. 다른 도움도 많이 주었지만 특히 비물질의 미학, 녹색 인공지능, 블러프데일, 국가 감시 체제의 환경 비용, 서비스 단위당 물질 투입량, 마스다르시티, 엔카나, 빨강과 파랑, 도미니언에너지, 애팔래치아의 석탄, 미디어 비평 역사 등 그저 감탄스러울 뿐인 분석력과 종합력으로 이처럼 다양한 내용을 조사·연구해주었다.

그웬돌린 크레노. 특히 불소화가스와 허니웰, OVH, 수학과 자연의 관계, '좋아요'의 지정학, '그레타 세대'의 역설, 도미니언에너지의 로비 활동, 광케이블, 스마트폰의 미학, 녹색 에너지 인증, 스마트폰과 선불교의 관계 등과 관련해서 어떤 시련 앞에서도 굳게 버티는 높은 성취욕과 조사에 대한 존경할 만한 헌신으로 탐구해주었다.

마리-아스트리드 게강. 다른 것보다도 특히 케이블 뒤낭, 애팔래치아 석탄, 애슈번, 데이터를 물의 양으로 환산하기, 콜로스, 녹색 에너지 인증 등에 대한 연구 및 네덜란드, 영국, 미국, 스웨덴, 노르웨이 등지로의 취재 여행 준비에 애써주었다. 얼마나 엄청난 끈기와 겸허함을 발휘해야 하는 일들이었던가.

카미유 리시르. 어마어마한 작업량에도 불구하고 페이스북의 룰레오 진출, 룰레엘벤의 수력발전용 댐 건설, 공유 전동킥보드, 전자 기기 숙청, 케이블 뒤낭, 수동적 펀드, 집적회로, 5G, 커넥티드카와 자율주행 자동차 등에 관해 대단한 열정을 가지고 조사하고 분석해주었다.

카롤린 로뱅. 성실하고 고집스럽게 커넥티드카와 자율주행 자동차에 관해 연구 조사를 해주었다.

상드린 트랑. 집적회로와 SMARTer2030 보고서 분석이라는 방대한 작업은 물론 탈린 취재 여행 준비까지 완벽하게 해주었다.

잔 뱅상. 책임감 있는 광물 조달, 로봇으로 인해 야기되는 오염, 전자 기기를 수리할 권리를 가로막는 장애물 등에 대한 조사 연구에 있어서 남다른 정확성과 수준 높은 분석력을 발휘했다.

나는 또한 CFJ의 학업 담당 부학장 세드리크 몰 로랑송과 그의 팀에게도 감사한다. 그들은 나를 믿고 학생들과 협업할 수 있도록 연결시켜주었다.

그리고 출판에 앞서 적지 않은 수의 독자들이 이 책의 원고를 부분별로 읽어주었다. 이들은 저마다 프랑스 또는 세계에서 자기 분야의 전문가로 인정받는 사람들로, 나는 시간을 들여 내 원고를 읽고 몇몇 대목은 손수 수정까지 해준 데 대해서 이들에게 진심으로 감사한 마음을 전한다.

먼저 카르노컴퓨팅의 공동 설립자이자 대표인 폴 브누아와 데이터센터연구소 소장이자 플러스컨설팅의 설립자이며 싱크탱크 '전환기의 데이터센터'의 공동 설립자인 필리프 뤼스는 데이터센터를 중점적으로 다룬 이 책의 4, 5, 6장을 읽어주었다.

장-피에르 콜랭주. TSMC의 기술개발 중앙 본부에서 본부장으로 일했던 그는 집적회로 부분의 집필에 도움을 주었다.

알카텔서브마콤, 알카텔서브마린네트워크의 전 대표이자 티코서브콤의 전 마케팅 책임자였던 장 드보스와 AQEST의 시니어 컨설턴트 로랑 캉파뉴. 광케이블을 다룬 이 두 사람에게 9장과 10장에서 큰 도움을 받았다.

제레미 데지르. HSBC의 전직 양적분석가이자, 시민단체 당신은혼자가아닙니다Vous n'êtes pas seuls의 공동 설립자인 그는 퀀트펀드에 관해

'좋아요'는 어떻게 지구를 파괴하는가

서 정통한 지식과 정보를 기꺼이 제공해주었다.

클로리드리크. 라 카드라튀르 뒤 넷의 회원인 그는 전동킥보드와 데이터 폭식증에 할애된 부분을 꼼꼼하게 살펴주었다.

변호사이자 시에라클럽의 활동가인 아이비 메인은 도미니언에너지 관련 부분을 검토해주었다.

또한 이 책의 원고 전체를 읽어준 페어폰의 정보 기술 및 프로그램의 수명 분과 책임자 아네스 크레페와 알베르빌 시민대학의 친절한 에릭 루소 그리고 꼼꼼하기 이를 데 없는 악셀 로빈에게도 고마움을 전한다. 그들은 최대한 엄정하고 건설적인 태도로 원고를 읽어주었다.

나는 책에 등장하는 많은 사실들의 확인에 있어서는 전적으로 모니크 드보통에게 의존했다.

마지막으로, 이 책을 쓰는 과정은 여러 제약 속에서 진행되었는데, 그 제약이라는 것들이 오히려 빡빡한 취재 일정 사이사이에 잠시 쉬어가면서 평온하게, 규칙적으로 글을 쓰는 시간으로 작용했다. 브렌 자연보호구역의 연못에서 앙트르되메르의 포도밭에 이르기까지, 나는 오래된 돌이며 나무, 동물 들과 늘 함께였고, 가족은 물론 나에게 소중한 사람들의 응원에 기댈 수 있었다.

부록

부록 1 | 인터넷의 일곱 개 층

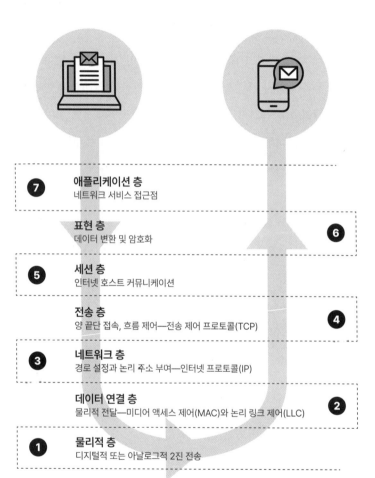

⑦ 애플리케이션 층
네트워크 서비스 접근점

표현 층 ⑥
데이터 변환 및 암호화

⑤ 세션 층
인터넷 호스트 커뮤니케이션

전송 층 ④
양 끝단 접속, 흐름 제어—전송 제어 프로토콜(TCP)

③ 네트워크 층
경로 설정과 논리 주소 부여—인터넷 프로토콜(IP)

데이터 연결 층 ②
물리적 전달—미디어 액세스 제어(MAC)와 논리 링크 제어(LLC)

① 물리적 층
디지털적 또는 아날로그적 2진 전송

'좋아요'는 어떻게 지구를 파괴하는가

부록 2 | 전화기 제조에 소요되는 원자재 수

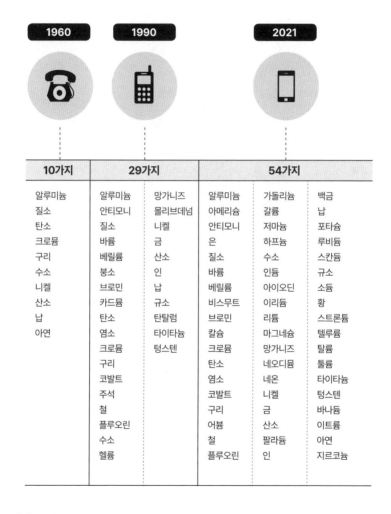

10가지	29가지		54가지		
알루미늄	알루미늄	망가니즈	알루미늄	가돌리늄	백금
질소	안티모니	몰리브데넘	아메리슘	갈륨	납
탄소	질소	니켈	안티모니	저마늄	포타슘
크로뮴	바륨	금	은	하프늄	루비듐
구리	베릴륨	산소	질소	수소	스칸듐
수소	붕소	인	바륨	인듐	규소
니켈	브로민	납	베릴륨	아이오딘	소듐
산소	카드뮴	규소	비스무트	이리듐	황
납	탄소	탄탈럼	브로민	리튬	스트론튬
아연	염소	타이타늄	칼슘	마그네슘	텔루륨
	크로뮴	텅스텐	크로뮴	망가니즈	탈륨
	구리		탄소	네오디뮴	툴륨
	코발트		염소	네온	타이타늄
	주석		코발트	니켈	텅스텐
	철		구리	금	바나듐
	플루오린		어븀	산소	이트륨
	수소		철	팔라듐	아연
	헬륨		플루오린	인	지르코늄

출처: Prof. Mike Ashby, Cambridge University; Prof. Jean-Pierre Raskin, Universite catholique de Louvain.

부록 3 │ 금속 각각의 세계 총생산량 중 디지털 기술 구현에 투입되는 비율

안티모니 41% ┄┄┄┄┄┄┄┄┄┄ ● 내화성 물질

디스프로슘 63% ┄┄┄┐
네오디뮴 26% ┄┄┄┴┄┄┄ ● 자석

갈륨 70% ┄┄┄┄┄┄┄┄┄ ● 집적 회로

저마늄 87% ┄┄┄┄┄┄┄┄ ● 광섬유와 광적외선

인듐 60% ┄┄┄┄┄ ● 평면 화면, 스퍼터링 타깃, 반도체, LED

터븀 88% ┄┄┄┄┄┄┄┄ ● 자석과 조명

어븀, 유로퓸, 가돌리늄 50% ┄┄┄┄┄┄ ● 조명

베릴륨 42% ┄┄┄┐
이리듐 43% ┄┄┄┼┄┄┄ ● 다양한 전기 전자 제품
루테늄 66% ┄┄┄┘

출처: Joint Research Centre(JRC), Union europeenne.

'좋아요'는 어떻게 지구를 파괴하는가

부록 4 | 세계의 데이터센터 분포 지도

출처: Data Center Map.

측정 단위	용도	물의 양	등가물
1킬로바이트 (약 1000바이트)	짧은 이메일 1통	100밀리리터	반 컵
1메가바이트 (약 1000킬로바이트)	MP3 형태의 1분짜리 음성 파일	100리터	수영장의 발 씻는 통 1개
1기가바이트 (약 1000메가바이트)	2시간짜리 영화 1편	10만 리터	대형 빗물 저장 탱크 1개
1테라바이트 (약 1000기가바이트)	프랑스 국립도서관 장서의 거의 절반인 책 600만 권	1억 리터	올림픽 경기 규격 수영장(수심 3미터) 약 27개
1페타바이트 (약 1000테라바이트)	중간 정도 화질의 디지털 사진 20억 장	1000억 리터 ▶ 1억 세제곱미터 ▶ 0.1세제곱킬로미터	베니스 대운하의 58배
1엑사바이트 (약 1000페타바이트)	2003년까지 생산된 모든 정보의 양 5엑사바이트	100세제곱킬로미터	레만호 (89세제곱킬로미터) 보다 큼
1제타바이트 (약 1000엑사바이트)	책 1경 권	10만 세제곱킬로미터	캘리포니아만
1요타바이트 (약 1000제타바이트)	집 한 채 크기의 데이터센터 100만 개	1억 세제곱킬로미터	인도양의 3분의 1

출처: Stanford University, High Scalability, *Liberation*.

'좋아요'는 어떻게 지구를 파괴하는가

부록 6 | 2010년 이후 전 세계에서 생산된 디지털 데이터의 양과
생산될 디지털 데이터의 예측량

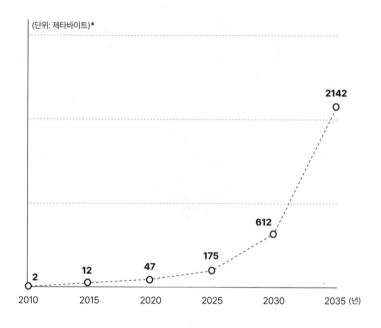

(단위: 제타바이트)*

2142

612

175

47

12

2

2010   2015   2020   2025   2030   2035 (년)

*1제타바이트=약 1조 기가바이트

출처: Statista, Digital Economy Compass 2019.

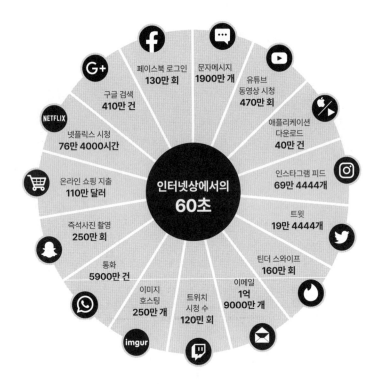

출처: @LoriLewis, @OfficialyChadd, 2020.

'좋아요'는 어떻게 지구를 파괴하는가

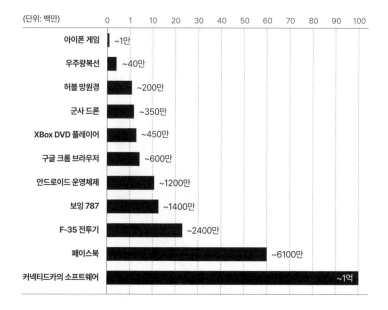

(단위: 백만)

아이폰 게임	~1만
우주왕복선	~40만
허블 망원경	~200만
군사 드론	~350만
XBox DVD 플레이어	~450만
구글 크롬 브라우저	~600만
안드로이드 운영체제	~1200만
보잉 787	~1400만
F-35 전투기	~2400만
페이스북	~6100만
커넥티드카의 소프트웨어	~1억

출처: David McCandless, d'apres les donnees de la NASA, des sites Quora, Ohloh, *Wired* & press report, 2020.

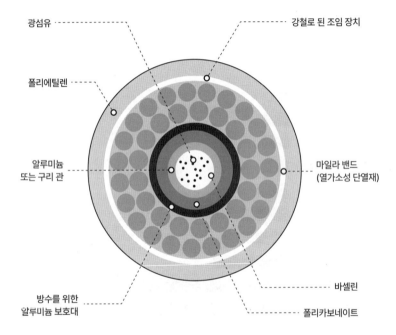

광섬유 ....

폴리에틸렌 ....

알루미늄
또는 구리 관 ....

강철로 된 조임 장치

마일라 밴드
(열가소성 단열재)

방수를 위한
알루미늄 보호대

바셀린

폴리카보네이트

출처: SciencePost.

'좋아요'는 어떻게 지구를 파괴하는가

부록 10 | 세계의 해저케이블 분포도

출처: Submarine Cable Map, 2021.

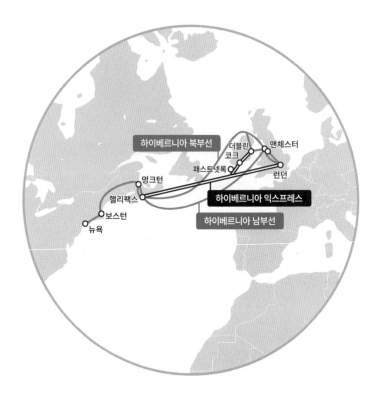

'좋아요'는 어떻게 지구를 파괴하는가

출처: Polarnet Project Photo, 2017.

'좋아요'는 어떻게 지구를 파괴하는가

출처: PEACE Cable, 2021.

주

책머리에

1. 'Advanced research projects agency network'의 약어.

2. 'Transmission control protocol/Internet protocol'의 약어.

3. "US heading anti-jihadist intelligence sharing operation-report", *The Times of Israel*, 2021. 3. 25.

4. "YouTube and Netflix are cutting streaming quality in Europe due to coronavirus lockdowns", CNBC, 2020. 3. 20. 컴퓨터 과학자 스테판 보르츠메이어 같은 많은 전문가들은 오히려 그와 반대로 네트워크가 포화 상태에 이르려면 아직 멀었다고 생각한다. "L'Internet pendant le confinement"(framablog.org, 2021. 3. 21)를 읽어보라.

5. "Why the world is short of computer chips, and why it matters", Bloomberg, 2021. 2. 17.

6. '세계의 거미줄'을 뜻하는 이 용어는 웹의 아버지로 일컬어지는 영국 출신 물리학자 팀 버너스-리에 의해 처음으로 사용되었다. 인터넷 망의 인류 전체 확산과 관련한 예측에 대해서는 "Human on the internet will triple from 2015 to 2022 and hit 6 billon"(*Cybercrime Magazine*, 2019. 7. 18)을 보라.

7. "10 hot consumer trends 2030", Ericsson ConsumerLab, 2019. 12.

8. "Giant cell blob can learn and teach, study shows", *Science News*, 2016. 12. 21.

9. 디지털포더플래닛Digital For the Planet의 이네스 레오나르두치Inès Leonarduzzi 대표와의 대담, 2019.

10. 컴퓨터 연구 엔지니어 프랑수아즈 베르투Françoise Berthoud와의 대담, 2019, 2020.

11. "Lean ICT: Pour une sobriété numérique", 위그 페르뵈프Hugues Ferreboeuf가 이끄는 연구팀이 싱크탱크 더시프트프로젝트The Shift Project를 위해 작성한 보고서, 2018. 10.

12. 스카이프 창업자, 생명의미래연구소 창업자인 얀 탈린Jaan Tallinn과의 대담, 2020.

13. 디지털 경제에서 가장 막강한 미국의 5대 기업 구글Google, 애플Apple, 페이스북Facebook, 아마존Amazon, 마이크로소프트Microsoft의 머리글자를 따서 만든 단어.

14. 페어폰Fairphone의 정보 기술 및 소프트웨어 수명 연장 분과 책임자 아녜스 크레페Agnès Crepet에게 빚진 용어.

15. fridaysforfuture.org

16. 위돈해브타임We Don't Have Time이라는 벤처기업. wedonthavetime.org

17. "Comment la grève solitaire de Greta Thunberg est devenue virale en deux heures", La Netscouade, 2019. 10. 18.

18. Victoria Rideout, Michael B. Robb, "The common sense census: media use by tweens and teens", Common Sense Media, 2019.

19. "La face cachée du numérique—Réduire les impacts du numérique sur l'environnement",

'좋아요'는 어떻게 지구를 파괴하는가

ADEME, 2021. 1.

20. 시몬 케슬러Simon Kessler와 요한 보랑거Johan Boulanger가 제작한 53분짜리 다큐멘터리 〈제너레이션 그레타Génération Greta〉, AFP, Galaxie presse, 2020.

21. "J'ai trois Greta Thunberg à la maison… Ces ados écolos qui prennent en main le bilan carbone de la famille", *Le Monde*, 2019. 11. 16.

22. "Today's youth, tomorrow's internet A Nominet Digital Futures Report", Nominet, 2019.

23. "Being young in Europe today—digital world", Eurostat, 2020. 7.

24. "The perils of progress", *The New Republic*, New York, 2010. 6. 29.

25. Trine Syvertsen, *Media Resistance: Protest, Dislike, Abstention*, Palgrave Macmillan, 2018.

1 디지털 산업과 생태계: 환상에 지나지 않는 관계

1. 이 표현은 튀르키예 출신 여성 연구원 괵체 구넬Gökçe Günel이 쓴 책 *Spaceship in the Desert. Energy, Climate Change and Urban Design in Abu Dhabi*(Duke University Press, 2019)에서 영감을 얻었다. 세계적인 팬데믹 때문에 우리는 마스다르시티에 갈 수 없었다. 아랍에미리트 당국이 배부한 홍보용 자료들 덕분에 위에 적힌 내용들을 소개할 수 있었다.

2. Federico Cugurullo, "Exposing smart cities and eco-cities: Frankenstein urbanism and the sustainability challenges of the experimental city", *Environment and Planning A: economy and Space*, 2017. 11. 16.

3. *Ibid.*

4. 유튜브에서 비디오 'Welcome to Masdar City'를 검색해보라(youtu.be/Llzq9YMsPP8). 그 외 masdarcity.ae/en/에서 많은 양의 홍보 자료들을 열람할 수 있다.

5. 더블린의 트리니티칼리지에서 스마트하고 지속 가능한 도시계획을 가르치는 페데리코 쿠구룰로 교수와의 대담, 2020.

6. fosterandpartners.com/projects/masdar-city/

7. 실제로, 만일 새 한 마리가 자율주행 자동차 앞에서 날아다닌다면, 차는 새와의 충돌을 피하기 위해 급제동을 걸어야 한다. 때문에 PRT를 터널 안에서 운영해야 한다는 제안이 있었으나 이 제안은 실행에 옮겨지지 않았다.

8. 물과 냉방기 소비량 측정과 관련해서 관찰된 수많은 오류들이 해결되지 않은 채 그대로 남아 있으며, "아무도 왜 이러한 설비가 제대로 작동하지 않는지 이해하지 못하는 것 같다"는 한 연구원의 말이 괵체 구넬의 저서 *Spaceship in the Desert. Energy, Climate Change and Urban Design in Abu Dhabi*(*op. cit.*)에 소개되고 있다.

9. "Masdar's zero-carbon dream could become world's first green ghost town", *The Guardian*, 2016. 2. 16.

10. "Mapping Smart Cities in th EU", Directorate General For Internal Policies, Policy Department, Economie and Scientific Policy, 2014. 1.

11. "Navigant research's smart city tacker 2Q19 highlights 443 projects spanning 286 cities around the world", Business Wire, 2019. 6. 20. 네비건트리서치의 이사회에 따르면, 스마

트시티 관련 기술의 세계시장 규모는 2019년 한 해에 974억 달러였다가 2028년엔 2630억 달러로 껑충 뛰어오를 것으로 예상된다.

12. 미국 텍사스주 휴스턴의 라이스대학에서 인류학을 강의하는 곽체 구넬 조교수와의 대담, 2020.

13. 영국 출신 학자 사이먼 J. 마빈Simon J. Marvin은 1994년에 발표한 논문 "Green signals: the environmental role of telecommunications in cities"에서 통신이 보다 지속 가능한 도시의 발전에 적극적으로 일조할 수 있으리라는 일반적 통념에 이의를 제기한다. 2014년엔 영국의 두 학자 제니 비타넨Jenni Viitanen과 리처드 킹스턴Richard Kingston이 *Environment and Planning A*라는 잡지에 기고한 "Smart cities and green growth: outsourcing democratic and environmental resilience to the global technology sector"라는 글에서 사이먼 J. 마빈의 연구 작업을 인용하면서 이 논의를 이어나갔다. 두 사람은 스마트시티가 환경에 미치는 영향에 대한 가설을 조심스럽게 제시한다. "도시가 지능화될수록 더 많은 전자폐기물을 만들어낼 가능성이 높다"는 것이다. 결국 이들은 입법자들로 하여금 "스마트시티의 위험성과 혜택에 관해서 훨씬 덜 순진한 접근 방식을 채택"할 것을 요구했다. 하지만 정확한 계산과 수치가 제시된 것은 아니었다. 2016년, 마침내 환경 산업 위원회가 작성한 보고서 "Getting the green light: Will smart technology clean up city environment?"는 "스마트 기술이 … 도시의 환경 역량을 향상시키는 데 중요한 역할을 할 수 있으리라고 판단할 수 있는 결정적인 증거가 부족하다"고 결론지었다.

14. Kikki Lambrecht Ipsen, Regitze Kjær Zimmermann, Per Sieverts Nielsen, Morten Birkved, "Environmental assessment of Smart City Solutions using a coupled urban metabolism – life cycle impact assessment approach", *The International Journal of Life Cycle Assessment*, 2019.

15. 여기에는 두 가지 방법이 사용되었는데, 하나는 한 도시로 들어가고 나가는 물질의 선속線束 전체(도시 신진대사)를 관찰하는 것이고, 다른 하나는 이 물질의 선속을 도시의 모든 생애 주기, 다시 말해서 자원을 채취하고 상품을 제조하며 그것들을 사용하고 폐기하는 그 과정별 선속을 분석하는 것이다.

16. 캐나다 퀘벡의 셔브룩대학 토목학과 소속 키크키 람브레히트 이프젠Kikki Lambrecht Ipsen과의 대담, 2020.

17. Mickaël Launay, *Le Grand Roman des maths, de la préhistoire à nos jours*, Flammarion, 2016[미카엘 로네, 『수학에 관한 어마어마한 이야기』, 김아애 옮김, 클, 2018].

18. 지속적인 최대 수익성(RMD: Rendement Maximal Durable)은 1935년 영국의 생물학자 마이클 그레이엄Michael Graham에 의해 이론화되었다.

19. 아그로파리텍AgroParisTech의 알렉상드르 고댕Alexandre Gaudin 교수와의 대담, 2020.

20. 트라이클로로플루오로메테인Trichlorofluoromethane.

21. Stephen A.Montzka, Geoff S. Dutton, Pengfei Yu *et al.*, "An unexpected and persistent increase in global emissions of ozone-depleting CFC-11", *Nature*, 557, 2018. 5. 16.

22. 이런 것들을 가리켜 '우주 데이터space data'라고 한다.

23. Matt Rigby, Sangho Park, Takuya Saito *et al.*, "Increase in CFC-11 emissions from eastern China based on atmospheric observations", *Nature*, 569, 2019. 5. 22. "Ozone layer: Banned CFCs traced to China say scientists"(BBC, 2019. 5. 22)도 참조할 것.

'좋아요'는 어떻게 지구를 파괴하는가

24. George Orwell, *1984*, Gallimard, 2020[조지 오웰, 『1984』, 정회성 옮김, 민음사, 2003]. 초판은 영국에서 1949년에 출간되었다.

25. Frédéric Bordage, Martine Braud, Damien Demailly *et al.*, *Livre blanc Numérique et Environnement*, Institut du développement durable et des relations internationales, Fondation Internet nouvelle génération, World Wide Fund for Nature France, GreenIT.fr, 2018. 3.

26. 상하이에서 남쪽으로 약 200킬로미터 떨어진 항저우는 중국 저장성의 성도이다.

27. "In China, Alibaba's data-hungry AI is controlling (and watching) cities", *Wired*, 2018. 5. 30.

28. "Évaluation des système de GTB [gestion technique du bâtiment] dans le tertiaire", rapport de l'Agence de l'environnement et de la maîtrise de l'énergie devenue en 2020 l'Agence de la transition écologique, 2015. 12.

29. instagram.com/cropswap/

30. farmmatch.com

31. toogoodtogo.org/en

32. *Livre blanc Numérique et Environnement, op.cit.*

33. Hubert Tardieu, "La troisième révolution digitale. Agilité et fragilité", *Études*, 2016. 10.

34. "Lean ICT: pour une sobriété numérique", rapport du groupe de travail dirigépar Hugues Ferreboeuf pour le think tank The Shift Project, 2018. 10.

35. 디지털 산업이 환경에 끼치는 영향을 다루는 연구들의 역사를 포괄적으로 이해하기 위해서, 우리는 독자들에게 에릭슨 그룹이 2019년에 출판한 자료집 "Estimating the enabling potential of ICT—a challenging research task"를 읽어볼 것을 권한다. 이 보고서의 초록은 이전에 발표된 보다 심도 있는 한 연구인 "Considerations for macro-level studies of ICT's enabling potential"(Jens Malmodin, Pernilla Bergmark, Nina Lövehagen, Mine Ercan, Anna Bondesson, ICT for Sustainability, 2014)을 참조하라고 일러두고 있다.

36. 1.27GtCO2e.

37. "Lean ICT: pour une sobriété numérique", *op.cit.*

38. *Ibid.*

39. gesi.org. GeSI의 회원들로는 AT&T, 델, 도이치텔레콤, 화웨이, IBM, 스위스컴, ZTE 등을 꼽을 수 있다.

40. "GeSI SMARTer 2020: The role of ICT in driving a sustainable futur", Global e-Sustainability Initiative aisbl and The Boston Consulting Group, Inc, 2012. 12.

41. "#SMARTer 2030: ICT Solutions for 21th Century Challenges", GeSI et Accenture Strategy, 2015.

42. unfccc.int

43. "ICT at COP21: Enormous Potential to Mitigate Emissions" World Bank Group, 2015. 12.

44. "Potentiel de contribution du numérique à la réduction des impacts environnementaux: état des lieux et enjeux pour la prospective", rapport de l'ADEME, 2016. 12.

45. 프랑스 국립과학연구원(CNRS)의 컴퓨터 연구 엔지니어 프랑수아즈 베르투와의 대담, 2019, 2020. 이 연구원은 바로 위에서 인용한 ADEME 제출 자료에서 GeSI의 보고서를 대상으로 심층 분석까지도 진행했다. "일반적으로, 이 보고서들은 … 자신들이 고안

해낸 기술적 해결책을 알리고 싶은 업계 사람들을 위한 홍보 습작 같은 느낌을 준다 … 분야별, 국가별로 피할 수 있는 배출량과 관련한 수치들을 읽다 보면, 각각의 보고서가 업계 편향적이라는 느낌을 배제하기 어려우며, 따라서 연구 결과와 권유 사항을 신뢰하기 힘들다. … 독립적인 패널을 통한 비판적인 점검이 있어야만 이러한 작업에 대한 편파성 의혹을 해소할 수 있을 것이다.ˮ

46. BT 그룹, 도이치텔레콤, 화웨이, 마이크로소프트, 버라이즌 등이 대표적이다.

47. 우리의 정보원에 따르면, 보고서를 발표하기까지 총 50만 유로에서 200만 유로 사이의 비용이 소요되었을 것으로 추정된다.

48. 프랑수아즈 베르투와의 대담, 2019, 2020.

49. *Ibid.*

50. Frédéric Bordage, rapport ˝Empreinte environnementale du numérique mondialˮ, GreenIT.fr, 2019. 9.

51. *Ibid.*

52. Françoise Bertoud, ˝Numérique et écologieˮ, *Annales des Mines—Responsabilitéet environnement*, n°87, 2017. 3.

53. ˝Journée du dépassement: Internet est le 3ᵉ ʻpaysʼ le plus énergivoreˮ, RFI, 2018. 8. 1.

54. ˝Global electricity generation mix, 2010-2020ˮ, Agence internationale de lʼénergie(IEA), 2021. 3. 1.

55. ˝Lean ICT: pour une sobriété numériqueˮ, *op. cit.*

56. ˝Numérique: le grand gâchis énergétiqueˮ, *CNRS Le journal*, 2018. 5. 16.

57. 프랑스 국립생물다양성협회의 지리 정보와 국립공원 분과 책임자 브뤼노 라파주Bruno Lafage가 ʻbiodiversité 2019—Ville numérique et biodiversité(생명다양성 2019—디지털 도시와 생명다양성)ʼ 회합에서 한 발제.

58. ˝Lean ICT: pour une sobriété numériqueˮ, *op.cit.*

59. GreenIT.fr의 창시자 프레데릭 보르다주Frédéric Bordage와의 대담, 2018.

60. 자문회사 디지털포더플래닛의 창시자 이네스 레오나르두치와의 대담, 2019.

61. 캅두아즈 오드프랑스CapʼOise Hauts-de-France 대표 앙리 사바티에-그라바Henri Sabatié-Gravat에게 고마움을 표한다. 2020년에 그와 가진 대담 덕분에 이 몇 줄을 작성할 수 있었다.

62. ˝Clicking clean—Who is winning the race to build a green internet?ˮ, rapport de Greenpeace International, 2017.

63. ˝Lean ICT: pour une sobriété numériqueˮ, *op.cit.*

64. *Ibid.*

65. 프랑스국립과학연구원(CNRS)의 정보학과 랜덤시스템 연구소(IRISA) 소속인 안-세실 오르주리Anne-Cécile Orgerie와의 대담, 2020.

66. CBRE 데이터센터 솔루션스CBRE Data Center Solutions의 기술 자문 분과 책임자인 마크 액튼Mark Acton과의 대담, 2020.

67. *Livre blanc Numérique et Environnement*, *op.cit.*

68. ʻTotal Cost of Ownershipʼ의 약어. tcocertified.com

69. Ruediger Kuehr, Eric Williams, *Computers and the Environment: Understanding and Managing their Impacts*, Springer Netherlands, 2003.

70. 로체스터 공과대학의 에릭 윌리엄스Eric Williams 교수와 뉴욕에서 가진 대담, 2020.

71. 에스토니아의 탈린에서 열린 "Drowning in data—digital pollution, green IT, and sustainable access" 학회, 2017. 6. 7.

72. 독일 할레비텐베르크 마르틴루터대학 ZIRS(학제간지역학연구소)의 아스타 폰데라우 Asta Vonderau 소장과의 대담, 2020.

73. 유럽좌파연합/북구녹색좌파(GUE/NLG) 연맹 그룹 보좌관 소피 라우저Sophie Rauszer 와의 대담, 2020.

74. "Google workers double down on climate demands in new letter", The Verge, 2019. 11. 4.

75. 이네스 레오나르두치와의 대담, 2019. "Ces étudiants des grandes écoles qui ne veulent pas travailler dans des entreprises polluantes"(francetvinfo.fr, 2018. 10. 15)도 참조할 것.

2 스마트폰의 정점에서

1. 가명.

2. 기자들의 현장 취재에 동행하여 안내와 통역 서비스를 제공하는 자.

3. 이 여행은 그랑 앙글Grand Angle 에이전시가 제작을 맡고 필자와 장-루이 페레Jean-Louis Perez가 공동으로 연출한 다큐멘터리 *La face cachée des énergies vertes*(2020) 제작을 위한 것이었다.

4. 검은 부식토가 많은 토양을 가리킨다.

5. 흑연을 정련하는 상세한 공정에 관해서는 특히 Allah D. Jara, Amha Betemariam, Girma Woldetinsae, Jung Yong Kim이 쓴 "Purification, application and current market trend of natural graphite: A review"(*International Journal of Mining Science and Tecynology*, vol.29, n° 5, 2019. 9)를 참조하라.

6. 가명.

7. "Heilongjiang promotes investment in graphite industry", Harbin Today, 2019. 12. 20.

8. "Data age 2025. The digitization of the world", Seagate, 2018. 11.

9. 자기장의 강도와 방향을 측정하는 장치이다.

10. "The world of aluminium extrusions—an industry analysis with forecasts to 2025", AlCircle, 2018. 8. 22.

11. "La face cachée du numérique—Réduire les impacts du numérique sur l'environnement", ADEME, 2021. 1.

12. Frédéric Bordage, *Sobriété numérique, les clés pour agir*, Buchet-Chastel, 2019. "[스마트폰의 소비 에너지 가운데] 80퍼센트는 기기를 제조하는 과정에서 소비된다." 애플사에서 출시한 아이폰 12 프로의 경우, 이 숫자는 86퍼센트까지 올라간다. "The carbon footprint of your phone—and how you can reduce it"(reboxed.co, 2021. 2. 16)을 읽어볼 것.

13. 카르노컴퓨팅Qarnot Computing의 공동 설립자 폴 브누아Paul Benoit와의 대담, 2019, 2020.

14. 재레드 다이아몬드Jared Diamond는 특히 세계적인 베스트셀러 *Collapse: How Societies Choose to Fail or survive*(Penguin Books, 2005[『문명의 붕괴』, 강주헌 옮김, 김영사, 2005])의 저자이다.

15. "What's your consumption factor?", *The New York Times*, 2008. 1. 2.

16. "Global material resources. Outlook to 2060 economic drivers and environmental consequences", OECD, 2019. 2. 12.

17. "50 mesures pour une économie 100% circulaire", "feuille de route" économie circulaire, ecologique-solidaire.gouv, economie.gouv.fr, avril 2018. 4.

18. "An Eco-moderniste manifesto", ecomodernisme.org, 2015. 4. 더구나 '스마트' 농업이 수익성을 더욱 향상시키는 데 일조할 것이라는 논리를 내세우기도 한다.

19. '긱'이란 신기술에 완전히 매료된 자를 가리킨다.

20. 에스토니아 정부의 정보화 시스템 책임자 심 시쿠트Siim Sikkut와의 대담, 2020.

21. 에스토니아는 또한 '유럽의 실리콘밸리'이기도 하다. 인구당 '유니콘' 기업(10억 달러 이상의 가치를 갖는 기업)의 수가 세계에서 가장 많기 때문이다. 스카이프, 트랜스퍼와이즈, 플레이테크, 볼트 등이 있다.

22. 전자 주거의 총책임자 오트 바테르Ott Vatter와의 대담, 2020.

23. 탈린 기술대학 라그나르-누르크세 혁신 및 거버넌스 부서에서 전자 거버넌스를 가르치는 로베르트 크림메르Robert Krimmer 교수와의 대담, 2020.

24. 에스토니아 공화국의 전 대통령 토마스 헨드리크 일베스Toomas Hendrik Ilves (2006~2016)와의 대담. 2020.

25. 우리는 이 대목에서 수 세기 전 예술은 물질을 초월함에 따라 영성을 획득하게 된다고 주장한 헤겔과 제아무리 쉽게 사라져버리는 것이라 할지라도 물질이 아닌 초월이란 있을 수 없으며, 따라서 중력, 관성, 리듬 등 물질로서의 구조 법칙에 복종할 수밖에 없다고 주장한 미술사가 앙리 포시옹Henri Focillon의 논쟁을 떠올리게 된다. 이 주제에 대해서는 아르노 마세Arnaud Macé가 엮고 해설한 *La Matière*(Flammarion, 2013)을 읽어보라.

26. John Perry Barlow, "Déclaration d'indépendance du Cyberespace", 1996. 2. 8.

27. Fritz Machlup, *The Production and Distribution of Knowledge in the United States*, Princeton University Press, 1972.

28. 실제로, "성장이 원자재에 토대를 두고 있다면 절대 무한할 수 없다. 그런데 지식에 토대를 두고 있다면 무한한 성장이 손쉽게 달성될 수 있다"고, 프랑스의 학자 이드리스 아베르칸Idriss Aberkane은 2014년 허프포스트 블로그에서 주장했다. "L'économie de la connaissance est notre nouvelle renaissance", *The Huffington Post*, 2014. 6. 4.

29. Seth Godin, *Unleashing the Ideavirus: Stop Marketing AT People! Turn Your Ideas into Epidemics by Helping Your Customers Do the Marketing thing for You*, Hachette Books, 2001[세스 고딘, 『아이디어 바이러스』, 최승민 옮김, 21세기북스, 2002].

30. Chris Anderson, *Free: The Future of a Radical Price*, Hyperion, 2009[크리스 앤더슨, 『프리: 비트 경제와 공짜 가격이 만드는 혁명적 미래』, 정준희 옮김, 랜덤하우스코리아, 2009].

31. "Internet: qu'est-ce que le 'cloud', et depuis quand en parle-t-on?", Slate, 2014. 9. 4.

'좋아요'는 어떻게 지구를 파괴하는가

32. 책임감 있는 정보 과학Maison de l'informatique responsible의 대표 벨라 로토Bela Loto가 2020년 2월 29일 파리의 굿플래닛Good Planet 재단에서 열린 "Dégàts environnementaux, dérèglement climatique: la face cachée du numérique(환경 훼손, 기후 이상: 디지털의 숨겨진 얼굴)" 학회에서 한 연설.

33. GreenIT.fr의 창시자 프레데릭 보르다주와의 대담, 2018. 애플의 시가 총액은 2020년 기준 2조 달러에 이른다. 2015년, 이 회사의 광고비 지출은 18억 달러였다. 애플은 그 후 이 점에 대해서는 침묵을 고수한다. 이 문제에 대해서는 "Apple mysteriously stopped disclosing how much it spends on ads"(Business Insider, 2016. 11. 25) 참조.

34. '최상급의 오브제'에 대해 제임스 오제James Auger가 #MiXiT21 학회에서 발표한 발제문을 읽어보라. mixitconf.org/2021/means-ends

35. 마일스톤 투자자Milestone Investisseurs의 창시자이자 포텐셜 프로젝트Potential Project의 관리자인 에릭 린너Erick Rinner와의 대담, 2020.

36. "How Steve Job's love of simplicity fueled a design revolution", *Smithsonian Magazine*, 2012. 9.

37. 에릭 린너와의 대담. 2020.

38. 우리는 앞에서 지적한 세 가지 요인에 엔지니어들을 추가할 수 있다. 이들은 인터넷 네트워크를 향상시킨 주역들이니 말이다. "1990년대에는 인터넷에 접속할 때마다 물질성을 느낄 수 있었다. 네트워크가 지지직거리는 소리를 들을 수 있었으니까. 그러다가 네트워크가 훨씬 매끄럽게 돌아가면서 가상현실이라는 느낌이 강해졌다"고 도미니크 불리에Dominique Boullier 교수는 2014년 4월 9일 프랑스 퀼튀르Culture 방송의 프로그램 "Les infrastructures d'Internet: quelle géopolitique(인터넷의 인프라: 어떤 지정학이 작용하는가?)"에서 분석했다.

39. Gilles de Chezelles, *La Dématérialisation des échanges*, Lavoisier, 2006.

40. *Ibid.*

41. *Ibid.*

42. *Ibid.*

43. 벨라 로토가 2020년 2월 29일 굿플래닛 재단에서 열린 "Dégàts environnementaux, dérèglement climatique: la face cachée du numérique" 학회에서 한 연설. 여기에 더해서 우리는 '물질의 확대'에 대해서도 언급해야 할 것이다. 우리는 이제 한 가지 물질에서 여러 가지 물질pluri-matière로 넘어가고 있다. 탈물질화 대신 다물질화 현상을 목도하고 있는 중이라는 뜻이다. Florence Rodhain, *In La Nouvelle Religion du numérique*, EMS-Libre & Solidaire, 2019.

44. "Beijing orders state offices to replace foreign PCs and software", *Financial Times*, 2019. 12. 8. 2014년, 중국 당국은 이미 '금융 보안'이라는 이유를 내세워 자국 은행들에 그들이 사용하던 IBM 서버를 자국 내에서 제조된 제품으로 대체할 것을 요구한 바 있다. "China said to study IBM servers for bank security risks"(Bloomberg, 2014. 5. 28) 참조.

45. "US telcos ordered to 'rip and replace' Huawei components", bbc.com, 2020. 12. 11.

46. "Bouygues to remove 3 000 Huawei mobile antennas in France by 2028", Reuters, 2020. 8. 27.

47. "The data center is dead", Gartner, 2018. 7. 26.

48. "Sonos will stop providing software updates for its oldest products in May", The Verge, 2020. 1. 21.

49. HOP(Halte à l'obsolescence programmée)의 업무담당자 아델 샤송Adèle Chasson과의 대담, 2020. 프라운호퍼Fraunhofer 연구소에서 2021년 진행한 한 연구에 따르면, 스마트폰의 20퍼센트는 프로그램 문제 때문에 사용할 수 없게 된다고 한다. "Ecodesign preparatory study on mobile phones, smartphones and tablets"(Fraunhofer pour la Commission européenne, 2021. 2) 참조.

50. Frédéric Bordage, Sobriété numérique, les clés pour agir, op. cit.

51. Frédéric Bordage, "Logiciel: la clé de l'obsolescence programmée du matériel informatique", GreenIT.fr, 2010. 5. 24.

52. Livre blanc Numérique et Environnement, op.cit.

53. "Working with microbes to clean up electronic waste", Next Nature Network, 2021. 3. 8.

54. Robert M. Hazen et al., "On the mineralogy of the 'Anthropocene Epoch'", American Mineralogist, vol. 102, n° 3, 2017. 3.

55. "John Deere just swindled farmers out of their right to repair", Wired, 2018. 9. 19.

56. "Seuls les réparateurs agréés peuvent remplacer le bloc photo d'un iPhone 12", iGeneration, 2020. 10. 30.

57. 아이픽스잇 설립자 카일 윈스Kyle Wiens와의 대담, 2020. ifixit.com 사이트를 방문해보라.

58. 아론 페르자노브스키Aaron Perzanowski와 제이슨 슐츠Jason Schultz가 쓴 흥미진진한 책 The End of Ownership: Personal Property in the Digital Economy(MIT Press, 2016)을 읽어보라. 사이트 theendofownership.com도 참조할 것.

59. 파브랩은 fabrication laboratory를 축약해서 만든 신조어이다.

60. 리페어 카페Repair Cafés의 창시자 마르틴 포스트마Martine Postma와의 대담, 2020.

61. ADEME이 제작한 안내서 La face cachée du numérique – Réduire les impacts du numérique sur l'environnement(2021. 1)나 GreenIT의 "The environmental footprint of the digital world", (2019. 9)가 여기에 해당된다.

62. Livre blanc Numérique et Environnement, op.cit.

63. 이 지수는 낭비 방지와 순환경제에 관한 2020년 2월 10일 자 법령 n° 2020-105에 의거해 제정되었다.

64. "Global e-waste surging: Up 21 % in 5 years", United Nations University, 2020. 7. 2.

65. closingtheloop.eu

66. 이와 유사한 아이디어가 2018년에 벨기에 기업가 도미앵 드클레르크Domien Declercq에 의해 리사이-콜Recy-Call이라는 기구와 함께 실행에 옮겨졌으나 수입 창출이 가능한 경제모델을 정착시키지 못해 2019년에 활동을 접었다.

67. 페어폰의 정보 기술 및 소프트웨어 수명 연장 분과 책임자 아녜스 크레페와의 대담, 2020.

68. 페어폰은 예를 들어 2015년에 출시된 페어폰 2 시리즈를 안드로이드 9와 호환 가능하게 만드는 데 성공했다. "Redefining longevity: Android 9 now available for Fairphone 2",

fairphone.com, 2021. 3. 25.

3 비물질적인 것을 만드는 암흑물질

1. wupperinst.org
2. 부퍼탈 기후, 환경 및 에너지 연구소의 연구원 옌스 토이블러Jens Teubler와의 대담, 2020.
3. Michael Ritthof, Holger Rohn, Christa Liedtke이 Thomas Merten과 협력하여 쓴 보고서 "Calculating MIPS: Resource productivity of pro‐ducts and services", Wuppertal Spezial 27e, Institut de Wuppertal pour le climat, l'environnement et l'énergie, 2002. 1.
4. 그르노블알프대학의 '위기 예측과 관리' 팀 소속 교수이자 연구원인 카린 사뮈엘Karine Samuel과의 대담, 2019.
5. "생태권에서 기술적으로 야기된 물질의 모든 움직임을 조사한다"고, "Calculating MIPS: Resource productivity of products and services"(op.cit.) 보고서는 덧붙인다.
6. Frans Berkhout, Joyeeta Gupta, Pier Vellinga, *Managing a Material World: Perspectives in Industrial Ecology*, Springer, 2008.
7. *Ibid.*
8. La stratégie du "facteur 10" et du "sac à dos écologique", Les Cahiers du développement durable, Cahier 4 : outils, Institut Robert‐Schuman Eupen(Belgique).
9. La stratégie du "facteur 10" et du "sac à dos écologique", *op.cit.*
10. 다음의 웹사이트에서 측정할 수 있다. ressourcen‐rechner.de/calculator.php?lang=en
11. 사용자의 평균은 연간 40톤 정도이다.
12. Frédéric Bordage, Aurélie Pontal, Ornella Trudu, "Quelle démarche Green IT pour les grandes entreprises françaises?", étude WeGreen IT et WWF, 2018.
13. Frédéric Bordage, *Sobriété numérique, les clés pour agir*, Buchet‐Chastel, 2019.
14. *Ibid.*
15. *Ibid.*
16. 그래도 물질흐름원가회계(MFCA: Material flow cost accounting) 방식이 존재한다는 사실을 기억하자. ADEME에 따르면, 이 방식은 "물질의 흐름과 재고, 그에 연계된 비용 등을 찾아내서 수량화할 수 있다. MFCA는 제품을 최종적으로 실현시키는 데 일조하지 않는 모든 흐름들까지 대상으로 삼는다." MFCA는 특히 일본에서 널리 사용되고 있으며, ISO 14051: 2011이라는 표준 기구까지 출현시키기에 이르렀다. ADEME의 파일 "Méthode de comptabilité des flux de matières—Étude de *benchmarking* sur les déchets dans les méthodologies d'action sur les coûts, et sur les coûts dans les méthodologies d'action sur les déchets des entreprises"(2012) 참조.
17. 1995년부터 1997년까지 자크 시라크Jacques Chirac 행정부에서 환경부 장관으로 일했으며, 위글로 르파주 변호사 사무소의 공동 설립자인 코린 르파주Corine Lepage가 사용한 표현.
18. Ernst Ulrich von Weizsäcker, Levin Hunter Lovins, Amory Bloch Lovins가 쓴 로마클럽 보

고서 *Facteur 4. Deux fois plus de bien-être en consommant deux fois moins de ressources*(Terre Vivante, 1997)를 참조하라.

19. 페어폰의 정보 기술 및 소프트웨어 수명 연장 분과 책임자 아녜스 크레페와의 대담, 2020.

20. 이 작업복은 정전기 축적을 막아준다.

21. 프랑스 원자력 및 대체에너지 위원회Le Commissariat à l'énergie atomique et aux énergies alternatives. leti-cea.fr/cea-tech/leti

22. 잭 킬비(Jack Kilby, 1923~2005)는 이 발명으로 2000년에 노벨물리학상을 받았다.

23. Taiwan Semiconductor Manufacturing Company.

24. "The chip industry can proclaim 1 trillion served", Market Watch, 2019. 2. 4.

25. 웨이퍼는 영어로 작은 와플을 뜻한다.

26. 반도체의 크기가 커지지 않은 것과 마찬가지로 가격 또한 같은 수준에서 유지되었으니, 이는 대단한 위업이 아닐 수 없다. "자동차 산업이 이와 동일한 정도의 노력을 쏟았다면, 우리는 지금쯤 되슈보(2CV, 프랑스의 시트로엥에서 1948년부터 생산한 경차) 값으로 롤스로이스를 탈 수 있을 것"이라고 프랑수아 마르탱은 설명한다.

27. 2012년부터 2017년까지 TSMC의 기술개발본부장으로 일한 장-피에르 콜랭주Jean-Pierre Colinge와의 대담, 2020.

28. *Ibid.*

29. 메인보드는 특히 반도체 칩과 인쇄회로기판 사이에 전기 연결을 담당한다.

30. 장-피에르 콜랭주와의 대담, 2020.

31. 카린 사뮈엘과의 대담, 2019.

32. 극자외선 방사에 의한 석판술 덕분에 놀라울 정도로 섬세하게 트랜지스터를 새길 수 있다.

33. 장-피에르 콜랭주와의 대담, 2020.

34. 아녜스 크레페와의 대담, 2020.

35. 장-피에르 콜랭주와의 대담, 2020.

36. "Short on space, Taiwan embraces a boom in recycling", *The New York Times*, 2013. 11. 29. 일반적으로, 대만의 정보통신기술 산업은 이 나라 수출의 40퍼센트, 국내총생산의 20퍼센트를 차지한다.

37. 국립 칭화대학교 화학과 교수 융츠언 링Yongchien Ling과의 대담, 2020.

38. "Le silicium: les impacts environnementaux liés à la production", EcoInfo, CNRS, 2010. 10. 20.

39. ASE Korea Inc.와 관련해서는 기사 "Taiwan's ASE ordered to shut factory for polluting river"(Phy.org, 2013. 12. 20)를 참조할 것. Nerca와 관련해서는 기사 "High tech waste out of control"(*Common Wealth Magazine*, 2015. 3. 20)를 읽어보라.

40. 장-피에르 콜랭주와의 대담, 2020.

41. 2021년, 또다시 대만에 가뭄이 닥치면서 TSMC는 그때에도 물 운반 트럭들을 동원해야 했다. 기사 "Taïwan's chip industry under threat as drought turns critical"(*Nikkei Asia*, 2021. 2. 25) 참조.

42. "The conundrums of sustainability: Carbon emissions and electricity consumption in the electronics and petrochemical industries in Taiwan", MDPI, Open Access Journal, vol.11, 2019. 10.

43. 장-피에르 콜랭주와의 대담, 2020.

44. "What will it take to improve Taiwan's air?", The New Lens, 2018. 2. 19.

45. 시민단체 지구시민Citizen of the Earth 소속 활동대원 한린 리Han-Lin Li와의 대담, 대만, 2020.

46. Ibid.

47. 메탄과 아산화질소 가스 같은 것들.

48. 순서대로, 수소불화탄소, 육불화황, 과불화탄소, 삼불화질소, 사불화탄소.

49. 네덜란드 국립 보건환경연구소의 거스 벨더스Guus Velders 연구원은 세계 HFC의 10퍼센트 혹은 그보다 약간 적은 양이 오늘날 데이터센터 냉방을 위해 사용된다고 추정한다. 사실, 현시점에서 우리는 중국을 포함한 몇몇 나라의 수명 다한 데이터센터, 그 센터의 냉방장치 속에 들어 있는 불소화가스 처리 역량에 대해 잘 알지 못한다.

50. 이 가스들은 안정적이며 음전기를 띤다. SF6의 80퍼센트는 발전 시스템의 쇼트 위험 방지를 위해 사용되며, 8퍼센트는 전자산업용으로 사용된다(Matthew Rigby, Ray F. Weiss, Tim Arnold et al., "The increasing atmospheric burden of the greenhouse gas sulfur hexafluoride[SF6]", acp.copernicus.org, 2020). 반도체 산업은 NF3의 45.9퍼센트를 소비한다("NF3 & F2 trend analysis report", Grand View Research, 2015. 9).

51. BBC 기자 맷 맥그래스Matt McGrath와의 대담, 2020. 기사 "Climate change: Electrical industry's 'dirty secret' boosts warming"(BBC, 2019. 9. 13)도 읽어볼 것. 특히 2017년 한 해 동안 영국과 유럽연합에서 누출된 SF6은 130만 대의 자동차가 배출한 온실가스의 양과 맞먹는 것으로 알려져 있다.

52. 2009년, 거스 벨더스는 이미 다른 저자들과 공동으로 연구한 결과를 발표하면서 이 기체가 세계 온실가스 배출량의 20퍼센트를 차지할 것으로 예측하고 경종을 울린 바 있다. "The large contribution of projected HFC emissions to future climate forcing", PNAS(Proceedings of the National Academy of Sciences of the United States of America), 2009. 7. 그 후 이 추정치는 하향 조정되었다.

53. Tim Arnold et al., "Inverse modelling of CF4 and NF3 emissions in East Asia", acp.copernicus.org, articles, vol. 18, n°18, 2018.

54. SF6나 NF3의 효과가 1세기 만에 사라지는 이산화탄소에 비해 훨씬 확대되었으므로, 때가 되면 "대기 중엔 이산화탄소보다 이 가스들이 훨씬 많게 될 것"이라고 에든버러대학의 팀 아놀드 교수는 2020년의 대담에서 강조했다. 이러한 예측은, 불소화가스의 유출이 아무런 통제를 받지 않는 데다 계산하기 까다롭고, 각기 다른 여러 소스를 통해 수집되었다는 점을 고려할 때, 단언컨대, 굉장히 보수적일 가능성이 높다.

55. "HFCs and other F-gases: The worst greenhouse gases you've never heard of", Greenpeace, 2009.

56. "Greenhouse Effect Due to Chlorofluorocarbons: Climatic Implications", Science, vol. 190, n° 4209, 1975. 10. 3.

57. 거버넌스와 지속 가능한 개발 연구소(IGSD: Institute for Governance & Sustainable Development) 소장 더우드 자엘케Durwood Zaelke와의 대담, 2020.

58. "Les 'HFO' entrent en scène dans les systèmes de réfrigération et de climatisation", Climalife, 2013. 1. 3.

59. 가령 HFO-1234ze가 데이터센터의 냉각 시스템에 사용된다. 대기오염의 업종 간 기술연구센터(CITEPA: Centre interprofessionnel technique d'études de la pollution atmosphérique)의 홍보 담당자 스테파니 바로Stéphanie Barrault와의 대담, 2020.

60. "Honeywell invests $300m in green refrigerant", Chemistry World, 2013. 12.

61. "Position paper on HFO", Greenpeace, 2012. 11.

62. 더우드 자엘케와의 대담, 2020.

63. 그린피스의 캠페인 기획자 파울라 테전Paula Tejon과의 대담, 2020.

64. 이러한 천연 냉각제는 물과 암모니아, 프로판, 부탄가스로 구성된다. 그린피스 보고서 "Natural refrigerants: The solutions"를 읽어보라.

65. "Courts strike down US restrictions on HFCs", Chemical & Engineeing News, 2017. 8.

66. 유럽의회와 유럽연합 집행위원회는 2006년 5월 17일 일부 불소화 온실가스에 관한 규정(CE n°842/2006)을 제정했다. 이 규정은 유럽의회와 유럽연합 집행위원회가 2014년 불소화 온실가스에 관해 제정한 규정(UE n°517/2014)으로 대체되었다.

67. 거스 벨더스와의 대담, 2020.

68. 거버넌스와 지속 가능한 개발 연구소의 기후와 에너지 분과 자문 크리스텐 타도니오 Kristen Taddonio와 워싱턴에서 나눈 대담, 2020.

4 클라우드 탐사

1. 하이드로66Hydro66의 영업책임자 프레드리크 칼리오니에미Fredrik Kallioniemi와의 대담, 2020.

2. 《데이터센터 매거진Datacenter Magazine》 이브 그랑몽타뉴Yves Grandmontagne 편집장과의 대담, 2020.

3. 카르노컴퓨팅의 공동 설립자이자 대표인 폴 브누아와의 대담, 2019.

4. 루브르부아에 둥지를 튼 프랑스 브랜드 들라주도 좋은 사례. 세실 디게Cécile Diguet 와 파니 로페Fanny Lopez의 지도로 작성된 흥미진진한 보고서 "L'impact spatial et énergétique des data centers sur les territoires"(ADEME, 2019)를 읽어보라.

5. "L'impact spatial et énergétique des data centers sur le territoires", op.cit.

6. "The 'World's most beautiful data center' is a supercomputer housed in a church", Vice, 2019. 1. 15.

7. ADEME 보고서 "L'impact spatial et énergétique des data centers sur les territoires"(op.cit.) 는 이 주제와 관련해서 버티브Vertiv 데이터센터 기업의 전문가 세브린 아노에Séverine Hanauer의 연구를 인용한다.

8. 폴 브누아와의 대담, 2019.

9. 더 많은 정보를 얻으려면, cloudinfrastructuremap.com 사이트를 방문해보라. '클라우드'

가 산재해 있는 장소를 일목요연하게 표시한 세계지도를 확인할 수 있을 것이다.

10. 1엑사바이트는 10억×10억 바이트에 해당된다.

11. 프레드리크 칼리오니에미와의 대담, 2020.

12. 오스트레일리아의 싱크탱크인 소비자정책연구센터Consumer policy Research Center는 소비자들이 생산한 데이터를 아홉 개 범주로 분류하는데, 크게 보아 대체로 사용된 기기 관련, 사용자의 위치 관련, 사용자의 소비 습관과 검색 관련으로 분류되며, 여기에 통신 내용, 관계망, 바이오메트리, 거래, 사용자 개인과 관련된 구매 패턴 관련 자료들이 추가된다.

13. "The promise and pitfalls of e-scooter sharing", Boston Consulting Group, 2019.

14. 미국시민자유연맹(ACLU)에서 활동하는 변호사 모하마드 타스자르Mohammad Tasjar와의 대담, 2020.

15. 버드Bird의 사생활 보호 정책을 읽어 보라. bird.co/privacy/

16. *Ibid.*

17. 시민단체 라 카드라튀르 뒤 넷La Quadrature du Net은 "디지털 환경에 있어서 기본적인 자유를 진작하고 옹호한다." laquadrature.net/en

18. 라 카드라튀르 뒤 넷의 클로리드리크(가명)와의 대담, 2020. 테슬라 같은 다른 이동성 기업들은 여기서 더 나아간다. 이들은 그들이 구상한 서비스(가령 미래의 어느 시점엔가 자율주행 택시 군단이 서비스에 들어간다거나)를 실행하기 위해서 커넥티드카에 의해 생산된 최대한의 데이터를 필요로 한다. 그리고 이러한 경쟁 상황에서는 "데이터를 많이 긁어모을수록 서비스를 안정적으로 개발하고 경쟁자를 이길 수 있을 것"이라고 모하마드 타스자르는 2020년의 대담에서 설명한다.

19. 스위스토포Swisstopo의 혁신 및 제품 분과 책임자이자 블로그 "Vers une économie numérique(디지털경제를 향하여, blogs.letemps.ch/raphael-rollier)"를 운영하는 라파엘 롤리에Raphaël Rollier와의 대담. 2020.

20. 라임 그룹의 데이터 기밀 유지 정책은 사이트 li.me/legal/privacy-policy에서 확인할 수 있다.

21. 모하마드 타스자르와의 대담, 2020.

22. 'hacktiviste'라는 단어는 'hacker'와 'activiste'라는 두 단어를 축약해서 만든 신조어로, 자신의 해커 역량을 금전적 이익을 위해서가 아니라 사회를 보다 정치적·사회적으로 공정하게 만드는 방향으로 이끌기 위해 활동하는 자를 일컫는다.

23. 엑소더스 프라이버시Exodus Privacy의 MeTaL_PoU(가명)와의 대담, 2020.

24. 각기 다른 여러 트래커들의 목록은 엑소더스 프라이버시의 사이트에서 열람 가능하다. reports.exodus-privacy.eu.org/en/trackers/

25. 라파엘 롤리에와의 대담, 2020.

26. 모하마드 타스자르와의 대담, 2020.

27. "NYC taxi data blunder reveals which celebs don't tip – and who frequents strip clubs", Fast Company, 2014. 10. 2.

28. Yves-Alexandre de Montjoye, César A. Hidalgo, Michel Verleysen, Vincent D. Blondel, "Unique in the crowd: The privacy bounds of human mobility", *Scientific Reports*, vol. 3, 2013.

29. 2015년에 유럽연합 집행위원회 재생에너지 분과에서 펴낸 "Code de conduite européen sur les datacentres(데이터센터를 대하는 유럽인의 행동 규범)"의 공동 저자 리엄 뉴컴 Liam Newcombe과 나눈 대담.

30. 독일 카를스루에 공과대학에서 기밀 유지와 정보 시스템의 안전을 가르치는 토르슈텐 스트루페Thorsten Strufe 교수와의 대담, 2020.

31. "Electric scooters are racing to collect your data", ACLU Northern California, 2018. 7. 25.

32. "Federal agencies use cellphone location data for immigration enforcement", *The Wall Street Journal*, 2020. 2. 7. "Trump administration orders Facebook to hand over private information on 'anti-administration activists'"(*The Independent*, 2017. 9. 30)도 참고하라.

33. "Electric scooters are racing to collect your data", *op.cit.*

34. 현재 중국이 내국용으로 국가 차원에서 개발하고 있는 사회적 신뢰 시스템은 각 개인이 일상적인 삶에서 하는 행동 하나하나마다 긍정적 혹은 부정적인 점수를 부여하는 것으로, 각 개인에게 부여된 점수 전체가 나중에 후한 보상이 될 수도 있고, 반대로 자유를 제한하는 빌미로 쓰일 수도 있다.

35. "E-Scooter. Die Daten Fahren mit", Der Hamburgische Beauftragte für Datenschutz und Informationsfreiheit, 2019. 9. 13.

36. "Datenschutzexperten warnen vor E-Scooter-Verleihern", Fuldainfo.de, 2019. 11. 26.

37. 개인적 성격의 데이터 처리와 이 데이터의 자유로운 유통과 관련하여 개인을 보호하기 위해 제정된 2016년 4월 27일 유럽의회와 유럽연합 집행위원회의 규정 2016/679.

38. torproject.org

39. 토르슈텐 스트루페와의 대담, 2020.

40. 이러한 추이는 다비드 파용David Fayon의 저서 *Géopolitique d'Internet: Qui gouverne le monde?*(Economica, 2013)에 매우 잘 설명되어 있다.

41. 우리는 독자들에게 무료 경제를 분석해놓은 크리스 앤더슨의 통찰력 넘치는 저서 *Free: The Future of a Radical Price*(*op.cit.*)를 읽어볼 것을 강력하게 추천한다. '무료'가 반드시 '이익 없음'을 의미하지는 않는다고 저자는 설명한다. 이 말은 상품이 이익을 내는 방식이 간접적임을 뜻한다. 이러한 경제는 무엇보다도 광고에서 두드러지는데 1920년대 라디오에 처음 등장한 광고는 TV로 확대되었고, 인터넷을 이익 논리에서 비켜난 것으로 구상했던 인터넷 개척자들의 바람과는 달리 웹(웹 역사상 최초의 배너 광고는 1994년에 등상했다)으로도 확대되었다. 오늘날 "웹은 미디어 경제모델을 온갖 종류의 산업으로 확산시켜놓는 결과를 낳고 말았다"고 저자는 덧붙인다.

42. Julien Le Bot, *Dans la tête de Marc Zuckerberg*, Actes Sud, 2019.

43. 네덜란드 와그 소사이어티Waag Society의 스마트 시티즌 랩Smart Citizens Lab 소속 다우어 스밋Douwe Schmidt과의 대담, 2020.

44. 샌디 스몰란Sandy Smolan이 만든 48분짜리 다큐멘터리 〈더 휴먼 페이스 오브 빅 데이타*The Human Face of Big Data*〉(Against All Odds Production, 2014)를 보라.

45. 이 업계에서 성배란 강한 인공지능의 도래가 될 것이다. 이러한 전망에 많은 전문가들은 회의적인데, 이 점에 대해서는 이 책의 8장에서 다룰 것이다. 대만 출신 사업가 리카이푸는 자신의 저서에서 중국이 장래에 인공지능의 주인이 될 것이라고 주장한다. 그

까닭은, 중국의 엔지니어들이나 알고리즘이 미국 경쟁자들에 비해서 낮기 때문이 아니라 중국 디지털 기업(유명한 BATX, 즉 바이두 Baidu, 알리바바 Alibaba, 텐센트 Tencent, 샤오미 Xiaomi)이 수집한 막대한 양의 데이터 덕분에 그들의 기계가 훨씬 스마트해질 것이기 때문이다. *AI Superpowers : China, Silicon Valley, and the New World Order*, Houghton Mifflin Harcourt Publishing Company, 2018[리카이푸, 『AI 슈퍼파워: 중국, 실리콘밸리 그리고 새로운 세계 질서』, 박세정·조성숙 옮김, 이콘, 2019].

46. 스웨덴의 룰레오 공과대학 칼 안데르손 Karl Andersson 교수와의 대담, 2020.

47. 비르투스매니지먼트 Virtus Management의 공동대표이자 싱크탱크 더시프트프로젝트의 일원인 위그 페르뵈프와의 대담, 2019.

48. 미국의 프로그램 개발 회사 도모 Domo가 2018년에 출판한 문서 "Data never sleeps 6.0"은 네티즌 한 사람당 2020년까지의 데이터 소비량을 초당 2.7메가바이트로 추산했다. 이 추산치는, 그 후 발표된 적은 없지만, 십중팔구 이미 넘어섰을 것이다.

49. 1제타바이트는 약 1000엑사바이트.

50. 프레드리크 칼리오니에미와의 대담, 2020.

51. 우버(이 회사의 전동킥보드 사업은 기업 활동 전체에서 지극히 미미한 부분에 지나지 않는다)는 현 시점에 100페타바이트에 해당하는 데이터를 수집했다고 공표했는데, 이는 페이스북에 6600억 장의 사진을 포스팅한 용량에 해당된다. "Uber's big data platform: 100+ petabytes with minute latency"(Uber Engineering, 2018. 10. 17)을 읽어볼 것.

52. "Interxion construit le plus gros *datacenter* de France, près de Paris", *L'Usine nouvelle*, 2020. 5. 6.

53. "And the title of the largest data center in the world and largest data center in US goes to⋯", Datacenters.com, 2018. 6. 15.

54. 인터넷 나들목이란 인터넷 공급자들이 트래픽을 각기 다른 네트워크로 분산시킬 수 있도록 고안된 설비를 가리킨다.

55. "Why is Ashburn known as date center alley", Upstack, 날짜 없음.

56. "Why is Ashburn the data center capital of the world", Datacenter.com, 2019. 8. 29.

57. "Why is Ashburn known as data center alley?", *op.cit.*

58. "In Loudoun, neighbors want better looking data centers", Data Center Frontier, 2019. 9. 9.

59. 애슈번 주민 브라이언 카 Brian Carr와의 대담, 2020.

60. "Farmland to data centers switch worries neighbors", *Loudoun Now*, 2019. 2. 21.

61. *Ibid.*

62. "Loudoun county's data centers: computing the costs", *Patch*, 2020. 2. 2.

63. 브라이언 카와의 대담, 2020.

64. "The NIMBY challenge: A way forward for the data center industry", *Data Center Frontier*, 2015. 10. 21.

65. "The NSA is building the country's biggest spy center (Watch what you say)", *Wired*, 2012. 3. 15.

66. "What happens when the NSA comes to town", *Esquire*, 2014. 3. 11.

67. "Malls fill vacant stores with server rooms", *The Wall Street Journal*, 2014. 11. 3.

68. "Bluffdale releases water bill for NSA data center", *Fox 13*, 2014. 4. 25.

69. "A constitutional strategy to stop NSA spying", American Thinker, 2013. 11. 16.

70. 제10조센터 소속 마이클 마하리Michael Maharrey와의 대담, 2020.

71. "Nevada beats feds by turning off their water", Tenth Amendment Center, 2014. 8. 30.

72. 마이클 마하리와의 대담, 2020.

73. 다양한 상황에서 마크 로버츠Marc Roberts가 취한 입장 분석에 관해서는 ballotpedia.org 사이트에서 그의 이름을 검색해보라. 또한 그의 사이트 robertsmarc.com도 방문해보라. 마크 로버츠는 우리의 대담 요청에 응답하지 않았다.

74. "Utah lawmaker floats bill to cut off NSA data centre's water supply", *The Guardian*, 2014. 2. 12.

75. 법안의 공식 명칭은 다음과 같다. H.B 161, Prohibition on electronic data collection assistance, 2014 General Session, State of Utah. Chief Sponsor: Marc K. Roberts.

76. "Utah lawmaker floats bill to cut off NSA data centre's water supply", *op.cit.*

77. 법안의 공식 명칭은 다음과 같다. H.B 150, Prohibition on electronic data collection assistance, 2015 General Session, State of Utah. Chief Sponsor: Marc K. Roberts.

78. "Rep. Marc Roberts of Utah visits The Jason Stapleton Program to discuss NSA Reform Bill", The Jason Stapleton Program, The Live Show, 2014. 12. 2.

79. 마이클 마하리와의 대담, 2020.

80. *Ibid.*

81. "New pictures show Facebook's massive new data center taking shape in Utah as tech giant plans 900,000 sq ft expansion to house its servers", *The Daily Mail*, 2021. 3. 2.

82. 멜 호건Mél Hogan의 뛰어난 연구 논문 "Data flows and water woes: The Utah Data Center"(Big Data & Society, 2015. 7. 13)를 읽어보라.

83. 이는 《가디언》의 벤 타르노프Ben Tarnoff가 이미 주장하던 견해라고 할 수 있는 것이, 그는 "To decarbonize we must decomputerize: Why we need a Luddite revolution"(*The Guardian*, 2019. 9. 18)이라는 제목의 기사에서, "경찰 파출소가 형무소처럼 전체가 한눈에 다 보이며 자동 학습 역량을 구비한 관측소 건축을 저지하는 것은 … 기후 정의의 문제이기도 하다"라고 썼다.

84. 이렇듯 종류가 다른 여러 투쟁의 교차는 '환경차별주의racisme environnemental'라는 개념에서 영감을 길어 올리고 있다. 1980년대 미국에서 출현한 이 개념은 인종 간의 평등을 위한 투쟁과 환경문제를 이어주는 다리 역할을 한다. 실제로 '특정 인종'으로 구별되어 지각되는 사람들은 오염된 하천 가까이 살 확률이 높으며 '원주민premières nations' 보호구역은 송유관으로 둘러싸여 있기 십상이다. 이 개념에 뒤이어 오늘날 보다 광범위한 환경운동이 세력을 확장하고 있는데, 이 운동은 환경문제를 모든 투쟁의 중심에 둔다. 이 운동의 설계자들에 따르면, 아주 사소한 사회문제 또는 정치문제도 필연적으로 보다 광범위한 기후문제와 연결되어 있다. 요컨대, '모든 사안은 기후 사안'이라는 것이다. 이 주제와 관련하여, 알리사 바티스토니Alyssa Battistoni가 쓴 "Within and against capitalisme"(Jacobin Magazine, 2017. 8. 15)을 읽어보라.

85. 《가디언》의 벤 타르노프 기자와의 대담, 2020.

86. "CC1 renewable energy showcase project ribbon cutting ceremony", NSA, 날짜 없음. '그

'좋아요'는 어떻게 지구를 파괴하는가

린워싱greenwashing'에 관한 걸작이라고 할 수 있는 "NSA goes green"도 읽어볼 것. nsa. gov/news-features/initiatives/nsa-goes-green/green-roofs

87. "The energy secrets of M16 headquarters", BBC, 2014. 5. 14.

5 전기가 빚어내는 대혼돈

1. 미국의 디지털 전문가 로리 루이스Lori Lewis 와 채드 캘러핸Chadd Callahan이 작성한 컴퓨터 그래픽 "2020—This is What happens in an Internet minute"(@LoriLewis, @OfficiallyChadd).

2. "A summer storm's disruption is felt in the technology cloud", *The New York Times*, 2012. 7. 1.

3. "Google goes down for a few minutes, web traffic drops 40 percent", *Wired*, 2013. 8. 17.

4. "Google's Gmail and Drive suffer global outages", *The Guardian*, 2019. 3. 13.

5. Annual data center survey results, Uptime Institute, Seattle, Washington, 2019.

6. CBRE 데이터센터 솔루션즈의 데이터센터 기술 자문 분과 책임자인 마크 액튼과의 대담, 2020.

7. OVH는 "On vous héberge(우리는 당신에게 숙소를 제공합니다)"에서 머리글자를 따서 만든 상호로 1999년 프랑스에서 설립되었다.

8. OVH의 클라우드를 사용하는 프랑스 기업들 가운데에는 미쉐린, 넥스트라디오TV, NRJ를 비롯하여 퐁피두센터와 엘리제궁 같은 공공기관들도 있다.

9. "Numérique: le grand gâchis énergétique", CNRS Le journal, 2018. 5. 16.

10. 데이터센터연구소 대표이자 플러스컨설팅Plus Conseil의 설립자, 싱크탱크 '전환기의 데이터센터Datacenter en transition'의 공동 설립자인 필리프 뤼스Philippe Luce와의 대담, 2020.

11. 이 주제에 대해서는 엘자 고다르Elsa Godart의 인터뷰 "Le virtuel pose la question de l'effacement des limites"(*Le Monde*, 2019. 9. 2)를 참조하라. 항상 즉각적으로 반응해야 한다는 암묵적인 압력은, 일반적으로 인터넷 모뎀에 정지 버튼이 없는 이유가 사용자들이 와이파이 신호가 켜지기까지의 1분 30초를 기다리는 인내심마저 잃어버렸기 때문임을 깨닫는 순간 새삼 피부에 확 와 닿는다.

12. 필리프 뤼스와의 대담, 2020.

13. *Ibid.*

14. 그럼에도 OVH 그룹은 우리의 인터뷰 요청에 응하지 않았다.

15. 후일담으로 2021년 3월, OVH의 스트라스부르 데이터센터들 가운데 하나가 이번엔 화재로 큰 피해를 입었다. 이 사고로 OVH 서버 이용자 수만 명이 서비스 장애를 겪었으며, 상당한 데이터 손실도 야기되었다. 이 사건에 대해서는 "Incendie OVH: retour sur une catastrophe pour le marché du *Cloud Computing*"(Le Big Data, 2021. 3. 17)을 읽어보라.

16. 카르노컴퓨팅의 공동 설립자 폴 브누아와의 대담, 2019.

17. Cécile Diguet, Fanny Lopez, "L'impact spatial et énergétique des *data centers* sur le territoires", rapport de l'ADEME, 2019. 2.

18. 필리프 뤼스와의 대담, 2020.

19. *Ibid.*

20. 마크 액튼과의 대담, 2020.

21. "Numérique : le grand gâchis énergétique", *op.cit.*

22. "Power, pollution and the Internet", *The New York Times*, 2012. 9. 22. 이 수치는 오래되었으므로 신중하게 고려되어야 한다. 그럼에도 디지털 업계에서 자행되고 있는 낭비를 어느 정도는 짐작하게 해준다.

23. 필리프 뤼스와의 대담, 2020. 틱톡은 청소년들에게 특히 인기가 많은 동영상 공유 애플리케이션이다.

24. 폴 브누아와의 대담, 2019.

25. 전자 정보 기술 연구소(LETI: Laboratoire d'électronique et de technologie de l'information) 대표 토마 에른스트Thomas Ernst와의 대담. 2019.

26. GRDF(Gaz réseau distribution France)의 조제 기냐르José Guignard가 2019년 11월 데이터센터월드에서 한 연설.

27. 늘 그렇듯이, 실제로 전 세계 데이터센터에서 소비된 전력량의 비율은 관측자들의 눈을 벗어난다. 가장 낙관적인, 그래서 격렬하게 비판받은 추정치에 따르면 1퍼센트(Eric Masanet *et al.*, "Recalibrating global data center energy-use estimates", *Science*, vol. 367, 2020. 2. 28)에 지나지 않는 반면, 가장 비관적인 추정치("Global warming: Data centres to consume three times as much energy in next decade, experts warn", *The Independent*, 2016. 1. 23)는 3퍼센트 정도이다. 이러한 추정치는 기사 "Data centers and global electricity use— Two camps"(Hydro66, 2020. 5. 2)에 종합적으로 잘 소개되어 있다. 진실은 십중팔구 두 추정치 사이 어디쯤이 될 것이다. 마지막으로, 디지털 업계의 환경 영향 가운데 15퍼센트 정도가 데이터센터에서 비롯될 것 것으로 보인다. 프레데릭 보르다주가 쓴 *Sobriété numérique. Les clés pour agir*(Buchet-Chastel, 2019)을 읽어보라.

28. "To decarbonize we must decomputerize: why we need a Luddite revolution", *The Guardian*, 2019. 9. 18.

29. Cécile Diguet, Fanny Lopez, "L'impact spatial et énergétique des *data centers* sur le territoires", *op.cit.*

30. 프랑크푸르트, 런던, 암스테르담, 더블린 이 네 도시를 묶어서 FLAD라고 부른다. "Report: Dublin replaces Paris in the top four, as European hubs accelerate", *Datacenter Dynamics*, 2020. 10. 13.

31. 알리안더르Alliander 그룹의 프로그램 책임자 파울 판 엥엘런Paul Van Engelen과의 대담, 2020.

32. *Ibid.*

33. "Internetsector: betrouwbare stroom vergtkernenergie", *Het Financieele Dagblad*, 2016. 2. 10.

34. RIPE(Réseaux IP européens) 네트워크 협력 센터 소속 마르코 호헤보닝Marco Hogewoning과의 대담, 2020.

35. "Meer regie op vestiging van datacenters in Amsterdam en Haarlemmermeer", *Amsterdam Dagblad*, 2019. 7. 12.

36. "Haarlemmermeer and Amsterdam get closer to lifting data center moratorium, with

restrictions", *Datacenter Dynamics*, 2020. 6. 11.

37. 더치Dutch 데이터센터 연합의 스테인 흐로버Stijn Grove와의 대담, 2020.

38. "The Amsterdam Effect", QTS Data Centers, 2019. 8. 12.

39. "TikTok: Implantation d'un nouveau *data center* européen à Dublin", *newsroom*("rédaction") de TikTok, 2020. 8. 6.

40. 캡인젤렉Cap Ingelec의 대표이사 올리비에 랍베Olivier Labbé가 2019년 11월 데이터센터월드에서 한 연설.

41. "All-Island generation capacity statement 2019-2028", EirGrid Group, SONI, 2019.

42. "High-energy data centres not quite as clean and green as they seem", *The Irish Times*, 2019. 9. 11.

43. 오늘날 석탄은 미국 전기 생산의 19퍼센트를 책임진다. U.S. 에너지정보 관리 기구(EIA: Energy Information Administration), 2020.

44. "'Coal is over': the miners rooting for the Green New Deal", *The Guardian*, 2019. 8. 12.

45. "Coal explained. Where our coal comes from", U.S. Energy Information Administration, 2020. 10. 9.

46. 알타비스타 발전소와 2호 노천광산을 연결 지을 수 있었던 것은 U.S. 에너지정보 관리 기구(EIA)의 자료 덕분이었다. 이 정부 기구는 자국의 발전소가 소비하는 화석연료의 양과 관련된 정보를 발표한다. "Form EIA-923"이라는 제목이 붙은 서류의 "연료 청구서와 비용"이라는 장을 보면, 알타비스타 발전소가 2008년까지는 부분적으로 2호 노천광산에서 캐내는 석탄을 사용했음을 알 수 있다. 한편, 2호 노천광산 채굴은 트윈스타마이닝이라는 회사에서 담당했다. 2013년, 알타비스타 발전소는 바이오매스 연료로 전환했다.

47. 애팔래치안 보이스Appalachian Voices에서 애팔래치아 발전소 프로그램을 담당하고 있는 에린 새비지Erin Savage와의 대담, 2021.

48. 폭탄은 주로 질산암모늄과 경유를 혼합하여 제조한다.

49. 시민단체 코올리버마운틴워치Coal River Mountain Watch에서 여론조성 코디네이터로 활동하는 주니어 워크Junior Walk와의 대담, 2021. "Blasting above coal river mountain communities"(Coal River Mountain Watch, 2017. 5. 2)도 읽어볼 것.

50. "Mountaintop Removal 101", Appalachian Voices, 날짜 없음.

51. *Ibid.*

52. "Central Appalachia flatter due to mountaintop mining", Duke Today, 2016. 2. 5.

53. 예를 들어 크리스토퍼 A. 보스 Kristofer A. Voss, 에밀리 S. 베르나르트Emily S. Bernhardt의 "Effects of mountaintop removal coal mining on the diversity and secondary productivity of Appalachian rivers"(*Limnology and Oceanography*, vol.62, nº4, 2017. 3)를 참조하라.

54. "Basic information about surface coal mining in Appalachia", United States Environmental Protection Agency(EPA), 2016. 10. 6.

55. "Central Appalachia flatter due to mountaintop mining", *op.cit.*

56. *Ibid.*

57. 에린 새비지와의 대담, 2021.

58. 2019년, 이 기업이 사용하는 에너지 '믹스'는 천연가스와 핵연료(각각 42퍼센트), 석탄 (12퍼센트), 재생에너지(5퍼센트), 석유(1퍼센트 미만)으로 구성되었다. 도미니언 에 너지 홈페이지에 있는 보고서 "Building a cleaner future for our customers and the world" 에서 "Dominion Energy power generation mix portfolio 2019"을 찾아보라.

59. 브렌트 월스Brent Walls가 2021년 5월 20일에 캡처 사진을 온라인에 업로드해두었으니, 어퍼포토맥리버키퍼Upper Potomac Riverkeeper의 페이스북에서 열람할 수 있다.

60. 도미니언 그룹은 마운트스톰 발전소와 애슈번카운티가 위치한 워싱턴 D.C.의 직접적 인 연관을 확인하려는 우리의 요청에 응답하지 않았다.

61. 시민단체 액티베이트버지니아Activate Virginia 소속 활동가 조시 스탠필드Josh Stanfield 와의 대담, 2020.

62. "'Gob'-smacked: Dominion Energy plays both sides, double crosses everyone on Wise County coal-fired power plant closure date?", Blue Virginia, 2020. 2. 28.

63. "What a battle over Virginia's most powerful monopoly can teach Democrats everywhere", HuffPost, 2018. 12. 2.

64. "Dominion Energy nearly quadruples Virginia political contributions from 2018 to 2020", Energy and Policy Institute, 2021. 1. 28.

65. "Democratic sweep sets up confrontation with corporate giant that has loomed over Virginia politics for a century", The Intercept, 2019. 11. 6.

66. 조시 스탠필드와의 대담. 2020.

67. "In Virginia, a push to save country's 'cleanest' coal plant", AP News, 2020. 2. 28.

68. 버지니아 공공 접근 프로젝트The Virginia Public Access Project의 '테리 킬고어Terry Kilgore' 항목, 조회 일자 2021. 7. 7.

69. "Climat : méthane, l'autre gaz coupable en quatre questions", Les Échos, 2020. 10. 14.

70. 변호사이자 시에라클럽Sierra Club에서 활동하는 아이비 메인Ivy Main과의 대담, 2021.

71. 2019년 5월 8일에 어도비, 아카마이테크놀로지, 애플, AWS, 에퀴닉스, 아이언마운틴, 링크드인, 마이크로소프트, 세일즈포스, QTS가 공동으로 도미니언에 보낸 서신.

72. "Clicking Clean: Who is winning the race to build a green internet?", Greenpeace, 2017.

73. '법안 1526 환경적 목적을 위한 전자 회사 규제House Bill 1526 Electric utility regulation; environmental goals' 또는 '버지니아 클린경제법Virginia Clean Economy Act'을 가리키며 2020년에 표결에 붙여졌다.

74. "Netflix streaming—More energy efficient than breathing", The Netflix Tech Blog, 2015. 5. 27.

75. 필리프 뤼스와의 대담, 2020.

76. "Ensuring renewable electricity market instruments contribute to the global low-carbon transition and sustainable development goals", Gold Standard, 2017. 3.

77. "Le numérique est-il source d'économies ou de dépenses d'énergie?" Institut Sapiens, Paris, 2020. 7. 6.

78. "Lean ICT: pour une sobriété numérique", The Shift Project, 2018. 10.

79. *Ibid.*

80. "Un mail est aussi énergivore qu'une ampoule allumée pendant une heure", *Le Figaro*, 2019. 5. 16.

81. "Email statistics report, 2020-2024", The Radicati Group, 2020. 2. 이메일의 전반적인 탄소발자국을 추정하기는 매우 어렵다. 현재 Greenir.fr과 NegaOctet에서 이에 대한 연구를 수행 중이며 그 결과가 2021년 말경에 발표될 예정이다.

82. 보고서 "Climat, l'insoutenable usage de la vidéo en ligne, Un cas pratique pour la sobriété numérique"(Résumé aux décideurs, The Shift Project, 2020)를 참조하라.

83. 웹악시스Webaxys의 설립자이자 대표인 에마뉘엘 아시에Emmanuel Assié가 2018년 8월 E5T(에너지, 에너지 효율성, 에너지와 영토 경제) 재단의 여름학교에서 한 강의.

6 북극에서의 전투

1. 암스테르담대학에서 정보학을 가르치는 안바르 오세이란Anwar Osseyran 교수와의 대담, 2020.

2. "Greenpeace Cloud protest: do Amazon, Microsoft deserve the doghouse?", *Wired*, 2012.

3. "Greenpeace flies over Silicon Valley, praises Internet companies that have gone green", Greenpeace USA, 2014. 4. 3.

4. "Amazon employees step up pressure on climate issues, plan walkout Sept. 20", *The Seattle Times*, 2019. 9. 9.

5. 인터시온Interxion 프랑스의 에너지 책임자 린다 레스퀴에Linda Lescuyer가 2019년에 열린 데이터센터월드에서 한 연설.

6. 여기에 대해서는 앞서 낸 책 *La Guerre des métaux rares. La face cachée de la transition énergétique et numérique*(Les Liens qui Libèrent, 2018[『프로메테우스의 금속: 그린 뉴딜의 심장, 지정학 전쟁의 씨앗/희귀 금속은 어떻게 세계를 재편하는가』, 양영란 옮김, 갈라파고스, 2021])에서 설명했다.

7. "Apple Campus 2: the greenest building on the planet?", *The Guardian*, 2014. 12. 7.

8. "Amazon announces five new renewable energy projects", Amazon, 2020. 5. 21. GAFAM이 벌이는 각종 사업 활동을 전체적으로 조망하려면, 블로그 Bio Ressources에서 "The greening of GAFAM: Reality or Smokescreen?"(2020. 10. 19)을 읽어보라. 그린피스는 더구나 페이스북, 구글, 마이크로소프트, 야후, 인스타그램 같은 기업들이 기울이는 노력을 높이 평가했다. 그린피스 보고서 "Clicking Clean, Who is winning the race to build a green Internet?"(2017)도 참조할 것.

9. 하이드로-퀘벡Hydro-Québec의 신시장 개발팀 책임자 크리스티앙 데장Christian Déjean과의 대담, 2019.

10. 《데이터센터 매거진》의 이브 그랑몽타뉴 편집장과의 대담, 2020.

11. *Ibid.*

12. 데이터센터연구소 대표이자 플러스컨설팅의 설립자, 싱크탱크 '전환기의 데이터센터'의 공동 설립자인 필리프 뤼스와의 대담, 2020.

13. 더치 데이터센터 연합의 스테인 흐로버와의 대담, 2020. "Les data centers, ou l'impossible

frugalité numérique?"(les Cahiers de recherche, Caisse des dépôts, 2020)도 읽어보라.

14. 필리프 뤼스와의 대담, 2020.

15. 하를레메르메이르시의 국토개발 분과 책임자 마리에터 세데이Mariëtte Sedee와의 대담, 2020. 다른 해결책은 데이터센터를 라디에이터나 보일러 안에 설치하여 건물을 데우는 것이다. 이 대안은 열원을 다양화하게 해준다. qarnot.com을 검색해보라.

16. 영어로는 power usage effectiveness(PUE), 즉 '데이터센터가 소비한 에너지와 컴퓨터 설비가 실제로 사용한 에너지의 비율'을 뜻한다. 캡인젤렉의 2009년 4월 2일 언론 보도 자료를 읽어보라.

17. 카르노컴퓨팅의 영업 담당 책임자 에릭 페랑Erik Ferrand과의 대담, 2019.

18. 네덜란드 회사 아스페리타스Asperitas가 제안하는 해결책을 살펴보라. asperitas.com

19. 이름하여 나틱 프로젝트. natick.research.microsoft.com

20. "Synthetic DNA holds great promise for data storage", CNRS News, 2020. 10. 21.

21. 이러한 전망은 2020년에 스웨덴 룰레오 공과대학의 칼 안데르손과 미샤엘 닐손Michael Nilsson 교수와 가진 대담을 통해 들었다.

22. 모로코의 정보 서비스 기업 악셀리Axeli의 압델라리 랍비Abdelali Laabi 대표와의 대담, 2020.

23. "Facebook to build its own data centers", DataCenter Knowledge, 2010. 1. 21.

24. 2020년에 SearchDataCenter.com의 사이트에 발표된 이 기사는 더는 열람할 수 없다.

25. 전문기구 룰레오 비즈니스 레전Luleå Business Region의 전 책임자(2011~2017) 맛스 엥만Matz Engman과의 대담, 2020.

26. 아스타 폰데라우가 쓴 흥미진진한 연구 기록 " Scaling the cloud: Making state and infrastructure in Sweden"(*Ethnos, Journal of Anthropology*, vol. 84, n° 4, 2019)을 참조.

27. 맛스 엥만과의 대담. 2020.

28. 아크틱 비즈니스 인큐베이터Arctic Business Incubator의 니클라스 외스테르베리Niklas Österberg와의 대담, 2020.

29. 하지만 이 데이터센터는 나투라 2000으로 분류되는 철새 보호구역과 바로 접해 있어서 룰레오시 당국은 조류학자들 연합으로부터 데이터센터 건설을 방해하지 않겠다는 장담을 받기 위해 협상에 나서야 했다. "Han kan stoppa Facebooks bygge"(*Computer Sweden*, 2011. 9. 15)를 읽어보라. 강변에 사는 주민 레나르트 헤들룬드Lennart Hedlund도 환경 관련 이유를 들어 고소장을 접수시켰다고 한다. 이 때문에 공사가 약간 지연되었을 수도 있으나, 사법 당국은 결국 그의 고소를 기각한 것으로 알려졌다.

30. "Luleå gives Facebook 'thumbs up' in record bid", The Local, 2013. 3. 17.

31. 여러 전문가들은 예외 없이 가장 최근 데이터들만 룰레오에 저장된다고 입을 모은다. 이른바 '차가운' 데이터들, 그러니까 오래되어서 그다지 사람들이 많이 찾지 않는 데이터들은 유럽 네티즌들로부터 조금 더 먼 곳에 있는 데이터센터에 저장되고 있는 모양이다.

32. 니클라스 외스테르베리와의 대담, 2020.

33. 칼 안데르손과의 대담, 2020.

34. *Ibid.*

35. 니클라스 외스테르베리와의 대담, 2020.

36. Asta Vonderau, "Scaling the cloud: Making state and infrastructure in Sweden", *op.cit.*

37. Jeffrey A. Winters, *Power in Motion: Capital Mobility and the Indonesian State*, Cornell University Press, 1996.

38. Hannah Appel, "Offshore work: Oil, modularity, and the how of capitalism in Equatorial Guinea", *American Ethnologist*, vol. 39, n° 4, 2012. 11.

39. "Google reaped millions in tax breaks as it secretly expanded its real estate footprint across the U.S.", *The Washington Post*, 2019. 2. 15.

40. "Documents for Google in Lenoir, North Carolina", *The Washington Post*, 2019. 1. 25.

41. Vinnie Mirchandani, *The New Technology Elite: How Great Companies Optimize Both Technology Consumption and Production*, John Wiley & Sons Inc, 2012.

42. "Secret Amazon data center gives nod to Seinfeld", *Infosecurity*, 2018. 10. 12.

43. Tung-Hui Hu, *A Prehistory of the Cloud*, The MIT Press, 2015.

44. 독일 할레비텐베르크 마르틴루터대학 ZIRS(학제간지역학연구소) 소장이자 스톡홀름 대학의 사회인류학과 교수이며 논문 "Scaling the cloud: Making state and infrastructure in Sweden"(*op.cit.*)의 저자인 아스타 폰데라우 소장과 스톡홀름에서 나눈 대담, 2020.

45. 란디, 파르키, 세이테바레, 아캇스댐 등.

46. 너무도 자주 이산화탄소 배출량만이 우리의 환경 관련 활동의 유일한 척도로 간주되는 경향이 있다. 그런데 수력발전의 경우, 이산화탄소 배출량은 지극히 미미하나, 많은 연구 논문들에서 언급되고 있듯이 다른 면에서 환경에 엄청난 영향을 끼친다. 특히 2019년에 발표된 WWF 보고서 "Hydropower pressure on European rivers: The story in nombers"에 따르면 "유럽의 수력발전소 수는 이미 예외적이라 할 정도로 증가했으며, 그것들은 부분적으로 보호구역과 겹치기 때문에 유럽 생명다양성에 커다란 압박이 되고 있다." 퀘벡 역시 많은 데이터센터들의 선택지로 선호되는데, 그곳에서 생산되는 전기의 97퍼센트가 수력발전용 댐에서 얻어지기 때문이다. "잘 활용해 볼만 하다"고, 하이드로-퀘벡의 신시장 개발 책임자 크리스티앙 데장은 장담한다. "우리에게는 값싸고 재생 가능하고 지속적이며 풍부한 전력이 있으니까요!" 하지만 데이터센터연구소의 필리프 뤼스 소장은 2020년의 대담에서 퀘벡의 전기는 "녹색이라고 할 수 없는 것이, 계곡들이 물에 잠기면서 수천만 제곱미터에 걸쳐서 모든 생물 서식 공간을 사라지게 만들었으며, 댐을 짓는다고 저수지를 만들고, 물길을 망가뜨린 데다 그곳에 살던 주민들을 모두 이주시켰기 때문입니다. 우리는 전기 생산의 사슬 전체를 살펴야 하며, 그것의 근본이 어디에 있는지 의문을 가져보아야 합니다." 하고 말했다. 또한 발전 설비들이 스칸디나비아 북부와 러시아의 콜라반도를 점유하고 사는 유럽 북부의 유일한 유목민인 사미인들의 삶에 끼치는 영향도 주목해야 한다. "수력발전소 같은 설비는 사미인들과 순록들의 이주 경로를 막을 수도 있다"고, 노르웨이의 사미 의회 정치 자문 루나 미르네스 발토Runar Myrnes Balto는 2020년 노르웨이의 트롬쇠시에서 가진 대담에서 지적했다. 수력발전 댐이 노르웨이 사미인들에게 끼치는 영향에 대한 심도 있는 연구에 관심이 있는 독자들은 보고서 "Colonial tutelage and industrial colionalism: Reindeer husbandry and early 20th-century hydroelectric development in Sweden"(Åsa Össbo, Patrik

Lantto, *Scandinavian Journal of History*, vol. 36, n° 3, 2011. 7)을 참조하라.

47. 페이지 Vuollerim/Jokkmokk Lilla Lule Älv ska leva igen.

48. 시민단체 엘브레다르나Älvräddarna의 크리스테르 보리Christer Borg와의 대담, 2020.

49. 노르웨이 남부 레네쇠이 섬의 피오르해안 끝자락, 예전에 NATO의 해안기지였던 곳에 그린마운틴의 데이터센터가 들어섰다. 이 데이터센터는의 파이프를 통해 해수를 끌어올려서 서버룸을 식힌다. "그런데 배관의 철책 망 크기가 잘못 책정되어 온갖 종류의 갑각류, 어류, 새우 등까지 빨려들어와 운하까지 거슬러 올라갔다. 이렇게 되자 데이터센터 내부는 그야말로 바비큐, 서서히 구워지는 바비큐였다!"고, ≪데이터센터 매거진≫의 이브 그랑몽타뉴 편집장은 웃음을 참지 못했다. 그는 2015년에 그 시설을 방문했고, 이 이야기는 2020년에 그와 가진 대담에서 들려주었다.

50. "Kolos to build world's largest data center in northern Norway", 2017년 8월 18일 노르웨이 발랑겐에서 열린 기자회견.

51. 우리는 1980년대 방자맹 르그랑Benjamin Legrand, 자크 로브Jacques Lob, 장-마르크 로셰트Jean-Marc Rochette가 그래픽노블에서 상상한, 꽁꽁 얼어붙은 세상을 가로지르는 기차에서 영감을 얻었다. 이 작품은 2013년 한국의 봉준호 감독에 의해 영화로도 각색되었다.

52. 달리 표현하자면, 디지털 화폐 제조소. "Kolos data center park in Norway is being acquired by cryptocurrency miners"(Datacenter Dynamics, 2018. 3. 28)를 참조.

53. "Le bitcoin engloutit 0,5 % de l'électricité mondiale", *L'Usine nouvelle*, 2021. 5. 2.

54. ≪프리무버Fremover≫의 편집장 크리스티안 안데르센Christian Andersen과의 대담, 2020.

55. CBRE 데이터센터 솔루션즈의 영업 책임자 이자벨 켐린Isabelle Kemlin과의 대담, 2020.

56. "Russian personal data localization requirements", Microsoft, 2020. 11. 30.

57. 캡인젤렉 대표 올리비에 람베가 데이터센터월드에서 한 연설. 2019.

58. 캡인젤렉의 프랑스 지부 CAP DC 부장 아흐메드 아흐람Ahmed Ahram과의 대담, 2020.

59. "데이터센터와 최종 사용자와의 거리를 단축시킴으로써 얻게 되는 환경적 이득을 아무도 정확하게 측정해내진 못하지만, 분명 상당하다"고 필리프 뤼스는 2020년에 가진 대담에서 단언했다.

60. 크리스티앙 데장과의 대담, 2019.

61. 이 수치는 자문 엔지니어이자 영국 리즈대학의 초빙교수인 이안 비터린Ian Bitterlin과 2020년에 나눈 대담에서 알게 되었다.

62. 시민단체 네덜란드 디지털 인프라(DINL)의 미힐 스텔트만Michiel Steltman 대표와 의 대담, 2020. 미래는 거의 확실하게 데이터 저장과 처리의 중앙 집중화와 분산화 솔루션의 혼합으로 나아갈 것이다.

63. digitalcleanupday.org

64. 렛츠 두 잇 월드Let's Do It World의 대표 안넬리 오흐브릴Anneli Ohvril과의 대담, 2020.

65. *Ibid.*

66. "Internet mobile: la 4G est-elle une abomination énergétique?", greenIT.fr, 2016. 3. 15.

67. Renee Obringer *et al.*, "The overlooked environmental footprint of increasing Internet use",

Resources, Conservation and Recycling, vol. 167, 2021. 4.

68. signal.org

69. olvid.io/en

70. protonmail.com

71. e.foundation. 운영체제에 있어서도, GrapheneOS(grapheneos.org)와 LineageOS(lineageos. org)를 선호하라. 페어폰의 아네스 크레페처럼 일부 사람들은 페이스북이 데이터 수집 정책을 과도하게 몰아붙였으며 웹 사용자들이 결국 점차적으로 이 거대 미국 기업이 제공하는 서비스를 외면하게 될 것이라고 생각한다.

72. duckduckgo.com

73. 이게 바로 '친환경적이며 연대하는 최초의 협동조합 체제 통신사업자' 프랑스의 텔레쿱TeleCoop이 제안하는 것이다. telecoop.fr 사이트를 참조하라.

74. 1943년에 출생한 미국 출신 엔지니어로 디지털 산업의 선구자 격인 빈트 서프Vint Cerf가 이렇게 생각했던 것으로 보인다. 그는 "인터넷 접근은 권리가 아닌 특혜가 될 것"이라는 견해를 피력했다.

75. "En 2050, Internet sera-t-il toujours debout?", CNET France, 2019. 10. 1.

76. 심스라이프사이클서비스Sims Lifecycle Services의 유럽, 중동, 아프리카(EMEA: Europe, Moyen-Orient, Afrique) 지역 경제개발을 담당하는 네덜란드 출신 옐러 슬렌터르스Jelle Slenters와의 대담, 2020.

77. 필리프 뤼스와의 대담, 2020.

7 디지털 세계의 팽창

1. Steve Case, *The Third Wave. An Entrepreneur's Vision of the Future*, Simon & Schuster, 2017[스티브 케이스, 『미래 변화의 물결을 타라: 3차 인터넷 혁명이 불러올 새로운 비즈니스』, 이은주 옮김, 이레미디어, 2016].

2. '모든 것의 인터넷'이라는 표현과 그것이 지닌 경제적 잠재성에 대한 교육자적인 정의를 알고 싶다면, 미국 기업 시스코Cisco의 동영상 youtube.com/watch?v=ALL6MuFWs1A(2014. 8)을 보라.

3. Kevin Kelly, *The Inevitable: Understanding the 12 Technological Forces That Will Shape Our Future*, Viking, 2016[케빈 켈리, 『인에비터블 미래의 정체: 12가지 법칙으로 다가오는 피할 수 없는 것들』, 이한음 옮김, 청림출판, 2017].

4. *Ibid.*

5. RFID는 radio frequency identification의 머리글자로, 센서가 무선주파수를 이용해서 물체를 확인하는 기술을 가리킨다. 이런 식으로 두 물체는 서로 소통하면서 정보를 교환하게 된다.

6. Byung-Chul Han, *Im Schwarm. Ansichten des Digitalen*, MSB Matthes & Seitz Berlin, 2013[한병철, 「무리 속에서―디지털의 풍경들」, 『투명 사회』, 김태환 옮김, 문학과지성사, 2014].

7. 하이드로66의 영업 책임자 프레드리크 칼리오니에미와의 대담, 2020.

8. "Nataliya Kosmyna, à la recherche d'une intelligence artificielle éthique", *Le Monde*, 2020. 9. 29. 다른 이들은 과학자 조엘 드 로네Joël de Rosnay를 따라 '공생 웹 Web symbiotique' 라는 표현을 쓰기도 한다. 조엘 드 로네의 "Vers la fusion homme-machine. Un Web en symbiose avec notre cerveau et notre corps"(*in Société*, n°129, 2015. 3)를 읽어보라.

9. "Cisco Edge-to-Enterprise IoT Analytics for Electric Utilities Solution Overview", Cisco, 2018. 2. 1.

10. "What is 5G? Your questions answered", CNN, 2020. 3. 6.

11. 모나코 텔레콤의 마르탱 페로네Martin Péronnet 대표이사와의 대담, 2020.

12. "South Korea reaches almost 13 million 5G subscribers in January", RCR Wireless News, 2021. 3. 1.

13. 조무현 기자와의 대담, 2020.

14. 시민단체 환경을위해행동하기의 대표 스테판 케르코브Stéphen Kerckhove가 2020년 파리에서 개최된 라 리사이클리La Recyclerie의 "La 5G : avancée technologique, recul écologique?(5G: 기술적 진보인가 환경적 퇴보인가?)" 학회에서 한 연설.

15. "5G, une feuille de route ambitieuse pour la France", 전자통신, 우편, 언론 유통 자정 관계 당국(ARCEP) 보고서, 2018. 7. 16.

16. 벨기에 루뱅 공과대학 정보통신기술, 전자, 응용수학 연구소(ICTEAM)의 장-피에르 라스킨Jean-Pierre Raskin 교수와의 대담, 2020.

17. "China's telecoms carriers push to complete "political task" of 5G network roll-out amid coronavirus crisis", *South China Morning Post*, 2020. 3. 5.

18. "Merket fordert mehr Tempo beim digitalen Wandel", *Süddeutsche Zeitung*, 2020. 12. 1.

19. "Le retard numérique allemand affole Angela Merkel ", *L'Obs*, 2017. 1. 31.

20. 그린 IT 암스테르담Green IT Amsterdam의 자문 존 부스John Booth와의 대담, 2020.

21. "Gallium: China tightens grip on wonder metal as Huawei works on pro- mising applications beyond 5G", *South China Morning Post*, 2019. 7. 20.

22. 이 정보는 런던의 홀가르텐앤드컴퍼니Hallgarten & Company에서 광업 전략가로 일하는 크리스토퍼 이클레스톤Christopher Ecclestone과의 2020년 대담 중에 전해 들었다.

23. 프랑스 Robin des Toits 협회 회장인 피에르-마리 테베니아우드Pierre-Marie Téveniaud와의 인터뷰, 2020.

24. "The road to 5G is paved with fibe", *Inside Towers*, 2018. 10. 12.

25. "5G's rollout speeds along faster than expected, even with the coronavirus pandemic raging", CNET, 2020. 11. 30.

26. "Canalys: 278 million 5G smartphones to be sold in 2020", GSM Arena, 2020. 9. 10.

27. 유럽의회 유럽 환경 녹색당 의원 미셸 리바시Michèle Rivasi가 2020년 파리에서 개최된 라 리사이클리의 "La 5G : avancée technologique, recul écologique?" 학회에서 한 연설.

28. 이러한 두려움은 의사들이 '노세보 효과'라고 부르는 현상(위험을 적대시하는 우리 현대사회의 특성)을 야기한다. 플라세보 효과의 반대라고 할 수 있는 노세보 효과는 효과 좋은 약으로 소개받아 복용했으나 아무 효과가 없다고 믿는 현상을 가리킨다.

29. William Stanley Jevons, *The Coal Question: An Inquiry Concerning the Progress of the Nation,*

'좋아요'는 어떻게 지구를 파괴하는가

and the Probable Exhaustion of Our CoalMines, Nabu Press, 2010(초판 Macmillan and Co, 1865). 저자는 "중유를 덜 사용하는 것이 소비 감소와 동일하다고 전제하는 것은 전적으로 비합리적"이라면서, "진실은 이와 정반대"라고 주장했다.

30.   "Fuel Consumption of Cars and Vans", International Energy Agency(IEA), 2020. 6.

31.   국제 자동차 제조 기구 웹사이트에서 판매량 통계를 확인할 수 있다. oica.net/category/sales-statistics/

32.   그리고 "자동차의 연비를 좋게 만드는 것이 곧 휘발유를 덜 쓰는 것으로 연결되지는 않는데, 이는 자동차 사용자들의 주행거리가 늘어났기 때문"이라고 한 전문가는 "Numérique: le grand gâchs énergétoque"(*CNRS le journal*, 2018. 5. 16)에서 설명했다.

33.   "CO2 emissions from commercial aviation: 2013, 2018, and 2019", International Council on Clean Transportation(ICCT), 2020. 10. 8.

34.   유럽의회, "CO2 emissions from aviation", 유럽의회 출범 포지션, EU 법률 브리핑, 2018. 1. 23.

35.   Christopher C. M. Kyba *et al.*, "Artificially lit surface of Earth at night increasing in radiance and extent", *Science Advances*, 2017. 11. 22.

36.   "It's not your imagination: Phone battery life is getting worse", *The Washington Post*, 2018. 11. 1.

37.   "5G consumer potential—Busting the myths around the value of 5G for consumers", Ericsson Consumer & IndustryLab Insight Report, 2019. 5.

38.   "Pourquoi la 5G est une mauvaise nouvelle pour l'environnement", 01net, 2020. 1. 26.

39.   5G의 장점을 강조하는 오랑주 그룹의 광고를 참조하라. youtu.be/ZPt4pwy7Vn0

40.   장-피에르 라스킨과의 대담, 2020.

41.   GreenIT.fr 창시자 프레더릭 보르다주와의 대담, 2018.

42.   오랑주 그룹의 노동조합 CFF-CGC 대표 세바스티앵 크로지에Sébastien Crozier와의 대담, 2020.

43.   *Ibid.*

44.   CNRS 소속 컴퓨터 연구 엔지니어 프랑수아즈 베르투와의 대담, 2019, 2020.

45.   Christopher L. Magee *et al.*, "A simple extension of dematerialization theory: Incorporation of technical progress and the rebound effect", *Technological Forecasting and Social Change*, vol. 117, 2017. 4. 99개국의 탈물질화에 대해 추정한 연구도 이와 같은 결론을 보여준다. "결과는 그 어떤 나라도 경제활동의 탈물질화를 보여주지 못했다." Federico M.Puselli *et al.*, "The world economy in a cube: A more rational structural representation of sustainability" (*Global Environmental Change*, vol.35, 2015. 11)도 읽어보라.

46.   프레더릭 보르다주의 저서 *Sobriété numérique. Les clés pour agir*(Buchet-Chastel, 2019)에 이자벨 오티시에Isabelle Autissier가 쓴 서문을 읽어보라.

47.   2020년에만 120억만 이상의 시청 수를 냈으며, 그에 따른 수입도 2억 9500만 달러까지 올라갔다.

48.   "Driving transformation in the automotive and road transport ecosystem with 5G", *Ericsson Technology Review*, n°13, 2019. 9. 13.

49.   ZiaWadud *et al.*, "Help or hindrance? The travel, energy and carbon impacts of highly

automated vehicles", *Transportation Research Part A: Policy and Practice*, vol.86, 2016. 4. 몇 몇 사람들은 교통사고 건수의 뚜렷한 감소가 한층 더 가벼운 차, 그러니까 충돌 위험이 적어서 오염시키는 정도도 낮은 차의 출현을 부추길 것으로 전망한다. "Connected cars could be big energy savers, or not"(*Politico*, 2016. 10. 20)도 읽어보라.

50. 전산기는 차를 구성하는 다양한 부품(엔진, 기어, 제동 장치 등)의 기능을 지휘할 수 있도록 돕는다. "Number of automotive ECUs continues to rise"(eeNews Europe Automotive, 2019. 5. 15)를 참조하라.

51. "The race for cybersecurity: Protecting the connected car in the era of new regulation", McKinsey & Company, 2019. 10. 10.

52. *Ibid.*

53. 지속 가능한 개발 및 국제 관계 연구소(IDDRI) 소속 '생활 방식 전환'에 대한 시니어 연구원인 마티외 소조Mathieu Saujot와의 대담, 2020. 스텔란티스Stellantis(PSA-Fiat-Chrysler)의 카를로스 타바레스Carlos Tavares 회장마저도 "자꾸 더해지는 기술 비용을 감안할 때 자동차의 비용이 너무 높아지는데, 그 정도의 값을 지불할 수 있는 사람은 스스로 핸들을 잡는 대신 뒷좌석에 앉을 것이 분명할 테니, 이 분야 연구를 포기한다"고 발표했다. 기사 "Premiers coups de frein sur la voiture autonome"(*Les Échos*, 2019. 3. 26)을 읽어보라.

54. 라이다는 부착된 레이저를 이용해 360도로 회전하면서 자율주행 자동차를 둘러싼 주변 주행 환경 전체를 3차원으로 스캔하는 디지털 도구이다. 하나의 라이다당 64개의 레이저를 수용할 수 있으며 1초당 1백만 개의 측정치를 모을 수 있다. 기사 "Voiture autonome : un déluge de données à interpréter"(Data Analytics Post, 2018. 5. 17)를 읽어보라.

55. "La donnée : nouvel or noir de la voiture de demain", *La Tribune*, 2018. 3. 22. 또한, Laurent Castaignède, *Airvore ou la face obscure des transports*(Écosociété, 2018)도 읽어보라.

56. 마티외 소조와의 대담, 2020.

57. "Do driverless cars really need edge computing?", *Data Center Knowledge*, 2019. 7. 12.

58. Nikolas Thomopoulos, Moshe Givoni, "The autonomous car—a blessing or a curse for the future of low carbon mobility? An exploration of likely vs. desirable outcomes", European Journal of Futures Research, vol. 3, n° 1, 2015. 12. 토모풀로스와 지보니에 따르면, "자율 주행 자동차는 개인적 용도로 널리 사용될 염려가 있다. … 공공 교통수단과 보행자들에게 돌아갈 피해에도 불구하고."

59. "Not all of our self-driving cars will be electrically powered—here's why ", The Verge, 2017. 12. 12.

60. "Another big challenge for autonomous car engineers: Energy efficiency", *Automotive News*, 2017. 10. 11.

61. Mathieu Saujot, Laura Brimont, Olivier Sartor, "Mettons la mobilité autonome sur la voie du développement durable", IDDRI, 2018. 6. 이 논문 저자들은 주행거리 1킬로미터당 이산화탄소 26그램이 추가로 배출된다고 지적한다. 현재 유럽에서 한 대의 자동차는 평균적으로 주행거리 1킬로미터당 이산화탄소 122.4그램을 배출한다.

62. *Airvore ou la face obscure des transports*(*op.cit.*)의 저자 로랑 카스테네드와의 대담.

63. 마티외 소조와의 대담, 2020.

64. Nir Eyal, *Hooked: How to Build Habit-Forming Products*, Portfolio Penguin, 2014[니르 이얄, 『훅』, 조자현 옮김, 유엑스리뷰, 2022].

65. 파란색은 검정색에 뒤이어 가장 어두운 색으로, 화면에서 내용물의 가독성을 증대시켜준다.

66. 폴 레이[Paul Ray]가 2009년 12월 8일에 가진 회합 "Designing Bing: Heart and Science". channel9.msdn.com/events/MIX/MIX10/CL06

67. *Ibid.*

68. "Why Google has 200m reasons to put engineers over designers", *The Guardian*, 2014. 2. 5. 구글과 빙 그룹은 우리의 인터뷰 요청에 답을 주지 않았다.

69. Patrick Süskind, *Le Parfum*, Le Livre de Poche, 2006(초판 Fayard, 1986[파트리크 쥐스킨트, 『향수』, 강명순 옮김, 열린책들, 2009]).

70. 윤리적 디자이너[Designers éthiques]의 공동대표인 카를 피노[Karl Pineau]와의 대담, 2020.

71. "Why Apple's notification bubbles are so stressful", OneZero, 2019. 2. 27.

72. Martin G. Helander, Thomas K. Landauer, Prasad V. Prabhu, *Handbook of HumanComputer Interaction*, Elsevier Science, 1997.

73. "The button color A/B test: Red beats green", Hubspot, 2011. 8. 2.

74. Introducing your new navigation(새로운 서핑 방식을 도입하면서), Facebook, 2010. 2. 5.

75. "Dopamine, smartphones & you: A battle for your time", *Science in the News*, Harvard Graduate School of the Arts and Sciences, 2018. 5. 1.

76. 스웨덴 기업 TCO의 쇠렌 엔홀름[Sören Enholm] 대표와의 대담, 2020.

77. Mirille Campana *et al.*, "Réduire la consommation énergétique du numérique", 프랑스 재정경제부 자문위원회 제출 보고서, 2019. 12.

78. "L'inquiétante trajectoire de la consommation énergétique du numérique", The Conversation, 2020. 3. 2.

79. 디지털포더플래닛의 이네스 레오나르두치 대표가 2020년 11월 20일 뮌헨의 프랑스문화원에서 개최된 영상 회의 "Croissance numérique et protection de la planète, un oxymore ?(디지털 성장과 지구 보호, 이는 모순어법일까?)"에서 발표한 내용.

80. 휴먼 테크놀로지 센터[Center for Humane Technology]의 사이트에 들어가, 목록에서 Take control 항목을 클릭해보라. humanetech.com/take-control

81. "Troubles de l'attention, du sommeil, du langage… 'La multiplica- tion des écrans engendre une décérébration à grande échelle'", *Le Monde*, 2019. 10. 21.

82. designersethiques.org

83. 윤리적 디자이너들이 온라인에 올려놓은 디지털 서비스의 에코 콘셉트 길잡이를 참조할 것. eco-conception.designersethiques.org/guide/

84. gogray-today.webflow.io/

85. "Is the answer to phone addiction a worse phone?" *The New York Times*, 2018. 1. 12.

86. 사용자는 '설정'으로 가서 '손쉬운 사용', 이어서 '디스플레이 및 텍스트 크기'에 들어간 후 '색상 필터'를 클릭해야 한다. 그런 다음 '흑백 모드'를 선택하면 화면이 그레이

스케일로 바뀐다. 이 기능은 현 안드로이드 버전에서도 사용 가능하다.

87. 카를 피노와의 대담, 2020.

88. 영국 랭커스터대학의 마이크 해저스 교수Mike Hazas가 2017년 6월 7일 에스토니아의 탈린에 있는 EuroDIG에서 열린 회합 "Drowning in data – digital pollution, green IT, and sustainable access(데이터 활용 – 디지털 오염, 그린 IT 및 지속 가능한 접근)"에서 한 강연을 참조할 것.

89. 장-피에르 라스킨과의 대담, 2020.

8 로봇이 인간보다 더 심한 오염원이라면

1. 영국 랭커스터대학의 마이크 해저스 교수가 2017년 6월 7일 에스토니아의 탈린에 있는 EuroDIG에서 열린 회합 "Drowning in data – digital pollution, green IT, and sustainable access"에서 한 강연을 참조할 것.

2. '로봇'이라는 용어는 '자율적인 결정에 따라 임무를 구성하는 기초적인 행위들 가운데 일부를 수행하는 기계 장치'를 일컫는다. 이 정의는 '경제 변동 전망과 예측을 위한 부처간 중심(PIPAME)'과 '경쟁력, 제조업, 서비스업 담당국(DGCIS)'이 2012년 4월 12일 제출한 보고서 "Le développement industriel futur de la robotique personnelle et de service en France"에서 제시되었다. 로봇을 넘어서 디지털 세계를 구성하는 모든 기계들과 인터페이스, 인터넷에 연결된 사물들이 우리의 분석 대상에 포함된다.

3. Bruno Patino, *La Civilisation du poisson rouge. Petit traité sur le marché de l'attention*, Grasset, 2019.

4. "The flourishing business of fake YouTube views", *The New York Times*, 2018. 8. 11.

5. "Cisco Annual Internet Report (2018-2023) White Paper", 2020. 3. 9.

6. "Vivre avec les objets connectés"(*Third*, n° 3, 2019. 11)을 읽어보라. 파리 3대학 소르본 누벨의 영화와 오디오비주얼 연구소(IRCAV) 소속 연구원이자 통신학 교수, 모바일과 창조 그룹 공동 설립자, 라보 시투아이양Labo citoyen 공동 설립자인 로랑스 알라르 Laurence Allard와의 인터뷰가 실려 있다.

7. 에너지 인터넷 코퍼레이션 엔지니어링 부문의 부회장 리엄 뉴컴과의 대담, 2020.

8. "end scam emails to this chatbot and it'll waste their time for you", The Verge, 2017. 11. 10.

9. 영국 랭커스터대학의 마이크 해저스 교수가 2017년 6월 7일 에스토니아의 탈린에 있는 EuroDIG에서 열린 회합 "Drowning in data – digital pollution, green IT, and sustainable access"에서 한 강연.

10. "Training a single AI model can emit as much carbon as five cars in their lifetimes", *MIT Technology Review*, 2019. 6. 6.

11. 하지만 이러한 추세는 이미 전 세계의 다른 여러 거래소, 가령 1987년에 이미 완전 전산화를 택한 파리 같은 곳에선 오래전부터 기정사실화되었다.

12. 프리드리히 모제Friedrich Moser, 다니엘 분더러Daniel Wunderer, *Les Robots traders, la finance à haute fréquence*(로봇 트레이더와 높은 거래 빈도의 금융), 90분, Blue+Green communication, Arte France, RBB, 2020.

13. 마코 캐피탈 마켓Makor Capital Markets의 거시경제 전략가 스테판 바르비에 드 라 세르Stéphane Barbier de la Serre와의 대담, 2020. 주목해야 할 사실은 투자 전략이 알고리즘에 의해 정교하게 가다듬어지는 이 사회의 주요 구호들 가운데 하나가 "우리는 투기하지 않는다, 계산할 뿐"이라는 점이다.

14. 캘리포니아주 샌디에이고대학의 후안 파블로 파르도-구에라Juan Pablo Pardo-Guerra 겸임교수와의 대담, 2020.

15. 스테판 바르비에 드 라 세르와의 대담, 2020.

16. HSBC 은행의 전직 양적분석가 제레미 데지르Jérémy Désir와의 대담, 2020.

17. *Ibid.*

18. "Intelligence Artificielle(IA) et gestion d'actifs : améliorer la stratégie d'investissement et la connaissance des investisseurs", *Revue Banque*, 2019. 1. 25.

19. "Quants have a fundamental issue with indiscretion", Bloomberg, 2020. 4. 6.

20. Aladdin은 'asset, liability, debt and derivative investment network'의 머리글자를 따서 만든 단어이다.

21. 블랙록 사이트를 보라. blackrock.com/fr/particuliers/aladdin

22. 알라딘의 기능은 특히 다음 기사 "BlackRock's Edge: Why technology is creating the Amazon of Wall Street"(*Forbes*, 2017. 12. 19)에 상세하게 설명되어 있다.

23. 후안 파블로 파르도-구에라 교수와의 대담, 2020.

24. Michael Lewis, *Flash Boys. A Wall Street Revolt*, W.W.Norton & Company, 2014.

25. Juan Pablo Pardo-Guerra, *Automating Finance: Infrastructures, Engineers, and the Making of Electronic Markets*, Cambridge University Press, 2019. 구에라 교수의 저서 외에 이 책에 대한 서평 "Book review: *Automating Finance*"(CFA Institute, 2020. 3. 13)도 함께 읽어보라.

26. "BlackRock's black box: the technology hub of modern finance", *Financial Times*, 2020. 2. 24.

27. 제레미 데지르와의 대담, 2020.

28. 펜실베니아대학의 정보학, 정보과학과의 마이클 컨스Michael Kearns 교수와의 대담, 2020.

29. "The passives problem and Paris goals : How index investing trends threaten climate action", Sunrise Project, 2020. 이러한 추세는 미국에만 국한되지 않는다. 수동적 펀드는 아시아 시장 투자의 절반, 유럽 시장 투자의 3분의 1 정도 될 것으로 추산한다. "Environment program request for proposal: Aligning passive investment with Paris climate goals"(Willam and Flora Hewlett Foundation, 2020. 1. 28)를 참조하라.

30. 이 목록은 요청하면 사이트 fossilfreefunds.org/caron-underground-200에서 열람할 수 있다. 2021년에 엔카나Encana는 이 목록 30위에 올랐다(2014년엔 35위).

31. "Encana needed to tap into passive investing, CEO Suttles says", Bloomberg Markets and Finance, 2019. 10. 31.

32. "Encana receives securityholder approval for reorganization", Encana Corporation, 2020. 1. 14.

33. 엔카나는 우리의 면담 요청에 답을 주지 않았다.

34. "Who owns the world of fossil fuels. A forensic look at the operators and shareholders of the listed fossil fuel reserves", Finance Map, 2018~2019.

35. "The passives problem and Paris goals: How index investing trends threa- ten climate action", *op.cit.*

36. *Ibid.*

37. 선라이즈 프로젝트의 책임전략가 다이애나 베스트Diana Best와의 대담, 2020.

38. 더구나 MSCI, Stoxx 또는 Solactive 같은 몇몇 금융 서비스 기업들은 이런 부류의 투자를 제안하기도 한다. "Une piste pour investir durable en Bourse à moindres frais"(*Le Monde*, 2020. 11. 2)를 읽어보라.

39. 다이애나 베스트와의 대담, 2020.

40. "The passives problem and Paris goals: How index investing trends threaten climate action", *op.cit.*

41. Vital은 'Validating investment tool for advancing life sciences'의 머리글자를 따서 조합한 이름이다. DKV의 핵심어는 '지식은 힘/심화지식deepknowledge은 초월적인 힘'이다. dkv.global/about

42. "Artificial intelligence gets a seat in the boardroom", *Nikkei Asia*, 2017. 5. 10.

43. "A.I. has arrived in investing. Humans are still dominating", *The New York Times*, 2018. 1. 12.

44. 후안 파블로 파르도-구에라와의 대담, 2020.

45. Two Sigma Investments LLC, 2011. 3. 31.

46. "Green Horizon. Driving sustainable development", IBM, 날짜 없음.

47. "IBM expands Green Horizons initiative globally to address pressing environmental and pollution challenges", IBM, 2015. 12. 9.

48. "How artificial intelligence can fight air pollution in China", *MIT Technology Review*, 2015. 8. 31.

49. *Ibid.*

50. 네덜란드 인터시온의 데이터센터 기술과 엔지니어링 책임자인 렉스 코르스Lex Coors와의 대담, 2020.

51. Michio Kaku, *The Future of the Mind: The Scientific Quest to Understand, enhance, and Empower the Mind*, Doubleday, 2014.

52. David Rolnick *et al.*, "Tackling climate change with machine learning", Future of Life Institute, Boston, 2019. 10. 22.

53. "A physicist on why AI safety is 'the most important conversation of our time'", The Verge, 2017. 8. 29.

54. "The Doomsday invention: Will artificial intelligence bring us utopia or destruction?", *The New Yorker*, 2015. 11. 23.

55. "Fourth industrial revolution for the earth. Harnessing artificial intelligence for the earth", World Economic Forum—Stanford Woods Institute for the Environment, Pricewaterhouse Coopers(PwC), 2018. 1.

56. 캘리포니아 버클리대학의 컴퓨터공학과 교수 스튜어트 러셀Stuart Russell과의 대담,

'좋아요'는 어떻게 지구를 파괴하는가

2020.

57. 각각 옥스퍼드대학에서 물리학, 철학, 공학을 연구하며 "AI impact weekend 2020: AI+ Climate Change: Building AI solutions to help solve the world's climate crisis(2020 인공지능 임팩트 주말: AI+기후변화: 세계 기후 위기 해결을 돕기 위해 AI 솔루션을 마련하자)"는 학회를 기획한 트리스트럼 월시Tristram Walsh, 알리스 에바트Alice Evatt, 크리스티안 슈뢰더Christian Schröder와 나눈 대담. 이 학회는 2020년 2월 옥스퍼드대학의 창업 인큐베이터인 옥스퍼드 파운드리에서 열렸다.

58. 렉스 코르스와의 대담, 2020.

59. "Fourth industrial revolution for the earth. Harnessing artificial intelligence for the earth", PwC, 2018. 1.

60. 데이터센터월드의 창시자이며 웹악시스 대표인 에마뉘엘 아시에와의 대담, 2019.

61. 옥스퍼드대학의 기업과 환경 스미스 스쿨 겸임교수 트리스트럼 월시와 의 대담, 2020.

62. 브리태니커 사전의 'Deep ecology' 항목.

63. Nick Bostrom, "Existential risks. Analyzing human extinction scenarios and related hazards", *Journal of Evolution and Technology*, vol.9, n°1, 2002.

64. Stuart Russell, *Human Compatible: Artificial Intelligence and the Problem of Control*, Penguin Books, 2020.

65. 스튜어트 러셀과의 대담, 2020.

66. "How the enlightenment ends", *The Atlantic*, 2018. 6.

9 바다 밑 2만 개의 촉수

1. 앨 고어 부통령이 1993년 12월 21일 워싱턴 D.C.의 내셔널 기자클럽에서 한 연설.

2. 구글 소유 첫 번째 케이블 퀴리는 2019년부터 발파라이소(칠레)와 로스앤젤레스를 연결한다.

3. 뒤낭이라는 이름은 적십자사 창설자이자 최초의 노벨평화상 수상자이기도 한 앙리 뒤낭(1828~1910)에서 따왔다.

4. 오랑주는 해저케이블 뒤낭의 광섬유 두 쌍의 소유주이다. 우리는 여러 차례 접촉을 시도했으나 오랑주 그룹의 홍보 담당 부서는 우리에게 케이블 해역 날짜를 가르쳐주지 않았다. 여러 전문가들의 도움으로 우리는 myshiptracking.com에 실시간으로 업데이트되는 선박 위치 추정 장치 덕분에 뒤낭을 설치할 법한 해저케이블 부설선들의 이동 추이를 관찰했고, 마침내 뒤낭의 프랑스 육지 매입을 담당한 루이 드레퓌스 트랍오션 Louis Dreyfus TravOcean이 제공한 정보를 입수했다.

5. 영국의 전직 통신 케이블 업계 엔지니어로 현재 독립 컨설턴트로 일하는 데이빗 월터스David Walters와의 대담, 2020.

6. 프랑스 옵티컬클라우드인프라OpticalCloudInfra의 설립자이며 파이오니어 컨설팅 Pioneer Consulting의 컨설턴트인 베르트랑 클레스Bertrand Clesca와의 대담, 2020.

7. 구리와 강철 또는 알루미늄으로 이루어진다.

8. 빛은 광섬유 속에서는 공기 중 속도의 66퍼센트 정도에 해당하는 속도로 이동한다.

9. 이 대목은 파트리스 플리시Patrice Flichy가 그의 저서 *Une histoire de la communication moderne*(La Découverte, 1991)에 소개한 내용을 인용했다.

10. 시에나의 판매 책임자 장-다비드 파브르Jean-David Fabre와의 대담, 2020. 빛의 제어를 통해 유발되는 속도에 관해 성찰해보고자 한다면, 특히 폴 비릴리오Paul Virilio의 *Cybermonde, la politique du pire*(Textuel, 2010)를 읽어보라.

11. "How Google is cramming more data into its new atlantic cable", *Wired*, 2004. 4. 5.

12. Patrice Flichy, *op.cit.* 저자는 가느다란 생김새와 그 안으로 지나가는 빛의 파동을 감안하여 광케이블에 이런 별명을 붙여준다.

13. "Tonga almost entirely offline after fault develops in undersea fibre-optic cable", *New Zealand Herald*, 2019. 1. 24.

14. 군사적 혹은 정보 차원에서 깔아 놓은 비공식적 해저케이블은 포함되지 않은 숫자. 2015년, 미국의 지리학자이자 예술가인 트레버 파글렌Trevor Paglen은 세계의 구석구석을 돌아다니면서 미국 NSA가 사용하는 광케이블을 찍은 믿을 수 없는 사진들을 공개했다. 이 이미지들은 기사 "Photos of the submarine internet cables the NSA probably tapped"(*Wired*, 2016. 9. 20)와 "Trevor Paglen Plumbs the Internet"(*The New Yorker*, 2015. 9. 22)에서 볼 수 있다.

15. 구글이 뉴욕과 영국, 스페인 사이에 새로운 케이블(미국의 여성 컴퓨터 공학자 그레이스 호퍼[Grace Hopper, 1906~1992]의 이름이 붙은 케이블)을 설치하는("Google is laying a giant new undersea internet cable stretching from New York to the UK and Spain", *Business Insider India*, 2020. 7. 28) 동안 페이스북은 아프리카 전체를 둘러싸는 케이블(2Africa)을 설치하느라("Cabling Africa : the great data race to serve the 'last billion'", *Financial Times*, 2021. 1. 31) 분주하다. 텔레콤 이집트는 조만간 남부 아프리카와 남대서양의 세인트 헬레나 섬을 이어주게 될 광섬유(에퀴아노Equiano 케이블, "Telecom Egypt signs agreement with St Helena Government to provide it with its first subsea solution", *Capacity Media*, 2020. 11. 2) 한 쌍의 소유주이다. 한편, 비에텔Viettel 그룹은 베트남, 중국, 일본, 태국을 연결해주고 있다(아시아 다이렉트 케이블, "Asia Direct Cable Consortium to build new Asia Pacific submarine cable", nec.com, 2020. 6. 11).

16. 이 케이블은 2021년에 가동을 시작했다. "The Dunant subsea cable, connecting the US and mainland Europe, is ready for service"(Google Cloud, 2021. 2. 3)를 읽어보라.

17. 회합 "Submarine Networks Europe, Middle East and Africa(EMEA)" 2020: terrapinn.com/conference/submarine-networks-world-europe

18. 영국 출신 텔레콤 분야 독립 컨설턴트 린제이 토머스Linsey Thomas와의 대담, 2020.

19. 미국 파이오니어컨설팅Pioneer Consulting 전략 자문인 키이스 쇼필드Keith Schofield와의 대담, 2020.

20. "Internet : la lutte pour la suprématie se joue sous les océans", *Les Échos*, 2019. 4. 6.

21. David Fayon, *Géopolitique d'Internet. Qui gouverne le monde?*, Economica, 2013.

22. "Submarine cables and the oceans: Connecting the world", 국제케이블보호위원회, 유엔 환경계획 세계보전모니터링센터(UNEP-WCMC), 2009. 12.

23. "Un océan de câbles : menaces sous les mers, panique dans le cyberespace", RFI, 2019. 3. 28.

'좋아요'는 어떻게 지구를 파괴하는가

24. "Internet, un monde bien réel", *La Croix*, 2018. 4. 24.

25. "A broken submarine cable knocked a country off the internet for two days", The Verge, 2018. 4. 8.

26. " Submarine cables and the oceans: Connecting the world ", *op.cit.*

27. 그물망어선은 바다 밑바닥에 그물을 내려놓고 물고기를 잡는 배를 의미한다.

28. "Sécurité, pêche… Une enquête publique lancée sur le plus grand câble sous-marin du monde qui passe par la Côte d'Opale", France info, 2019. 11. 18.

29. 해양어업과 수산양식업 오드프랑스 지역 위원회(CRPMEM) 사무장 안토니 비에라 Antony Viera와의 대담, 2020.

30. "Submarine cables and the oceans: Connecting the world", *op.cit.*

31. *Ibid.*

32. "Vandals blamed for phone and Internet outage", CNET, 2009. 4. 10.

33. "Vietnam's submarine cable 'lost' and 'found'", LIRNEasia, 2007. 6. 2. 베트남 해경이 이미 어선들이 끌어올린 수백 톤의 케이블을 압수했다고 기사에서 밝힌 것으로 미루어, 이 사건은 특별한 일회성 해프닝이라고 볼 수 없다.

34. " Internet, un monde bien réel ", *op.cit.*

35. "Câbles transcontinentaux : des milliards de gigaoctets sous les mers", *Le Monde*, 2018. 6. 24.

36. 17개 중 14개는 뉴질랜드, 3개는 오스트레일리아 구역이다.

37. "Undersea cables: Indispensable, insecure", Policy Exchange, 2017. 12. 1.

38. Kim Nguyen, The Hummingbird Project, 111분, Belga Production/Item 7, 2018.

39. 하이베르니아 익스프레스가 설치되기 전, 케이블의 역사에서는 신속성이 거래소에서의 거래 실현을 결정하는 상황이 지배적이었다. "1836년, 전보 사기 사건이 발생하면서 이 통신 수단을 거래에 사용하는 문제를 놓고 토론이 벌어졌다. 보르도 출신 은행가 두 명이 전보 회사 직원을 매수하여 공식적인 통신문을 보낼 때 보충 신호 몇 개를 더하도록 짰다. 이 체제 덕분에 은행가들은 국가의 지대가 변화하는 추이를 역마차를 통해서 전달받는 언론보다 먼저 알 수 있었다"고 파트리스 플리시는 그의 저서(*Une histoire de la com munication moderne, op. cit*)에서 알려준다. 그는 또한 "두 보르도 은행가가 거래소 상황을 판단하는 데 있어서 정보의 가치를 최초로 알아차린 사람들은 아니"라는 사실도 덧붙인다. "왕정복고 시대에 이미 로칠드가 사람들은 개인 우편물 시스템을 가다듬어 남들보다 먼저 중요한 정치 현안들이며 다른 거래소 상황을 파악할 수 있었다. 이렇듯 1820년 2월의 베리공 살해 사건은 로칠드 가문에 의해서 프랑크푸르트에서 제일 먼저 알려졌다. 소식을 접한 이들은 필요한 조치를 지시하는 우편물을 출발시킨 뒤에야 다른 이들에게 소식을 전했다"는 것이다.

40. 디지셀 그룹Digicel Group의 해양 부문 기술 책임자 알라스데어 윌키Alasdair Wilkie와의 대담, 2020.

41. 수심이 1천 미터보다 얕은 구역을 가리킨다.

42. "Route clearance for Hibernia Express", atlantic-cable.com, 2018. 1. 28.

43. 알라스데어 윌키와의 대담, 2020.

44. 노바스코샤, 뉴브런즈윅, 프린스 에드워드 섬이다.

45. "그자들 가운데 한 명이 선원이어서 우리는 그의 조상들이 고기잡이하던 구역은 절대 가로지르지 않을 수 있었다"고 월키는 확실하게 말했다.

46. "그중엔 [1869년에] 프랑스에서 브레스트와 생피에르 미클롱 사이에 설치한 최초의 대서양 횡단 케이블도 포함되었다"고 월키가 들려준다.

47. 엔카나 그룹과 엑손모빌ExxonMobil 그룹 소유의 가스관.

48. 패스트넷록은 아일랜드 남부에서 몇 킬로미터 떨어져 있다.

49. AQEST의 시니어 자문 로랑 캉파뉴Laurent Campagne와의 대담, 2020.

50. "Hibernia Express transatlantic cable route connects New York to Lon-don in under 58.95 milliseconds", 서브마린 텔레콤스 포럼Submarine Telecoms Forum의 보도자료, 2015. 9. 24.

51. "Starlink, new competitor in HFT space?", Shortwaves Solutions, 2020. 9. 16.

52. "Hibernia Networks completes acquisition transaction by GTT", Business Wire, 2017. 1. 9. 2017년, 하이베르니아 애틀랜틱은 자사의 케이블을 GTT 커뮤니케이션에 5억 9000만 달러(그러니까 거의 정확하게 밀리세컨드당 1000만 달러)에 팔아넘긴다.

53. 생김새가 어뢰를 닮은 전자 장비로 평균 80킬로미터 간격으로 케이블의 디지털 신호를 이어준다.

54. 옵티컬클라우드인프라OpticalCloudInfra의 설립자이자 파이오니어컨설팅Pioneer Consulting의 컨설턴트이 베르트랑 클레스카Bertrand Clesca와의 대담, 2020.

55. "L'Ifremer mesure l'impact des câbles sous-marins", *Mer et Marine*, 2019. 6. 25.

56. "Submarine cables and the oceans: Connecting the world", *op.cit.*

57. *Ibid.*

58. 메르텍마린Mertech Marine 대표 알윈 뒤 플레시Alwyn du Plessis와의 대담. 2020.

59. 이 기업이 회수한 해저케이블의 목록은 다음의 웹사이트에서 열람이 가능하다. mertechmarine.co.za

60. 메르텍마린이 회수한 최초의 케이블은 TAT-1의 350킬로미터짜리 조각이었다. 회사는 회수한 구리를 되팔기 위해 2008년 8월에 선박 한 척을 임차했다. 항구로 돌아오는 동안 리먼브라더스가 파산했고, 그에 따른 금융 위기가 시작되면서 구리 값이 폭락했다. 때문에 이 기업의 수익성 모델은 완전히 불안해졌다.

61. 베르트랑 클레스카와의 대담, 2020.

62. 로랑 캉파뉴와의 대담, 2020.

63. "YouTube and Netflix are cutting streaming quality in Europe due to coronavirus lockdowns", CNBC, 2020. 3. 20.

64. 로랑 캉파뉴와의 대담. 2020.

65. "Is the internet on the brink of collapse? The web could reach its limit in just eight years and use all of Britain's power supply by 2035, warn scientists", *The Daily Mail*, 2015. 5. 2.

66. 샤논의 한계는 1948년 미국 출신 엔지니어 클로드 샤논Claude Shannon에 의해 드러났다. 더 많은 정보를 위해서는 기사 "Shannon's limit, or opportunity?"(Ciena, 2017. 9. 25)를 읽어보라.

67. 뉴욕대학의 미디어, 문화, 커뮤니케이션과 겸임교수 니콜 스타로시엘스키Nicole

Starosielski가 쓴 흥미진진한 연구 "Strangling the Internet"(*Limn*, n°10)과 "Chokepoints" (2018. 4) 참조.

68. 그 다섯 개는 FLAG(Fiber-optic Link Around the Globe), SEA-ME-WE 1, SEA-ME-WE 2, SEA-ME-WE 3, 그리고 AFRICA-1이다. "Undersea cables : Indis- pensable, insecure" (*op.cit.*)를 읽어보라.

69. James Cowie, "Syrian web outrage no surprise", Renesys Blog, 2013. 5. 9.

70. "Strangling the Internet", *op.cit.*

71. *Ibid.*

72. 양자역학에 따르면, 미립자는 동시에 각기 다른 두 장소에 있을 수 있다.

73. 영국 버밍엄대학의 공학 및 응용 과학 교수인 앤드류 엘리스Andrew Ellis와의 대담, 2020.

74. "IARC classifies radiofrequency electromagnetic fields as possible car- cinogenic to humans", Press release n° 208, WHO/International Agency for Research on Cancer(IARC), 2011. 5. 31.

10 디지털 인프라의 지정학

1. 블루라만의 이름은 빛의 분자적 확산 연구로 잘 알려진 인도의 물리학자 찬드라세카라 벵카타 라만(Chandrasekhara Venkata Raman, 1888~1970)에게서 따왔다.

2. "Israel to play key role in giant Google fiber optic cable project", *Haaretz*, 2020. 4. 14.

3. Sunil Tagare, "Facebook's apartheid of Israel in 2Africa", 2020. 5. 21. 저자의 링크드인 계정에서 열람이 가능하다.

4. 프랑스 마르세유시는 특히 광섬유 상륙 지점으로 세계의 허브가 되었다.

5. "EllaLink's transatlantic submarine cable has already anchored in Portugal", BNamericas, 2021. 1. 6.

6. Félix Blanc, "Géopolitique des câbles : une vision sous-marine de l'Internet", Centre pour la technologie et la société, département de droit, Fundaçao Getulio Vargas(FGV Direito Rio Bresil), 2018. 6.

7. 옵티컬클라우드인프라의 설립자이자 파이오니어 컨설팅의 컨설턴트이 베르트랑 클레스카와의 대담, 2020.

8. 수포로 돌아간 케이블 계획은 우리에게 전쟁 중인 영토, 국가간 갈등이 첨예화된 지역 등에 대해서도 많은 정보를 준다. 가령, 아랍에미리트와 오만을 위험천만의 시리아를 통해 튀르키예에 연결하기란 불가능하다. 2018년, 오스트레일리아는 첩자 활동을 염려한 끝에 중국 화웨이 그룹이 케이블을 자국내에 '상륙시킬' 가능성을 차단해버렸다. "Australia supplants China to build undersea cable for Solomon Islands", *The Guardian*, 2018. 6. 13.

9. Russian Optical Trans-Arctic Cable System.

10. The Arctic: A new internet highway?, Arctic Yearbook, 2014.

11. "Geography of the global submarine fiber-optic cable network: the case for Arctic ocean

solutions", *Geographical Review*, 2020. 6.

12. "Arctic subsea communication cables and the regional development of northern peripheries", *Arctic and North* n°32, 2018. 9.

13. "Quintillion activates Arctic subsea cable", Submarine Cable Networks, 2017. 12. 13.

14. "Charges: Ex-Quintillion CEO duped investors in Arctic broadband project", Alaska Public Media, 2018. 4. 12. 2018년 4월에 체포된 엘리자베스 피어스는 2019년에 징역 5년을 선고받았다. 사기 피해를 입은 투자자들 중에는 프랑스 기업 나틱시스Natixis와 알카텔서브마린네트워크Alcatel Submarine Networks도 들어 있었다.

15. "Melting Arctic means new, and faster, subsea cables for high-speed traders", Bloomberg, 2019. 9. 12.

16. 여기에는 일본 기업 소지츠 코퍼레이션과 노르웨이 기업 브레드밴드필커 아크틱 링크 AS도 포함된다.

17. 일본 홋카이도대학 북극연구소의 유하 사우나바라Juha Saunavaara 교수와의 대담, 2020.

18. *Ibid.*

19. "Major step towards a Europe-Asia Arctic cable link", The Barents Observer, 2019. 6. 6.

20. "Data cables are the new trading routes", The Barents Observer, 2017. 6. 15.

21. 파이오니어컨설팅의 전략 고문인 키이스 쇼필드와의 대담, 2020.

22. "Arctic Telecom cable initiative takes major step forward", Cinia, 2019. 6. 6.

23. "Vision and Actions on Jointly Building Silk Road Economic Belt and 21st-Century Maritime Silk Road", National Development and Reform Commission(NDRC), Ministry of Foreign Affairs, and Ministry of Commerce of the People's Republic of China, 2015. 3. 28.

24. 영어로 "Belt and Road Initiative"(BRI).

25. "Full text of President Xi's speech at opening of belt and road forum", Xinhuanet, 2017. 5. 14.

26. PEACE의 한 줄기는 또한 세이셸 군도까지 이어지는 아프리카 대륙의 동쪽을 담당하게 될 것이다. 다음의 사이트를 참조. peacecable.net

27. "China's 'One Belt, One Road' takes to space", *The Wall Street Journal*, China Real Time Blog, 2016. 12. 28.

28. 특히 대단히 인기 좋은 메신저 위챗WeChat.

29. AQEST 시니어 컨설턴트 로랑 캉파뉘와의 대담, 2020.

30. "Huawei technicians helped African governments spy on political opponents", *The Wall Street Journal*, 2019. 8. 15.

31. "Made-in-China censorship for sale", *The Wall Street Journal*, 2020. 3. 6.

32. "La route de la soie numérique, le nouveau péril chinois?", *Le Temps*, 2019. 4. 25.

33. "he space and cyberspace components of the Belt and Road Initiative", 국립아시아리서치 담당국이 작성한 보고서 "Securing the Belt and Road Initiative. China's evolving military engagement along the Silk Roads"(2019. 9. 3) 참조.

34. *Ibid.*

35. *Ibid.*

36. 알카텔서브마콤Alcatel Submarcom과 알카텔서브마린네트워크(ASN)의 전 대표이자 티코서브콤Tyco SubCom의 전 마케팅 책임자였던 장 드보스Jean Devos와의 대담, 2020.

37. "Digital Silk Road on path to sustainable development: expert", Xinhuanet, 2017. 9. 5.

38. "Huawei Marine joint venture launched", Lightwave, 2008. 12. 19.

39. 장 드보스와의 대담. 2020.

40. "Global Marine Group sells its stake in Huawei Marine Networks", Offshore Energy, 2019. 10. 30.

41. 장 드보스와의 대담, 2020.

42. 로랑 캉파뉴와의 대담, 2020.

43. 장 드보스와의 대담, 2020.

44. *Ibid.*

45. 로랑 캉파뉴와의 대담, 2020.

46. "Undersea cables: Indispensable, insecure", Policy Exchange, 2017. 12. 1.

47. *Ibid.*

48. "Comment la France écoute (aussi) le monde", *L'Obs*, 2015. 6. 25.

49. 이 책을 쓰고 있는 지금 이 순간, CPEC 건설은 지연을 거듭하고 있는 것으로 보인다. "What happened to the China-Pakistan Economic Corridor?"(The Diplomat, 2021. 2. 16) 참조.

50. "Pakistani separatist groups unite to target China's Belt and Road", *Nikkei Asia*, 2020. 8. 1.

51. "Pakistani militants opposing Belt and Road kill 14 security men", *Nikkei Asia*, 2020. 10. 16.

52. "Rising attacks by Baloch separatists increase risks, costs of BRI projects in Pakistan: Report", *The Economic Times*, 2020. 7. 20.

53. 베이징 정부가 1998년에 발간한 국방에 관한 백서. china.org.cn/e-white/5/index.htm

54. "Securing the Belt and Road Initiative. China's evolving military engage-ment along the Silk Roads", National Bureau of Asian Research, *op.cit.*

55. "The dawn of a PLA expeditionary force?", 국립아시아연구원의 보고서 "Securing the Belt and Road Initiative. China's evolving military engagement along the Silk Roads"(*op. cit.*) 참조.

56. 블랙워터시큐리티는 2차 걸프전 때 이라크에서 매우 적극적으로 활동했다.

57. CSIS(Center for Strategic and International Studies) 연구원이자 *The Emperor's New Road. China and the Project of the Century*(Yale University Press, 2020)의 저자 조너선 힐먼 Jonathan Hillman과의 대담, 2020.

58. Guifang (Julia) Xue, "The potential dual use of support facilities in the Belt and Road Initiative", "Securing the Belt and Road initiative. China's evolving military engagement along the Silk Roads"(*op.cit.*) 보고서에 게재되어 있음.

59. 조너선 힐먼과의 대담, 2020.

60. 'Pacific Light Cable Network'의 약어.

61. "Facebook and Google drop plans for underwater cable to Hong Kong after security warnings ", ZDNet, 2020. 9. 1. 그 대신 케이블은 미국과 대만, 필리핀 사이에서만 가동될 것이다.

62. 베르트랑 클레스카와의 대담, 2020.

63. "이 통신 케이블 부설선들은 다른 용도로 개조될 수도 있다. 하지만 광케이블 부설선들은 그럼에도 대단히 특별한 선박들"이라고 베르트랑 클레스카는 설명한다.

64. 이 세 기업 외에 중국 화웨이가 있고, 나머지는 별 거 아니라고 베르트랑 클레스카가 실토한다. "브라질의 파드테크는 최근 광섬유 레이저와 레이저 시스템을 제조하는 미국기업 IPG포토닉스에 팔렸는데, 이 회사는 사들인 후 브라질 기업을 방치해둔 상태이니, 곧 사라지게 될 것이다. 미국의 XTERA도 좀비 상태이다."

65. 베르트랑 클레스카와의 대담, 2020.

66. *Ibid.*

67. "Un océan de câbles. Puissance(s) au bout du câble ", RFI, 2019. 3. 28.

68. 로랑 캉파뉴와의 대담, 2020.

미래의 길

1. 디지털포더플래닛의 대표 이네스 레오나르두치와의 대담, 2020.

2. 이는 곧 FAIR(findable, accessible, interoperable, reusable) 원칙이다.

3. 이는 기업의 사회적 책임에 대한 언급이다.

4. "Coining less expensive currency", NIST, 2018. 6. 20.

5. 세계물질포럼World Materials Forum의 창시자이자 부회장인 빅투아르 드 마르주리 Victoire de Margerie와의 대담, 2018.

6. "Apple adds Earth Day donations to trade-in and recycling program", Apple, 2018. 4. 19.

7. "Volvo mines blockchain to keep ethical sourcing promise", *Forbes*, 2020. 1. 27.

8. waag.org

9. libreplanet.org/wiki/Main_Page

10. framasoft.org

11. linux.org

12. 각자가 본인의 휴대폰을 이용해서 인터넷 공동체의 와이파이 공유기가 되는 네트워크. guifi.net/en

13. 막심 에푸이-헤스Maxime Efoui-Hess가 싱크탱크 더시프트프로젝트를 위해 작성한 보고서, "Climat : l'insoutenable usage de la vidéo en ligne. Un cas pratique pour la sobriété numérique", 2019. 7.

14. Byung-Chul Han, Dans la nuée. Réflexions sur le numérique, *op. cit.*

참고문헌

서적

Chris Anderson, *Free: The Future of a Radical Price*, Hyperion, 2009. En français, *Free ! Entrez dans l'économie du gratuit*, Pearson, 2012.

Christine Broaweys, *La Matérialité à l'ère digitale, l'humain connecté à la matière*, Presses universitaires de Grenoble, 2019.

Ingrid Burrington, *Networks of New York. An illustrated field guide to urban internet infrastructure*, Melville House Publishing, 2016.

Steve Case, *The Third Wave: An Entrepreneur's Vision of the Future*, Simon & Schuster, 2017.

Laurent Castaignède, *Airvore ou la face obscure des transports*, Ecosociété, 2018.

Gilles de Chezelles, *La dématérialisation des échanges*, Lavoisier, 2006.

Nir Eyal, *Comment créer un produit ou un service addictif*, Eyrolles, 2018. Titre original: *Hooked: How to Build Habit Forming Products*, Portfolio Penguin, 2014.

David Fayon, *Géopolitique d'internet. Qui gouverne le monde?*, Economica, 2013.

Patrice Flichy, *Une histoire de la communication moderne. Espace public et vie privée*, La Découverte, 1991.

Gökçe Günel, *Spaceship in the Desert Energy, Climate Change, and Urban Design in Abu Dhabi*, Duke University Press, 2019.

Byung-Chul Han, *Dans la nuée, réflexions sur le numérique*, Actes Sud, 2015. Titre original: *Im Schwarm Ansichten des Digitalen*, MSB Matthes & Seitz Berlin, 2013.

William Stanley Jevons, *The Coal Question: An Inquiry Concerning the Progress of the Nation, and the Probable Exhaus tion of Our CoalMines*, Nabu Press, 2010.

Kevin Kelly, *The Inevitable: Understanding the 12 Techno logical Forces That Will Shape Our Future*, Viking, 2016.

Ruediger Kuehr et Eric Williams, *Computers and the Envi ronment: Understanding and Managing their Impacts*, Springer Netherlands, 2003.

Mickaël Launay, *Le Grand Roman des maths, de la préhis toire à nos jours*, Flammarion, 2016.

Julien Le Bot, *Dans la tête de Marc Zuckerberg*, Actes Sud, 2019.

Kai-Fu Lee, *AI Superpowers: China, Silicon Valley, and the New World Order*, Houghton Mifflin Harcourt Publishing Company, 2019. En français: *I.A. La Plus Grande Mutation de l'histoire*, Les Arènes, 2019.

Arnaud Macé(textes choisis et présentés par), *La Matière*, Flammarion, 2013.

George Orwell, *1984*, Gallimard, 2020 (première édition du Royaume-Uni en 1949).

Bruno Patino, *La Civilisation du poisson rouge, Petit traité sur le marché de l'attention*, Grasset, 2019.

Aaron Perzanowski et Jason Schultz, *The End of Ownership: Personal Property in the Digital Economy*, MIT Press, 2016.

Florence Rodhain, *La Nouvelle religion du numérique*, EMS, 2019.

Stuart Russell, *Human Compatible: Artificial Intelligence and the Problem of Control*, Penguin Books, 2019.

Trine Syvertsen, *Media Resistance: Protest, Dislike, Abstention*, Palgrave Macmillan, 2018.

Éric Vidalenc, *Pour une écologie numérique*, Les Petits Matins, 2019.

Paul Virilio, *Cybermonde, la politique du pire*, Textuel, 2010.

기사

"Climate change: Electrical industry's "dirty secret" boosts warming", BBC, 13 September 2019.

"Connected cars could be big energy savers, or not", *Politico*, 20 octobre 2016.

"Environment Program Request for Proposal: Aligning Passive Investment with Paris Climate Goals", William et Flora Hewlett Foundation, 28 janvier 2020.

"Electric Scooters Are Racing to Collect Your Data", ACLU Northern California, 25 juillet 2018.

"Data Centers and Global Electricity Use—Two Camps", H66, 2 mai 2020.

"How Steve Jobs' love of simplicity fueled a design revolution", *Smithsonian Magazine*, septembre 2012.

"How the Enlightenment Ends", *The Atlantic*, juin 2018.

"John Deere Just Swindled Farmers out of Their Right to Repair", *Wired*, 19 septembre 2018.

"Numérique: le grand gâchis énergétique", *CNRS Le journal*, 16 mai 2018.

"Photos of the Submarine Internet Cables the NSA Probably Tapped", *Wired*, 20 septembre 2016.

Nicole Starosielski, "Strangling the Internet", *Limn*, issue 10: Chokepoints, avril 2018.

"Taiwan's chip industry under threat as drought turns critical", *Nikkei Asia*, 25 février 2021.

"The 'World's Most Beautiful Data Center' is a Supercomputer Housed in a Church", *Vice*, 15 janvier 2019.

"To decarbonize we must decomputerize: why we need a Luddite revolution", *The Guardian*, 18 septembre 2019.

르포

Asta Vonderau (2019) "Scaling the Cloud: Making State and Infrastructure in Sweden", Ethnos, *Journal of Anthropology*, vol. 84, 5 septembre 2019.

"Calculating MIPS Resource productivity of products and services", de Michael Ritthof, Holger Rohn et Christa Liedtke, en cooperation avec Thomas Merten, Wuppertal Spezial 27e, 2002.

Fourth industrial revolution for the earth Harnessing artificial intelligence for the earth, "World Economic Forum-Stanford Woods Institute for the Environment", Pricewaterhouse Coopers (PwC), janvier 2018.

"Submarine cables and the oceans: Connecting the world", International Cable Protection Committee, United Nations Environment Programme, World Conservation Monitoring Centre (UNEP-WCMC), décembre 2009.

Kikki Lambrecht Ipsen, Regitze Kjær Zimmermann, Per Sieverts Nielsen, Morten Birkved, "Environmental assessment of Smart City Solutions using a coupled urban metabolism life cycle impact assessment approach", *The International Journal of Life Cycle Assessment*, 2019.

"Lean Ict Pour une sobriété numérique", rapport du groupe de travail dirigé par Hugues Ferreboeuf pour le think tank The Shift Project, octobre 2018.

"L'impact spatial et énergétique des data centers sur les territoires", Rapport ADEME, 2019.

Mél Hogan, "Data flows and water woes: The Utah Data Center", Big Data & Society, décembre 2015.

National Bureau of Asian Research, "Securing belt road initiative, Securing the Belt and Road Initiative, China's Evolving Military Engagement Along the Silk Roads", 3 septembre 2019.

"The Passives Problem and Paris Goals: How Index Investing Trends Threaten Climate Action", The Sunrise Project, 2020.

Rishi Sunak MP, "Undersea Cables: Indispensable, insecure", Policy Exchange, 2017.

'좋아요'는 어떻게 지구를 파괴하는가
디지털 인프라를 둘러싼 국가, 기업, 환경문제 간의 지정학

1판 1쇄 발행 2023년 3월 17일
1판 8쇄 발행 2024년 5월 10일

지은이 기욤 피트롱 | 옮긴이 양영란
책임편집 김현지 | 편집부 김지하 | 표지 디자인 나침반

펴낸이 임병삼 | 펴낸곳 갈라파고스
등록 2002년 10월 29일 제2003-000147호
주소 03938 서울시 마포구 월드컵로 196 대명비첸시티오피스텔 801호
전화 02-3142-3797 | 전송 02-3142-2408
전자우편 books.galapagos@gmail.com

ISBN 979-11-87038-92-4(03300)

INSTITUT
FRANÇAIS Cet ouvrage a bénéficié du soutien des Programmes d'aide à la publication de l'Institut
français. 이 책은 프랑스문화원의 출판번역지원프로그램의 도움으로 출간되었습니다.

갈라파고스   자연과 인간, 인간과 인간의 공존을 희망하며, 함께 읽으면 좋은 책들을 만듭니다.